양심이란
무엇인가

CONSCIENCE: A BIOGRAPHY

양심이란 무엇인가

양심 과잉과 양심 부재의 시대

마틴 반 크레벨드 지음 | 김희상 옮김

니케북스

일러두기

1. 본문의 [ ] 속 설명과 주는 원서를 그대로 옮겼으며, 옮긴이주는 각주로
   처리했다.
2. 원서에서 이탤릭체로 강조한 부분은 고딕체로 표기했다.

필요한 순간마다 곁을 지켜준 진정한 친구 벤다에게

차례

양심, 무엇이 문제인가

나는 유대인이자 이스라엘 사람으로서, 또 홀로코스트 생존자의 아들로서, 1940~1945년 독일의 네덜란드 점령 당시 살해당한 사람들의 유가족으로서 오랫동안 다음과 같은 의문을 품어왔다. 나치스, 특히 대량학살을 명령하고 자행한 나치스에게 양심이 있을까? 그들이 그저 선하다고 여기고 행한 일이 있기는 할까? 그들을 그처럼 왜곡시킨 사악한 것이 있다면 그것은 무엇일까? 그 일들이 진행 중일 때 혹은 나중에 그들이 회한으로 고통 받았다는 그 어떤 조짐이 있을까? 아니라면, 우리 가운데 대다수가 양심이야말로 인간을 짐승과 구별해주는 요소라 믿어온 마당에, 그들은 인간과 뭔가 달랐던 것일까? 신이 빚은 피조물인 우리 인간 가운데 본질적으로 다른 종이 갑자기 나타난다는 것이 가능할까? 그렇지 않다면 그런 일은 대체 어떻게 일어날 수 있었을까? 일단 한 번 일어난 일은 또 일어날 수 있지 않을까?

양심은 도덕과 혼동되어서는 안 된다. 도덕은 선과 악을 구별해 볼 줄 아는 능력이다. 양심은 오히려 인간 영혼을 이루는 부분, 타고난 것이든 습득된 것이든 영혼의 부분이다. 양심은 선과 악을 구별할 줄 아는 도덕을 바탕으로 우리를 처신하고 행동하게 만든다. 악하고 선하지 않다고 판단되는 행동을 이미 저질렀을 때 우리가 죄의식을 느끼고 회한에 빠지고 후회하게 만드는 것도 양심이다. 심장이 갉아 먹히는 느낌에 밤을 지새우게 하며 평안을 누리지 못하게 하는 것이 양심이다. 잘못된 행동을 속죄하는 마음으로 뉘우치지 않는다면, 양심은 다양한 심리적인 문제를 일으킨다. 셰익스피어William Shakespeare는 《리처드 3세Richard III 》(1막 4장)에서 이렇게 썼다.

> 양심은 사람을 위축시킨다. 사람은 그것의 가책을 느끼지 않고 도둑질을 할 수는 없다. 그것에 아무 거리낌 없이 욕할 수 있는 사람은 없다. 그것의 눈길을 피해 이웃의 아내와 동침하기란 힘들다. 그것은 사람의 가슴을 헤집어놓아 얼굴이 화끈 달아오르게 한다. 그것은 행동을 가로막는 숱한 장애물을 만들고, 내가 우연히 발견한 황금 든 지갑을 원래 주인에게 돌려주게 한다. 그래서 그것을 지키는 사람은 가난을 피할 수 없다. 그것은 마을과 도시를 위험한 곳으로 만든다. 잘살고 싶은 사람은 그것 없이 오로지 자기 자신만 믿으려 하기 때문이다.

독자는 이 대사가 전문적인 '살인자', 우리가 암살자라고 부르는 인물이 한 말임을 유념해야 한다. 이 암살자를 왕은 자신의 정적을 제거하기 위해 고용했다. 암살자가 보기에 '양심'은 양심을 가진 이들이 사회규범을 존중하도록 설득한다. 암살자도 이따금 규범을 존중하기는 한다. 그러나 양심에는 다른 측면도 있다. 올바른 환경이

주어진다면 양심은 규범처럼 굳어진 통념과 **정면으로 맞서는** 행동을 하도록 만들기도 한다. 심지어 규범을 무너뜨려 깨끗이 날려버리기 도 한다.

양심은 부정적이든 긍정적이든 이 모든 일을 한다. 적어도 이 모든 일에 어느 정도는 관여한다. 그 행동이 우리 자신만 아는지 남 들에게도 알려질지, 성공할지 실패로 끝날지, 그 행동을 하거나 하 지 않음으로써 보상이나 처벌을 받을지의 문제는 고려하지 않는다. 다시 말해서 양심은 이해득실을 전혀 따지지 않는다. 엄밀하게 말하 자면 이해득실을 따지는 양심은 양심이 아니다. 물론 그런 조건을 충족하는 양심은 다이아몬드보다 귀하기는 하다. 그러나 이런 양심 은 분명 존재한다. 18세기 영국의 위대한 철학자 데이비드 흄David Hume(1711~1776)의 말투를 빌려보자면,[1] 양심은 있는 그대로의 세상 과, 일반적으로 선과 악의 대비를 바탕으로 우리가 그래야 마땅하다 거나 또는 앞으로 그래야만 한다고 느끼는 세상을 이어주는 가교다.

처음에 나는 양심에 관한 탐구를 제3제국에만 국한하려고 생각 했으나, 나중에는 생각을 바꿔 역사 전반에서 이 주제를 뒤져보기로 결심했다. 그래도 여전히 나치스에 특별히 따로 장을 할애해볼 생각 이다. 그들이 저지른 범죄, 대다수가 동의하는 가운데 저질러진 범 죄는 아마도 최악일 것이기 때문이다. 나치스가 도대체 양심이라는 것을 가졌다면, 다른 양심과 비교해볼 일종의 척도가 되리라. 그러 나 어디서부터 출발할까? 양심이란 일종의 발명품일까? 양심이 만 들어진 것이라면, 언제, 어디서, 어떻게 그리고 무슨 목적으로 발명 되었을까? 어떤 사회적 필요가 양심을 고안하게 했으며, 종교, 철학,

국가권력, 심리학 등 인간 문화의 다른 요소와 양심은 어떤 관계를 가질까? 어쨌든 1945년까지 대다수 서구인이 믿었듯 양심은 더 '높은' 부류의 인종에 속한 '문명화한' 족속에게 국한되었을까? 아니면 양심은 모든 인류에게 있는 것, 인간이라는 존재의 기본 덕성으로서 모두가 갖고 있거나, 적어도 가질 수 있는 능력일까?

많은 사람들, 앞으로 보게 될 텐데 19세기 말만 해도 유대인까지 포함한 많은 사람들이 양심을 표현할 단어조차 가지지 않았다는 점을 우리는 어떻게 받아들여야 할까? 비서구 문명권도 서구의 양심 개념을 공유할까? 앞서 언급했던 나치스처럼, 양심이라고는 없는 듯 보이는 사람들은 어떻게 설명해야 좋을까? 1945년을 '현대'의 출발점으로 잡는다면, 이후 양심에는 어떤 일이 일어났을까? 한편으로 로봇공학, 다른 한편으로는 신경과학의 발달과 견주어볼 때 양심의 미래가 있을까? 있다면 어떤 미래일까?

근대 이후 몇몇 행동학자는 어떤 동물은 양심과 같은 것을 가지는 징후를 보인다고 주장해 양심의 문제를 더욱 복잡하게 만들어왔다. 이런 주장에 물꼬를 튼 사람은 찰스 다윈Charles Darwin이다. 《인간의 유래Descent of Man》(1871)에서 다윈은 다음과 같은 의문을 제기한다. 인생이 실제로 적자생존의 투쟁이라고 가정해보자. 그렇다면 공감, 이타주의, 도덕성처럼 이 싸움을 억제해주는 능력은 어떻게 진화하고 유지되어왔을까? 그 답으로 다윈은 이렇게 썼다.

내가 보기에는 다음의 명제가 맞을 확률이 높아 보인다. 즉 어떤 동물이든 잘 발달한 사회적 본능, 부모와 자식 사이의 애정을 포함한 사회적 본능을 가지게 되면, 필연적으로 도덕감각 또는 양심은 물론이고, 좋은, 또는 인간과 근접하게 발달한 지적능력도 얻는다. 나는 사회성이 강한 동물이라고 해서… 우리와 똑같은 도덕감각을 가진다고 주장하고 싶지는 않다. [그저 어떤] 내면의 감시 장치가 어떤 충동을 따르는 것이 다른 충동에 비해 더 낫다고 동물에게 말해주는 게 아닐까. 어떤 충동은 따르되, 다른 것은 따르지 말라는 식으로. 한쪽은 옳고 다른 쪽은 틀리다는 식으로….

학계는 흔히 동물은 무엇보다도 무리를 지어 생활하며, 그 결과 서로 떼어놓으면 불편해한다고 보았다… 그러나 이런 사회적 감각은 무리를 지어 함께 사는 것이 이득이라는 점을 터득하면서 키워졌을 가능성이 더 크다. 배고픔의 감각과 먹는 즐거움은 의심할 바 없이 동물이 먹는 행위를 거듭하면서 키워졌다. 사회성도 마찬가지다. [2]

이처럼 양심은 종을 불문하고 모든 동물의 본질적 특성이다. 첫째로 새끼를 키우기 위해, 둘째로 같은 종의 동물끼리 무리지어 살기 위해 어떤 식으로든 동물은 양심을 가진다. 많은 다른 생물학자, 진화론자, 생태학자들도 이 문제를 다뤘으나 그리 큰 성공을 거두지는 못했다. 오히려 반대로 모든 생명체의 유전과 진화를 다스리는 미시적 원리를 깊게 파고들수록, 문제는 더욱더 혼란스러워졌다.

예를 들어 오늘날 잘 알려진 생물학자가 쓴 유명한 책은 유전과 진화가 "이기적" 유전자에 지배되는 것으로 기술한다. 유전자는 'DNA'로 이뤄진 꾸러미다. 이 물질은 살아 있는 유기체의 유전적 특징을 담아, 이 유기체의 "희망"을 그 "생명"으로 구현하도록 그 자체를 복제한다. 그러나 이 책은 색인에서조차 양심을 언급하지 않았다.[3] 유전자가 양심을 가질까? 분명 유전자는 이 단어가 지닌 일상적인 의미와 같은 양심은 가지지 않으리라. 양심을 보는 데이비드 흄의 정의로 돌아가보자면, 이 정의는 네 가지 전제를 가진 것처럼 보인다. 첫째는 자아를 개별적인 실체로 이해하는 것이다. 개별적 실체로서의 자아는 일반적으로 의식으로 간주된다. 두 번째는 이 자아가 생활하는 세계가 존재한다는 앎이다. 세 번째는 선과 악을 구분할 줄 아는 능력이다. 네 번째는 이런 선악 판단 능력의 기초로 양심을 활용할 줄 아는 자유다. 이 모든 것은 물질은 가질 수 없는 특성이다. 혹시 물질도 이런 특성을 가질까?

많은 동물, 특히 새와 포유동물은 그 새끼를 배려하는 태도를 보여준다. 이런 배려 능력은 동물이 도덕적 선택을 할 수 있음을 뜻할까? 이 물음을 파고든 사람이 미국의 동물학 교수로, 침팬지와 그 더 작은 사촌 보노보 연구를 선도하는 전문가 프란스 드 발Frans de Waal이다.* 그는 동물은 특정한 행동이 비록 자신에게 이득이 되더라도 같은 종의 다른 동물에게 해를 끼친다는 것을 안다면 자제할 줄 안다고 믿는다. 몇몇 실험 결과를 인용하면서 그는 원숭이 A가 레버를 누르자 원숭이 B가 전기충격을 받아 고통으로 비명을 지르면, 레버를 눌러 먹이를 얻을 수 있음에도 이런 행동을 자제한다고 말한다.[4]

---

* 1948년생으로 네덜란드에서 태어난 동물학자다. 영장류학계의 최고 권위자 가운데 한 명인 그는 현재 미국 애틀랜타 에이머리대학교 석좌교수이며, 여키스 국립영장류연구센터 산하 리빙링크스센터의 책임자다.

드 발은 자신에게 이득을 줌에도 상대에게 해를 끼친다고 인식한 행동을 자제하는 능력, 곧 의지야말로 공감능력을 나타낸다고 말한다. 그러나 공감이 양심과 같은 것일까? 보다 더 흥미로운 것은 다음의 물음이다. A가 실제로 레버를 누르고 B가 고통스러워하는 모습을 지켜보았다고 하자. 이런 경우 A는 죄책감을 느끼고 후회할까? 그런 짓을 했다고 자신을 비난할까? 밤에 잠을 이루지 못할까? 마침내 잠이 들었다면 악몽을 꿀까? '죄'를 누군가에게 고백하고 안도의 한숨을 쉬며 속죄했다고 느낄까? 결국 레버를 누르는 것을 꺼리는 마음은 타고났을까, 아니면 사회화 과정의 부분으로 터득될까?

드 발은 자신과 다른 학자가 관찰한 행태를 양심의 증거로 삼아, 양심은 신앙에 근거한다는 기독교의 주장에 맞서 그 뿌리를 우리의 생물적 본성이라고 보았다. 그는 침팬지가 동료 침팬지에게 부상을 입히고 뉘우치며 어떻게든 바로잡으려 노력할 줄 안다고 믿었다.[5] 그러나 침팬지는 실제로 무엇을 **느꼈을까**? 침팬지가 선악을, 어쨌거나 기초적인 수준으로라도 이해할 줄 알까? 과학자들은 동물의 두뇌에 전극을 심어 그 안에서 일어나는 전기화학적 변화를 추적해보려고 한다. 언어라는 소통 수단 없이 동물의 행동만으로는 알 수 있는 것이 거의 없기 때문이다. 이 문제의 답을 찾아보려는 철학자의 시도도 더 나아 보이지는 않는다.

사정이 이런 탓에 이 문제는 건너뛰고 나는 곧장 인간에게로 나아가고자 한다. 인간과 다른 동물의 결정적 차이는 언어다. 인간은 생각과 느낌과 신념을 나누기 위해 언어를 쓸 수 있다. 그럼에도 접근방법의 만만치 않은 어려움은 여전히 남는다. 흔히 양심은 내면의 목소리로 비유된다. 우리가 하려 하는, 또는 이미 한 일이 도덕적으로 옳은지 틀렸는지 항상 아는 내면의 목소리가 양심이다. 문제는 이처럼 양심이 내면의 목소리라면, 우리는 오로지 말해지거나 쓰인 단어로만 다른 사람의 양심에 접근할 수 있다는 점이다. 고생물학은 '호모 사피엔스'가 언어를 포함해 고유한 행동 패턴을 가지기 시작한 때를 5만 년 전이라고 추정한다.[6] 이에 비해 최초로 문자가 발명된 것은 고작 5,000여 년 전의 일이다. 인간이 이루었던 집단의 대다수는 기록을 남기지 않은 셈이다. 고대로부터, 문자를 가진 집단의 사람이 그렇지 않은 다른 집단에 흥미를 느껴 기록을 남긴 경우도 몇 되지 않는다. 기록이 남지 않은 나머지는 알 길이 없으며, 앞으로도 영원히 알 수 없으리라.

다른 두 가지 중요한 문제도 알아두어야 한다. 우선, 우리의 탐구가 의존해야만 하는 언어는 생각을 표현할 수도 있지만, 오히려 생각을 숨길 수도 있다. 사람들이 자신이나 다른 사람을 두고 말하거나 쓴 것이 그들의 실제 느낌, 믿음, 생각을 고스란히 반영하는 것은 결코 아니다. 적어도 양심의 문제에서만큼은 표현과 실제 내용 사이에 간극이 존재한다. 둘째, 우리가 몇몇 개별적 사례를 통해 양심의 진실을 책 한 권에 담아낼 정도로 규명하는 데 성공한다 하더라도, 여전히 해당 사회에서 양심이 얼마나 중시되었는지는 알 길이 없다.

이 책의 대략적인 구도는 다음과 같다. 1장은 구약성경과 전통적인 유대교를 다룬다. 두 가지 모두 놀라울 정도로 양심이 무엇인지 거의 알려주지 않는다. 또한 양심을 고안해낸 고대 그리스 사람들과, 이 양심을 받아들여 제각각의 목적에 맞게 발전시킨 그리스와 로마의 스토아학파에 대해서도 다룬다. 2장은 사도 바울의 시대부터 기독교와 양심이 서로 어떻게 상호작용했는지 살핀다. 이 장은 종교개혁을 거쳐, 북유럽의 대부분 국가를 오랜 세월 동안 지배해왔으며 오늘날에도 여전히 상당한 정도로 영향력을 행사하는 종교와 세속 정부와 양심이라는 기묘한 프로테스탄트 트리오의 모습을 살피는 것으로 끝난다.

3장은 르네상스로 거슬러 올라간다. 양심이 먼저 정치로부터, 그다음에는 종교로부터 어떻게 떨어져 나와 그 대신 '국가'와 '의무'에 집중하게 되었는지 추적한다. 아마도 양심이라는 문제를 겨눈 가장 중요한, 분명 최고의 격정적 설득력을 자랑하는 도전을 보여줄 것이다. 그 도전 가운데 하나는 프리드리히 니체Friedrich Nietzsche가 감행한 것이다. 4장은 우리를 20세기로 데리고 온다. 4장의 핵심 인물은 지크문트 프로이트Sigmund Freud다. 그가 특별히 관심을 가졌던 문제는 양심과 신경증이 서로 어떻게 맞물리느냐 하는 관련성이다. 프로이트가 20세기 사상에 미친 영향력은 타의 추종을 불허할 정도이며, 지금도 그렇다. 프로이트가 죽은 뒤 그의 치료 방법이 흔히 왜곡되어, 그의 의도와는 정반대로 변해버린 것은 그의 잘못이 아니다. 이 장에서는 또한 양심의 대안으로 개발된 두 가지 다른 사상체계, 곧 일본의 신도神道와 중국의 유교를 간략히 살펴본다.

5장은 우리를 원래의 출발점, 곧 양심이 제3제국에서 어떤 역할을 했는가, 또는 하지 않았는가 하는 물음으로 돌아오게 한다. 5장에서 나는 명령을 내린 자와, 명령을 실행에 옮긴 자와, 비교적 적은 수의 저항한 자를 구분했다. 6장은 양심을 세 가지 새로운 우상, 즉 보편적 인권, 건강, 환경에 묶어두려는 최근의 시도를 다룬다. 마지막으로 7장은 오랫동안 양심이라는 관념이야말로 헛소리라고 주장해 온 사람들을 살핀다. 바꿔 말하자면 인간은 단순히 기계일 뿐이며, 인간의 행동은 선택의 자유가 있는 내면의 목소리가 아니라 외부로부터 주어지는 자극, 긍정적이든 부정적이든 자극에 지배당한다고 보는 관점이다. 로봇공학과 두뇌과학의 급격한 발달을 염두에 둔다면 이런 관점은 아무래도 가장 중요한 문제다.

서문을 맺기 전에 참고한 연구와 관련해 한마디 하겠다. 늘 그렇듯 중요하다고 여긴 문제를 충분히 잘 이해할 수 있는 자료를 얻을 수 있으리라 나는 기대했다. 그러나 나는 이 주제를 포괄적으로 다룬 연구가 존재하지 않는 것을 발견하고 놀라곤 했다. 이런저런 사회, 이런저런 맥락, 이런저런 사상가가 양심이라는 문제를 다룬 연구는 분명 차고 넘쳐난다. 이 모든 연구를 활용하려는 시도는 백과사전을 펴내는 결과로 나타났으리라. 혹시 읽을 줄 아는 황소가 있다면 이 황소를 너끈히 죽이고도 남을 백과사전을. 결국 적지 않은 자료를 나는 제쳐두어야 했다. 무시했다는 말이 아니다. 헤아릴 수 없이 많은 아름다운 꽃 같은 연구들이고, 옛 자료와 특히 새로운 자료는 의심할 바 없이 더욱 세심히 들여다봐야 마땅했다. 이제 결과물을 선보이면서 나는 더 많은 자료를 다루지 않은 것을 독자가 너그러이 받아들여주기를 바랄 뿐이다.

1장

양심의 근원과
본성을 찾아서

구약과 유대교에서의 양심

헤르만 라우슈닝Hermann Rauschning(1887~1980)은 나치스 당원이었다가 이내 독일을 탈출해 몇 권의 반反나치스 책을 쓴 인물이다.* 그는 1932~1934년에 아돌프 히틀러Adolf Hitler와 많은 대화를 나누었는데, 한 번은 히틀러가 양심, 독일어로 '게비센Gewissen'은 "유대인이 지어낸 단어"라고 말했다고 증언했다. 히틀러는 자신의 사명이 세계에서 양심을 없애버리는 것이라고 말했다고 한다.[1] 이런 주장은 독창적인 것이 전혀 아니다. 이런 주장의 뿌리는 최소한 프리드리히 니체의 1887년 저작 《도덕의 계보학Genealogie der Moral》으로 거슬러 올라간다. 그렇지만 양심을 유대민족이 지어냈다는 히틀러와 니체의 주장은 이들의 속내와는 반대로 유대민족에게 최고의 찬사를 보낸 것이나 다름없다는 역설적 해석에 힘을 실어주곤 한다. 양심이야말로 인간을 야수와 구분해주는 가장 기본적인 특징이 아닌가?

---

* 독일의 정치가로 단치히 상원 의장을 지내다가 1932년 나치스당에 입당했으나 이내 회의를 느껴 독일을 탈출해 미국에서 정착했다. 그는 《히틀러와의 대화Gespräche mit Hitler》라는 책으로 세간의 이목을 끌었다.

히틀러든, 유대교 나아가 결국 기독교가 얼마나 놀라운지 보여주려는 사람이든, 양쪽 모두에 유감이지만, 진실은 구약성경에 양심이라는 단어가 등장조차 하지 않는다는 것이다. 창세기(3: 1~21)에 따르면 아담과 이브는 에덴동산에서 죄라고는 모르는 순수한 삶을 함께 살았다. 이들은 뱀의 유혹을 받아 선악을 알게 한다고 하는 나무의 금지된 열매를 따 먹었다. 그 결과 아담과 이브는 "신처럼 선과 악을 가려볼 줄 알았다". 열매를 먹은 아담과 이브는 눈이 떠졌다. "자기들이 벗은 줄을 알고" 무화과나무 잎을 엮어 허리에 두른 아담과 이브는 동산에서 추방되어 다시는 돌아가지 못했다.

어떤 이들은 헐벗었다고 해서 옷을 입는 것은 관습 그리고 또는 편의의 문제가 아니냐고 주장하리라. 어쨌거나 옷을 입는 것은 옳고 그름과는 별 상관이 없고, 많은 인종 집단의 사람들이 과거에 헐벗고 다녔으며, 여전히 그러는 종족도 있다. 진짜 문제는 성도덕이라고 주장하는 사람도 있다. 확신에 차 유일신을 믿는 사람들에게 성도덕은 떼려야 뗄 수 없이 죄와 맞물린다. 하나님은 성인이 서로 좋아서, 원할 때마다 좋아하는 방식으로 서로 동의해 즐기는 것을 금지시켰단다! 어쨌거나 옳고 그름을 구분하는 능력은 단지 양심의 전제조건일 뿐, 양심 그 자체는 아니다.

곧이어 나오는 가인이 동생 아벨을 죽인 이야기에서 여호와는 가인에게 이런 말을 한다. "네 아우의 핏소리가 땅에서부터 내게 호소하느니라." 가인의 문제는 자신의 죄를 충분히 잘 숨기지 못했다는 것뿐이다. 그는 양심으로 괴로워하지 않았다. 나중에 가인이 자신의 처벌을 두고 "내 죄벌이 지기가 너무 무거우니이다"(창세기 4:

13)라고 한 말 역시 참회는 아니었다. 구약성경에 등장하는 몇몇 다른 구절은 인간의 내부 장기, 특히 심장을 언급한다. 심장은 인간의 의지에 반해 그 죄를 기록해둔다는 것이다. "유다의 죄는 금강석 끝 철필로 기록되되 그들의 마음 판the table of their heart과 그들의 제단 뿔에 새겨졌거늘"(예레미야 17: 1). "여호와여 나를 살피시고 시험하사 내 뜻과 내 양심을hearts and kidneys 단련하소서"(시편 26: 2). "공의로 판단하시며 사람의 마음을reins [kidneys] and the heart 감찰하시는 만군의 여호와여"(예레미야 11: 20). 이 사례 가운데 어떤 것도 죄책감이나 참회를 다루지 않는다. 모든 텍스트가 말하는 바는 여호와는 인간 영혼을 직접 들여다보며, 죄지은 자가 자신의 생각을 얼마나 열심히 숨기든 개의치 않고 알아낸다는 것이다.

출애굽기 20~23장은 인간 사이의 관계를 다루는 법들의 긴 목록이다. 목록은 제5계명("네 부모를 공경하라")으로 시작해 하나하나 짚어나간다. 노예, 납치, 살인, 폭행, 과실치상, 간통, 강간, 사기, 수간, 돈놀이를 비롯해 낯선 사람과 과부와 고아를 어떻게 대해야 하는지 그 방법 등이 언급된다. 나중에 모세는 죽을 날이 가까웠음을 알고 신명기의 명령을 되풀이한다. 이스라엘 사람들이 자신의 유산을 저버리는 것은 아닐까 염려한 모세는 근엄하게 율법을 지키라고 강조한다(신명기 27: 15~26). 모세가 취한 서약을 어기고 앞서 언급한 죄 가운데 하나라도 범하는 사람은 누구든 '아루르arur' 될 것이라 한다. 통상적인 번역 "저주를 받으리라laid under a curse"로는 그 강력한 뉘앙스가 제대로 전달되지 않는다.

계율을 어기고 죄를 범하는 것과 관련해 흔히 쓰이는 세 개의 다른 용어는 '아본avon', '하타트hattat' 그리고 '아샴asham'이다. 이 세 단어는 모두 법적인 뜻에서 죄책감과 관련한 표현, 곧 책임감을 나타낸다. 모두 보상, 이를테면 제단에 바치는 제물이나 처벌이라는 형태의 보상을 통해 속죄를 요구하는 단어다. 현대의 어떤 연구자는 아샴이 고백을 요구한다는 의미를 가져 죄책감을 뜻할 수 있다고 해석했다.* 그러나 레위기와 민수기의 관련된 구절을 면밀히 읽어보면 이런 해석은 설득력을 잃는다. 실제로 그 연구자는 자신의 용어 해석이 "기존의 일반적인 개념"과는 다름을 인정했다.² 아샴은 내면의 가장 내밀한 목소리인 양심과 일치하지 않는다. 바로 그래서 시편의 저자로 추정되는 다윗이 신에게 유명한 간구의 기도를 올리지 않았을까. "하나님이여 내 속에 정한 마음을clean heart 창조하시고 내 안에 정직한 영을 새롭게 하소서"(시편 51: 10).

구약성경의 한 구절은 이렇다. "내 마음이 산란하며 내 양심이 찔렸나이다pricked in my reins"(시편 73: 21). 다른 구절(시편 16: 7)은 밤마다 "내 양심이 나를 교훈하도다torment of the kidneys"라고 말한다. 현대 히브리어에서 '신장이 찔렸다'거나 '신장에 느끼는 고통'은 가슴 아픈 회한을 의미하기는 한다. 그러나 구약성경 전체를 통틀어 우리가 정의하는 대로 '양심'을 가진 것으로 보이는 인물은 손에 꼽을 정도다. 그 첫 번째 인물은 요셉이다. 보디발의 아내가 요셉에게 같이 자자고 유혹하자, 그는 어찌 그런 "큰 악"을 저질러 하나님께 죄를 짓

---

* 이 연구자 제이콥 밀그롬Jacob Milgrom(1923~2010)은 종교학자로 레위기의 해석에 힘쓴 이스라엘 랍비다.

겠느냐고 말한다(창세기 39: 7~9). 두 번째 인물은 사울 왕이다. 사울 왕은 그가 수단과 방법을 가리지 않고 박해했던 젊은 숙적 다윗이 자신을 죽일 호기를 잡았음에도 그러지 않았음을 알게 된다. "사울이 이르되 내가 범죄하였도다 내 아들 다윗아 돌아오라 네가 오늘 내 생명을 귀하게 여겼은즉 내가 다시는 너를 해하려 하지 아니하리라 내가 어리석은 일을 하였으니 대단히 잘못되었도다 하는지라"(사무엘상 26: 21). 그 결과 두 남자 사이에는, 비록 오래가지는 않았을지라도, 평화가 깃들었다.

세 번째 인물은 다윗 자신이다. 어느 날 다윗은 용감한 여성 아비가일의 호소를 들었다. 아비가일은 다윗 발 앞에 엎드려 자신의 남편인 갈멜의 부자 나발을 죽이지 말아달라고 애원한다. 다윗은 보호해준 대가를 달라는 청을 나발이 거부하자 그에게 보복할 생각이었다. 아비가일은 남편이 시킨 것이 아니라 온전히 자신의 뜻으로만 이렇게 말한다. "내 주께서 무죄한 피를 흘리셨다든지[혹시 벌어졌을지 모를 살인] 내 주께서 친히 보복하셨다든지 함으로 말미암아 슬퍼하실 것도 없고 내 주의 마음에 걸리는 것도 없으시리니… 내 주의 여종을 생각하소서 하니라"(사무엘상 25: 31). 다윗은 곧장 아비가일이 말하는 뜻을 알아듣고, 그 말대로 따랐다. 나중에 나발이 거의 자연적인 원인으로 죽자, 다윗은 아비가일을 아내로 맞는다. 요컨대 다윗은 올바르지 않은 행동이 나중에 후회를 낳는다는 것을 이해했다. 다시 말해서 다윗은 양심을 가졌다.

이런 사례들은 맞춤한 것처럼 명쾌하다. 다윗은 선과 악 사이에서 분명한 선택을 했다. 그러나 다윗과 관련한 세 가지 다른 사례는 별로 그래 보이지 않는다. 그 첫 번째 사례를 보자.

> 그리 한 후에 사울의 옷자락 벰으로 말미암아 다윗의 마음이 찔려 자기 사람들에게 이르되 내가 손을 들어 여호와의 기름 부음을 받은 내 주를 치는 것은 여호와께서 금하시는 것이니 그는 여호와의 기름 부음을 받은 자가 됨이니라. (사무엘상 24: 5~6)

여기서 문제는 만약 다윗이 손을 들어 여호와의 기름 부음을 받은 사울 왕을 친다면, 주의 분노가 커질 것이라고 두려워한 나머지 사울을 죽이지 않았다는 것이다. 이는 곧 양심에 따른 선택이 아니라, 주의 화를 피하려는 계산이 깔렸음을 뜻한다.

두 번째, 여인 밧세바와 동침하고 그녀의 남편 우리아를 죽게 만든 뒤 다윗은 실제로 "내가 여호와께 죄를 범하였노라" 하고 인정했지만, 곧 선지자 나단이 나타나 분명한 표현으로 주께서 격노하여 벌을 내리리라 하고 말하는 대목이다. "여호와께서 또 이와 같이 이르시기를 보라 내가 너와 네 집에 재앙을 일으키고 내가 네 눈앞에서 네 아내를 빼앗아 네 이웃들에게 주리니 그 사람들이 네 아내들과 더불어 백주에 동침하리라"(사무엘하 12: 11). 그 때문에 다윗은 전통에 따라 시편 51편을 지어 "상하고 통회하는 마음broken and contrite heart"(17절)을 이야기하면서도 주께 "은혜를 베푸시기"(1절)를 간구한다.

다윗과 관련된 세 번째 사례는 그가 이미 수년간 이스라엘을 다스린 뒤의 일이다. "여호와께서 다시 이스라엘을 향하여 진노하사 그들을 치시려고 다윗을 격동시키사 가서 이스라엘과 유다의 인구를 조사하라 하신지라"(사무엘하 24: 1). 다윗이 이 명에 따라 오늘날 시리아와 요르단까지 포함하는 왕국의 인구를 조사해보니 여성과 아이를 제외한 남자가 130만 명에 달했다. "다윗이 백성을 조사한 후에 그의 마음에 자책하고 다윗이 여호와께 아뢰되 내가 이 일을 행함으로 큰 죄를 범하였나이다 여호와여 이제 간구하옵나니 종의 죄를 사하여주옵소서 내가 심히 미련하게 행하였나이다 하니라"(사무엘하 24: 10). 밧세바의 경우와 마찬가지로 다윗의 참회는 자발적이지 않다. 이날 아침에 다른 선지자 갓이 다윗에게 왕이 죄를 지어 신이 격노했노라고 이야기했기 때문이다. 그래서 다윗 왕은 마치 내가 키우는 강아지처럼 설설 긴 것이다. 처음에 다윗은 여호와가 명령한 것을 어겼다(출애굽기 30: 11~15).* 그런 다음 다윗은 용서를 구걸했다. 빌면 용서해주리라는 믿음으로 강아지처럼 꼬리를 흔들었다. 여호와의 태도와 관련해 말하자면 다윗을 백성을 다스리는 도구로 썼으며, 그런 다음 그가 명령에 충실하자 백성을 처벌했다. 이런 태도는 사이코패스라고밖에는 설명되지 않는다.

그러나 비록 유대교는 수많은 변형을 겪기는 했지만, 기독교와 이슬람에 직접적이든 간접적이든 여전히 상당한 영향력을 행사한

---

* 여호와는 인구조사를 할 때 반드시 속전贖錢을 바치라고 명령한다(출애굽기의 내용). 그러나 사무엘하에서 다윗은 여호와의 명령대로 인구조사는 했지만, 속전은 바치지 않았다. 다윗은 징병과 징세라는 현실적 이해타산으로 인구조사를 했기 때문에 양심의 가책을 받는다. 본문에서 저자가 지적하는 것은 다윗이 가진 이런 이율배반적인 면모이다.

다. 다양하게 변형되기는 했을지라도 여전히 히브리어가 쓰이고 있다는 사실이 이런 영향력의 증명이다. 히브리어가 계속 쓰이는 덕분에 우리가 관심을 가지는 개념이 어떤 본성을 가지며 어떻게 진화해왔는지 흥미로운 통찰이 가능해진다. 구약성경과 이후 등장한 유대교 문헌에서는 생각이 생겨나는 장기를 신장과 심장으로 표현한다. 현대 히브리어에서 '양심'을 나타내는 단어로 'matzpun(마츠푼)'을 언급하는 연구 자료도 분명 있기는 하다. 그러나 성경에서 이 단어는 '무엇인가 숨겨진 것'을 의미한다. 그 좋은 예가 오바댜 1장 6절이다. "에서가 어찌 그리 수탈되었으며 그 감춘 보물이 어찌 그리 빼앗겼는고." 그러니까 '숨겨진 것', '감춘 것'이라는 말은 인간을 선한 행위로도 악한 행위로도 이끌 수 있는 현대적 의미의 양심과는 다르다.[3]

기원전 3세기에서 2세기 사이에 만들어졌다고 알려진 구약성경의 그리스어 번역본인 이른바 '70인역 성경Septuagint' 전체를 보면 흔히 '양심'으로 이해되는 그리스어 단어는 단 한 번만 등장한다(전도서 10: 20). 그러나 이 경우조차 번역은 히브리어 원전과 맞지 않는다. 문맥이 명확히 보여주듯 이 단어는 양심이 아니라 '숨김' 또는 '프라이버시'를 뜻한다. 유대교가 왜 양심이라는 것을 발달시키지 못했는가 하는 이유는 유대교가 "소멸하는 불이시요 질투하시는 하나님이시라"(신명기 4: 24)에만 집중했기 때문이다. 하나님의 명령은 무엇이든 좋다. 하나님이 금지하는 것은 무엇이든 나쁘다. 유대교를 옹호하는 사람은 유대교의 이런 접근방식이 도덕이 아니라 율법을 중시했기 때문이라고 주장하리라. 그러나 단순히 하나님의 변덕에 근거한다는 비판은 끊이지 않는다.

그 대신 유대교는 두 가지 다른 관념을 선보인다. 첫 번째는 "사람의 마음이 계획하는 바가 어려서부터 악함이라"(창세기 8:21)는 것. 두 번째는 첫 번째 탓에 필수적이게 되는 회개다. 신이나 주변 사람과의 관계에서 나쁜 짓을 저지른 사람은 항상 그 행위를 뉘우칠 기회를 얻는다. 실제로 흔히 인용되는 탈무드의 유명한 구절은 이렇다. "회개한[글자 그대로 '돌아선'] 사람은 전혀 죄를 짓지 않은 사람보다 더 소중하다." 흔히 거론되는 이유는 살아온 길을 바꾸는 게 오래된 길만을 고수하는 것보다 훨씬 어렵기 때문이라는 점이다.

구약성경은 개인이나 집단이 "주의 눈에 사악함으로 보이는 것"을 저지른 뒤 바로 혹은 어느 정도 시간이 흐른 후에 태도를 바꾸기로 결정한 이야기들을 상당히 많이 담았다. 그들은 독자적으로 일을 벌이기는 하지만, 대개는 신이 표출한 명령, 이런저런 선지자가 전해주는 명령에 따라 행동한다. 이 선지자들, 유명하든 좀 덜 유명하든 이 선지자들은 사람들에게 참회할 것을 요구하며, 회개하지 않으면 무슨 일이 일어날지 피가 얼어붙게 만드는 묘사로 그들을 주의 길로 돌려보낸다. "여호와의 날이 이르리라 그날에 네 재물이 약탈되어 네 가운데에서 나누이리라. 내가 이방 나라들을 모아 예루살렘과 싸우게 하리니 성읍이 함락되며 가옥이 약탈되며 부녀가 욕을 당하며 성읍 백성이 절반이나 사로잡혀 가려니와 남은 백성은 성읍에서 끊어지지 아니하리라"(스가랴 14:1~2).

구약성경이 두 개의 중요한 경전, 곧 우리가 도덕적 삶이라고 부르는 것을 주에 순종하는 지혜로운 삶과 동일시하지 않는 잠언과 전도서도 포함한다는 점은 인정한다. 그러나 그런 삶은 단 한 번의 결심으로 나타나지, 도처에 만연한 유혹에 맞서는 지루한 싸움으로 묘사되지는 않는다. 그럼에도 분명한 경고의 목소리가 없지는 않다. "악인은 땅에서 끊어지겠고 간사한 자는 땅에서 뽑히리라"(잠언 2: 22).[4] 어쨌거나 대다수 정통 유대교인의 눈에 잠언과 전도서는 모세5경만큼 중요하지는 않다. 유대교 회당 시너고그에서 안식일마다 공식적으로 읽히는 성경은 구약성경 전체가 아니라 모세5경일 따름이다. "이것이 네 손의 기호와 네 미간의 표가 되리라"(출애굽기 13: 9, 13: 16, 신명기 6: 8).

짐작하건대 인간이 자유의지로 회개하지 않는다고 보았기 때문에 레위기는 매년 속죄의 날을 정해 지키도록 한 모양이다.

> 너희는 영원히 이 규례를 지킬지니라 일곱째 달 곧 그 달 십 일에 너희는 스스로 괴롭게 하고 아무 일도 하지 말되 본토인이든지 너희 중에 거류하는 거류민이든지 그리하라. 이날에 너희를 위하여 속죄하여 너희를 정결하게 하리니 너희의 모든 죄에서 너희가 여호와 앞에 정결하리라. 이는 너희에게 안식일 중의 안식일인즉 너희는 스스로 괴롭게 할지니 영원히 지킬 규례라. 기름 부음을 받고 위임되어 자기의 아버지를 대신하여 제사장의 직분을 행하는 제사장은 속죄하되 세마포 옷 곧 거룩한 옷을 입고, 지성소를 속죄하며 회막과 제단을 속죄하고 또 제사장들과 백성의 회중을 위하여 속죄할지니, 이는 너희가 영원히 지킬 규례라 이스라엘 자손의 모든 죄를 위하여 일 년에 한 번 속죄할 것이니라. (레위기 16: 29~34)

나중의 해석, 아마도 기독교에 영향을 받았을 해석은 죄를 짓지 않은 사람은 우리 인간 가운데 아무도 없다는 전제를 그 바탕에 깔고 있다. 주변 사람을 상대로 저질러진 죄는 배상이나 보상 그리고 용서를 구하는 통상적인 수단으로 씻어진다. 그러나 모든 것을 굽어보시며 그 어떤 것 하나 간과하는 일이 없는 하나님을 상대로 저질러진 죄는 그렇게 되지 않는다. 인간은 죄로 얼룩진 행동을 어떻게 주님에게 용서해달라고 할 수 있을까? 그 방법은 금식과 기도이며 용서를 간구하는 것이다. 이런 이유로 회개는 연례행사로 제도화했다. 그러나 명령을 수행하듯 매년 한 번 이루어지는 회개가 양심이라 불릴 수 있을까?

게다가 최악은 믿는 사람들에게 하나님이 요구하고 또 그 스스로 행하는 일의 많은 것이 불합리하거나 심지어 모순된다는 점이다.[5] 실제로 구약성경 전체의 많은 부분, 특히 욥기는 사람들에게 이런 불합리함과 모순을 납득시키거나 받아들이게 만들려고 노력한다. 그럼에도 주의 명령에 의문을 제기하는 것은 금지되었다. 유대교의 이런 기본 틀은 '신정theonomy'이라는 개념으로 알려져 있다. 이 개념은 신을 뜻하는 그리스어 '테오스theos'와 법을 뜻하는 '노모스nomos'가 합쳐져 만들어진 것이다. 이런 신정의 기본 틀을 형성하는 명령의 목적은 정확히 사악함이 인간의 심장을 파고들어 우위를 차지하지 못하도록 막는 것이다. 명령은 일종의 댐으로 비유되어왔는데, 항상 홍수로 범람할 위험이 있으며 어떤 희생과 대가를 치르고서라도 지켜져야만 한다. 이런 모든 측면은 개인이 자율적인 양심을 키울 여지를 남겨놓지 않는다. 어떤 이들은 도덕성을 위한 여지도 별로 남겨두지 않는다고 주장한다. 그 분명한 사례는 여호수아서다. 이 책에서 하나님은 제재를 가할 뿐만 아니라 이스라엘 국민에게 최악의 부도덕한 행위를 하라고 정확히 명령까지 내린다. 그 좋은 예가 점령한 성 안에 있는 모든 것을 온전히 바치되 남녀노소와 소와 양과 나귀를 칼날로 멸하라는 명령이다. 양심을 가진 사람이라면 이런 명령을 거부해야 마땅하지 않을까?

무조건적으로 복종하라는 요구는 유대인의 관습을 구성하는 수만 가지 계명이 왜 그토록 세세하게 규정되었는지를 설명해준다. 이를테면 월경 동안과 이후 여성 위생을 통제하는 규정이 책의 200쪽을 차지한다. 서기 2세기와 3세기에 걸쳐 시작된 랍비의 과제는 그 수많은, 흔히 아주 복잡하고 난해한 명령의 정확한 의미를 정리하는 것이었다. 몇몇 명령은 사소하기까지 하다. 이를테면 안식일에 여성이 어떻게 화장해야 하는지 같은 것이다(파우더는 써도 되지만, 향유를 바르는 것은 금지되었다). 다른 명령은 죽음을 부를 정도로 심각하다. 어떤 조건에서 유대인은 주의 명령을 위반하느니 스스로를 처형해야 할까? 오랜 세월에 걸쳐 헤아릴 수 없이 많은 이와 비슷한 물음이 유대인 세계 전체의 랍비들에게 던져졌고, 랍비들은 답을 하기에 앞서 구약성경과 탈무드를 샅샅이 뒤지고 서로에게서 의견을 구했다. 이런 과정은 지금도 진행 중이다. 새로운, 이른바 '질의응답'이라는 두꺼운 책이 계속 출간되고 있다. 최근에는 전체 문헌이 인터넷에 업로드되어 쉽게 접근할 수 있게 되었다. 이런 모든 노력은 학적인 연구와 온갖 궤변의 여지를 많이 만들어내지만, 개인의 내면 목소리, 곧 양심에는 별다른 여지를 남겨놓지 않는다.

그 이후의 몇몇 유대 전통은 하나님의 자비로움에 더욱 많은 공간을 허락한다. "여호와라 자비롭고 은혜롭고 노하기를 더디 하고 인자와 진실이 많은 하나님이라. 인자를 천 대까지 베풀며 악과 과실과 죄를 용서하리라." 그래도 실수는 용납되지 않는다. "그러나 벌을 면제하지는 아니하고 아버지의 악행을 자손 삼사 대까지 보응하리라"(출애굽기 34: 6~7). 기본적인 전제는 항상 같은 것으로 남는다. 곧 신이 계시하는 진리와 처벌은 명확하지만, 그에 수반하는 심장이나 신장의 설득은 비교적 허술하다. 인간은 항상 자신의 행동을 정당화할 방법을 어떻게든 찾아내려 한다. 모든 시대를 통틀어 가장 위대한 유대인 현자 가운데 한 명인 마이모니데스Maimonides(1135~1204)*는 그래서 이런 말을 했다. "신의… 명령을 받아들이고 꼼꼼하게 이를 지키는 사람은 누구든 의인이다… [그러나] 이는 오직 신의 명령이기 때문에 그것을 받아들인 경우일 뿐이다"[강조는 필자].⁶ 달리 말해서 유대인은 오로지 자신의 종교에만 **충실해야** 한다. 종교를 지키기 위해 매일 치르는 의례에 비하면 그들이 무엇을 믿는가는 — 심지어 믿지 않는가는 — 부차적인 문제다. 신의 명령에 순종하는 것은 틀림없이 양심을 불필요한 것으로 만든다.

독일의 철학자 아르투어 쇼펜하우어Arthur Schopenhauer는 사람들이 흔히 양심을 자신이 속한 종교의 율법과 혼동한다고 말한 바 있다.⁷ 최근의 몇몇 연구는 종교를 가진 사람은 믿지 않는 사람에 비해

* 유대인 철학자이자 의사로 스페인에서 태어나 카이로로 망명해 그곳의 유대교단을 이끈 인물이다.

이타적 행동을 신의 명령에 따르는 것, 신을 뒷받침하는 것처럼 여긴 다는 점을 주목한다.[8] 바꿔 말해서 종교는 양심의 부모가 아니라, 양 심의 대안이다. 오늘날까지 정통 유대교도가 이웃의 벽에 붙여놓는 전단지나 플래카드를 읽어보면 공동체가 범했다는 죄의 목록이 등 장하곤 한다. 이런 목록은 '테슈바teshuva', 곧 회개를 요구할 뿐, '마츠 편'은 전혀 등장하지 않는다.

유대교는 20세기 초에 들어서야 비로소 변화하기 시작했다. 이 런 변화는 어느 정도는 세속화 과정을 통해, 어느 정도는 20세기 초 에 갓 출현한 시오니즘으로 촉발되었다. 물론 세속화 과정과 시오니 즘은 서로 연관이 있다. 세속화란 신의 명령을 늘 해오던 대로 고수 하고 복종해야 한다고 주장하는 정통파를 제외하고, 신의 명령을 대 체할 적당한 대안을 찾자고 하는 흐름을 뜻한다. 세속화 과정의 한 부분인 시오니즘은 히브리어를 되살리고, 현대 사회와 국가의 요구 를 충족시키려 하는 운동이다.

이런 노력에 맞추어 언어학자들은 양심의 개념에 맞는 단 어, 다른 유럽 언어에서 쓰는 '컨션스conscience'(영국), '콘스시엔차 conscienza'(이탈리아), '게비센'(독일) 등과 같은 뜻을 가질 단어를 찾기 시작했다. 결국 요제프 브레너Yosef Brenner(1881~1921)*라는 이름의 작가가 '마츠편'에 주목해 원래 뜻과는 판이한 새로운 의미를 부여하 게 되었다. 나중에 현대 히브리어는 '양심의 고통'과 '양심의 괴로움' 과 '깨끗한 양심'이라는 표현을 쓰기 시작했다. 이런 모든 표현은 다

* 러시아 태생의 유대인으로 히브리어로 소설을 쓴 작가이자 언어학자이며 번역가이다.

양한 유럽 언어로부터 받아들인 것이며, 전통적인 유대인 사고방식보다는 비유대적인 유럽의 그것을 반영한다. '마츠편'이 새로운 의미를 얻었을 때, '아샴'도 비슷한 과정을 겪어 변화했다. 그러나 '아샴'과 상대적으로 가까운 '아본'과 '하타트'는 그대로 남았다. '아샴'의 원래 뜻인 법적 책임에 현대 히브리어는 '죄책감', 바꿔 말해서 양심을 덧붙였다.

요컨대 총통이 틀렸다. 유대인이 양심을 만들었다며 유대인을 절멸시키려 한 것은 오로지 그의 범죄다! 히틀러가 유대인의 양심 운운한 말, 또는 그렇게 말했다는 주장과는 반대로 유대인은 양심이라는 개념을 기독교로부터 받아들였다. 또는 더 정확히 말하자면 19세기에 게토를 마침내 벗어나면서 함께 어울려 살았던 기독교인들로부터 유대인이 양심을 받아들인 것이지, 그 반대가 아니다. 전통적인 유대교는 양심에 관심조차 가지지 않았다. 19세기 후반까지만 하더라도 악행을 저지르려 하거나 이미 저지른 유대인은 무엇보다도 신의 율법을 두려워했다. 이 율법은 도덕적 이해의 원천인 경전을 통해서, 또는 예언자, 성직자 그리고 나중에는 이런 경전을 연구하고 해석할 책임을 가진 랍비의 입을 통해서만 전해졌다.

양심과 마찬가지로 신의 율법 역시 참회로 이끌 수 있으며, 때로는 이끌기도 했다. 그러나 양심은 그 어떤 처벌을 뜻하지 않으며, 셰익스피어의 '암살자'가 말하는 것처럼 보상과는 별개의 문제다. 지극히 다양한 방식으로 섭리하는 신의 율법은 다르다. 신이 흡족해하면 양 떼와 소 떼, 전답과 많은 자녀라는 결과가 따른다. 오늘날에는 교회에 헌금을 가져다 바치며 신 앞에 머리를 조아리는 사람은 아름다운 집과 값비싼 자동차와 성공적인 주식투자와 전 세계 각지의 명승지에서 누리는 휴가를 의심할 바 없이 얻는다. 이런 보상이 주어지지 않은 것은 주께 갈구하지 않아 용서를 받지 못한 탓으로 하나님의 무서운 칼날이 현세든 내세든 처벌을 내린다. 바로 이로 미루어볼 때 순전한 신앙을 가진 사람은 계명을 경청하고 그대로 행하는 것이 중요하지, 양심은 전혀 문제가 되지 않는다고 말한다.

호메로스에서 아리스토텔레스까지

통념과는 반대로 유대교는 성경의 관점이나 이후 보여준 다른 관점으로도 오늘날 서구 문화의 양심 개념을 설명하지 못한다. 역사를 통해 유대 문화의 이후 관례들이 비非유대세계에서 격하게 거부당했다는 점을 생각하면 양심이 유대교에 뿌리를 두었다는 주장은 더욱 설득력을 잃는다. 그렇다면 양심 개념의 뿌리는 대체 어디에 있을까? 아마도 이 물음의 답에 몇몇 독자는 놀라움을 금치 못하리라. 양심의 기초는 유일신 종교가 아니라 그리스와 로마의 이른바 '이교도 문화'에서 찾아진다. 나치스가 항상 고대 그리스에 호감을, 특히 호전적인 스파르타에게 호감을 느꼈던 것을 생각하면, 이런 정황은 정말 아이러니하다.

양심의 뿌리가 이교도 문화에 있다는 말이 처음부터 그 문화에서 양심이라는 단어가 쓰였다거나, 오늘날 우리가 쓰는 양심과 뜻이 같았음을 의미하지는 않는다. 프리드리히 니체를 시작으로 많은 논평자들은 호메로스Homeros의 시가 성경과 더불어 누천년의 세월 동안 서구 문화의 원천으로 여겨져왔지만 양심이라는 주제와 관련해 아무것도 말해주지 않는다고 지적한다.[9] 호메로스의 시는 실제로 선, 곧 '아가토스agathos'와 악, 곧 '카코스kakos'를 구분하기는 한다. 그러나 이런 용어들은 강자의 약탈로부터 약자를 보호해주는 것과 아무런 관련이 없다. 현실은 그 정반대라고 니체는 말한다. '아가토스'는 군인과 귀족이라는 지배계급이 자기 자신을 위해 선점한 특성이다. 다시 말해서 지배계급은 자신이 '아가토스' 하기 때문에 피지배계급인 너희보다 더 건강하며, 더욱 강하고, 두려움을 갖게 만들며, 보다 더 힘이 세다고 눈을 부라린다. '카코스'는 피지배계급과 노예의 특성이다. 결국 역겨워서 가여우며, 가여워서 역겨운 사람을 싸잡아 부르는 말이 '카코스'다. 아름다움을 뜻하는 '칼로스kalos'와 추함 혹은 기형을 나타내는 '아이스크로스aischros'도 마찬가지다. 실제로 그리스인의 생활과 생각, 특히 고대 그리스인의 생활과 생각에서 '칼로스'와 '아가토스'는 서로 밀접하게 맞물려서 하나의 단어로 결합되었다.[10]

고대 그리스의 선과 악은 유대교와 나중의 기독교에서처럼 신이 확정해준 것이 아니다. 인간은 선과 악을 가려보기 위해 사과를 먹고 눈을 뜰 필요가 없었으며, 선과 악을 분리하는 방법을 말해주는 하늘이 정한 율법을 받을 필요도 없다. 그 대신 귀족계급은 선과 악을 자신을 위해 **창조해냈다**. 이런 창조를 통해서만 그들이 인간다움을 표현한 것은 아니다. 그전에도 자신의 잠재력을 발견하고 이를 풀어내려 분투하려는 인간다움은 존재했다. 이런 도식에서 볼 때 '좋음'은 탁월함, 용기를 포함해 지배하려는 욕망, 타인보다 더 강해져 정복하고 지배할 수 있는 신체적 기량과 같다. '나쁨'은 비겁함이며 '좋음'을 포기하게 하고, 보다 더 중요한 측면에서 보자면, 그래야 마땅한 경지에 이르지 못하게 하는 일종의 비열한 태도다. 내가 이 글을 쓰며 참조한 니체에 따르면, 이처럼 인간다움을 세우기 위해 선과 악을 구분하는 태도는 '노예의 도덕'과 양심으로 타락하지 않은 건강한 정신의 표시다.

인간 사이의 관계에서 진리인 모든 것은 인간과 신의 관계에도 적용되어야 마땅하다. 예를 들어 《일리아드*Iliad*》의 첫 권에서 아폴론은 그리스 사람들에게 격노한 나머지 그들 사이에 역병이 퍼지게 한다. 아폴론이 격노한 이유는 아가멤논 왕이 아폴론을 섬기는 사제이자 첩인 카리테스의 딸을 취했기 때문이다. 신은 인간과 똑같이 자신이 가진 것을 지켜야만 한다. 이 긴 이야기에서 죄나 양심이라는 단어는 단 한 번도 헛되이 쓰이지 않는다.[11] 제우스의 아내 헤라와 그의 형제 포세이돈 그리고 그의 딸 아테나는 트로이를 증오한 나머지 이 도시를 파괴하기로 작정한다. 그러나 이는 트로이의 불행한 시민이 가졌을 수 있는 덕목이나 악덕과는 전혀 상관이 없다. 아테나가 헥토르를 싫어해 아킬레우스를 적극적으로 도와 그를 죽이게 한 것은 헥토르가 나쁜 사람이어서가 아니라, 오히려 실제로 헥토르가 매우 좋은 사람이기 때문이었다.

아킬레우스가 헥토르의 시신을 능멸한 것은 물론이고 아킬레우스와 그의 동료 전사들이 무방비의 도시를 수도 없이 공격하고 황폐하게 만들며 남자들을 죽이고 여인들을 끌고 가 노예로 삼은 것을 비난하는 말은 단 한 마디도 나오지 않는다. 그런 공격은 그저 일상생활의 일부였다. 사람들이 이런 참상을 두고 개탄할 수는 있다. 그러나 운명이 정해버린 것은 신이라 할지라도 바꿀 수 없다. 호메로스의 인물들이 자비를 베풀 줄 몰라 그런 것은 아니다. 파트로클로스는 가족을 잃은 여인 브리세이스를 위로한다. 아킬레우스는 죽은 아들의 시체를 돌려달라고 애걸하는 프리아모스 왕을 친절하게 대한다. 파이아케스의 공주 나우시카는 난파한 오디세우스를 보고 두려움을 무릅쓰고 돕는다. 나중에는 그녀의 아버지 알키노오스도 오디세우스를 돕는다.[12] 네 사람 가운데 누구도 자신의 행동에 그 어떤 보상을 기대하지 않았다. 나우시카와 알키노오스는 제우스가 정해준 법도, 곧 손님을 친절히 대접하라는 법도를 지켰을 뿐이라고 나우시카는 말한다.

니체의 유명한 구절을 빌려 말하자면 지금 우리가 보고 있는 것은 분명 피안의 세계이거늘, 선과 악이 뒤엉킨 모습은 현세 못지않게 어지럽다. 이 세계는 아직 양심이라는 것이 등장하지 않은 곳이다. 내가 찾아낸 것은 '아이도스aidos'로, 번역하기가 무척 어려운 개념이다. 여인에게 적용해 말하자면 순결 혹은 정숙을 뜻한다. '아이도스'는 부적절한 성적 행위에 빠지지 않게 막아주는 것으로, 일반적으로는 여성이라는 성별에 걸맞지 않은 공격적이거나 도발적 태도로 간주되기도 한다. 예술에서 아이도스는 외투로 몸을 감싼 여인이 머리를 숙이고 시선을 낮춘 형상으로 묘사된다. 에우리피데스Euripides(기원전 480~406)의 작품《파이드라Phaedra》에서는 아이도스가 간통을 범하는 것을 막아준다. 같은 작가의 작품《이온Ion》에서 여주인공 크레우사는 자신이 잘못하지 않았는데도 강간을 당해서, 또는 좀 덜 잔인한 해석에 따르면 아폴론에게 유혹을 당해서 아이도스를 느낀다. 오늘날에도 무엇이 강간이며 뭐가 유혹인지 말하기가 항상 쉬운 것은 아니다. 이 개념은 고대 그리스와 아테네 고전기를 거치며 오랫동안 살아남았다. 요컨대 여성의 아이도스는 항상 강력한 에로스 요소를 가진다. 같은 뜻을 가진 라틴어 단어 '푸디시티아pudicitia'도 마찬가지다.**13**

남자의 경우 상황은 더욱 복잡해진다. 여자의 경우 아이도스는 부끄러움, 특히 성적인 맥락에서 부끄러움을 뜻한다. 실제로 남성과 여성을 아울러 성기를 나타내는 그리스어는 '아이다aida', 곧 '부끄러운 부분'이다. 이런 종류의 아이도스를 보여주는 좋은 예는 파이아케스의 공주 나우시카와 그녀의 하녀들 앞에서 자신의 벌거벗은 몸을 감추려 허둥대는 오디세우스다.**14** 오늘날 우리 대다수는 부끄러움이라는 느낌을 공유하며, 공중의 시선으로부터 지극히 개인적인 부분을 가리려 안간힘을 쓴다. 차이가 있다면 우리는 이런 맥락에서 양심을 거의 생각하지 않는다는 점이다. 만약 내가 벌거벗고 거리를 돌아다닌다면, 그것은 내가 나쁜 인간이어서가 아니라, 자제력이 없기 때문이다. 그러나 그리스 남성의 아이도스는 성격이 다르다. 그것은 일종의 부끄러움으로서, 사회에서 명예롭다고 여기는 행동을 하도록 도와주고, 그에 반하는 행동을 예방하는 것이다.**15**

아이도스를 존중하기 위해 남자들은 이중의 부담을 진다. 어떤 남자들은 부끄러움이라고는 모른다. 페넬로페의 구혼자들은 명예를 무시했으며, 막대한 부를 가진 여인의 손을 차지하기 위해서라면 무슨 일이든 서슴지 않았다. 훨씬 더 뒤에 로마의 황제 칼리굴라Caligula는 자신은 부끄러움이라고는 모른다고 공공연히 떠벌렸다.**16** 그러나 아이도스는 보통 대다수 남자가 가장 크게 느끼는 것이다. 문제는 선과 악의 충돌이 아니라, 명예와 이권 사이의 충돌이다. 그 결과 아이도스는 이득을 취하기 위한 행동을 가로막는 장애물이 된다. 《일리아드》의 한 대목에서 영웅 디오메데스는 위험한 정찰 임무에 나서려 한다. 디오메데스가 의견을 구하자 아가멤논 왕은 그에게 아이도스로 판단을 흐리는 일이 없도록 하라고 충고한다. 정찰에 가장 적합한 사람을 수행원으로 고르되, 사회적으로 동급의 사람은 피하라는 것이 충고의 골자다. [17] 아이도스는 결투를 청하는 헥토르의 도전을 받아들이지 않는 것을 아카이아 남자들이 "부끄럽게" 여겼듯이 두려움을 이겨내고 위험에 맞서게 해주는 경우가 더 잦았다. [18] 《일리아드》의 끝부분에서 헥토르의 아이도스는 트로이 군대에게 성벽 뒤로 퇴각해 숨느니 떨쳐 일어나 아킬레우스와 싸우라고 명령하게 만들었다. 그 결과는 헥토르 자신의 죽음으로 정점을 찍은 파국이다. [19]

남자의 이런 결정 가운데 어느 것도 도덕성, 곧 우리가 이해하는 양심과는 거의 관련이 없다. 첫 번째 경우 과도한 아이도스는 페넬로페에게 구혼한 남자들을 실패로 이끌 수 있다. 나머지 세 경우에서는 정반대로 불충분한 아이도스 탓에 불명예스러운 결과가 나올 수 있다. [20] 아카이아의 영웅들은 막강한 헥토르와의 싸움을 피하고서도 어떻게 다른 사람의 얼굴을, 무엇보다도 자신의 얼굴을 볼 수 있었을까? 왜 헥토르는 아킬레우스와의 싸움이 자신의 죽음으로 끝나리라는 것을 잘 알면서도 전장에서 그와 마주치는 것을 피하지 않았을까? 결국 싸움 직전에 헥토르는 아내 안드로마케에게 전쟁은 남자의 일, 특히 자신의 일이라고 다짐했다. [21] 우리는 흔히 굴욕을 살아남기 위해 치르는 작은 대가라고 생각한다. 살아 있는 개가 죽은 사자보다 낫다는 말도 있지 않은가. 호메로스의 서사시, 특히《일리아드》는 문제를 다르게 본다. 그 핵심 메시지는 정해진 운명은 아무도 피할 수 없다는 것이다. 아이도스는 영웅과 평범한 사람을 구분해주며, 인생을 살 만한 가치를 가진 것으로 만들어준다.

천년을 훌쩍 넘기는 고대 그리스·로마 시대를 통해《일리아드》와《오디세이아》는 필독서의 지위를 누렸다. 완전하게든 단편적으로든 살아남은 텍스트는 이 시대의 다른 문학작품을 다 합친 것보다도 더 많았다. 플라톤Platon은 두 작품을 인용했으며, 아리스토텔레스Aristoteles는 제자 알렉산드로스 대왕Alexandros III에게 두 작품을 가르쳤다. 교육받은 사람들은 두 작품을 꼭 읽어야 했으며 작품에 등장하는 영웅을 모범으로 삼았다. 이 모든 것은 두 작품이 만들어낸 영향력이 얼마나 강력했는지 증명해준다. 호메로스보다 나중에 작품을 쓴 시인 헤시오도스Hesiodos 역시 아이도스를 명예와 유용성 사이의 충돌로 이해했다. 그렇지만 호메로스와 달리 헤시오도스는 아이도스가 전적으로 "좋은 감정"을 따르느냐 아니냐 하는 문제가 아니라는 몇몇 언급을 한다. 그 대신 아이도스는 제우스가 정해준 대로 정의의 원칙 또는 정의의 여신 디케와 결부되었다. 예컨대 손님과 탄원하는 사람을 존중해주는 것이 정의이다. 정의를 어기는 사람은 복수의 의인화로 가장 잘 알려진 여신 네메시스의 손에 처벌을 받게 된다. 호메로스와의 차이점은 헤시오도스는 아이도스를 귀족과 권력자가 아니라, 지위가 낮은 약자를 위해 썼다는 사실이다. 헤시오도스는 아이도스를 가난한 사람이 인생의 목표를 이루도록 도와주는 것으로 이해한다.[22] 또 동생 페르세스에게 아이도스를 잊어버리고 소매를 걷어붙이고 살기 위해 일하라고 권유한다.

플루타르코스Plutarchos는 개혁자 솔론Solon(기원전 약 638~558)이 젊은 시절 낭비벽이 심했던 아버지에게서 아무것도 물려받지 못했다고 전해준다. 친구들은 기꺼이 도우려 했으나, 솔론은 도움을 청하는 것을 "부끄러워했다". 그 대신 그는 장사에 뛰어들어 널리 여행을 다니면서 경험을 쌓으며, 장차 개혁자로서 맞게 될 역할을 준비했다.[23] 한참 뒤에 솔론은 시를 한 편 썼다. 이 시는 그리스의 양심 개념과 오늘날 우리의 그것 사이에 상당한 차이가 있음을 보여준다. 솔론은 자신이 맡은 임무를 훌륭히 수행해 아테네에 새로운 법체계를 마련해준 뒤 법이 확고히 자리 잡도록 자신은 도시를 떠나 외국으로 갔다. 그러나 몇몇 사람들은 도시의 통치자로 올라설 수 있게 보장된 예외적인 권력을 사용하지 **않은** 솔론을 보고 비웃어댔다. 이런 비웃음은 바꿔 말해서 그가 그리스 (남자) 인생의 본질인 격렬한 무한 경쟁에서 벗어나려 한 겁쟁이라는 비난이다. 솔론은 답장을 써서 자신은 '부끄러워할' 이유가 전혀 없다고 했다. 비록 대중의 의견과 배치될지라도 자신은 명예롭게 행동했다면서.[24] 현대의 어떤 학자에 따르면 이것이 그리스 문학에서 아이도스를 '다른 사람이 말하는 것'과 자신의 내면 목소리 사이의 충돌이라는 뜻으로 쓴 첫 사례다.[25]

기원전 5세기 아테네를 필두로 그리스 도시국가들은 점차적으로 민주적인 정치를 펼쳤다. 평민이 정치에 참여할 길이 열리고 심지어 최고위직에 오를 수 있게 되자, 한편으로 아름답고 좋은 귀족과 다른 한편으로 추하고 나쁜 하층계급이라는 대비는 그 힘을 잃어갔다. 기원전 472년 작품인 아이스킬로스Aeschylos의 비극《페르시아 인들Persai》에서 아이도스는 평민이 다리우스 왕 유령의 얼굴을 보기 꺼려하는 '두려움'과 밀접하게 맞물린다. 혹자는 이 연극을 보며 허락을 받지 않고 페르시아 왕 앞에 나서는 사람은 목숨이 위태로울 수 있다고 말하는 구약성경 에스더의 구절을 떠올린다.[26] 달리 말해서 아이도스는 이런 정치 변화에 발맞추어, 초기에는 높은 사회적 지위와 맞물렸던 것에서 풀려나기 시작했다.

아이도스나 그로부터 갈라져 나온 파생어, 곧 나중의 '양심'이라는 개념과 부합하지 않거나 부분적으로만 일치하는 단어를 쓰는 그리스 문헌, 특히 고대 그리스 문헌 목록은 끝없이 늘어난다. 아마도 양심과 비슷한 것을 가졌다고 인정되는 최초의 문학 속 인물은 소포클레스Sophocles의 '오이디푸스 왕'인 듯하다. 그렇지만 이 경우에도 의문의 여지는 있다. 극의 구성에 따르면 오이디푸스의 아버지 라이오스는 친아들의 손에 죽을 운명이라는 신탁을 듣는다. 그러자 라이오스는 갓난아기 오이디푸스를 버리라고 하지만, 고대 신화에서 흔히 그렇듯, 아기는 다른 이에게 맡겨져 코린토스 왕궁에서 성장한다. 나중에는 오이디푸스 자신이 아버지를 죽이고 어머니와 결혼할 운명을 타고났다는 유명한 델포이 신탁을 듣는다. 두려움에 사로잡힌 오이디푸스는 자신의 운명을 피하고자 그가 자란 코린토스를 떠난다. 그러나 길을 가다 싸움에 휘말린 오이디푸스는 낯선 남자를 죽인다. 나중에 그는 그 낯선 남자의 아내와 결혼한다. 진실이 밝혀지고 세 사람 모두의 정체가 드러나자, 심지어 모든 것을 굽어보는 신 태양조차 죄지은 자의 모습에 모욕을 느꼈다.

아이도스라는 단어는 사용되지 않았다. 그러나 오이디푸스는 가장 강렬한 죄책감과 회한을 경험한 것이 분명하다. 누군가 자신을 보는 것도, 자신이 세계를 보는 것도 싫은 나머지 그는 자신의 눈을 파내버렸다. 여기서 작동하는 것은 자신을 보는 세상의 평판과 이 평판을 똑바로 바라보지 못하는 무능함 사이의 해묵은 갈등이다. 그러나 왜 그는 이렇게 느껴야 할까? 그가 의식적으로 옳은 일보다 나쁜 일을 선호한 것은 분명 아니다. 오이디푸스가 친부를 살해하고 근친상간을 범한 것은 고의가 아니었다. 반대로 신탁을 듣고 그는 어떤 기준으로 보아도 가장 악한 행동을 저지르는 것을 피하려 할 수 있는 최선을 다했다. 그의 실패는 운명으로 미리 예정되었다. 왜 피할 수 없는 일에 책임을 져야 할까? 자신도 모르게 저지른 죄가 실제로 범죄일까? 아니면 이 비극은 우리에게 프로이트가 무의식이라 부른 의식의 층위가 있어서 오이디푸스가 어떤 일이 일어날지 이미 의식하고 있었다는 말을 하려는 것일까? 극이 말하고자 하는 진짜 메시지는 신탁으로 모든 것이 예언되고 실행되었다면, 오이디푸스는 **항상** 어떤 일이 벌어질지 알고 있어야 했거나, 알아야 마땅했거나, 또는 이미 알면서 그런 일을 저질렀다는 것일까?

소포클레스의 이 비극에서 오이디푸스의 딸 안티고네는 정반대의 길을 걷는다. 많은 비극의 등장인물과 마찬가지로 안티고네, 본래 '굽힘 없음'이라는 뜻을 가진 이름인 안티고네는 갈등에 사로잡힌다. 안티고네는 테베의 왕 크레온에 대항해 봉기를 이끌다가 죽음을 당한 오빠 폴리네이케스의 시신을 묻어주고 싶어 한다. 그러나 크레온은 새와 동물이 폴리네이케스의 시신을 파먹도록 내버려두라고 명령했다. 매장이라는 통상적인 제례의 불허는 죽은 자의 영혼이 절대 평안을 누리지 못하는 것을 뜻하기에 크레온의 명령은 정말이지 끔찍한 처벌이었다. 이런 명령을 내린 이유는 크레온이 권위를 세울 필요를 느꼈기 때문이다. 권위가 없다면 국가는 곧 분열될 터였다. 그는 여론에 기대기도 했다. "네 오빠가 이 남자들[여론을 상징하는 것으로 모인 합창대 남자들]과 다르다고 구분해 아이도스를 느끼지 말거라." 크레온은 안티고네에게 이렇게 요구했다.

"혈육을 기리는 것이 부적절한 행동은 아닙니다."[27] 안티고네는 꿋꿋하게 선언했다. 그녀의 대답은 기원전 5세기 중반의 아테네인들에게 폭탄을 던진 것과 다르지 않았다. 그녀가 신이나 정의 또는 보상이나 처벌이라는 말은 단 한 마디도 하지 않았기에 충격은 더욱 컸다. 더욱이 이런 말을 한 사람이 남자가 아닌 여자라는 점에서 충격은 엄청났다('용기'를 뜻하는 그리스어는 '남자다움'이다). 바꿔 말해서 소포클레스 자신이 안티고네의 여동생 이스메네의 입을 통해 '수줍음'이 그 특성이라고 한 여성의 입에서 이런 선언이 나왔다. 이 비극의 텍스트는 안티고네가 먼저 독자적인 판단을 내렸다는 점을 분명히 드러낸다.[28] 무엇이 수치스럽고 무엇이 그렇지 않은지 관례에 따라 정하는 옛 세상은 안티고네의 새 세상과 정면으로 충돌했다. 목숨을 빼앗길 수도 있다는 것을 잘 알면서 안티고네는 내면의 목소리를 따랐다. 이 내면의 목소리만이 옳고 그름을 말해주었다. 양심이 탄생한 순간이다.

이것으로 양심의 문제가 완결된 것은 결코 아니다. 소포클레스보다 약간 더 젊었던 에우리피데스의 작품을 보면 아이도스의 옛 의미와 새로운 의미가 나란히 등장한다. 호메로스의 작품에서 이 용어는 여전히 남자가 전쟁터에서 도주하는 것을 막는 성질과, 여성이 명백히 성적인 것을 보고 느끼는, 또는 느낀다고 가정된 성질을 묘사하는 데 흔히 쓰인다. 《엘렉트라Electra》의 여주인공은 왕의 딸이다. 한때 그녀는 신 카스트로의 결혼상대로 점지되었다. 그러나 나중에 그녀는 세상으로 내려와 가난한 소작농과 결혼하라는 강제를 받는다. 하지만 남편은 첫날밤을 치르기를 주저한다. 그는 왕의 딸과 동침하는 것이 부끄러운 행동, 자만심의 발로라고 보았기 때문이다.[29] 그의 주저함은 부끄러움과 경의가 결합된 형태로 크레온이 안티고네가 보여주리라고 헛되이 기대했던 그것과 크게 다르지 않다.

《오레스테스Orestes》에서 에우리피데스는 다른 행보를 보인다. 이 작품의 주인공 오레스테스는 죽은 아버지 아가멤논의 복수를 위해 부정한 어머니 클리템네스트라를 죽인다. 나중에 삼촌 메넬라오스를 만난 오레스테스는 "자신이 끔찍한 일을 저질렀음을 알고 몹시 괴로워한다."[30] 작가가 그의 감정을 묘사하기 위해 쓴 동사는 '수네이데나이suneidenai' 곧 '깨우치다' 또는 '의식하다'이다. 그 결과 오레스테스는 저 무서운 복수의 여신들 에리니에스, '어두운 밤 같은' 에리니에스의 공격을 받는다. 에리니에스는 그에게 평안을 허락하지 않으며 괴롭히고, 오레스테스는 도망가려 시도했지만 결국 미치고 만다. 의문은 오레스테스가 에리니에스를 실제로 보았을까 하는 것이다. 실제로 보았다면 그가 받은 고통은 진정한 참회라기보다는 구약성경에서 흔히 묘사되는 신의 응징과 더 깊은 관련을 가진다. 아니면 에리니에스는 그 자신이 품은 피해 환상의 단순한 의인화일까?

의인화라면 혹자는 오레스테스가 양심의 가책으로 괴로워했다고 말하리라. 그러나 텍스트 자체도 그 어떤 해석도 이 문제에 직접적이고도 분명한 답을 주지는 않는다.

에우리피데스의 또 다른 작품 《구원을 찾는 여자들*Hiketides*》로부터 우리는 '아이스쿠네aischune', 글자 그대로 '부끄러운 감정'을 피하고자 하는 사람들의 소망, 곧 '카코이kakoi' 되는 것, 악해지는 것을 두려워하는 소망을 알게 된다.[31] 에우리피데스와 그의 동시대인들은 갈수록 더 이런 희망 혹은 감정이 선천적이지 않다고 보았다. 선천적이라기보다는 남아든 여아든 어려서 배워 익힌다고 하는 것이 통설이다. 아이들은 공식적인 교육 없이도 말을 배우는 것처럼 어른의 모범을 보고 따르며 이런 감정을 배운다. 아이도스와 아이스쿠네의 명령을 따른 결과는 좋은 평판이다.[32] 거꾸로 에우리피데스가 살았던 기원전 5세기 중반의 성인에게 아이스쿠네의 결여는 귀족이든 평민이든 불충분한 교육의 표시로 여겨졌다. 악한 일과 참회할 일을 피하려는 욕망과 함께 자기 자신을 규제하는 인간의 경험, 곧 우리가 양심이라고 부르는 것은 완전한 면모를 갖춘다.

다음으로 양심과 관련해 주목해야 할 이름은 철학자 데모크리토스Democritos(기원전 약 460~370)로 오늘날 원자론의 창시자로 잘 알려진 인물이다(원자론은 나중에 더 자세히 살펴보자). 그의 글 가운데 오로지 몇몇 단편만 살아남았는데, 데모크리토스는 덕의 원천으로 교육의 역할을 무척 강조했다는 점에서 에우리피데스와 비슷하다. 이 덕은 특히 우리가 양심이라고 부르는 것을 포함한다. 그가 강조하는 핵심은 긍정적인 법만으로는 개인의 적절한 행동을 보장하기에 불충분하다는 것이다. 그런 행동을 유도하는 이유를 충분히 이해하는 일이 필요하다. 그는 이렇게 말한다. "두려움 때문이 아니라, 반드시 해야만 하는 일 때문에 잘못된 행동을 삼가야 한다."[33] 다른 단편도 이런 뜻을 더욱 정교하게 가다듬고 강화한다. 이를테면 단편 B 264 는 다음과 같다.

다른 사람들 앞에서 부끄러워하기보다 자기 자신에게 부끄러워해야 한다. 아무도 알지 못할 거라고 믿기보다는 누구도 그러지 않을 거라고 생각하고 나쁜 일을 하지 않아야 한다. 인간은 무엇보다도 자기 자신에게 부끄러워해야 한다. 그리고 부적절한 일을 하지 않는 것을 자신의 영혼 안에 법으로 세우도록 하자.

단편 84와 244는 다음과 같은 내용을 덧붙인다.

부적절한 일을 하는 사람은 무엇보다도 자기 자신에게 부끄러워해야 한다… 홀로 있을지라도 비열한 말이나 행동을 하지 말라. 다른 사람보다는 자기 자신에게 더욱 부끄러워하는 것을 배우자.

쾌락이나 이득 탓에 죄를 저지른 게 분명한 사람에게 무죄판결을 내리는 판관은 그런 행위의 부담을 심장으로 감당해야 할 거라고 데모크리토스는 말한다.[34] 그러나 그는 현실론자였다. 인간을 잘 아는 그는 이런 논리로 모든 사람이 설득될지 의심을 품었다. 바로 그래서 데모크리토스는 2세기 전의 헤시오도스와 마찬가지로 이런 논리에 정의 그리고 처벌의 두려움을 덧붙였다.[35] 그래도 다른 사람 앞에서 부끄러워하는 것과 자책 사이의 차이를 데모크리토스는 명확히 풀어주었다.

플라톤에 따르면 소크라테스Socrates(기원전 469~399)는 법정에서 한 마지막 진술에서 배심원들에게 자신은 어려서부터 "어떤 일을 하려 할 때마다 그러지 말라고 금지하던 내면의 목소리"가 들려왔다고 말했다. 그는 자신이 들은 것을 혼자만 간직할 수 없었다. 생업을 무시하고 가난하게 남는 대가로 그는 "신이 준 깨달음을 가지고 잔소리꾼처럼 너희를 하루 종일 따라다니며 어디서나 자극하고 설득하며 비난하며 살기를" 선택했다.[36] 소크라테스의 말을 현대 용어로 풀자면, 자신이 그들의 양심이라는 선언이다. 바로 그래서 아테네 시민은 그를 처형하기로 결정했다. 같은 진술의 다른 버전은 소크라테스가 자신의 결백함을 "분명히 의식했다"고, 곧 자신의 양심은 깨끗하다고 말했다고 한다. 그는 사형을 선고받자, 도망감으로써 자신을 "수치스럽게 하지 않기"로 결심했다.

플라톤은 아이도스라는 말을 자주 썼다. 보통 그가 이 말에 담은 의미는 사람들(이때 사람이라는 표현은 전반적으로 남자를 뜻한다. 플라톤은 여자에게는 별반 관심을 가지지 않았다)로 하여금 특정 행동을 취하고 다른 것은 피하라는 것이다. 그렇지만 우리는 때때로 부끄러운 짓을 하지 말라는 이 권고가 단순히 다른 사람을 겨눈 것이 아니라, 자기 자신을 향한 것이기도 하다는 암시를 받는다. 가장 잘 알려진 사례는 기원전 366년, 플라톤이 이미 노인이었을 때 쓴 일곱 번째 편지다. 편지에서 플라톤은 시라쿠사의 독재자 디오니시우스 2

세Dionysios II가 삼촌 디온Dion의 권고를 받아들여 플라톤을 초빙해 고문으로 삼게 된 경위를 설명한다. 플라톤이 이 제안을 받아들이게 된 한 가지 이유는 오랫동안 우정을 나눠온 디온을 존중해서다. 다른 이유는 "나 자신과 관련한[강조는 필자] 부끄러운 감정으로, 오로지 말만 늘어놓았을 뿐 자신의 의지를 단 한 번도 행동으로 옮기지 않은 사람으로 보이지 않도록 하기 위해서다".[37] 플라톤의 아이도스에 대한 이해를 보여주는 또 다른 측면은 이것을 '티메timē' 곧 '명예'를 추구하는 영혼의 일부로 보았다는 사실이다.[38] 그래서 사람은 자신의 이상적인 자아 이미지가 실추될 때 부끄러움, 심지어는 분노를 느낀다는 것이다.[39] 이런 접근은 여전히 우리가 쓰는 양심이라는 말과 전적으로 맞아떨어지지는 않지만, 그래도 상당히 근접한 설명이다.

'아이도스'를 명확하게 감정 또는 '파토스pathos'*로, 이를테면 두려움, 연민, 믿음, 기쁨, 좋아함, 싫어함 따위와 같이 취급한 첫 번째 저자는 아리스토텔레스다.[40] 아이도스는 다른 감정과 마찬가지로 몸 안에서 일어나는 생리적인 변화와 연관되어 있다고 아리스토텔레스는 말한다. 예를 들어 화가 난다는 것은 피가 끓어오르는 것이며 오늘날에는 빨라진 심장박동과 두뇌 특정 부위의 전기 신호 활성화, 그리고 특정 호르몬의 활발한 분비를 말한다. 아리스토텔레스는 그의 체계에 따른 방식대로 아이도스와 그 비슷한 말 아이스쿠네를 "현재나 과거의 또는 미래에 나쁜 평판으로 이끌 해악(불행, 불운)과 관련한 일종의 아픔이나 혼란"이라고 정의한다.[41] 대다수 다른 그

---

* 그리스어 páthos, 곧 '체험하다, 열정을 품다'에서 유래된 말로 정감, 격정, 정념을 뜻한다.

리스인과 마찬가지로 아리스토텔레스는 자신의 이런 정의를 증명하는 예로 호메로스의 영웅이 가지는 굴욕의 두려움을 든다. 거꾸로 부끄러운 줄 모르는 뻔뻔함은 "똑같은 일을 두고 느끼는 일종의 무시 또는 외면"을 뜻한다.

글로 쓰인 텍스트에 의존하는 한, 우리의 논의는 고급문화, 지금껏 최고의 문화임에 분명하기는 하지만, 그럼에도 일반 대중과는 거리가 먼 고급문화로만 한정된다. 그럼 대체 양심이라는 관념, 또는 그리스어 표현을 정확히 옮겨보자면 '자기 자신을 앎'이라 할 수 있는 관념은 어느 정도로 대중의 마음을 파고들어 일상의 행동에 영향을 주었을까? 한 가지 단서는 '소피스트'의 변론이 제공한다. 소피스트의 뜻은 글자 그대로 '교활한' 또는 '현명한' 사람이다. 소피스트는 법정에 서야 하는 사람의 의뢰를 받아 변론을 써주던 사람이다. 당시는 변호사를 쓰는 일이 허락되지 않아 피고가 자신을 변호해야 했다. 기원전 5세기의 마지막 10년 동안 우리는 거듭 살인사건 재판에서 배심원단의 평결이 아이도스는 물론이고 '에우세베이아eusebeia', 곧 '경건함'과 일치하는지 배심원들에게 숙고해달라고 하는 호소문을 발견한다. 뇌물이 오가는 것을 막기 위해 아테네 법정은 일반적으로 백여 명의 배심원들로 구성되었다. 몇몇 이례적으로 민감한 사건의 경우에는 심지어 시민 전체가 참여하기까지 했다. 아쉽지만 이런 재판에 시민이 얼마나 열의를 가지고 참여했는지는 알길이 없다. 그래도 재판에 시민이 참여했다는 사실은 아이도스와 에우세베이아 같은 관념이 철학을 논하는 소수의 지식인 그룹만이 아니라, 많은 평범한 시민이 이해하고 정신적으로 중시하는 것이었음을 보여준다.

한 예로 람누스의 안티폰Antiphon(기원전 480~411)은 법정 진술을 전문적으로 대필해주었다. 살인혐의를 받아 법정에 선 피고인에게 유리하게 쓰인 변론을 통해 피고인은 배심원들에게 자신을 풀어달라고 호소한다. 무죄를 선고해주지 않는다면 그는 배심원들이 '메타노이아metanoia' 곧 '회한'에 사로잡히게 될 거라고 경고한다. 거꾸로, "자신이 그 어떤 부정한 일도 저지르지 않았음을 아는 것이야말로 상당한 만족감을 안겨줄 것"이라고 말한다.⁴² 다양한 추상적 개념들을 의인화하고 그에 신의 이름을 붙여주는 고대 그리스의 경향으로 미루어볼 때 안티폰의 이런 표현이 신의 처벌을 두려워하라는 강조인지, 아니면 '순수한' 양심에 따르라는 권고인지는 가늠하기 힘들다. 또 안티폰은 배심원들에게 '하마르티아hamartia' 곧 '실수'는 피해의 원천이라고 경고한다. 현대의 어떤 학자는 이 피해라는 것이 결과를 두려워하는 마음가짐에서 비롯되는지, 아니면 개인의 자기 비난에서 생겨나는지 분간하기가 거의 불가능하다고 지적한다. 변론에서 말하는 피해라는 것이 범죄인지 도덕적 죄인지 또는 주관적인 죄책감인지도 분명하지 않다. 고전시대 동안 그리스인들은 이런 단어들로 생각하지 않았다.⁴³

소크라테스의 변론은 수백 명의 시민 배심원들 앞에서 이루어졌다. 그는 자신의 주장이 받아들여지지는 않을지라도(주장은 받아들여지지 않았다) 최소한 대다수 시민이 당연히 알아들을 거라고 생각했음에 분명하다.

세 번째 사례는 이소크라테스Isocrates(기원전 436~338)다. 안티폰과 마찬가지로 이소크라테스는 법정에 서는 피고를 위해 변론을 써주었다. 명성이 어찌나 뛰어났던지 그는 매번 변론을 써줄 때마다 20개의 은화 달란트, 0.5톤이 넘는 무게의 은화를 받았다고 한다. 그의 글은 이런 투다. "네가 저지른 부끄러운 일을 감출 수 있다고 절대 희망하지 말라. 부끄러운 일을 다른 사람 앞에서 감춘다 할지라도, 너는 여전히 너 자신이 무슨 짓을 했는지 안다." 또 이런 글도 있다. "가장 많이 가진 사람이 아니라, 자신의 가슴에 손을 얹고 그 어떤 나쁜 일도 하지 않았다고 자부할 줄 아는 사람을 모방하라. 그런 마음가짐이야말로 가장 행복한 인생으로 인도해주기 때문이다."[44]

아테네는 그 어떤 시대와 장소의 그 어떤 사회보다도 더 공공생활에서 연극을 중시했다.[45] 연극은 도시의 가치를 사람들에게 고취하기 위해 상연되었다. 언제부터인가 관객은 심지어 관람을 위해 돈을 내기 시작했다. 관중은 문화의 수동적인 소비자에 그치지 않았다. 상당수의 젊은이들은 합창대로 참여해 배우들과 상호작용을 했으며, 간접적으로는 극작가와도 영향을 주고받았다. 연극은 이처럼 아테네 시민 교육의 핵심이었다. 시민들은 정기적으로 그해의 최고 연극을 뽑았으며, 작가에게 상을 주었다. 연극이 제기하는 문제의식을 이해하지 못하고도 그럴 수 있을까? 분명 대다수 시민은 충분히 이해했으리라. 기원전 415~413년 시라쿠사 원정이 실패로 돌아가면서 전쟁포로로 사로잡힌 몇몇 아테네 시민은 에우리피데스의 작품에 나오는 구절을 자유자재로 인용해 주목을 끌었다.[46] 비극 작가들이 무엇보다도 양심의 개념을 관객에게 알려주려고 연극에 쓰곤 했던 신화의 장면을 그린 무수한 꽃병이 있다는 사실도 같은 맥락에서 이해되어야 한다.

요약하자면, 호메로스가 창조하고 다른 작가들이 천 년 동안 다진 기본 틀은 선과 악 사이의 충돌보다는 명예와 이득 사이의 충돌을, 자기 비난보다는 남들이 지켜보는 앞에서 당하는 굴욕을 더 중시했다. 그러나 기원전 5세기 중반에 들어서면서 오로지 양심이라 불러야 마땅할 충돌이 묘사되기 시작한다. 그 최고의 원전은 소포클레스, 에우리피데스, 데모크리토스 그리고 다소 거리는 있지만 플라톤이다. 호메로스의 영웅들과 달리 소포클레스의 안티고네는 행위의 결과, 곧 자신의 죽음은 전혀 고려하지 않고 해야 마땅하다고 여긴 옳은 일을 한다. 이렇게 함으로써 그녀는 양심의 창시자라 불려도 좋을 공을 세운다. 에우리피데스의 오레스테스는 끔찍한 일을 저지른 '자기 자신을 알았다'. 그 탓에 그는 고통으로 괴로워한다. 이런 고통이 양심이라는 단어의 사용을 요구하는 자책인지, 아니면 복수에 불타는 에리니에스의 마수가 뻗친 것인지 하는 구분은 전혀 명확하지 않다. 그리스의 고전 저자들 가운데 가장 명쾌한 입장을 보여주는 인물은 철학자 데모크리토스다. 그는 "자기 자신에게 부끄러워해야 한다"는 말을 했을 뿐 아니라, 다른 사람이 없거나 자신의 행위를 지배할 법이 없어도 양심에 따라 행동할 것인가 하는 문제를 제기했다. 관습적인 기본 틀에서 좀체 벗어나지 못한 플라톤은 그렇게 멀리 나아가지 않았다. 그러나 일곱 번째 편지가 보여주듯, 그 역시 자책을 알았으며, 그에 따라 행동했다.

아이도스를 감정으로 정의한 첫 번째 인물은 아리스토텔레스다. 약 4세기 전의 호메로스와 마찬가지로 그는 이 감정을 주로 나쁜 평판을 피하려는 바람으로 보았다. 안티폰의 살아남은 단편들, 소크라테스의 변론 그리고 이소크라테스의 변론으로 판단해볼 때 수사학자들은 그런 논리를 법정에서 주로 썼다. 더불어 많은 성인 시민(아마도 그들의 아내와 딸도 마찬가지로)은 연극이라는 방법으로 그런 논리를 접했다. 그런 논리가 등장하는 많은 연극은 실제로 상을 받았다. 이 모든 사실로 미루어볼 때 양심을 둘러싼 관념들이 알려진 것은 몇몇 지식인에게만 국한되지 않았다. 상당수의 대중이 이런 논리를 이해했으며, 아마도 정도의 차이는 있었겠지만 실행에 옮기기도 했다.

호메로스에서 아리스토텔레스까지

57

스토아학파

그리스의 고대와 고전기 내내 양심이라는 개념은 명예, 정의, 법은 물론이고 보상과 처벌이라는 문제—인간의 영역이든 신의 영역이든—와 초기에 맞물렸던 성격으로부터 전혀 풀려나지 못했다. 선과 악 사이의 선택은 그저 드물게만 양심과 맞물렸다. 그러나 기원전 300년을 지나면서부터 양심의 이런 성격은 변화하기 시작했다. 이런 변화는 어느 모로 보나 스토아철학의 출현과 관련해 나타났다.

다시금 스토아학파는 두 가지 폭넓은 발전, 곧 종교와 정치의 발전과 맞물린다. 종교의 변화는 사람들이 의인화한 신, 곧 인간 형상을 한 신의 존재를 더는 믿지 않게 된 것이다. 제우스, 포세이돈, 헤라, 아테나, 아폴론 등 그리스의 신들은 더는 세상을 면밀히 관찰하지 않았으며, 적극적으로 인간사에 개입하지 않았다. 세계를 창조하는 신들의 위치는 부동의 원동자, 영원성, 모든 것의 원인이라는 개념이 차지하게 되었다. [47] 반면, 매일 일어나는 사건은 운의 몫이 되었다. 신의 보상을 희망하며 응징을 두려워하는 마음은 줄어들기 시작했다. 종교 의례, 기도, 제물, 서약 등이 유용하다고 여겼던 마음도 마찬가지였다. 사람들이 올바르지만 협소한 길을 걷게 하기 위해서는 다른 방법이 필요했다.[48] 두 번째 발전, 곧 정치의 발전은 독립 도시국가의 몰락이며, 폭군(그리스어 '데스포테스despótes'는 주인이라는 뜻)이 다스리는 강력한 왕조의 부상이다. 이런 지배자들은 신적인 혹은 반신적인 지위를 주장하면서 대개 자의적이며 변덕스러운 태도를 과시하고 그 권력으로 글자 그대로 **무슨 짓이든** 서슴지 않으며, 이런 권력을 자랑하는 것을 부끄러워하지 않았다.

이런 조건에 대응해 생겨난 것이 우리가 이 책에서 다루게 될 스토아학파와 몇몇 다른 운동이다. 스토아학파의 몇몇 학자, 특히 키케로Cicero와 소小 카토Cato는 민주정/공화정이 전제군주정으로 변해가는 시기를 살면서 이에 저항하기 위해 최선을 다했다. 그러나 대다수 스토아철학자는 절대왕정을 당연한 것으로 받아들였다. 이런 입장을 가진 이들은 절대왕정에 자신을 맞춰야 한다고 주장하며, 절대왕정을 논박하거나 바꾸려는 그 어떤 시도도 용인하지 않았다.[49] 우리가 앞으로 보게 될 텐데, 이들은 이런저런 이유로 이마누엘 칸트Immanuel Kant(1724~1804)의 경탄을 샀다. 이 독일 철학자는 아마도 양심이라는 근대적 개념을 발전시키기 위해 그 누구보다도 심혈을 기울였을 것이다. 모든 사람은 살아남기 위해 황제의 '관용'에 의존했다.[50] 그러나 이런 무기력함, 곧 자신의 운명을 스스로 통제할 수 없다는 사실이야말로 개인의 자율성과 자발성을 강력하게 강조하게 만들었다.

유대교는 신의 율법에 기댔으며, 호메로스는 인간의 자부심 그리고 굴욕을 두려워하는 마음가짐을 믿었다. 그에 반해 스토아학파는 이성을 강조했다. 스토아학파는 모든 사람이 자신의 생존을 가장 우선시하는 성향을 타고났다고 주장했다. 그리고 인간은 이성을 사용할 **잠재력**을 가진다. 이성이란, 바꾸어 말하면, 덕과 그 반대되는 것을 구분하는 능력, 또는 스토아학파의 고유한 표현을 빌린다면, 자연에 따른 것과 그렇지 않은 것을 구분하는 능력이다.[51] 가능한 한 덕을 실천하며 악덕을 회피하는 것은 모든 사람이 지켜야 할 의무다. 다른 사람이 아니라, 자기 자신을 위해서. 왜 타고난 본성이 허락해준 것보다 못한 존재여야 하는가? 최악이 일어나고, 불운이 빗발처럼 때리며, 주변 환경이 고결한 삶을 살지 못하게 만든다 할지라도 자살이라는 탈출구는 언제나 열려 있다. 동시에 자살은 개인의 독립성, 심지어 개인의 인간성을 최상으로 펼쳐 보일 방법을 제공해준다.

스토아학파의 시조는 제논Zenon(기원전 334?~262)과 그의 제자 클레안테스Cleanthes(기원전 330?~230?)와 크리시포스Chrysippos(기원전 279?~206?)이다. 세 사람 모두 많은 글을 썼지만, 오로지 몇몇 단편만 살아남았다. 세 사람 모두 도덕은 자연의 법과 일치하는 행동이라고 주장한 것으로 알려졌다. 그러나 이런 행동이 원인과 결과의 자연적인 순서를 알고 그 '흐름'에 맞추는 것인지, 아니면 자신의 의무를 다하는 것인지, 또는 자연과 합치하는 모든 것을 즐기는 것인지 하는 물음의 답은 전혀 분명하지 않다. 기묘하게도 스토아학파가 이해한 '양심'이 무엇인지 상대적으로 풍부한 정보를 제공한 글, 현재 남아 있는 최초의 글을 쓴 저자는 유대인인 알렉산드리아의 필론Philon(기원전 20?~서기 50)이다. 필론은 부유한 귀족 가문의 자손으로 그리스 철학을 공부해 그 가치를 잘 이해한 인물이다. 또한 그는 유대 세계와 로마 세계를 폭넓게 결합하기도 했다.

양쪽 세계를 이어주는 필론의 풍부한 저작들은 다른 어떤 스토아철학자보다도 더 많이 '자기 자신을 앎'('시네이데시스syneidēsis'는 오늘날 우리가 쓰는 양심에 가장 근접한 그리스어)을 언급한다. 〈신의 불변함Quod Deus sit immutabilis〉이라는 글에서 그는 이 불변함을 "순수한 광선"이라 부르는데, 우리를 "죄로 물들어 비난받아 마땅한 행동"으로 이끄는 영혼의 "병듦"을 치유해주는 것이 이 광선이다. [52] 심지어 〈혀의 혼란De confusione linguarum〉이라는 글에서 필론은 이 광선이 "신이 없는 인생"을 살아가는 사람을 "심판하고 찌르는 것"이라는 표현도 쓴다. [53] 《십계에 대하여De decalogo》에서 그는 이런 말을 한다.

> 모든 영혼은 함께 태어나 한집에 사는 감시자를 가진다… 이 감시자는 불신을 사는 그 어떤 일도 허락하지 않으며, 그의 본성은 악을 미워하며 덕을 사랑하는 것으로, 고소인인 동시에 판관이다… 고소인으로서 그는 죄를 질책하고 고발하며 영혼을 부끄러움에 사로잡히게 만든다. 그리고 다시 판관으로서 그는 영혼을 꾸짖으며 올바른 길이 무엇인지 가르친다. 올바름을 설득할 충분한 힘을 가졌다면 그는 기뻐하며 평화를 준다. 그럴 수 없다면, 비참한 끝장을 맞기까지 전쟁을 불사하며, 낮이든 밤이든 영혼을 절대 홀로 버려두지 않는다. 비참하고 병든 삶으로 이어지는 줄이 끊어질 때까지 몽둥이를 휘두르며 치명상을 안긴다. [54]

이 글에서 "그것들에게 절하지 말며 그것들을 섬기지 말라 나네 하나님 여호와는 질투하는 하나님인즉 나를 미워하는 자의 죄를 갚되 아버지로부터 아들에게로 삼사 대까지 이르게 하거니와 나를 사랑하고 내 계명을 지키는 자에게는 천 대까지 은혜를 베푸느니라"(출애굽기 20: 5~6)던 "질투하는 하나님"은 전혀 언급되지 않았다. 반대로 필론은 '시네이데시스'라는 단어를 자주 쓰면서 70인역 성경을 무시한다. 거듭 이야기하지만 70인역 성경은 이 단어를 단 한 번만, 그것도 전혀 다른 의미에서 쓴다.[55] 필론의 목적은 동시대의 비유대인들에게 유대교가 흔히 생각하는 것처럼 배타적이며 분리주의를 내세우고 노골적인 정도로 유별난 교리를 내세우는 종교가 아니라고 설득하려는 것이다.[56] 더 정확히 이해하자면 필론의 글은 당대에서 가장 발달한 철학에 흔쾌히 동의한다는 선언이다.

또 다른 핵심 인물은 에픽테토스Epiktētos(서기 55?~135?)다. 그가 쓴 것으로 여겨지는 단편(아마도 잘못된 추정인 듯)에서 양심은 성숙한 정신의 발로로 언급된다.

부모는 우리가 어렸을 때 교육자에게 맡겨 어떤 경우에도 해를 입지 않도록 돌보게 했다. 그러나 어른이 된 우리에게 신은 자신을 돌보라고 시네이데시스를 주었다. 이런 돌봄을 우리는 어떤 경우에도 무시해서는 안 된다. 무시하면 우리는 신을 노엽게 만들며, 우리 문명의 적이 되기 때문이다.[57]

이 글을 눈여겨봐야 하는 이유는 에픽테토스는 물론이고 스토아학파 전체에게 신과 자연 그리고 자연을 다스리는 보편법칙은 결국 동일한 것이기 때문이다. [58] 지혜와 덕은 그런 보편법칙을 따르는 것이다. 이 법칙을 발견하는 것이 철학의 과제다(인간이 가진 주관적 태도와 실수하기 쉬운 성향을 생각하면 손쉬운 과제가 결코 아니다). 이런 관점에 신의 보상과 처벌은 전혀 문제가 되지 않는다. 에픽테토스의 다른 단편에는 이런 글이 나온다.

이 세상의 왕과 독재자, 그들의 경비병과 무기는 어떤 사람을 검열할 특권을 누리며, 그 자신이 얼마나 죄를 지었든 아랑곳없이 잘못을 저지른 사람을 처벌할 권력을 누린다. 스토아철학이 볼 때 이런 힘을 베풀어주는 것은 양심[시네이데시스, '자기 자신을 앎', '자기의식']이다… 사람들을 두루 살피며 그들에게 이롭도록 힘써 노력하는 양심은 순수함 속에서 잠을 잔다… 그리고 양심이 하는 모든 생각은 친구를 위하며, 신에게 봉사하고자 하는 생각이다. [59]

다른 많은 학자도 비슷한 용어를 썼다. [60] 그 가운데 가장 중요한 인물에는 디오도로스Diodoros의 친구로 역사학자인 할리카르나소스의 디오니시오스Dionysios(기원전 60?~7), 요세푸스Josephus(필론과 마찬가지로 그리스어로 글을 쓴 유대인, 서기 37~100?) 그리고 플루타르코스(서기 46~120)가 있다.

'양심'은 여전히 때때로 두려움 혹은 부끄러움과 혼동되었다. 이런 혼동은 우리로 하여금 스토아학파가 이 개념을 다듬어, 말하자면, 독립된 개념으로 만들기 전 사람들의 사고방식을 떠올리게 한다. 일반적으로 양심은 이미 실행에 옮긴 행동과 관련해 사용되었다. 그렇지만 이따금은 앞으로 하고자 마음먹은 행동을 판단하는 뜻으로도 쓰였다. 그런 의미로 이해된 양심은 어떤 행동을 예방하거나, 하도록 자극하거나, 또는 특정한 행동방식으로 나아갈 길을 열어주는 것이다. 한 편의 글에서 필론은 이 책에서 살펴본 바 있는 보디발의 아내 이야기를 다시 들려준다. 이 여인은 노예인 요셉의 주인인 남편이 자리를 비웠을 때 잘생긴 요셉을 유혹한다. 70인역 성경의 구절을 곧이곧대로 받아들이지 않고 필론은 이 이야기를 윤색한다. '내가 이 부정한 행위를 받아들였다면 내 마음 안에는 어떤 감정이 생겨났을까?' 필론은 요셉이 스스로 묻게 만든다.

> 내가 강철 같은 심장을 가졌다고 해도, 그와 마주한다면 내 표정은 어떨까? 아니, 양심이 나를 붙들어주어, 내가 들키지 않을 수 있다 해도 그의 얼굴을 똑바로 보는 고통을 받지 않게 해주리라. 다른 사람 누구도 알지 못한다거나 아는 것을 발설하지 않는다 해도… 그럴 수는 없을 것이다. 내가 내 의지에 반해 드러내는 안색, 표정, 목소리, 행동으로 그에게 밀고할 테니, 내가 말한 그대로 양심의 심판을 받으리라.[61]

에픽테토스는 스토아철학자라면 인생에서 좋은 것들, 돈, 지위 그리고 가족을 포함한 좋은 것을 얻으려 노력하리라고 말한다. 그러나 이런 노력은 자신의 자존감, 가치 그리고 담대함을 잃지 않는 한에서만 이루어져야 한다. 자존감과 가치와 담대함은 모든 좋은 덕성 가운데 가장 중요한 것이기 때문이다.[62]

양심을 의미하는 라틴어 단어는 '콘스시엔티아conscientia'이다. 그리스어 동의어와 마찬가지로 문자 그대로의 뜻은 자기 자신을 '앎' 이다. 이 단어는 법률가이자 정치가인 키케로(기원전 106~43)와 특히 철학자 세네카Seneca(기원전 4~서기 65)가 자주 썼다. 세네카의 저작에 는 50번 정도 이 단어가 등장한다. 키케로와 세네카는 모두 스토아 철학 성향을 가진 스승 아래서 그리스 철학을 공부했다. 두 사람 모 두에게 콘스시엔티아는 개인 행위의 길라잡이 혹은 판관이다. 콘스 시엔티아는 그가 저지른 일의 결과에 대해 비난하거나 후회하지 않 을 일을 할 수 있도록 이끌어준다. [63] 세네카는 이런 말을 했다. "콘스 시엔티아는 인간 내면의 입구를 지키는 문지기다." 다른 사람과 공 유하는 앎과 달리 콘스시엔티아는 자신의 잘못된 행동과 관련해 개 인 내면에 숨겨진 앎이다. 신의 율법으로부터 자유롭게 풀려나 인간 은 자연과 합치하는 삶을 살아야만 한다. 그런 인생은 무엇보다도 조화로워야 한다고 세네카는 덧붙인다. 앞만 보고 황급히 달리기만 하는 인생은 결코 질서를 세울 수 없다. [64]

관련 자료를 찾아보면 '양심'이라는 단어에 형용사를 붙여 쓴 최초의 인물은 키케로다. 그는 '프라에클라라 콘스시엔티아 praeclara conscientia'(분명한 또는 아름다운 양심)와 '렉타 콘스시엔티아recta conscientia'(올바른 양심)라는 표현을 쓴다. 그의 작품에는 '콘스시엔티 아 말레피시오룸conscientia maleficiorum'(나쁜 행위를 저질렀음을 아는 양 심) 또는 '콘스시엔티아에 라베스conscientiae labes'(상처 받은 양심) 그리 고 '아드 콘스시엔티암 레페레 옴니아ad conscientiam referre omnia'(모든 것을 양심에 비추어볼 필요)라는 표현도 나온다.

'양심'을 '선'과 결합해 쓴 가장 유명한 스토아철학자는 황제 마르쿠스 아우렐리우스Marcus Aurelius다. 귀족 가문의 후손으로 당대 최고의 지성에게 교육을 받은 아우렐리우스는 청년시절에 철학자의 금욕적인 삶을 살아갈 결심을 한 것으로 보인다.[65] 그러나 이 꿈은 실현될 수 없었다. 서기 161년 그는 약 8,000만 명을 다스리는 절대 군주이자 "알려진 세계"에서 가장 강력한 권력을 가진 인물이 되었다. 170년과 180년 사이에 대부분의 시간을 그는 지금의 독일에 해당하는 지역과의 경계에서 지냈다. 그가 그곳에 간 이유는, 자신의 표현을 빌리면 "사르마티아 사람들을 사냥하기" 위해서다. 전해지는 바에 따르면 그는 자신의 《명상록Tōn eis heauton diblia》을 출판할 의도 없이 여가시간에 썼다고 한다. 우리의 주제와 관련해 중요한 구절은 다음과 같다.

너 자신은 단순하며, 착하고, 순수하며, 진지하고, 그 어떤 꾸밈도 없이, 정의의 친구이자 신을 경배하는 자로, 친절하며, 다정하게, 모든 올바른 행동을 하려 노력하라. 철학이 너를 이끄는 대로 따르려 힘쓰라. 신들을 섬기며, 사람들을 돕자. 인생은 짧다. 평온한 마음으로 경건하게 사회생활에 힘쓸 때에만 인생은 그 열매를 맺는다. 안토니우스의 제자로 소홀함이 없도록 모든 일을 하라[안토니우스는 아우렐리우스의 전임 황제인 안토니우스 피우스Antoninus Pius를 말함]. 매사에 이성적으로 행동한 그의 꾸준함, 모든 일에서 보여준 공평함, 경건함, 얼굴에서 볼 수 있는 평정, 다정함, 그리고 공허한 명성을 무시하고 세상일을 이해하려 한 노력을 기억하라.

그리고 그가 먼저 주의 깊게 연구하고 분명하게 이해하지 않고는 어떤 것도 그대로 넘어가는 일이 없던 점도 기억하라. 또한 사람들의 부당한 비난을 비난으로 응수하지 않고 감내했던 것도. 그는 어떤 일도 급하게 하지 않았다. 비방하는 말은 귀담아듣지 않았으며, 예의 바른 행동이 무엇인지 정확히 살폈다. 소심해서나 못 미더워서 사람들을 책망하지 않았으며, 소피스트라고 비난하지도 않았다. 그리고 임시거처나 잠자리, 옷, 음식, 하인의 시중 등은 조촐한 것으로 만족할 줄 알았다. 얼마나 근면하고 참을성이 많았던가. 그리고 음식도 절제할 줄 알아 적게 먹고도 저녁까지 버텼으며, 정해진 때 외에는 용변을 보겠다고 하는 일도 없었다. 친구를 사귐에 있어서도 늘 한결같고 든든했다. 또 자신의 의견에 반대하는 사람에게 말할 자유를 아낌없이 베풀었다. 누구든 자신보다 나은 점을 보이면 그는 얼마나 기뻐했던가. 그리고 어떤 미신에도 빠지지 않고 독실했다. 이 모든 것을 본받아 마지막 시간이 찾아왔을 때, 그가 보여준 대로 양심[에우시네이데시스eusyneidēsis, 너 자신을 잘 알라]에 충실하자. **66**

현대의 관점과 확연하게 대비를 이루는 점은 행위(선행이나 악행)나 그 결말(선하거나 악하거나)이 아니라, 이 행위를 하는 주체를 강조하고 있다는 사실이다. 목표는 오래도록 균형을 이루고, 자신을 다스리며, 무엇보다도 자율성을 획득하는 것이다. "나를 해치는 사람은 누구도 처벌받지 않고 도망갈 수 없으리라"던 스코틀랜드 왕의 신조와 달리, 스토아철학의 신념은 "그 어떤 것도 나를 해칠 수 없다"

이다. 이런 특성은 노력으로 획득되는 것이며, 정의로움, 꾸준함, 상냥함 그리고 지나침을 피하고 중도를 지키는 삶이라는 형태로 표현된다. 이런 인생의 자세는 자신이 속한 사회의 안녕을 위해 일하게 하며, 능력이 닿는 한 사회에 봉사할 수 있게 만든다.[67] 무엇보다도 이는 소박한 마음의 평화를 허락해주며, 죽음을 포함한 그 어떤 것도 직면할 수 있게 해준다. 선과 악 사이에서 하나를 고르는 도덕적 선택의 필요성은 언급되지 않았다.

오늘날의 관점에서 보자면 아우렐리우스의 양심은 더 채워졌으면 하는 여지를 남긴다. 그의 양심은 사르마티아 전쟁포로의 목을 치거나, '골수' 기독교인을 콜로세움에서 야수에게 던져주고 구경하는 것을 막지 못했다. 세네카도 모호하기는 마찬가지다. 세네카는 언젠가 혹시 벌어질지 모를 운명의 타격에 대비하려는 시도로, 부자인 자신이 얼마든지 누릴 수 있는 호화로운 마차보다는 그저 수수한 것을 타고 여행한다고 말했다. 이런 태도가 양심의 반영이라고 보기는 힘들다. 그리고 세네카는 사람들이 자신을 보고 혹시 조롱하는 것은 아닐까 하는 난처한 속내를 고스란히 드러내고 있어 스토아철학의 진면목을 보이지도 않는다. 그는 자신이 지은 진짜 죄는 단 한마디도 흘리지 않았다. 그는 황족에게 아첨을 떨어 재산을 모았을 뿐만 아니라, 황실 공주와 간통도 저질렀다.[68]

다시금 의문이 고개를 든다. 스토아철학자들이 이해한 양심 개념은 그리스와 로마제국 시기 동안 그저 소수의 엘리트에만 국한된 것일까? 아니면 보다 광범위한 계층에게 영향을 주었을까? 대중에게 영향을 주었음을 보여주려는 몇몇 시도는 이렇게 분석함으로써 양심과 기독교 사이의 연관성이 존재했음을 증명하려 이루어졌다. 초기 기독교도의 대다수는 하층민이었기 때문이다. 그러나 이런 추정은 그리 인상적이지 않다. 그리스에서는 호메로스의 서사시를 널리 가르쳤기에 고대 내내 심지어 학식이 낮은 사람이라 할지라도 그 영향력에서 벗어나기 힘들었다. 아테네에서는 연극이 공연되었고, 심지어 다양한 계층이 연극 활동에 참여하기도 했다. 그리고 시민은 배심원 활동을 일상의 의무로 여기기도 했다.

스토아사상의 보급은 전혀 성격이 다르다. 스토아철학자가 된다는 것은 오랜 기간에 걸쳐 몹시 힘든 교육을 받아야 함을 뜻했는데, 몇몇 스승이 여러 도시에 연 학교를 통해서만 이런 교육을 받을수 있었다. 또 대단히 많은 시간 여유가 있어야 했다. 이런 시간도 없고 교육도 받지 못한 대다수 사람들이 문제의 개념과 친숙해질 수 있는 유일한 방법은 장터에서 방랑 철학자의 말을 듣는 것이었다.[69] 다시 말해서 평범한 대중은 그저 이따금 시네이데시스와 콘스시엔티아와 관련한 설익은 정보만 접할 수 있었을 뿐, 그 이상은 아니었다.

계속해서 영향력이 줄어들면서 스토아학파는 식자층만 겨냥했다. 물론 지혜와 혈통, 사회적 지위 따위 사이에 상관관계가 성립하지 않는다는 말은 맞다. 그러나 제논을 비롯해 스토아학파는 인간은 대개 구제할 수 없는 바보이며, 두려움과 정념의 노예라고 보는 경향을 보여주었다. 이런 두려움과 정념으로부터 해방시키는 것이 스토아학파의 주된 학설이었다. 세네카는 진짜 스토아철학자는 불사조만큼이나 드물다고 썼다.[70] 필론 자신은 동족 유대인이 구약성경과 질투하는 신을 좀 더 자유롭고 우화적인 관점으로 보지 못하고 곧이

곧대로 받아들이는 것을 포기하게 할 수 없다고 불평한 바 있다.[71] 또한 평생에 걸쳐 필론은 속세에 물든 그리스와 로마의 엘리트에게 유대 전통의 경이로움에 관심을 가지도록 유도했지만, 이런 노력도 큰 성과를 이끌어내지는 못했다.[72] 에픽테토스는 현재 남아 있는 중요한 스토아학파의 저술 가운데 하나인 자신의 책 《편람Enchiridion》에서 철학에 몰입하는 사람은, 그의 동시대인인 풍자시인 유베날리스Juvenalis가 주장했듯, 오로지 빵과 곡예에만 매달리는 군중에게 비웃음을 받는다고 덧붙였다.[73]

유명한 웅변가 퀸틸리아누스Quintilianus(35~100?)가 단순히 웅변술만 터득하는 것으로는 부족하며 웅변의 효과는 무엇보다도 말하는 사람의 도덕적 자질에 좌우된다고 보았듯이, 양심을 중시하는 분위기는 의심할 바 없이 존재했다. 키케로도 퀸틸리아누스의 견해에 어느 정도 동의했다. 그는 '콘스시엔티아'라는 단어를 편지뿐만 아니라 연설에서도 자주 썼다. 다른 한편 퀸틸리아누스 자신은 승리의 여신 빅토리아를 '보나 콘스시엔티아bona conscientia'(좋은 양심) 앞에 세우려면 단순한 법률 이상의 것이 필요하다고 지적했다.[74] 세네카는 아가멤논과 오이디푸스를 각각 다룬 비극들을 써서 스토아철학을 구체적으로 구현해 무대에서 보여줄 기회를 찾았다. 그러나 로마에서 연극은 매 공연마다 많은 관중이 관람한 고전시대의 아테네에서처럼 대중을 교육하는 중요한 수단이 되지 못했다. 세네카의 연극이 실제 공연되었는지도 확실치 않다. 그의 비극은 아마도 다양한 클럽에서 낭독하려는 의도로 쓰였던 모양이다. 이런 낭독 모임은 고전시대의 그리스 전반에 걸쳐 그리고 로마 시대에 이르기까지 여러 도시에서 흔히 볼 수 있는 것이었다.

　문학에 대화체가 자주 등장하는 것으로 미루어 짐작하건대 양심을 비롯한 여러 개념은 홀로 하는 연구나 여러 사람들의 "치열한 토론"이 아니라, 친구들 사이의 편안한 대화에서 생겨나지 않았을까 싶다.[75] 몇몇 클럽은 진지한 지적 활동의 추구를 그 목적으로 했던 것으로 알려져 있다. 그럼에도 여전히 보편적인 이성, 양심, 도덕 등을 주제로 토론을 즐길 시간 여유와 의향을 가진 사람은 그리 많지 않았음에 틀림없다. 대부분의 클럽은 지금과 마찬가지로 검투사, 마차 경주, 운동이나 음식 따위의 흔한 화제를 중심으로 이야기를 나누며 시간을 보냈을 것이다.[76] 다양한 비교秘敎 의례, 대개 동방에서 제국으로 수입된 의례를 올리는 클럽도 있었다. 기독교를 비롯해 그런 의례는 사람들의 지성이 아닌 감정에 호소해 인기를 끌었다.

　요약하면, 스토아학파는 지대한 영향을 미친 사회와 정치 변화라는 배경에 맞서 저항하며 생겨났다. 헬레니즘 시대가 열리면서 사회와 관련해 개인의 지위는 더 강해졌다. 개인이 속한 공동체는 그 주권을 잃어버렸고, 이런 상실과 더불어 각 시민에게 행사해온 권력도 약해졌기 때문이다. 그러나 오래가지 않아 전제군주의 출현으로 개인의 이런 지위는 약해지고 말았다. 전제정치 체제에서 개인은 어차피 아무 말도 할 수 없었기 때문이다. 개인주의와 무력감의 결합이야말로 처음에는 시네이데시스, 나중에는 콘스시엔티아를 강조한 이유가 무엇인지 설명해준다. 스토아철학자들은 이런 개념을 자신들의 철학의 기둥으로 삼았다. 이렇게 함으로써 이들은 초기에 품었던 종교적 특성을 떨쳐버리고, 헥토르를 비롯한 다른 사람들이 표현했던 욕구, 곧 자기 자신만 아는 굴욕은 참을지라도 다른 사람이 지켜보는 앞에서의 굴욕만큼은 피하고 싶어 하는 욕구와 명확한 거리를 두었다.

그럼에도 스토아학파의 양심은 오늘날 쓰는 일반적 의미의 양심과 오로지 일부만 겹칠 뿐이다. 두 양심 모두 이 세상이든 내세든 보상을 내리거나 처벌하는 인격적인 신은 존재하지 않는다는 가정으로부터 출발한다. 두 양심 모두 신의 것이든 인간의 것이든 외적인 명령과 대립하는 내면의 목소리를 강조한다. 그러나 비슷한 점은 이게 전부다. 아우렐리우스는 에우시네이데시스가 이성이 감성보다 훨씬 우위에 있음을 뜻한다는 것을 완벽하게 드러냈다. 이것은 오늘날 우리가 흔히 쓰듯 감정 중심의 양심이 아니다. 아우렐리우스의 양심은 과욕을 피하는 것이자 관용의 정신이기도 하다. 결국 양심은 이득과 손실을 저울질하려는 감정의 완벽한 통제를 요구한다. 권력, 돈, 사회적 지위, 건강, 심지어 특히 아내와 자식까지 포함해 양심은 이해득실을 따지지 않아야 한다. 에픽테토스는 사람을 비굴하게 만들거나, 자신 또는 남을 속상하게 하거나, 어떤 것을 얻으려 아첨을 떠는 것에 가치를 부여해서는 안 된다고 말한다.[77]

원칙적으로 모든 현명한 성인은 인종과 종교와 사회적 지위를 불문하고 스토아철학을 받아들여 이에 걸맞는 인생을 살 수 있다. 성별의 차이도 문제되지 않지만, 실제로 이 사조에서 여성의 역할은 미미해 보이기만 한다. 설혹 어떤 중요한 여성 스토아사상가가 존재했다 하더라도 어떤 흔적도 남아 있지 않다. 스토아학파는 앞으로 맞게 될 인생을 대비하면서 뒤를 돌아보며 후회하지 않고 '자기 자신을 앎'에 소홀함이 없는 삶을 살라고 요구한다. 그런 인생이 실제로 가능할까? 제논과 클레안테스는 일관성과 진실성을 갖추었다는 드높은 평판을 누렸다. 그러나 몇 세기 뒤 소 카토는 자신의 적 카이사르Julius Caesar가 영화를 누리는 것을 보며 사느니 스스로 목숨을 끊는 쪽을 택했다. 에픽테토스와 마르쿠스 아우렐리우스도 마찬가지였다. 키케로의 말년은 많은 논란을 불러일으켰다. 그는 60세의 나이로 자신이 후견을 맡았던 어린 소녀 푸브릴리아Publilia와 무엇보다도 그녀가 가진 재산을 노리고 결혼했다. 많은 이들은 세네카를 비참한 최후를 맞은 것이 마땅한 위선적인 악당이라고 보았다.

스토아학파가 말하는 자기 통제가 가능하기는 한지, 가능하다 하더라도 실제로 경탄할 만한 것인지 의심하는 사람은 고대에 이미 적지 않았다. 이들은 스토아철학자의 진면목은 인간이 아니라, 사랑도, 뉘우치는 마음도, 동정심도 없는 괴물이라고 주장했다. 그, 드물게 그녀는 마음의 평화를 유지하려는 욕구 말고는 그 어떤 것에도 영향을 받지 않으려 훈련했다. 그런데 심지어 이 마음의 평안이라는 관심사조차 자동적으로 영혼으로부터 '흘러나오는' 것이 아니라 적극적인 노력을 요구한다는 점은 일종의 역설을 빚어낸다. 어쨌거나 스토아학파의 양심은 우리가 생각하는 양심과 온전하게 맞아떨어지지 않는다.[78]

2장

기독교의
세기들

바울에서 아우구스티누스까지

고대 그리스에서 도덕의 잣대로서의 양심이라는 개념에 가장 근접한 단어로 쓰인 '시네이데시스'는 70인역 성경에 딱 한 번 등장할 뿐이다. 신약성경에 이 단어는 32번 정도 나오는데,[1] 신약성경의 여러 복음서나 서한집 등에 고루 등장하지 않는다. 복음서에서는 시네이데시스가 나타나지 않는 것으로 미루어 예수는 이 말을 쓰지 않았다는 조심스러운 추정이 가능하다. 자신보다 앞서 나타났던 히브리 선지자들과 마찬가지로 예수는 하나님이 자신에게 일러주었다는 말씀을 단순히 전해주기만 한다. 왜 그래야만 했을까?

실질적으로 신약성경에 등장하는 모든 말의 뿌리는 사도 바울이다. 바울은 오늘날 터키 남동부에 해당하는 지역에 위치했던 크고 중요한 도시 타르수스 출신의 유대인이다. 이 도시는 로마제국의 속국 실리시아의 수도로 매우 다양한 민족들이 모여 살았다. 현대의 몇몇 학자는 예수의 경우와 마찬가지로 바울의 기록에 등장하는 모든 것이 당시 유대교에 깊은 뿌리를 두었음을 보여주려 했다. 다른 학자들은 바울의 유대교 학습이 자신의 고향 도시에서 얻을 수 있는 것을 뛰어넘을 수 없어 아마도 그리 깊지 않았으리라고 주장한다.

이 물음의 정확한 답은 얻을 수 없을 것으로 보인다. 어쨌거나 양심이 구약성경에 등장하지 않았으니 바울은 분명 이 개념을 당대 주류 유대 전통으로부터 끌어들이지는 않았으리라. 다양한 사해문서와 탈무드 역시 별 도움을 주지 않는다.

바울이 양심이라는 개념을 비유대 세계로부터 받아들였다면, 그 원천은 스토아학파일까? 많은 기독교 교부들은 그렇게 생각했다. 겉보기에 이런 견해를 뒷받침해주는 것은 많다. 그리스와 로마 제국 시대에 걸쳐 팔레스타인에서 유대인 공동체의 각종 문제를 심의하던 71명의 제사장들로 이뤄진 산헤드린 공회에 선 바울은 자신을 변호하기 위해 이런 말을 한다. "나는 범사에 양심을 따라 하나님을 섬겼노라"(사도행전 23:1). 그가 섬기는 신이 스토아학파의 신과 전혀 다름에도, 사용된 표현은 여러 스토아철학자가 쓴 것과 다르지 않다. 바울은 이렇게 말한다. "이와 같이 집사들도 정중하고 일구이언을 하지 아니하고 술에 인박히지 아니하고 더러운 이를 탐하지 아니하고, 깨끗한 양심에 믿음의 비밀을 가진 자라야 할지니"(디모데전서 3:8~9). 바울은 분명히 "깨끗한 양심"으로 신을 섬긴다고 했다.

그렇지만 양심의 문제와 관련해 사도 바울과 스토아학파의 연관성은 그의 유대인 뿌리와의 연관성 못지않게 모호하기만 하다.[2] 예루살렘을 찾아갔다가 거의 죽임을 당할 뻔했던 바울은 유대인에게 등을 돌리기로 결심한다. 그때부터 바울의 주된 청중은 팔레스타인 바깥의 비유대인뿐이었다. 바울이 쓴 기록을 보면 이스트미아 제전*과 검투사 전투 그리고 연극과 같은 이른바 이교도 문화의 다양한 측면을 그가 잘 알고 있음이 고스란히 드러난다(고린도전서 참조).

그러나 바울은 자주 비교되는 필론과는 반대로 높은 수준의 그리스 철학에 그리 조예가 깊지 않았다는 주장이 제기되어왔다.[3] 실제로 바울은 코린토스 사람들에게 철학의 과장된 말투는 쓰고 싶지 않다 며 그런 철학을 경멸하려 안간힘을 쓴다. 신의 권능 덕분에 철학보 다 훨씬 더 나은 결과를 제공해줄 더욱 효과적인 방법을 알고 있다고 바울은 주장한다(고린도전서 1: 2~16, 갈라디아서 3: 5).

더 나아가 바울의 가장 중요한 교리는 형이상학과 사후의 삶이 라는 **문제**를 다룬다. 핵심 내용은 인격적인 신이 존재하며, 말씀과 기적으로 그 존재를 드러낸다는 것이다. 신은 세상을 창조했으며, 우리 인간이 매일매일 겪는 일에 항상 깊숙이 관여하면서, 올바른 일 을 하는 자에게는 상을, 악행을 저지른 자에게는 벌을, 현세에서든 내세에서든 내린다. 에덴동산에서 추방된 이래 인간은 근본적으로 악하며 구원을 필요로 하는 존재다. 바꿔 말해서 인간은 잉태된 순 간부터 죄를 지었다. 이 원죄는 자연과 이성을 따르며 훌륭함을 추 구하는 것이 아니라, 오로지 구세주 예수 그리스도를 통해서만 씻어 진다.

바울이 "우리가 마음에 뿌림을 받아 악한 양심으로부터 벗어나 고"(히브리서 10: 22) 하고 말하는 것은 인간의 죄를 대속하려고 자신 을 희생한 예수에게 초점을 맞추는 삶을 살라는 주장으로, 스토아철 학을 한참 벗어난 것이다. 한편으로는 죄책감을 강조하며 다른 한편

---

*   고대 그리스에서 치러지던 4대 운동경기 가운데 하나로 포세이돈을 기념해 2년마다 열렸다. 4대 제전은 올림피아, 피티아, 네메아 그리고 이스트미아 제전이다.

으로는 자비를 약속하는 것이 아니라, 정의가 스토아철학이 항상 추구한 가치다. 자아를 중시하는 스토아학파는 바울의 생각을 말이 되지 않는다고 여겼으리라(아우렐리우스《명상록》의 원래 제목은 "나 자신을 찾아서"였다). 이를테면 빵조각과 와인을 먹고 마시며 성체를 먹는다고 하고 예수에게 죄를 용서해달라고 기도하면서 교인끼리 서로 마주보고 눈물을 흘려가며 죄를 고백하며, 참회하고 금욕하며 세상을 피해 은둔하는 많은 기독교 관례도 마찬가지다. 스토아철학은 현세에서 훌륭한 삶을 사는 것에 관심을 가졌을 뿐이다. 스토아철학자들은 전체로서의 인류에게, 사회적 지위, 국적 또는 신앙과 무관하게 모든 인간에게 최선을 다해 봉사하고자 했다.

스토아철학과 사도 바울 사이의 차이는 너무도 커서, 바울이 시네이데시스를 완전히 새로운 방식으로 사용한 사례를 발견하는 것이 놀라운 일은 아니다. 그 가장 두드러진 예는 로마서 9장 1~2절과 고린도후서 1장 12절이다. 로마서에서 바울은 자신이 참말을 하고 거짓말을 하지 않는다는 증인으로 성령과 "내 양심"을 내세운다. 고린도후서에서 "우리 양심"은 바울 자신과 그의 "사도로서 형제"인 디모데의 양심을 뜻하는 것으로 로마서의 그것과 같은 역할을 한다. 그 동의어는 "하나님의 거룩함과 진실함…[그리고] 하나님의 은혜"이며, 그 반대말은 "육체의 지혜"다. 이 상반된 표현들은 바울이 실제로 모든 사도 가운데 가장 무기력했던 자신을 참된 사도로 세우고자 한 평생에 걸친 노력의 일부다.[4] "내가 자책할 아무것도 깨닫지 못하나 이로 말미암아 의롭다 함을 얻지 못하노라" 하고 말하는 고린도전서 4장 4절은 물론이고 고린도후서 4장 2절과 5장 11절에서도 사도로서의 자격을 고민하는 바울의 면모가 읽힌다. 바울은 신도들에게 각자의 시네이데시스에게 물어 바울 자신이 주의 진정한 전령인지 아닌지 답을 찾으라고 두 번 제안한다.*

로마서 13장 1~7절에서 바울은 세속의 지배자들을 두고 "하나님의 사역자"라고 말한다. 그들의 사명은 선을 행하지 않고 악행을 저지르는 자를 벌하는 것이라는 표현도 나온다. 그러므로 권력자에게 복종하되 "진노" 때문에 할 것이 아니라 "양심"을 따라 하라고 바울은 강조한다. 이로써 우리는 시네이데시스라는 단어의 가장 혁명적인 용법에 가까이 접근했다. 이런 용법은 같은 서한의 다른 구절에서도 나타난다. 이 편지가 사도 바울이 쓴 글 가운데 가장 길고 중요한 것은 우연이 아니다. 어느 모로 보나 이 편지는 곧 등장하는 완전히 새로운 종교를 떠받드는 반석이다. 다시금 강조하자면 배경은 이렇다. 그리스도의 시대에 유대교는 이미 오래전부터 의례를 중시하는 종교로 굳어졌다. 이런 의례 중심의 종교는 믿음이 아니라 율법에 따르는 복종을 중시한다. 바울은 유대인이 아닌 이방인들에게 기독교를 전파하기 위해 그런 율법의 대부분을 없애야 했다. 특히 관건이 된 것은 할례를 하고 정결한 음식을 먹으라는 명령이었다.[5]

바울은 이렇게 썼다. "알 것은 이것이니 율법은 옳은 사람을 위하여 세운 것이 아니요 오직 불법한 자와 복종하지 아니하는 자와 경건하지 아니한 자와 죄인과 거룩하지 아니한 자와 망령된 자와 아버

---

* 이 대목은 바울이 본래 사울이라는 이름으로 예수를 박해하던 인물이었다는 점을 염두에 두고 읽어야 한다. 하나님의 선택을 받아 사도 바울이 되었으나, 그는 제자 가운데 가장 무기력하며 사도로서의 자격을 두고 고민했기 때문이다.

지를 죽이는 자와 어머니를 죽이는 자와 살인하는 자며 음행하는 자와 남색하는 자와 인신매매를 하는 자와 거짓말하는 자와 거짓 맹세하는 자와 기타 바른 교훈을 거스르는 자를 위함이니"(디모데전서 1: 9~10). 반면 이런 표현도 나온다. "이런 이들*은 그 양심이 증거가 되어 그 생각들이 서로 혹은 고발하며 혹은 변명하여 그 마음에 새긴 율법의 행위를 나타내느니라"(로마서 2: 15). '자기 자신을 앎'이 유대인의 형식적인 율법을 대체했다. 이방인, 적어도 주의 눈에 올바른 이방인은 율법을 지키지 않거나 알지 못한다 하더라도 양심에 따른다고 바울은 강조한다.

분명 바울의 이런 관점에는 모순이 있다. 바울은 자신이 성장한 유대 문화의 틀을 버리지 못했으면서도 이방인 신도들에게는 그들의 이교도 신 그리고/또는 철학을 포기하고, 세상을 엄격히 감시하며 선행에는 상을, 악행에는 처벌을 내리는 유일신을 무조건 믿으라고 요구했다. 다른 한편 시네이데시스라는 개념에서 스토아학파가 강조한 '자연'과 '이성'과 연결된 부분을 끊어버리고 바울은 이 양심이라는 개념을 율법의 자리에 놓았다. 바울이 이런 식으로 믿음과 결합시킨 양심은 스토아학파가 이해한 양심, 곧 선택의 자유를 전제로 하는 양심과 충돌한다. 선택할 자유를 가지는 양심은 항상 세상의 소소한 일까지 끊임없이 관여하는 전지전능한 신의 존재와 전혀 합치될 수 없다.

기독교와 양심의 이런 모호한 관계 탓에 양심과 그 함의의 정확

---

* 율법 없는 이방인.

한 의미를 둘러싼 더욱 정교한 논의는 여전히 진행형이다. 기독교계의 "위대한" 인물 가운데 이 문제를 언급하지 않고 지나간 이는 단 한 명도 없다. 일찍부터 이 논쟁에 뛰어든 인물 가운데 한 명은 오리게네스Ōrigénēs(184~254)*다. 그는 앞에서 인용했던 로마서 구절을 두고 이렇게 말했다.

사도가 말하는 '양심'이 무엇인지, 그것이 심장 또는 영혼과 큰 차이가 있는 어떤 것인지 하는 논의는 피할 수 없어 보인다. 성경의 다른 대목은 양심을 두고 인간을 심판할 뿐, 양심 그 자체는 심판받지 않는 것이라고 말하고 있기 때문이다… 요한은 이렇게 말했다. "우리 마음이 우리를 책망할 것이 없으면 하나님 앞에서 담대함을 얻고"(요한1서 3: 21)[그러나 이 구절에서 요한이 양심에 해당하는 것으로 쓴 '마음'이라는 단어는 심장을 뜻하는 '카르디아kardia' 이지 '시네이데시스'가 아니다]. 그리고 다시금 바울 자신은 다른 대목에서 이렇게 말한다. "우리 양심이 증언하는 바니 이것이 우리의 자랑이라"(고린도후서 1: 12). 나는 이 대목에서 커다란 자유를 느꼈다. 실제로 양심은 항상 선행을 기뻐하고 환호할 뿐, 악행은 결코 심판하지 않기 때문이다. 그 대신 양심은 영혼을 시험하고 질책함으로써 분열시킨다. 내가 보기에 양심은 정신과 동일하다. 사도 바울의 말은 양심으로 영혼을 가르치라는 것이 아닐까. 양심은

---

* 알렉산드리아 출신의 신학자로 매우 독창적인 신학체계를 세워 교회와 마찰을 빚었던 인물이다. 금욕주의를 주장하며 자신의 고환을 스스로 자른 것으로 유명하다.

교사처럼 영혼을 이끌며, 더 낫게 행동하게 타이르거나, 잘못을 바로잡도록 시험하고 질책하는 안내자와 친구와 같다.[6]

오리게네스와 비슷한 시기를 살았던 기독교 옹호론자 마르쿠스 미누시우스 펠릭스Marcus Minucius Felix*는 이런 글을 썼다. "네가 하는 일을 아는 사람이 있을까 두려워하느냐. 우리가 두려워할 것은 오로지 양심이니라."[7] 그야말로 정곡을 찌르는 표현이다. 서기 135년경 아테네의 웅변가 아리스티데스Aristides**는 기독교인 박해를 막을 방법을 찾으면서 기독교인으로 살아간다는 것이 무엇을 뜻하는지, 또는 무엇을 뜻해야 하는지 이렇게 설명한다.

[그들은] 하나다, 어떤 [다른] 민족[원문 그대로임] 출신이든, 진리를 찾았다는 점에서 하나다. 그들은 만물을 지으신 창조주 하나님을 알고, 다른 신이 아닌 오로지 하나님만을 섬긴다… 그들은 간통하지 않으며, 부정不貞을 저지르지 않으며, 거짓 증언을 하지 않고, 남의 물건을 탐하지 않으며, 아버지와 어머니를 공경하며, 이웃을 사랑하고, 공정한 결정을 내린다. 무슨 일이든 자신에게 일어나지 않았으면 하는 것은 남에게도 일어나지 않기를 원한다. 그들은 자신에게 부당한 대우를 하는 사람에게 호소하며 그를 친구로 만들려 노력한다. 그들은 적에게 선행을 베푼다… 그들은 남자든 여자

---

*   2세기 말에서 3세기 초에 걸쳐 활동한 신학자로 라틴어 저작을 남긴 인물이다.
** 2세기 중반에 활동한 신학자로 기독교를 옹호하는 《변론》으로 유명한 인물이다. 가톨릭교회는 그의 축일을 8월 31일로 정하고 섬긴다.

든 노예를 가졌거나 자녀를 두었다면, 그들을 권면해 기독교인이 되게 만들어 애정을 베푼다. 기독교인이 되면 그들은 서로 아무 차별을 두지 않고 형제라 부른다… 그들은 겸손하며 상냥하고 단정하고 정직하며 서로 사랑한다. 그들은 과부를 무시하지 않으며, 고아를 구해준다. 기독교인은 자신이 가진 것을 못 가진 자와 기꺼이 나누어 가진다. 나그네를 보면 자신의 집으로 데려가 진짜 형제처럼 반갑게 맞아준다. 그들은 혈연이 아니라 영혼으로 묶여 서로 '형제'라 부른다.**8**

이 글에 율법이라는 말은 단 한 번도 등장하지 않는다. 오로지 "하나님"과 "영혼"을 언급할 뿐이다.

전능한 신을 믿는 기독교 신앙이 퍼져나가는 동안, 스토아학파는 쇠퇴일로를 걸었다. 기독교를 국교로 인정한 첫 번째 황제 콘스탄티누스 1세Constantinus I에게 자문을 해주던 락탄티우스Lactantius(250?~325?)*는 스토아학파를 언급하면서 세네카는 "말이 되지 않는 허튼 소리"를 썼다고 일갈했다. 그는 덧붙이기를 "우리 기독교인은 선을 적대시하며 정의의 적이고 선과는 반대되는 짓을 저지르는 타락하고 기만적인 정신이 있다는 것을 안다"고 했다.**9** 다음으로 주목할 인물은 성 히에로니무스Eusebius Sophronius Hieronymus(347~420)**다. 히에로니무스는 오늘날 크로아티아와 슬

---

* 초기 기독교의 신학자이자 저자로 활동한 인물이다.

** 기독교의 4대 교부 가운데 한 사람으로 가톨릭교회가 중요한 성인으로 추대하는 교회 박사다.

로베니아의 국경지역에 위치한 스트리돈 출신의 비유대인이다. 그는 많은 여행을 다니며 폭넓은 배움을 쌓은 남자였다. 전성기의 그는 로마의 귀족 여인들로부터 사랑을 한 몸에 받았다고 한다. 그는 생애의 마지막 10년을 베들레헴 가까운 은둔지의 독방에 틀어박혀 부지런히 성경을 라틴어로 옮기는 데 보낸 사실로 명성을 얻었다. 우리가 관심을 가지는 주제와 관련해 그는 영웅적으로 심혈을 기울였으나 좀체 성과를 보이지 않았던 히브리어 학습의 증인으로 "나의 양심과 나와 함께 살았던 사람들"을 이야기한다.

그가 이야기한 것은 적확한 표현으로 "신틸라 콘스시엔티아 scintilla conscientia", 곧 "양심의 불꽃"이었다. 이는 가인이 낙원에서 추방당할 때 그의 심장에서조차 꺼지지 않았다. **¹⁰** 히에로니무스는 '시네이데시스'의 번역어로 '콘스시엔티아'를 받아들였을 뿐만 아니라, 그가 참조한 히브리어나 그리스어 원전에서 전혀 언급되지 않았던 용어를 소개하기도 한다. 그 좋은 예가 에스겔서 1장 10절에 붙인 그의 해설이다. 이 유명한 구절에서 선지자 에스겔은 하나님이 자신에게 나타난 모습을 설명한다. 에스겔은 네 개의 "생물 형상"을 보았다고 말한다. 형상은 저마다 네 개의 얼굴을 가졌다. "그 얼굴들의 모양은 넷의 앞은 사람의 얼굴이요 넷의 오른쪽은 사자의 얼굴이요 넷의 왼쪽은 소의 얼굴이요 넷의 뒤는 독수리의 얼굴이니"(에스겔 1:10).

히에로니무스에 앞서 오리게네스는 에스겔의 이 이야기를 비유로 이해해야 한다고 하면서 동물 각각은 인간 영혼이 가진 측면을 대변한다고 보았다. 그러나 이런 해석에는 문제가 있다. 오리게네스와 히에로니무스에게 지대한 영향을 끼친 저작을 쓴 플라톤은 인간 영혼이 네 부분이 아니라 세 부분(욕구, 활기 그리고 이성)으로 이뤄졌다고 주장했다. 이런 불일치의 어려움을 극복하기 위해 히에로니무스는 '시네이데시스'의 변형인 '신테레시스syntērēsis'를 또 하나의 부분으로 덧붙인다. 이 단어의 글자 그대로 뜻은 '주의 깊은 감시'다. 바로 이 감시를 독수리가 상징한다고 그는 말했다.[11] 역설적이게도 플라톤은 인간이 내적 제재에 지배당한다는 점을 잘 알고 있었고, '아이도스'를 다룬 글을 쓰면서도, '시네이데시스'라는 단어는 전혀 쓰지 않았다. 만약 플라톤이 히에로니무스의 글을 읽었더라면, 영혼의 네 번째 부분, 불건전한 정신을 스스로 고발하는 부분의 도입을 심각하게 고민했을 것에 틀림없다.

다른 문제도 마찬가지지만 특히 콘스시엔티아라는 문제에 몰두했던 가장 중요한 교부는 성 아우구스티누스Augustinus(354~430)다. 아우구스티누스는 기원전 146년에 파괴되었다가 복구되어 제국의 중요한 도시이자 기독교 교육의 중심지였던 카르타고에서 교육을 받았다. 공부를 하던 당시 그는 난봉꾼의 방탕한 삶을 살았으나, 남자 중의 남자로 인정받고 싶은 욕구에 그런 체했다는 일설이 전해진다. "순결과 금욕을 허락하소서, 그러나 지금은 아닙니다" 하는 그의 유명한 기도문은 이런 배경을 가졌다.[12] 32세의 나이에 그는 유일하며 진실한 신을 따르기로 마음을 고쳐먹으면서 이 방탕한 시절을 마감했다.

아우구스티누스는 아마도 예전의 그 어떤 교부보다도 더 원죄라는 관념에 사로잡혔던 듯하다. 그는 원죄가 벌거벗음보다는 성욕과 더 깊은 연관을 가진다고 설명한다. 성욕은 종족번식을 위해 불가피하지만, 남자와 여자로 하여금 신과 이성을 저버리고 동물과 다를 바 없는 존재로 전락하게 위협한다.[13] 이처럼 원죄에 집착하는 강박관념이 방탕했던 시절을 비난하는 적으로부터 자신을 방어할 필요를 느껴서 생겨난 것인지, 아니면 어떤 종류의 정신병리학적 배경에 뿌리를 둔 것인지는 지금 다룰 문제가 아니다.[14] 비유대인인 그가 원죄라는 문제를 다루는 엄격한 유대 문화의 틀을 활용할 수 없었을 것이라는 사실은 왜 그가 원죄에 그토록 집착했는지 하는 물음의 답을 찾기 더 어렵게 만들 뿐이다. 어쨌거나 죄와 그에 따른 처벌을 현세에서든 내세에서든 어떻게 피할 수 있을 것인가 하는 문제는 그의 평생에 주된 관심사였다.

죄와 처벌이라는 문제는 아우구스티누스를 "벌거벗겨 내면의 눈앞에 세웠다".[15] 이 문제의 답을 찾으려는 노력의 결과물이《고백록Confessiones》으로, 그가 45세 즈음에 쓴 것이다. 이 책은 당대 기독교 정신을 반영하면서 미래 세대를 위해 그 정신의 본질을 담아냈다. 완전히 새로운 문학 장르의 효시가 된 이 책을 두고 마르틴 루터 Martin Luther(1483~1546)도 할 말이 참 많았다.[16] 스토아학파의 자기수양은 사람을 갈수록 더 평온하게 만든 반면, 아우구스티누스가 보기에 구원에 이르는 길은 정신의 극심한 혼란을 거쳐야만 했다. 어려움은 인간이 원죄를 통해, 원죄로부터 태어난다는 것이다. 아우구스티누스는 자신의 노력만으로는 이런 조건을 절대 탈피할 수 없으며, 인간을 위해 자신을 희생한 예수 그리스도에게 영원히 빚을 질수밖에 없다고 보았다. 이런 깨달음은 문제에 오로지 하나의 답만 남겨준다. 완전하고 무조건적인 믿음 그리고 예수 그리스도를 본받는 삶이 그 답이다. 현대의 어떤 역사학자는 아우구스티누스의 세계는 "십자가로 측정된다"고 표현했다.[17] 세례를 받기 전의 갓난아기를 포함해 믿음을 가지지 않은 모든 사람은 피할 수 없이 지옥에 떨어진다.

이전의 히에로니무스와 마찬가지로 아우구스티누스는 콘스시엔티아 개념을 포함한 스토아사상을 로마로 전해주는 데 누구보다도 심혈을 기울인 키케로를 존경했다. 아우구스티누스는 심지어 기독교로 개종하게 된 동기를 키케로의 책《호르텐시우스Hortensius》를 읽은 경험이라고 말했다. 이 책은 지금은 남아 있지 않다.* 아우구스티누스의 저작 전체를 읽었다고 주장하는 사람은 거짓말하는 것이다라는 이야기가 있다. 예외적인 인물로는 독일의 신학자 요하네스 슈텔첸베르거Johannes Stelzenberger(1898~1972)가 꼽힌다. 1950년대 말에 그는 아우구스티누스가 '콘스시엔티아'를 언급한 900개가 넘는 참고자료들을 모두 수집해 연구하는 기념비적인 과업을 완수했다.[18] 이전의 키케로와 세네카와 마찬가지로 아우구스티누스가 쓴 콘스시엔티아의 글자 그대로의 의미는 '자기 자신을 앎'이다. 예를 들자면 이렇다. "양심이라고 쓰는 것에 글자 그 이상의 내재된 의미는 따로 없다. 그 의미는 자신에게 하지 않을 일을 남에게 하지 않는 것이다."[19] 그러나 세네카와 키케로 그리고 나머지 스토아철학자

---

* 키케로가 45년에 발표한 이 책의 정확한 원제는《호르텐시우스 또는 철학에 대하여 *Hortensius sive de philosophia*》로 대화체 형식으로 쓰였다. 호르텐시우스는 로마의 정치가이자 웅변가로 키케로의 친구다. 이 책은 6세기에 이미 소실되어 완전한 판본은 존재하지 않는다. 다른 책에 인용된 단편만 남아 있다.

와 달리, 아우구스티누스는 양심이라는 단어를 오로지 선악과 관련한 문제를 언급할 때만 썼다. 그는 행운의 부침에 대처하기 위해 필요한 특성을 포함한 나머지, 곧 선악과 관련하지 않은 나머지 문제는 무시하고, 기독교인이 사물을 보는 관점의 핵심으로 곧장 나아간다.

아우구스티누스는 양심이 무엇인지 설명하기 위해 다양한 정의를 시도한다. 세네카와 마찬가지로 아우구스티누스는 양심을 인간의 내면으로 들어가게 해주는 열쇠라 부른다. 펠릭스에게 화답하고 싶었던지 아우구스티누스는 양심이 유일하게 중요한 증인, 곧 외부환경을 고려하지 않고 항상 인간의 내면을 지켜보는 증인이라고 말했다. 양심은 경솔한 판단, 타인의 명예를 훼손하는 비방, 잘못된 의심과 같은 죄를, 바꾸어 말하면 보통 법적인 처벌을 받지 않는 죄를 범하지 않게 막아주는 일종의 장치다. 이런 죄를 범하지 않으려는 싸움은 결정적 승리로 매듭지어지는 일회적인 행동일 수 없다. 이 싸움은 인생 전부는 아니라 하더라도 대부분을 통해 지속된다.

> 욕구가 끓어오를지라도 동의하지 말라. 네 이웃의 아내가 너를 탐할지라도 흔들리지 말라. 마음을 고쳐먹고 네 마음의 은밀한 방으로 들어가라. 바깥에서 욕구가 소리 지르는 것을 보거든 욕구에 반대하는 판결을 내려 네 영혼을 정화하라.[20]

가장 중요한 것은 아우구스티누스가 양심을 "[인간 안의] 신의 자리"라 부른다는 점이다.[21] 인격적인 신이 아니라 비인격적인 행운이 지배하는 세상에 살았던 스토아학파에게 콘스시엔티아는 궁극적으로 이성의 산물이었다. 반면 아우구스티누스는 이교도든 기독교도든 그 이전의 어떤 사상가보다도 더욱 양심과 종교적 믿음 사이의 연관을 강조한다. 그가 보는 양심은 신의 목소리, 인간의 모든 영혼이 들을 수 있는 목소리이기 때문이다. 영혼 안에서 작용하면서 양심은 선과 악을 구분할 줄 알며, 물론 이런 구분에 따라 행동하게 한다. 아우구스티누스가 결정적으로 새롭게 기여한 부분은 믿음을 가진 사람의 양심과 신의 목소리가 일치한다고 본 점이다. 그 자신의 표현을 쓰자면 "나의 부끄러운 잘못을 똑바로 보고 이를 증오하는 것"이 양심이다. [22]

기독교도의 인생이 이교도의 그것과 어떻게 다르냐는 물음에 아우구스티누스는 먹고 마시며 아내를 취하고 자식을 가지는 일상생활에 관련해서는 아무런 차이가 없다고 대답한다. 그러나 모든 것이 뿌리를 두는 근원은 확연히 다르다. "우리는 [모든 것을] 신의 가르침에 맞추어 정당화한다. 이 가르침은 순수한 심장에서 우러나는 사랑, **좋은 양심**[강조는 필자] 그리고 진정한 믿음이다." [23] 자신을 비롯한 기독교인에게 율법을 대체하는 양심의 역할을 강조하려고 아우구스티누스는 앞서 언급했던 로마서 구절을 즐겨 인용하고 해석하곤 했다. [24] 율법과는 정반대로 양심은 자비와 순수한 심장, 그리고 무엇보다도 "진정한 믿음"과 더불어서만 성립한다. 이 믿음은 율법에 따라 행동하는 기계적인 복종을 구원으로 이끄는 도덕적 실천으로 바꿔놓는다. [25]

이로써 기독교와 그 모태였던 두 가지 체계, 곧 기독교가 기원을 둔 유대교와 기독교가 참조한 스토아철학과의 단절이 기독교의 필요에 맞게 완성되었다. 새로운 종교를 창안하고 발전시키는 초기에 아우구스티누스가 자신의 독특한 방식으로 활용한 양심이라는 개념은 매우 중요한 역할을 했다.

신앙 시대의 양심

서구의 역사에서 중세처럼, 종교에 지배당했다고까지 말할 수는 없을지 모르나, 철저하게 종교로 채워진 시대는 없다. 이런 사실이 반드시 중세 사람들이 그 이전이나 이후 사람들에 비해 더 종교적이었다거나 양심적이었음을 말해주는 것은 아니다. 그러나 종교가 문화에서 중심적인 역할을 한 것만큼은 틀림없다. 이런 역할은 예술은 물론이고 교회 조직의 정치, 경제, 사회 권력에 충분히 반영되었다. 손에 닿을 것 같은, 도처에 현현하는 신이 두려운 나머지, 사람들은 오로지 자신을 종교적 언어로만 표현해야 한다는 압박감에 시달렸다. 중세는 또한 대다수 학자들이 바울과 아우구스티누스를 본받아 양심이라는 개념을 자신들의 기독교 신앙과 서로 떼어낼 수 없게 결합시킨 시대이기도 하다. 이것이 바로 예를 들어 11세기 《롤랑의 노래*Chanson de Roland*》*와 13세기 《보르도의 위옹*Huon de Bordeaux*》**

---

*　작자 미상의 중세 프랑스 무훈시이다. 십자군의 패전을 그리며 신의 전사가 최후의 승리를 거둘 것이라고 노래하는 내용이다.

**　13세기 프랑스 무훈시로 샤를마뉴 대제의 아들을 뜻하지 않게 죽여 그 대가로 바빌론의 이슬람 왕을 죽이고 그 머리카락과 치아를 가져가야만 하는 보르도 출신 기사 위옹

이 "거짓된 이슬람"을 말하는 이유이다.²⁶ 기독교 신앙과 결합된 양심 개념은 또한 많은 신학자들의 관점에서 볼 때 어째서 비기독교 지배자와의 협정은 지킬 필요가 없었고, 비기독교인 전쟁포로를 노예로 삼았는지 설명해주기도 한다.

이 문제에 주의를 기울인 인물 가운데 한 명은 가자 출신의 성 도로테우스Dorotheus(505~565)*다. 많은 다른 학자와 마찬가지로 그역시 성 히에로니무스에게서 암시를 얻었다. 그는 '시네이데시스'의 번쩍임이 모든 인간 안에 존재한다고 믿었다. 아우구스티누스처럼 그는 양심이 예수 그리스도를 향한 믿음과 결합할 때, 실제로 이 믿음의 한 부분이 될 때만 그 본연의 자리에 들어설 수 있다고 주장했다. "신이 인간을 창조하고 신성한 숨결을 불어넣자, 이성에 뜨겁고 환한 번쩍임이 더해지며 정신이 환히 깨어나 옳음과 그름 사이의 차이를 깨달았다." 이처럼 도로테우스를 비롯한 동방정교의 총대주교들은 예수 그리스도를 알지는 못했지만, 양심을 실천함으로써 주를 기쁘게 할 줄 알았다. 도로테우스는 그러나 세월이 흐르며 양심이 묻히고 말았다고 주장한다. 양심을 되살려낼 수 있는 것은 오로지 율법과 선지자를 통한 신의 계시뿐이다. 결국 예수 그리스도의 재림으로 "양심을 다시 묻어버릴지, 아니면 양심에 순종해 그 밝은 빛이 우리를 비추게 할지 선택할 우리의 힘"이 복원된다. 도로테우스가 보기에 양심은 우리를 겸손하게 하고 정결하게 만드는 것을 포함한

의 이야기를 다룬다.

* 가자 지방 출신의 수도사로 자신의 수도원을 세워 원장을 지내며 기독교 교리 연구에 힘쓴 인물이다. 가톨릭교회와 동방정교회가 성인으로 섬긴다.

다. "튜닉이나 장막으로 햇빛을 가려버리고 태만하게 자신을 망치는 사람은 양심을 짓밟는 것이나 다름없다." 양심을 존중하는 동방정교의 입장을 그 핵심에서 완성한 사람이 도로테우스다. **27**

　서구에서 양심과 관련한 논의는 오로지 12세기 동안 폭넓게 이뤄진 배움의 부흥 가운데 한 부분으로 재개되었다. 양심을 다룬 가장 중요한 견해의 대부분은 피에르 아벨라르Pierre Abélard (1079~1142)*의 것이다. 청소년기에 이미 천재성을 보여 신학자이자 선생으로 추앙받았던 아벨라르는 동시대인에게 실제 이상으로 부풀려진 평가를 받았던 인물이다. 유럽 전역에서 그를 찾아와 제자로 받아달라고 간청한 사람이 수천 명에 달할 정도였다. 12세기의 다른 학자와 마찬가지로 아벨라르는 선행과 악행의 뿌리가 무엇인지 하는 물음에 관심을 가졌다. 인간이 자신의 행동에 책임을 지는 방식에는 전능한 신에게 고해야 할 것이 있고, 그렇게 하지 않아도 좋은 것이 있다. 그리고 신에게 고하는 방식은 종교의 교리와 일치해야 한다. 어떤 현대의 학자는 이렇게 말했다. "양심은 도덕의 주관적 규범을 만들어주는 데 중요한 역할을 하며, 신이 인간에게 베푸는 은총에 일정 정도 영향을 주는 도덕 원천이기도 하다는 폭넓은 공감대가 있었다." **28**

　아벨라르는 양심과 관련한 구체적인 물음을 다음과 같은 분명 가장 극단적인 사례로 제시한다. "순교자와 기독교도를 생각할 수

---

*　중세 프랑스 철학을 대표하는 철학자이자 신학자로 스콜라철학의 아버지라 불리는 인물이다. 중세의 보편논쟁을 대표한다.

있는 모든 잔인한 방식으로 고문하고 처형해가며 박해한 사람들은 죄인일까?"[29] 이 물음에 일단 아벨라르는 그들이 죄인이라고 본다. 하지만 예수 자신은 이렇게 말하지 않았던가. "아버지 저들을 사하여주옵소서. 자기들이 하는 것을 알지 못함이니이다."[30] 중요한 것은 의도이며, 죄는 "신의 뜻을 무시하는 것 또는 그 뜻을 따르지 말아야 한다고 믿는 것에 동의하는 것"이기 때문에 "우리는 저들[박해자들]이 이런 의미의 죄를 지었다고 말할 수 없다". 더 나아가 "저들은 예수 그리스도를 알지 못해 기독교 신앙을 거부했고, 반대되는 것[그들이 믿어야 한다고 가르침을 받은 다른 신을 믿었기에, 신의 뜻을 거스른 것을 그들로서는 자신들의 신을 위한 적절한 행동이라고 생각하지 않았을까?" 바로 그래서 관련 장의 제목은 이렇다. "양심에 반하지 않는 한, 죄는 없다." 아벨라르는 결론을 내린다. "예수 그리스도와 그 제자들을 박해한 사람들은 박해를 해야 마땅하다고 생각했기에 실제로 죄를 지었다. 그러나 저들이 자신의 양심과는 반대로 그들을 구했다면 더욱 위중한 죄를 저지른 것이 된다."

그래서 아벨라르는 죄를 덜 위중한 것과 더욱 위중한 것 두 종류로 구분한다. 덜 위중한 죄는 우리를 구속하지 않는다. 더 위중한 죄는 잘못에 기반한 것이라 해도 양심에 따른 행동이라면 죄를 범한 게 아니다. 진짜 죄는 "양심을 거역하고" 저지른 것뿐이다.[31] 이로써 양심은 선과 악을 가름하는 궁극적인 심판관이 된다. 아벨라르는 양심에 따른, 어쨌거나 양심을 거역하지 않고 죄를 지은 사람을 사냥하다가 실수로 동료를 죽인 사람에 비유한다.[32] 그렇다고 해서 아벨라르가 모든 종교는 똑같이 참(혹은 거짓)이라고 말하는 것은 아니다.

다만 기독교인이 아니라 할지라도 양심에 따라 행동한 사람은 최악의 죄를 지은 것이 아니다. 실제로 아벨라르는 세례를 받기 전에 죽은 영아가 죄인이어서 구원을 받을 수 없다는 생각을 "부조리"로 여겼다.[33]

교계에서 아벨라르의 입장에 반대한 이들 가운데 대표적인 인물은 성 베르나르 드 클레르보Bernard de Clairvaux(1090~1153)다. 베르나르는 열렬하면서도 흔들림 없는 신앙의 화신과도 같은 인물이었다. 두 남자 모두 굽힐 줄 모르는 성격이라 이들 사이에 벌어진 논쟁은 거의 서사시의 차원에 올라선다. 클레르보의 육성을 들어보자. "새로운 복음이 백성과 공동체를 위해 다져졌고, 새로운 신앙이 제시되었으며, 그 기초는 기존의 것과 전혀 다르다."[34] 두 남자 사이의 가장 강력한 충돌은 1140년 또는 1141년 상스 공의회에서 일어났다. 패배한 쪽은 아벨라르로, 혹독한 대가를 치렀다. 아벨라르가 쓴 책들에는 독자들에게 주의해서 읽으라는 경고문이 붙었다. 이단 혐의로 재판을 받은 아벨라르는 저서 가운데 한 권을 강제로 불태워야 했으며, 수도원에 감금된 신세가 되고 말았다. 병에 걸려 간신히 감금에서 풀려난 아벨라르는 다시 재판을 받았다. 그러나 박해는 그가 죽을 때까지 전혀 누그러지지 않았다.

그러나 아벨라르의 탐구 방식, 이성으로 확실한 결론을 내리기 전에 대안을 제시해가며 찬반논의를 벌이는 방식은 거의 표준이 되었다. 이런 탐구 방식의 가장 완벽한 사례는 필리프 대주교Philippe le Chancelier(1160?~1236)*의 저작에서 찾아볼 수 있다. 아벨라르와 마찬가지로 필리프는 파리의 노트르담성당에서 교육을 받았다. 필리프의 두드러진 점은 다른 많은 학자들과 달리 단순히 라틴어로 글을 쓴 저자들에 그치지 않고, 그리스 저자들, 특히 당시 번역본을 구할 수 있었던 플라톤과 아리스토텔레스의 책들을 참조했다는 사실이다.

그리스 문헌을 참조할 수 있었던 덕분에 필리프는 시네이데시스의 변형된 형태로 중세에 자주 쓰였던 '신테레시스'를 논평할 수 있었다. 심지어 그는 신테레시스와 콘스시엔티아를 비교하기도 했다. 둘의 차이는 인간의 이성에 기초한 콘스시엔티아는 실수할 수 있는데, 신성에 뿌리를 두는 신테레시스는 그렇지 않다는 것이다. 히에로니무스가 그랬던 것처럼 필리프는 신테레시스를 영혼의 네 번째 부분으로 정의한다. 그것은 죄를 저지르려는 의지에 대답하는, 또는 이미 저질러진 죄에 반응해 '속삭여주는' 부분이다. 핵심은 의지와 그에 대응하는 신테레시스가 영혼에 뿌리를 둔 것이기는 하지만 둘 중 어느 쪽도 선과 악 사이에서 선택할 자유의지가 있는 사람들이 남의 것을 훔치려고 할 때 이를 막을 수 없다는 점이다. 의지와 신테레시스의 관계는 정반대의 대칭을 이룬다. 죄가 은총으로 지워질 수 있는 것처럼, 신테레시스 역시 최소한 "사악함의 덩어리"인 어떤 사람들에게 짓밟혀 없어질 수 있다.[35]

성 아우구스티누스가 초기 기독교에 기여한 바로 그것, 곧 위대한 종합을 중세 기독교에서 이룬 인물은 성 토마스 아퀴나스Thomas Aquinas(1225~1274)다. 이탈리아에서 태어난 그는 귀족 출신으로 베네

---

* 프랑스의 주요한 스콜라철학자이며 신학자로 노트르담주교좌성당의 대주교를 지낸 인물이다.

딕트회 수도사가 될 운명을 타고났다. 그러나 그는 어려서 나폴리 도미니크회 스승의 영향을 받아 도미니크회에 입교하기로 결심했다. 이 결심은 어머니와 형제들과 오랜 갈등을 빚게 만들었다. 참다못한 가족은 그를 납치해 2년 동안 집 안에 가두었다. 심지어 가족은 그에게 창녀를 보내 결심을 바꾸게 유혹했으나, 아퀴나스가 불붙은 막대기로 창녀를 쫓으며 순결을 지키기로 맹세해 실패로 돌아갔다고 한다. 이 사건은 그가 평생에 걸쳐 중세 학문의 거의 모든 분야를 섭렵한 배경이 되었다. 철학과 신학에 더해 아퀴나스는 수학, 기하학, 천문학, 음악은 물론이고 심리학과 전쟁법 그리고 경제학에도 밝았다.

이런 인상적인 박식함은 그에게 '천사 박사'라는 별명을 붙여주었다. 이 별명은 일부 칭찬의 의도를 담은 것이기는 하지만, 논쟁을 할 때마다 천사를 끌어다 대는 그의 성향을 반어적으로 꼬집은 것이기도 하다. 그는 《진리 문제와 관련한 논란*Questiones disputatae de veritate*》과 《산타 사비나에 붙여*Ad Santa Sabina*》, 이 두 권의 책에서 양심의 문제를 집중적으로 다룬다.[36] 필리프와 마찬가지로 아퀴나스는 신테레시스가 틀릴 수는 없다고 보았다. 그러나 필리프와는 다르게 아퀴나스는 신테레시스의 이런 능력은 보다 높은 이성에 뿌리를 둔 덕이라고 생각했다. 보다 높은 이성, 이것은 바꾸어 말하면 인간 영혼이 듣는 신의 목소리, 곧 신의 목소리와 하나가 된 인간 영혼이다. 사도들을 박해하고 죽인 사람들의 사례로 돌아가보자면, 신을 기쁘게 하리라는 믿음으로 그런 행동을 한 사람은 잘못된 '보다 높은' 이성에 따랐기 때문에 죄인이다. 무지해서 그런 짓을 했다면 진리를 구하려 충분히 노력하지 않았기 때문에 죄인이다. 신테레시스가 없어질 수 있는가 하는 문제, 바꿔 말해서 신테레시스를 가지지 않은 사람들이 있을 수 있는가 하는 문제(이 경우에는 죄를 물을 수 없다)에서 아퀴나스는 앞선 학자들의 입장 가운데 중도적인 태도를 취한다. 신테레시스는 제거될 수 없으며, 방해를 받을 뿐이라고 그는 말한다.

방법론적으로 볼 때 이 모든 논의에서 두드러지는 특징은 원전 사용 여부다. 논의에 구약성경을 끌어다 댄 사례를 찾아보기는 어렵다. 당시 구약성경은 라틴어로만 읽을 수 있었을 뿐 아니라, 그 사본도 상대적으로 귀했기 때문이다. 이런 사실에 유대교에서 양심이 별다른 역할을 하지 않는다는 점까지 감안한다면, 구약성경을 언급하지 않는 것은 놀라운 일이 아니다. 신테레시스(시네이데시스)의 새롭게 발견된 의미를 체계적으로 탐구하려는 시도도 이뤄지지 않았다. 아마도 설명은 기초적인 물음을 벗어나지 못했으리라. 기초적인 물음이란 한편으로는 신의 전지전능함과, 다른 한편으로는 죄를 짓고 회개할 의지를 포함하는 자유의지 사이의 관계를 다루는 물음이다. 락탄티우스가 세네카를 두고 행운을 믿는다고 비판한 이래 이런 사정은 바뀌지 않았다.

어려운 문제를 풀려다 보니 많은 스콜라철학자들은 갈수록 더 섬세한 차이를 빚어낼 수밖에 없었다. 그래서 필리프는 오류를 저지르지 않는 신테레시스와 오류를 저지를 수 있는 콘스시엔티아를 구분했으며, 이후 많은 학자들은 이를 유용하게 여겼다. 이에 반해 양심이 일종의 잠재력인지 또는 기질인지 분명하지 않기 때문에 기질적 잠재력이라고 부르는 것이 가장 좋겠다는 필리프의 주장은 별 쓸모가 없는 것으로 여겨졌다. 아벨라르는 위중한 죄와 덜 위중한 죄를 구분한 반면, 아퀴나스는 단순한 이성과 보다 더 높은 이성을 구별하고, 양심을 없애거나 방해하는 것이 보다 더 높은 이성이라고 보았다. 다른 많은 학자들은 나름대로 고유한 풀이를 제시하고자 골머리를 앓았다. 예를 들어 위대한 윌리엄 오컴William of Ockham(1289~1349)*은 불가항력적 실수와 경솔하게 저지르는 과실을 구별했다. [37] 경솔한 실수를 묵인하는 양심은 죄를 저지른 것이다. 인간은 더 잘할 수 있다는 것을 알아야 마땅하다. 그러나 불가항력적 실수에 노출된 양심은 선행을 한 것이다. 신은 우리 인간이 올바른 이성이라고 믿는 것을 따르기 원하기 때문이다. 반면 올바른 이성을 거스르는 행동은 죄악이다. 갈수록 많아지며 복잡해지는 개념 구분은 그만큼 진리와 거짓, 선과 악을 구별하는 데 쓸모가 없어졌다. 이처럼 꼬치꼬치 따지며 천착하는 태도, 특히 스콜라철학 후기의 전형적인 태도는 오늘날까지 계속되는 악명을 빚어낸 원인이다.

결국 이쯤에서 의문이 제기된다. 이러한 끝나지 않는 논쟁은 로마, 나폴리, 쾰른, 파리 같은 기독교 교육의 중심지 성벽 바깥의 '현실' 세계에 어느 정도 영향을 미쳤을까? 어쩌면 몇 안 되는 학자들만의 문제는 아니었을까? 이 도시 저 도시를 떠돌며 가르침을 주는 대가로 먹고살던 그들이 서로 꼬리를 무는 개들처럼 물고 물렸던 것은 아닐까? 주목해야 할 중요한 대목은, 탈무드의 모호한 구절을 두고 랍비들이 벌인 논쟁과 상당히 흡사하게(혹자는 오늘날의 학문 세계도 크

---

* 영국 프란체스코 수도회의 수도사이자 철학자다. 유명론의 선구자로 근대 철학의 선구자로 추앙받는 인물이다.

게 다르지 않다고 말하리라) 중세의 논쟁은 진리 탐구라는 진지한 성격을 가진 것이 아니었을 수 있다는 점이다. 오히려 중세의 논쟁은 목회자들끼리 누가 더 많은 신도를 사로잡나 벌이는 일종의 경쟁과 같았다. 객관적 사실은 동료를 누르고 승리하는 쪽이 인정을 받고 더 많은 청중과 관중을 모을 수 있었다는 점이다. 아벨라르가 혹독한 대가를 치른 것에서 보듯, 때때로 게임은 자신이 통제할 수 있는 수준을 벗어나 심각해졌다. 경쟁하는 양측은 기독교인이든 아니든 가리지 않고 편을 모았다. 정치는 경쟁 당사자뿐만 아니라 다른 사람들에게도 일어날 수 있는 파국적 결말을 우려해 개입하고 나섰다. 그러나 본래 많은 토론은 그저 유희에 지나지 않았다. 어떤 이는 자신의 입장을 강조하고자 운에 맞춰 시를 쓰기도 했다.[38]

고대 문명의 모든 주민이 교양을 갖춘 것은 분명 아니었으며 하물며 철학자는 더더욱 아니었다. 그러나 다른 한편으로 많은 도시가 있었으며, 많은 시민, 아마도 대다수 시민은 읽고 쓸 줄 알았으리라는 것에는 의심의 여지가 거의 없다. 그런 지식은 도시의 행정과 교역, 특히 종교조직의 활동에도 필수적이었다.[39] 어쨌거나 고대 그리스에서 연극은 대중을 교육하는 데 중요한 역할을 했다. 앞서 살펴보았듯, 양심이라는 것은 바로 연극을 통해 처음 모습을 드러냈다. 주로 지방 위주의 중세 문화는 이와 확연히 다르다. 로마의 몰락에서 이른바 '12세기 르네상스'에 이르기까지 몇 세기 동안 글을 읽고 쓸 줄 아는 사람은 오로지 사제였다.[40] 시골에 사는 대다수 사람들은 기록된 문건을 보는 일이 거의 없었으며, 자신의 이름으로 서명조차 할 줄 몰랐다. 신학 논쟁이 뭔지 거의 몰랐을 뿐만 아니라, 들은 이야기도 몇 차례 이야기꾼의 입을 거쳐 얻은 풍월이었을 따름이다. 게다가 이야기꾼 자신도 무지했으며, 문맹인 경우도 흔했다. 이처럼 전해 들은 것에 얼마나 주의를 기울였을지 말하기는 불가능하다. 많은 변방에 기독교 이전의 풍습, 이교도 풍습이 몇 세기 동안 지속되었다는 사실은 굳이 언급할 필요조차 없이 분명하다.[41]

사도 바울이 글을 쓰던 시절, 그러니까 대략 서기 1세기 중반과 그 이후의 어느 정도 세월 동안 기독교 공동체는 작고 고립되었으며, 아리스티데스의 묘사가 분명하게 보여주듯, 무엇보다도 그들의 신성함을 지키는 일에만 진력했다. 이런 사실은 어째서 바울이 양심에 커다란 기대를 품었는지 설명해준다. 그는 양심이 자신이 부여한 의미 그대로 중요한 역할을 해주리라 기대했다. 또 대부분의 초기 기독교 문헌이 왜 그토록 권고하고 장려하는 투로 쓰였는지도 설명이 된다. 즉 초기 기독교에는 더 많은 것을 하도록 이끌 권위를 가진 지도자가 없었기 때문이다. 물론 사회 전체는 말할 것도 없고 그 어떤 대규모 집단도 권위 있는 지도자 없이는 차별성을 드러낼 수 없고, 특히 오랜 기간 효과적으로 지배될 수도 없다. 기독교는 성숙해져 세상에 전파되어갈수록 기성사회에 맞선 저항이라는 성격을 벗어나 사회의 결속을 다지고 질서를 유지하는 도구, 실제로 가장 중요한 도구로 변모했다.

이런 변화를 수용하면서 사회를 지배하던 옛 방법은 다른 것으로 바뀌었다. 대개는 제례를 강조하는 방법이었고, 다른 것은 법이나 불문율이었다. 몇몇 의례는 사해 지역의 다양한 종파로부터 빌려왔다(하지만 앞서 보았듯, 양심 자체는 빌려오지 않았다). 가장 오래된 기독교 의례로 유명한 것이 세례인데, 일종의 죄를 씻음 곧 거듭남을 의미하는 것으로 이미 복음서 자체에서 언급되었다.[42] 성찬, 성체성사는 고린도전서 2장에서 처음 언급된다. 그 의미를 둘러싼 해석은 분분하다. 집단 연대감의 표현으로 시작되었다는 해석이 있는가 하면, 다른 해석은 주님이 현현하는 가운데 성체를 말 그대로 소비하는 기적의 기회임을 갈수록 더 강조했다. 성찬식은 또한 서기 2세기경 예배의 고정된 부분으로 자리 잡았다. 의례의 좀 덜 중요한 부분은 기도와 찬송가 부르기와 금식욕(고린도전서 7: 5)이다. 어떤 것이 종교 관습이며 어느 것은 아닌지 하는 논의는 아우구스티누스 시절에 이르러서야 비로소 활발하게 이루어졌다.

가장 중요한 의례는 성례, 즉 결혼식·세례식·성찬식 등의 의식이다. 성례가 구원을 보증해준다는 교회 교리의 뿌리는 성 베드로로 거슬러 올라간다. 예수는 베드로에게 이르되 자신은 천당에 이를 열쇠를 받았을 뿐만 아니라, 현세에서든 내세에서든 죄인들의 죄를 대속할 권능도 부여받았다고 했다. 나중에 신약성경에서 예수는 그 권능을 제자들에게까지, 또는 해당 구절의 해석을 따르면 교회에까지 확장한다(마태복음 16: 13~20 그리고 18: 15~20). 어떤 성례, 이를테면 성유를 바르는 도유식이나 결혼식은 자발적인 성격을 가진다. 세례와 견진성사와 종부성사는 평생 단 한 번 치르는 의식이다. 성찬식과 고해(속죄)는 주기적으로 되풀이되어야만 하는 것이다. 1215년에 열린 4차 라테란 공의회는 모든 기독교인이 최소한 일 년에 한 번 고해를 해야 한다고 규정했다. 어떤 성례는 사회 전체가 함께 치러야 했다. 일 년 반을 주기로 치러야 하는 의식, 곧 도유의식과 성찬식 때

와인을 마시는 것은 오로지 성직자만 하도록 엄격히 제한되었다. 성례에는 다양한 자잘한 절차, 이를테면 성수를 뿌린다든지 촛불을 켠다든지 신약성경 구절을 쓴 부적을 지참한다거나 순례를 떠나는 것 따위가 따라붙었다. 부정적 측면에서 참회는 다양한 형태의 금욕과 때에 따라서는 자학과 심지어 자기 고문으로 이뤄졌다.

세월이 흐를수록 더 많은 의례 절차가 생겨났고, 일상생활을 지배하는 역할도 더욱 커졌다. 이와 나란히 기독교인이 해야 할 일과 하지 말아야 할 것도 갈수록 늘어났다. 중세 동안 단연코 가장 중요한 목록은 덕목과 죄를 다룬 것이었다. 덕목과 죄를 정의하고 해석하며 구체적인 사례를 예로 들어 적용해가면서, 죄를 범했을 때 받게 될 모든 종류의 처벌을 고안해내는 일에는 엄청난 지적 자산이 소비되었다.[43] 아마도 이런 목록을 더 대중적으로 만들고 기억하기 쉽게 하려고 했는지, 때때로 목록은 시로 표현되기도 했다. 흔히 이 목록에는 덕행을 할 때 기대되는 기쁨과 죄에 따른 처벌의 고통을 상세히 묘사한 것이 따라붙었다. 이미 서기 600년에 알려진 바가 거의 없는 아일랜드 출신의 수도사 콜럼반Columbán(543~615)*이 썼다는 책 《콜럼반의 참회Penitential of Columban》에는 간통을 두고 이런 표현이 등장한다. "[간통을 저지른ㅡ옮긴이] 남자는 3년 동안 참회를 하고 기름진 음식과 자신의 아내를 멀리해야만 하며, 자신의 간통으로 아내를 빼앗겨 명예를 짓밟힌 남편에게 보상해주어야만, 그 죄를 사제

---

* Columbanus 또는 St. Columban이라고도 한다. 가톨릭교회와 동방정교가 성인으로 섬기는 인물로 이탈리아에서 선교활동을 벌였다.

로부터 씻음 받을 수 있다."[44] 그런데 이 책에 양심이라는 단어는 등장하지 않는다. 목록은 길고 상세했을 뿐만 아니라, 달력에 따른 변화도 보여준다. 특정 계절이나 날짜에 저지른 죄는 더욱 심각하다는 식이다. 이렇게 해서 점차적으로 기독교의 현세적인 틀은 자리를 잡아갔다.

이야기가 나온 김에 이 틀의 두 가지 다른 요소도 언급해야겠다. 첫 번째 것은 이웃사랑이라는 형태의 선행이다. 기독교 세기를 거치는 동안 그런 선행은 종교의 이름으로 싸우는 것, 특히 십자군 참여를 포함했는데, 상대는 비기독교도이거나 기독교 공동체 내부에서 생겨난 이단자로 교황이 지목한 자였다. 특히 1535년에서 1648년까지 기독교도들은 저마다 신의 이름을 내세우며 서로 싸웠으며, 살육이 시작되기 전에 양쪽 편에서 각자 죄를 사해주는 것은 사제의 관행이었다. 죄에 따르는 처벌을 무효로 하거나 감해주기도 하고 아예 면죄부를 받을 수도 있었기에, 전투를 치르는 자들은 이를 선행이라 여겼다. 목록은 어떤 선행이 몇 점을 받아낼 수 있는지 친절한 설명까지 붙여 주기적으로 발표되었다.

두 번째 요소는 죄를 씻는 다양한 방법, 이를테면 성수를 뿌린다든지 부적을 지닌다든지 하는 따위의 방법을 뜻한다. 본래 이런 방법은 내면의 변화를 밖으로 드러내는 상징이었다. 그러나 오래가지 않아 이런 의례가 변화 자체를 대신하게 되었다. 이 모든 것 가운데 가장 유명한 것, 또는 가장 악명 높은 것은 돈을 지불하고 죄를 용서받는 면죄부다.[45] 돈으로 거래되는 면죄부는 11세기에 처음 등장했는데, 본래는 성례와 연관이 있었고, 회개의 구체적인 표현을 의미하기도 했다. 동시에 이렇게 얻어진 수익은 자선을 위한 헌금이기도 해서 면죄부는 그 자체로 선행으로 여겨졌다. 그렇지만 다른 의례와 마찬가지로 면죄부는 아주 빠르게 그 본분에서 벗어나 말하자면 제멋대로 굴러갔다. 그 과정에서 평범한 사람들은 점점 면죄부가 단순히 현세뿐만 아니라 사후에도 용서를 사는 도구라고 보았다. 교회의 공식 교리는 사후에도 효력을 잃지 않는다고 여겼기 때문이다.

이런 관점은 거꾸로 수익을 올려주는 효과를 발휘했기에, 성직자들은 엄밀하게 말하자면 가책을 느껴야 했음에도 전혀 개의치 않았다. 요컨대 면죄부는 죄인이 지옥에 떨어지는 것을 피해 천국에 오르기 위해 구사하는 포괄적인 전략의 일환으로 이해되었다. 이런 관행은 15세기 후반에 절정을 이루었다. 이는 누군가에게 뭔가를 부탁할 때 "제발 부탁해요" 하고 말하는 거라고 할머니로부터 배운 다섯 살 아이가 할머니에게 요청을 거절당하자 오히려 "할머니, '제발 부탁해요'라고 했잖아요!" 하고 대들었다는 이야기를 떠올리게 한다.

이 모든 것이 '독실한 가톨릭교도', 곧 교회에 출석하고 견진성사를 치르며 미사에 참여하고 고해성사를 하고 회개를 하는 등 가톨릭 표준 의례를 지키는 사람들이 자신을 정당화하는 구실이 되었다. 분명 몇몇 요구는 상대적으로 사소한 것이다. 목록은 유대교의 그것처럼 상세하지도 엄격하지도 않았다. 가장 중요한 율법 가운데 몇몇, 이를테면 할례와 정결하지 않은 음식을 먹지 말라는 명령은 포함되지 않았다. 심지어 기독교인은 두 번째 계명 즉 "너를 위하여 새긴 우상을 만들지 말고 또 위로 하늘에 있는 것이나 아래로 땅에 있는 것이나 땅 아래 물속에 있는 것의 어떤 형상도 만들지 말며"(출애굽기

20: 4)를 지켜야 한다고 강조한 엄격한 장 칼뱅Jean Calvin(1509~1564) 조차 계명대로라면 파괴해야 마땅한 수많은 예술작품을 망가뜨리려는 폭동을 이끌지 않았다. 이런 태도는 우연한 것이 아니다. 결국 목록을 만든 결정적인 이유는 기독교를 유대교로부터 분리하는 행동의 규범을 확정하고, 새로운 종교가 부족의 경계를 넘어 전파되게 하려 했기 때문이다. 아퀴나스를 비롯한 많은 다른 신학자들이 강조했듯, 기독교인이 핵심으로 지킨 것은 예수를 향한 믿음, 곧 예수가 보장해주는 은총을 보는 믿음이었다.[46]

본래 은총의 **표시**로 고안된 행동, 의례, 의식, 면죄가 **자격을 부여하는** 절차로 이해될 위험은 여전히 남았다. 준수 여부에 따른 보상과 처벌과 나란히, 이런 행동, 의례, 의식, 면죄는 기독교의 정교한 점수 체계의 핵심을 이루었다. 뉘른베르크의 어떤 훌륭한 시민은 우연히 교회를 찾았다가 임원으로 추대되어 예배에 참여해 계산해보니 동료 시민이 속죄를 받기 위해 참회해야 할 날이 전부 36만 7,759일에 달하는 것을 보고 깜짝 놀랐다. 1년은 오로지 365일이니 이는 곧 속죄를 위해 천년이 넘는 투자를 해야 한다는 것을 뜻한다![47] 흔히 말하듯 이런 점수 관리에 집착하는 사고방식은 아예 양심을 무시할 수 있다. 다른 조건은 같지만 배움이 적은 사람이나 집단은 이런 점수나 따고자 하는 유혹에 그만큼 더 쉽게 사로잡혀 굴복할 위험이 크다.

충분히 예상할 수 있듯 의례를 보는 태도는 획일적인 것이 결코 아니었다. 어떤 성직자들은 갈수록 강조되는 의례에 저항했으며, 예배의 외적 형식만으로는 불충분하고 어디까지나 내면의 참회와 회개가 수반되어야만 한다고 주장했다. 루터에 따르면, 그 결과는 속죄에 따른 약속을 가장 폭력적인 압제와 현재보다 더한 지배의 토대로 오용되게 만들었다.[48] 많은 다른 신학자, 특히 유명한 설교자이자 저자인 요하네스 폰 팔츠Johannes von Paltz(1445?~1511)*는 의례 절차를 그냥 포기했다.[49] 팔츠가 책을 쓴 의도는 동료 사제들에게 매일 조우하는 일상문제를 풀어나갈 지침을 제공해주려는 것이었다. 그의 주요한 제안 가운데 하나는 성직자가 그 양 떼 같은 신도들의 "양심"을 너무 깊게 시험하지 말라는 것이었다. 신도들은 대개 양심이라는 단어의 뜻조차 이해하지 못한다고 말이다. 또 신도는 자신이 실제로 참회를 느끼는지 확실한 증명을 제시할 수도 없다고 했다.

사제는 신도들이 원칙적으로 행위에 근거해 죄 사함을 얻도록 돕는 데 최선을 다하는 의무를 실천해야 한다. 아무튼 이런 염려가 끊이지 않을 정도로, 일련의 관례는 본래 목적을 위한 수단으로 이해되었던 것이나 결국 목적으로 바뀌어, 목적 그 자체가 **되었다**. 인간적인, 너무나도 인간적인 일이라고 니체는 말했으리라.

---

*   독일의 신학자로 마르틴 루터의 스승이다.

루터와 그 이후

　　유럽 중부의 대부분 지역에서 15세기 후반부는 역설의 시대였다. 한편으로 신앙심은 더욱 커져갔다. 이른바 '교회에 충실함'은 아마도 14세기를 강타했던 역병에 충격을 받은 반응으로 보인다. 사람들은 열심히 교회에 출석했으며, 늘어난 축일과 행렬과 순례에 적극적으로 참가했다. 새로운 수도원이 곳곳에서 생겨났으며, 신앙모임도 활발하게 결성되었다.[50] 그러나 다른 한편 15세기 후반부는 또 '데보티오 모데르나devotio moderna'*라는 이름으로 알려진 학파의 전성기이기도 했다. 네덜란드가 진원지였던 이 학파의 핵심 목표는 정확히 기독교의 많은 형식을 제거하는 것이었다. 형식을 버리는 대신, 개인의 내적인 신앙에 초점을 맞추어 되도록 예수를 본받는 삶을 이 학파는 강조했다. 이런 정신은 학파에 참여했던 토마스 아 켐피스Thomas à Kempis(1380~1471)**의 가장 중요한 책 제목《그리스도를 본받아De Imitatione Christi》에 잘 나타나 있다.

---

*　　'근대적 신심'이라는 뜻의 라틴어인 이 운동은 1379년 이후 네덜란드에서 시작된 신앙 쇄신운동이다. 독일에 특히 많은 영향을 미쳐 수도원 개혁을 촉진한 계기였다.

**　　독일 출신의 수도사로 많은 수양서와 전기를 쓴 인물이다.

이런 접근방식을 대표하는 인물은 데시데리위스 에라스뮈스 Desiderius Erasmus(1467~1536)다. 로테르담에서 태어난 에라스뮈스는 사제가 낳은 사생아였다. 그는 사제인 아버지 덕에 수도원에서 당시 누릴 수 있는 최고의 교육을 받았으며, 교황으로부터 사제로서의 의무를 면제받는 특별허가를 얻기까지 한동안 수도사로 생활했다. 교황의 특별허가 덕분에 그는 주교의 비서이자 순회 학자로 세속에 복귀했다. 이 책에 등장한 많은 다른 학자와 마찬가지로 그는 결혼을 하지 않았으며 가정을 꾸린 적도 없다. 그가 '인문주의자의 왕자'라는 명성을 누리게 된 것은 무엇보다도 고대 그리스에 정통한 덕분이다. 이는 그가 신약성경은 물론이고 많은 고대 문헌을 섭렵하며 타의 추종을 불허하는 통찰을 누리게 해주었다. 이런 고대 문헌은 당시 오스만제국이 다스리던 콘스탄티노플에서 망명한 이들이 서구에 전해준 것이다.

에라스뮈스는 아주 뛰어난 문장가였다. 언젠가 그는 독자들에게 50가지의 서로 다른 서문을 견본으로 제공했는데 그 가운데 하나를 골라 책을 선물 받을 사람의 비위를 맞출 수 있게 해주었다. 에라스뮈스는 또 날카로운 유머감각을 가지고 모든 종류의 미신 풍습을 풍자하기도 했다. 이 모든 것은 그를 시대의 선도적인 지식인으로 만들어주었다. 그의 약점은 많은 동료 인문주의자와 마찬가지로 좀체 굽힐 줄 모르고, 때로는 참을 수 없을 정도로 고상하게만 행동했다는 점이다. 그는 대중에게 다가가려는 노력을 하지 않았을 뿐만 아니라, 늘 교회의 권력남용을 지적하면서도 교회와 관계를 단절할 용기는 내지 못했다. 바로 그래서 기독교의 양심을 그 반쯤 잊힌 상태로부터 구출해내는 과제는 그보다 이후의 동시대인 마르틴 루터의 몫이 될 운명이었던 모양이다.

요한 볼프강 폰 괴테Johann Wolfgang von Goethe(1749~1832)는 루터를 두고 이런 글을 썼다. "우리 두 사람을 비교할 때 흥미를 끄는 유일한 관심사는 [그의] 성격이다. 그리고 바로 이 성격이 대중에게 실제로 깊은 인상을 심어주었다. 그 밖의 모든 것은 엉망진창 쓰레기였다."[51] 곧 보겠지만 괴테의 말이 옳기는 한데, 그가 의도했던 뜻에서 옳았던 것은 아니다. 젊은 루터는 아우구스티누스의 저작만이 읽을 가치가 있는 유일한 성인의 책이라고 생각했고, 그와 마찬가지로 죄의 문제에 매달려 평생을 씨름했다. 그는 항상 자신이 구원을 받기에 충분할 정도로 회개했는지 근심했다.[52] 그의 불안한 마음은 자신이 찾은 위로가 실제로는 악마의 유혹에 빠진 것은 아닌지 하는 두려움 탓에 조금도 나아지지 않았다. 그의 친구로 25년 동안 함께 연구를 했던 필리프 멜란히톤Philipp Melanchthon(1497~1560)의 증언에 따르면 루터는 그런 "격심한 공포"에 사로잡힌 나머지 침상에 누워 거의 죽은 것만 같았다고 한다.[53] 때때로 그는 금식(한 번에 이틀이나 사흘 정도)과 철야기도를 하는 것으로 죄의식으로부터 벗어나려 시도했다. 그러나 도움은 되지 않았다.

역설적이게도 루터는 매우 정력적이며 건강한 체구의 거친 남자였다. 오랜 세월 동안 그가 보여준 이미지, 곧 먹고 마시는 일을 좋아하며 아내와 섹스를 즐기는 이미지는 교회가 오랫동안 가꾸어온 금욕적인 성자와는 정반대였다. 또한 그는 용감하고 단호한 성격이었다. 또 다른 강점은 그가 가진 타의 추종을 불허하는 모국어 능력이다. 이런 관점에서 역사 전체를 훑어볼 때 그와 어깨를 견줄 수 있는 인물은 하이네Heinrich Heine와 니체 정도다. 루터는 이런 능력을 마음껏 과시하며 독설을 흠뻑 머금은 숱한 편지와 신학 논문을 썼다. 탁월한 유머감각을 자랑하는 한편 전 방위로 독설을 뿜어대는 데도 일가견이 있었다. 이런 면에서 그에 필적할 사람은 없다.[54] 공적으로든 사적으로든 루터는 자신의 적수 또는 자신이 적으로 간주한 사람을 향해 거침없이 "멍청이", "돌대가리", "미친 개", "마담뚜" 또는 "악마의 똥"이라 불렀다. 에라스뮈스의 정중한 훈계에 루터가 막힘없이 쏟아낸 대답은 너무나 충격적이어서 이 고상한 학자는 숨이 멎을 정도였다. 오죽했으면 그의 아내, 수녀였던 시절 카타리나 폰 보라Katharina von Bora라는 이름을 가졌던 그녀조차 남편에게 제발 과격한 표현 좀 누그러뜨리라고 간청했다.[55]

이 모든 것은 루터의 심리 상태를 밝히려는 일련의 연구를 이끌었다.[56] 괴테로 되돌아가보자면, 정말 중요한 핵심을 괴테는 잘못 짚었다. "엉망진창 쓰레기"는 오히려 루터의 눈에 수세기 동안 종교의 진실을 가려온 것, 온갖 종류의 잘못된 믿음, 의례 그리고 관습이었을 따름이다. 루터의 관점에서 특히 심각한 것은 면죄부였다. 1517년 유명한 '95개 논제'*로 면죄부 주는 것을 공격했을 때, 루터가 밝힌 반대 입장은 이후 벌어진 모든 일을 이해할 단서를 제공한다. 다른 풍습, 이를테면 성자를 섬기는 일과 유물 수집도 공격의 대상이

---

* 　루터는 비텐베르크성당의 신축 비용을 확보하려고 교황이 면죄부를 발행하는 것을 반박하려 이 글을 써서 성당의 정문에 붙였다.

었다. 생각을 가다듬어가면서 루터는 이런 모든 잘못된 종교생활이 성경을 신의 말씀으로 곧이곧대로 받아들인 틀린 해석 탓에 생겨났다는 결론에 이르렀다. 교회는 이런 틀린 해석을 권위로 강제하면서 성경을 각 지방의 말로 번역하는 것을 한사코 거부했다. 우리의 논의와 관련해 특히 중요한 점은 루터가 최종적으로 얻은 결론이다. 그는 더할 수 없이 명쾌하게 자신의 양심, 우리가 내면에 있다고 보듯 루터는 자신의 인간됨 안에 뿌리를 내린 것이라고 본 양심을 자신의 성서 해석의 궁극적인 보증으로 내세웠다. 바로 이런 사실, 그가 보여준 괴팍한 기행이 아닌 바로 이 사실이 그의 성격을 '흥미롭게' 만든다.

루터의 시대에 양심을 뜻하는 독일어 단어 '게비센'은 이미 상당한 역사를 자랑했다.[57] 그가 자주 언급하는 '신테레시스'와 '콘스시엔티아'와 마찬가지로 게비센의 문자적 의미는 '자기 자신을 앎'이다. 그렇지만 게비센은 '의식' 또는 '확실한 앎'이라는 뜻으로 쓰이기도 한다. 곧 게비센은 우리 논의의 주제인 도덕적인 것을 훨씬 뛰어넘는 의미를 가진다. 젊은 루터는 강의와 설교에서 이 단어를 자주 언급했다. 앞선 학자들과 마찬가지로 루터는 양심의 근원이 이성인지 아니면 의지인지, 모든 인간의 영혼 안에서 발견되는 것인지 아닌지 하는 물음에 집중했다. 어느 대목에선가 루터는 히에로니무스에 화답해 이런 주장을 한다. "우리 가운데 선함을 추구하는 사람이 전혀 없을 정도로 우리가 악한 성향을 가지는 것은 아니라는 점은 신테레시스를 보면 분명하다."[58] 그러나 루터가 쓴 글 가운데 가장 유명한 '95개 논제'에서 양심은 언급되지 않았다. 이후 몇 년간 그를 향한 공격이 몇 배로 거세지면서 그의 사상에서 양심의 역할도 다시 비중이 늘기 시작했다. 동시에 그는 양심의 의미를 개인이 성서와 성자의 글에 따를 의무에 국한하는 것으로 좁혔다.

　　루터에게 가장 중요한 기회는 1521년 4월에 열린 보름스 제국 회의였다. 이때는 루터가 구약성경이나 신약성경에서 교황의 지위를 언급하고 있지 않으니 교황은 교회의 정당한 직위가 아니며 신도들에게 그 어떤 권위도 행사할 수 없다고 주장한 지 2년 반이 지난 후였다. 제후들이 모여 루터의 입장을 직접 들어보기로 한 이 회의의 중요성은 기독교 세계에서 세속의 최고 권위를 자랑하는 신성로마제국 황제 카를 5세Karl V가 몸소 참석했다는 사실에서 분명하게 드러난다. 회의는 독일에서 가장 큰 규모인 보름스 의회장에서 열렸다. 운집한 고관대작 앞에서 트리어 대주교의 비서로 교황을 대변한 요하네스 에크Johannes Eck(1486~1543)*는 루터가 쓴 글의 사본을 들어 보이며 그가 쓴 것이 맞는지, 그 내용을 고수하는지 물었다. 도전적인 물음에 루터는 주저하는 모습을 보였다. 혹자는 루터가 더욱 끔찍한 상황을 예상한 탓에 주춤했다고 하고, 또 다른 쪽에서는 위대한 지도자들이 흔히 그렇듯 루터가 날카로운 극적 감각을 갖추어서 일부러 답을 늦추었다고 주장한다. 루터는 첫 번째 물음에 자신이 쓴 것이 맞다고 인정하고, 두 번째 물음에는 생각할 시간을 달라고 요청했다. 이렇게 해서 얻은 24시간 동안 루터는 기도를 하고 친구들과 담소를 나누었다.

*　　독일의 가톨릭 신학자. 루터의 적수로 알려진 인물이다.

다음 날 회의가 다시 소집되었을 때 피고는 돌변했다. 루터는 성난 목소리로 이렇게 설명했다.

교황 똘마니들*… 그들의 더할 수 없이 사악한 가르침과 본보기로 전 세계 기독교도들의 몸과 영혼이 황폐해졌다. 누구도 이런 사실을 부정하거나 숨길 수 없다. 모든 사람의 경험과 불평은 교황의 법과 인간이 만든 교리로 충직한 신앙을 가진 양심이 끔찍할 정도로 시달리고, 고통당하며, 고문을 받았음을 생생히 증언한다.

얼마 동안 논쟁이 이어진 뒤 루터는 마치 머리를 향해 직격탄을 날리듯 그의 인생 전체에서 가장 유명한 말을 포효하듯 쏟아냈다.

나는 성서의 기록과 명확한 이성에 비추어 내가 무슨 잘못을 했는지 납득할 수 없다. 교황도 공의회도 자주 오류를 범하고 모순된 말을 일삼는 통에 나는 믿을 수가 없기 때문이다. 내가 인용한 성경 말씀은 나의 양심을 북돋워주므로 나는 신의 말씀만 굳게 믿는다. 바로 그래서 나는 아무것도 철회할 수 없으며, 하고 싶지도 않다. 양심을 거스르는 일은 안전하지도 은혜롭지도 않기 때문이다. 주여, 저를 도우소서, 아멘![59]

---

* 이 표현의 원문은 'Papist'다. 교황에게 아첨이나 떠는 가톨릭 신자라는 의미로 주로 폄하하는 경우에 사용된다.

어떤 자료는 이 사건을 보다 더 극적으로 꾸미려고 루터가 "나는 지금 여기 서서 꼼짝도 하지 않겠다"고 첨언했다고 주장한다. 멋진 말이기는 하지만, 루터는 그런 말을 전혀 하지 않았다. 굳이 그런 말을 하지 않아도 개신교에서 양심의 결정적 역할은 확실하게 다져졌다. 나중에 루터가 한 개인적인 말을 살펴보면 그는 거듭 같은 입장을 밝혔다. 종교 문제에서 루터는 양심을 신의 말씀과 동일시하면서 성경, 오로지 성경에만 주목하는 것이 양심의 의무라 보았다.[60]

당시 루터는 이미 유럽에서 역대 최고로 존경받는 종교개혁가였다. 가는 곳마다 그를 보려 수천 명의 군중이 운집했다. 그의 이런 혜성 같은 출세를 가능하게 만든 요소는 여러 가지다. 그 하나는 인쇄 매체의 활용이다. 걸출한 필력 덕분에 자그마치 111권의 책을 쓰면서 루터는 아주 적절하게 책을 활용했고 그 덕을 보았다. 하지만 이것은 전체 이야기의 일면일 뿐이다. 당시 유럽 전역에는 교회를 못마땅하게 여기는 반감이 널리 퍼져 있었다. 특히 교회의 부패와 돈 욕심이 미움을 받았다. 이런 반감을 더욱 부채질한 것이 로마의 성베드로대성당을 짓기 위해 노골적으로 면죄부를 판 행위다. 더욱이 루터 자신은 1510년 이 영원의 도시를 방문했다가 세속의 주님들이 누리는 온갖 사치를 똑똑히 목격했다. 궁정, 호화로운 만찬, 고급 마차, 시종, 우글거리는 여자들까지. 교회는 그 막대한 재산으로 질시의 대상이었다. 독일에서 교회는 전 국토의 20퍼센트를 소유했다. 이탈리아 내부에서 교회는 영혼의 안녕을 돌보기보다는 권력을 지키는 일에만 혈안이 된 기관으로 여겨졌다. 이탈리아 바깥에서 교회는 토착적 뿌리가 없는 외국 기관이었을 따름이다.

바로 그래서 사람들은 변화의 불씨를 밝혀줄 누군가가 나타나기만 바랐다. 누군가 나타나도 케케묵은 기독교 신앙, 명령, 금지, 관습과 의례에 아주 빠르게 휘말려 사라져버리기 일쑤였다. 이렇게 볼 때 종교개혁이 교회의 중심지가 아닌 작센 지방에서 불길을 지피기 시작했다는 사실은 조금도 놀라운 일이 아니다. 돌연 많은 자칭 개혁운동가들이 속출했다. 이들은 독일뿐만 아니라 스위스, 프랑스의 대부분 지역, 저지대 국가, 스칸디나비아, 잉글랜드, 스코틀랜드, 폴란드, 보헤미아 그리고 헝가리에 영향을 미쳤다. (반대쪽에서는 감염시켰다고 말하리라.)

루터보다 11세기 앞선 인물로 그가 무척 좋아한 성 아우구스티누스는 양심을 신의 목소리로 이해하고, 은총과 믿음이라는 수단으로 인간의 영혼에 양심을 심어주었다. 루터는 이런 견해에 전적으로 동의한다고 밝혔다. "오로지 그리스도가 [인간의 죄를 덜어주기 위해] 흘리신 피만이 그리스도의 말씀을 따르는 믿음을 통해 양심을 정화해준다."[61] 양심의 괴로움보다는 차라리 심한 병으로 고통 받는 것이 더 낫다.[62] 정말 혁명적이었던 것은 자신의 추종자들에게 사제를 구원에 이르는 열쇠를 가진 중재자로 믿지 말라고 한 루터의 주장이다. 이때부터 사람들은 누구나 오로지 그 자신의(루터는 명시적으로 여성을 언급하지는 않지만, 분명 여성도 염두에 두었으리라) 양심에 충실하게 성경을 읽고, 그 진의를 이해하고 그에 따라 행동하려 노력했다. 이런 노력에 일조하려는 뜻에서 루터는 위대한 걸작 '루터 성경'을 번역해냈다.

분명 루터는 많은 사람으로 하여금 '양심'에, 물론 항상 주의를 기울인 것은 아니라 할지라도, 그 어느 때보다도 더 골몰하게 만들었다. **63** 양심을 강조함으로써 루터는 구원의 꼭 필요한 도구, 또 많은 가톨릭 신도의 눈에는 충분한 도구인 성례를 무시할 수 있었다. 그는 특히 4차 라테란 공의회를 "지구상 최대의 역병"이라며 맹렬히 공격했다. 공의회의 결정이야말로 전 세계의 양심을 혼란에 빠뜨렸으며, 인간의 영혼을 절망으로 몰아넣고 그리스도를 우러르는 모든 인간의 믿음을 비하했다는 것이다. 인간이 실제로 양심을 가졌다는 '증명'으로서 고해성사만이 유지되었다. 그러나 고해는 형식적 의무에서 개인이 선택할 수 있는 권리로 바뀌었다. 고백자가 엄격한 검증을 받아야만 한다거나 자신의 **모든** 죄를 고백해야 한다는 요구 역시 생략되었다. 모든 사소한 것까지 꼬치꼬치 고백하라는 요구는 어리석을 뿐만 아니라, 인간의 능력을 벗어나는 것이다. 그렇게 하는 것이 가능하다는 생각은 오만의 표시다. 인간은 자신이 고백해야 마땅하다고 보는 만큼, 그리고 할 수 있는 만큼만 고백해야 한다. 나머지는 신과 신의 은총에 맡겨야 한다. **64**

종교재판을 겨눈 갈수록 커져가는 공격이 보여주듯, 루터가 선물한 자유는 대단한 영향력을 발휘했다. 분명 이런 자유가 어디까지 허용되어야 하는가는 많은 토론의 여지를 남긴다. 그러나 당시에도 이후에도 과거로의 완전한 퇴행은 허용되지 않았다. 물론 동전은 양면을 가진다. 루터가 선물한 자유는 오히려 더 엄격한 신 앞에 서야 함을 뜻하기도 했다. 루터는 고해의 부담을 덜어주기는 했지만, 개신교를 양심의 종교로 만들었다. 루터가 쓴 다음의 글을 주목해보자. "양심은 인간의 전통으로 시들고 변형되기는 했지만, 신의 율법

을 지키는 데는 탁월한 전문가다."**65** 그의 '95개 논제'의 첫 번째 논제
는 이렇다. "우리의 주인이신 예수 그리스도는 '포에니텐티암 아기
테Poenitentiam agite'[회개하라, 마태복음 4: 17] 하고 말씀하셨다. 이
말씀대로 신도의 인생 전체는 회개하는 것이 되어야 한다." 이처럼
회개해야만 하는 이유는 인간의 죄가 어떤 자발적인 말이나 행동으
로 저질러진 것이 아니라, 말하자면 코끼리나 벌이 아니라 인간으로
세상에 태어났기에 짊어진 것이기 때문이다.

　　루터가 이처럼 회개를 강조한 이유는 두 가지다. 첫째, 개혁을
통해 양심을 길라잡이로 얻은 개신교도는 이제 다른 누구도 아닌 자
신의 힘으로 **진리**에 직접 접근할 수 있게 되었다. 다른 어떤 종교도
이런 진리를 소유한 적이 없지만, 개신교도들은 소유할 수 있다고 본
다. 둘째, 16세기와 17세기 초의 개신교 신은 그 가톨릭 동료보다 훨
씬 엄격하고 더욱 간섭했다. 신의 꿰뚫어보는 눈길은 어떤 것도, 아
무도 피하지 못한다. 좀체 화를 누르기 어려운 신은 체계적으로 죄
인을 꾸짖고 처벌하는 채찍으로 양심을 사용한다. 이런 방법은 때때
로 잔혹하고 부당해 보인다. 이를테면 부모의 죄 때문에 아이가 병
에 걸리거나 심지어 죽어야만 하는 경우가 그렇다. 그러나 사람들은
신이 인간에게 의지함으로써 얼마나 인간을 아끼는지 보여준다는
생각으로 위안을 얻기도 했다.

　　다른 종교개혁가들은 여러 문제를 두고 루터와 의견을 달리했
으나, 양심 문제에서만큼은 이견 없이 루터를 따랐다. 스위스의 영
향력 있는 종교개혁가 하인리히 불링거Heinrich Bullinger(1504~1575)
는 양심이란 "인간의 앎, 판단과 이성으로 사람은 누구나 자신이 저

질렀든 아니든 자신의 마음이 품은 생각을 속속들이 밝힘으로써 비난하거나 무죄를 선고받는 것"이라고 썼다. [66] 잉글랜드의 개혁가 윌리엄 틴들William Tyndale(1492~1536)은 양심이 심지어 교황에게까지 저항하게 강제한다고 말한다. [67] 다른 개신교 명망가들은 양심을 "내면의 처벌", "영혼이 타격을 입어 몸에 불안, 참회, 두려움, 고통과 가책의 형태로 나타나는 것"이라고 묘사했다. 양심을 옹호하는 일에서 루터에 버금가는 인물은 장 칼뱅이다. 칼뱅은 자신의 《기독교 강요 Christianae Religionis Institutio》에서 양심이라는 단어를 여러 차례 쓰며, 그때그때 선한/악한, 순수한/불순한, 평화로운/두려워하는, 자유로운/구속된 따위의 수식어를 붙인다. 양심은 "선과 악을 판단하는 타고난 힘"으로, 인간에게 "선한 행동과 악한 행동, 선한 동기와 악한 동기, 선한 기질과 악한 기질을 구분할 수 있게" 해준다. [68] 양심은 우리가 해야 할 일과 피해야 할 일을 분리해준다. 신이 창조했으며, 심장에 깊은 뿌리를 내린 양심은 인간이 행동과 신의를 통제하기 위해 제도로 만든 사법적 심판을 피할 정당한 권리를 가진다. [69]

요컨대 가톨릭교회는 양심의 자유를 단호히 반대했으며, 오늘날까지도 이런 입장을 고수한다. 양심을 중시한 개신교는 달랐다. 개신교는 양심을 교회—이론상으로 종파가 무엇이든 모든 교회—와 사제가 차지했던 자리에 올려놓았다. 아우구스티누스의 입장과 대단히 흡사하게 개신교는 몇몇 학자가 이성과 결합하려 했던 양심을 자유롭게 떼어놓았다. 그 대신 개신교는 양심을 은총의 전제조건에서 오히려 은총의 결과로 바꾸었다. 무엇보다도 개신교는 오랜 세월 동안 짓눌러온 미신과 의례의 낡은 잔재에 묻혀 있던 양심을 해방시켰다. 이렇게 함으로써 양심은 도덕적 올바름의 궁극적인 보증으로, 인간이 저마다 자신의 내면에 가지는 것이 되었다. 대소사를 막론하고 양심은 우리 인간이 죄를 짓지 않도록 막아준다. 사도 바울의 시대 이후 이보다 더 강하게 양심이 주장된 적은 없었다. 양심을 가지면서 치러야 하는 대가는 끊임없는 "불안, 참회, 두려움"이며, "이루 헤아릴 수 없는 아픔과 가책"이다. 개신교에 반대하는 쪽은, 지금도 여전한데, 그처럼 양심을 강조하는 것은 "영혼을 죽이는 일"이며 인간을 자기 파괴로 이끈다고 주장했다.[70] 또한 찬성하는 쪽에서도 양심은 너무 무거운 짐이라고 여겼다. 도처에서 신학자들은 사제의 권위를 회복시킴으로써 과거로 돌아가려 시도했으나, 이런 엉거주춤한 입장은 통하지 않았다. 이런 입장을 취한 대표적 인물로는 독일의 종교개혁 신학자 안드레아스 오시안데르Andreas Osiander(1498~1552)*가 꼽힌다.[71]

오늘날까지도 개신교 신학자들은 양심의 정확한 의미, 양심과 신의 관계, 양심이 인간에 미치는 영향과 인생 전반에서 차지하는 위치 등의 논의를 가장 즐긴다. 끝없이 반복되는 고찰은 사람을 질리게 할 지경이다. 20세기에 이런 논의를 즐긴 대표적인 인물에는 알베르트 슈바이처Albert Schweitzer(1875~1965), 카를 바르트Karl Barth(1886~1968), 라인홀트 니부어Reinhold Niebuhr(1892~1971) 등이 꼽히며, 그 면면은 얼마든지 늘어날 수 있다. 특히 양심의 가책을 무

---

* 독일 안스바흐 출신의 신학자로 히브리어에 정통해 루터와 달리 유대인과의 대화에 힘쓰며 반유대주의에 물들지 않은 종교개혁을 추진한 인물이다.

척 강조했던 탓에, 결국 양심의 가책을 가지는 것은 인간의 의무가 되었다. 목사 디트리히 본회퍼Dietrich Bonhoeffer(1906~1945)는 이런 우스갯소리를 남겼다. "그 사람의 양심은 깨끗해, 양심을 절대 쓰지 않거든." 본회퍼는 그 누구보다도 자신의 말에 충실했다. 겉으로는 독일 첩보부에 협력하면서 본회퍼는 히틀러를 암살하려는 계획에 가담했다. 암살계획이 발각되어 체포된 그는 교수형에 처해졌다.

　　그동안, 그리고 이게 분명 마지막은 아닌데, 개인의 양심이 사적인 행동의 궁극적인 지침으로 떠오르면서 사회 조직의 일관된 원칙은 어떻게 정해야 하는가 하는 문제 또한 부상했다.* 가톨릭 수도사 출신이며 신학자로서 루터는 성경이 "다른 어떤 글보다도 더 분명하고 간단하며 확실하다"는 것을 공적인 기준으로 당연시했다.**72** 루터는 원전으로 되돌아감으로써 종교개혁을 이루고자 하는 자신의 원래 의도에 충실하게 이런 접근방식을 택했다. 그러나 루터가 너무 순진하게 접근한 게 아니냐는 지적도 있었다. 1525년경 루터는 생각을 고쳐먹기 시작했다. 자신이 개인의 양심에 부여한 중대하고도 광범위한 역할이 끝없는 논쟁을 부르며 궁극적으로 무정부상태와 같은 극심한 혼란을 불러올 것이라는 루터의 걱정은 날이 갈수록 커졌다. 그는 가깝게 지내던 사람들에게 이런 말을 했다고 한다. "요즘은 누구나 자신이 성경을 가장 잘 안다고 생각하지. 아무튼 어중이 떠중이도 성경을 손바닥 들여다보듯 안다고 착각해."**73** 루터가 창조한 양심이라는 정령, 혹은 교회라는 램프에 갇혔다가 루터의 도움으

＊　개인마다 다른 양심을 주장한다면 사회의 일관성은 어떻게 찾아야 하는가 하는 문제.

로 풀려난 요정인 양심은 왜 그토록 오랫동안 자신을 갇히게 버려두었냐며 오히려 루터를 집어삼킬 것처럼 위협했다.

이런 위협에 맞서기 위해 루터는 신학 교육을 받지 않은 대중이 읽기 쉽게 쓴 신앙 관련 글들을 펴내기 시작했다. 그 가운데 가장 잘 알려진 것은 1529년에 쓴 두 편의 교리문답서다. 두 편 모두 정확히 성경을 읽을 시간, 의향 그리고/또는 능력이 없는 사람들을 위해 쓰인 것으로 상당한 인기를 누렸다. 루터는 심지어 이 문답으로 독자가 나름의 관점으로 성경을 읽고도 자신이 원한 결론에 이르도록 유도했다. 교리문답의 중요성은 아무리 강조해도 지나치지 않다. 두 편 가운데 '소교리문답Kleiner Katechismus'은 특히 루터의 가르침에 따른 기독교를 믿는 모든 나라의 신학교에서 교육의 바탕을 이룰 정도로 널리 퍼졌다. 자녀 세대는 잠에 들면서도 교리문답을 암송할 정도로 익히고 또 익혔다.[74] 두 편의 교리문답은 전 세계 각지의 루터교 목사들이 지금도 여전히 널리 쓴다.

젊은 세대의 양심이 독립적으로 자기주장을 일삼기 전에 교리문답을 통해 체계적으로 교화해 일관성을 키우려는 시도는 루터의 원래 의도에 반하는 행보 가운데 하나일 따름이다. 원전에 충실함으로써 종교개혁을 일구려 했던 본래 의도와는 완전히 반대되는 행보를 루터는 걷지 않을 수 없었다. 상황이 이렇다 보니 루터는 가톨릭교회로 대변되는 강력한 조직을 단념해야만 할 필연성에 직면했다. 그러나 조직을 포기한다면 루터의 추종자들은 교회를 대신할 것을 가지지 못한다. 기회가 있을 때마다 개신교를 아우르며 가톨릭교회에 상응하는 권력을 지닌 위계질서를 세우려는 시도가 이뤄지기는 했다. 그런 모순적인 시도는 결실을 맺지 못했고, 오늘날에도 여전하다. 그 직접적인 결과로 루터의 두려움은 현실로 나타났다. 루터는 살아 있을 때부터 이미 숱한 다른 개혁자들을 보았다. 그 가운데 몇몇은 노골적으로 경쟁을 일삼았으며, 나름의 교리를 퍼트리며 독자적인 공동체를 조직했다. 소수이긴 하지만, 특히 영국국교회와 사교단 수위설Episcopalism* 창시자들은 루터의 입장에서 크게 벗어나지 않으며, 가톨릭과 개신교의 타협을 추구한, 아마도 가장 잘 알려진 사례일 것이다. 다른 쪽은 반대로 루터의 입장에서 상당히 멀리 나아갔다. 어떤 기록은 이렇게 생겨난 기독교 교파의 수가 3만 3,000여 개에 달하며, 계속 늘어나고 있다고 증언한다.[75]

종교가 무정부상태의 위협에 시달린 유일한 분야는 아니다. 보름스 제국회의가 열린 지 4년 뒤 독일농민전쟁이 터졌다. 농민 지도자들은 루터가 주장한 것과 같은 권리, 곧 성경을 자신의 양심에 따라 읽을 수 있는 권리가 자신들에게도 주어져야 마땅하다고 보았다. 자신들의 성경 해석을 누군가 틀렸다고 증명하지 않는 한, 이 권리는 당연하다는 주장이다. 이들의 주장을 담은 이른바 '슈바르츠발트의 12개 조항'**은 당시 2만 5,000번 다시 간행될 정도로 농민들에게 대단한 인기를 누렸는데, 정확히 양심에 따라 성경을 읽을 권리를 요구했다.[76] 무정부상태에 직면한 루터는 오랜 세월에 걸쳐 권력을 행사해온 강력한 조직, 곧 교회와 교회의 가장 강력한 후원자 황제에

---

*   교회의 최고 권위는 주교단 혹은 사교단 전체에 있다는 이론. 교회는 개인이 아니라 사제들의 대표 혹은 위임자라는 입장이다.
** 독일 최초의 성문헌법 성격의 문건으로 평가받는다.

게 위협을 받으면서도 독일 제후에게 지원을 호소하는 것밖에 다른 선택지가 없었다. 제후들이야말로 루터를 이전 종교개혁자의 운명으로부터 구해준 은인이었다. 루터와 그의 추종자들은 끊임없이 마가복음 12장 17절("가이사의 것은 가이사에게")을 암송하며 세속 권력을 온전히 인정했다. 그때까지 기독교는 각 지방의 교회를 중심으로 조직되었으며, 위중한 사건에서 법적·도덕적 위반을 처벌하기 위해 세속의 권력에 의존하기도 하고, 기독교도가 다수인 경우에는 십자군을 꾸리기도 했다. 심지어 가장 잘 알려진 개신교 신앙고백, 곧 1563년의 '하이델베르크 교리문답'은 세속의 권력자인 제후들이 채택한 것이다. 이 교리문답을 쓰기 위해 제후들은 대학교의 신학 교수들을 중용했는데, 그들 가운데 사제가 아닌 사람도 있었다.

1555년 '아우크스부르크 화의'*는 "쿠이우스 레기오, 에이우스 렐리기오cuius regio eius religio(정치권력을 가진 사람이 종교를 다스릴 것)**"라는 원리를 확정함으로써 당시 정부 형태의 주춧돌이 되었다. 이내 가톨릭 국가들은 프로테스탄트를 모범으로 삼아 따르기 시작했다. 실제로 가톨릭 국가들은 개신교 국가가 한 대로, 사제를 관리로 임명하는 것을 멈추었다. 그러나 로마에 중심을 둔 가톨릭 조직은 대부분 그대로 유지되었다. 교회는 그 많은 특권, 이를테면 교육체계를 유지할 권리는 그대로 보장받았으나, 다양한 형태의 처벌과 세금을

---

* 황제 카를 5세와 각 지방의 제후들이 정한 협약으로 가톨릭교회와 개신교 사이의 갈등을 일시적으로 봉합한 평화협정이다. 이에 따라 제후는 종교를 자유롭게 선택할 수 있게 되었으나, 개인은 제후의 선택에 따라야만 했다.

** 원문을 직역하면 '각각의 나라에 고유한 종교'라는 뜻이다.

강제로 부과할 권리는 예외였다. 그러나 가톨릭 국가들에서도 종교와 관련한 많은 중요한 결정은 점차 왕을 대신하여 왕실 자문기구가 내리게 되었다. 이런 과정을 가속화한 것이 프랑스혁명이다. 이성의 이름으로 행동하라고 주장하면서 혁명가들은 교회에 남아 있던 세속의 권력은 물론이고 그 재산의 상당 부분도 거두었다. 더욱 중요한 것은 정치와 종교의 깨끗한 분리다. 19세기 동안 프랑스의 사례는 초창기 미국이 취한 몇몇 개혁과 함께 폭넓게 세계의 모범으로 작용했다.[77]

개신교를 구성하는 근본 요소는 세 가지다. 중심에는 늘 깨어 있으며 대단히 복수심이 강한 신이 선다. 신은 인간에게 죄를 저지를 기질을 심어주고 아주 가벼운 위반이라 할지라도 항상 중한 벌을 내린다. 그 기본 틀을 이루는 것은 세속의 법이며, 루터는 이 법을 한때 "악의 채찍"이라 불렀다. 이 틀 안에서 양심의 자유는 오로지 세속의 법과 충돌하지 않는 한에서 보장된다. 이 문제를 두고 할 말이 많았던 프로이센의 프리드리히 2세Friedrich II(1712~1786)는 "나의 종복은 원하는 대로 생각하고, 원하는 것을 할 자유를 가진다"고 했다. 신과 세속의 법과 양심이라는 세 가지를 하나로 묶어주는 것은 양심의 가책이다. 반복하지만 개신교는 양심을 죄책감으로 정의한다. 죄인의 아픔으로 신음하는 심장은 참회를 하고 신의 분노를 녹일 길을 열어준다. 죄와 양심이라는 복합체를 이처럼 적극 활용한 종교는 기독교 외에 따로 없다.

양심을 활용한 결과물은 유례를 찾기 힘들 정도로 효과적인 사회 통제 방법이었으며, 지금까지도 그렇다. 그 핵심을 강조하기 위해 이후 독일 개신교는 '게비셴스플리히트Geswissenspflicht', 글자 그대로 '양심의 의무'를 고안해냈다. 네덜란드의 칼뱅주의자들은 같은 의미로 '게베텐스플리히트gewetensplicht'라는 말을 더 자주 썼다. 그래도 성에 차지 않았던지 '드빙겐데 게베텐스플리히트dwingende gewetensplicht' 곧 '강제적인 양심의 의무'라는 표현까지 썼다. 양심의 의무는 의사가 환자에게 지켜야 할 의무에서 이혼한 부부가 자녀를 돌볼 의무에 이르기까지 모든 것에 적용된다. 물론 양심의 의무를 다했는지 측정하기란 어려운 일이다. 그러나 양심의 의무가 사회에 미친 영향은 지대하기만 하다. 멜란히톤의 말을 들어보자. "그 어떤 [제후의] 명령이 포악할지라도, 관리는 대중이 폭동이나 반란으로 변화를 꾀하지 않는 모든 경우에 사회의 안녕을 위해 그 명령을 실행하며 고통을 감수해야만 한다."[78] 사회의 안녕을 위해! 독일, 네덜란드, 스위스와 스칸디나비아 반도의 국가들은 독일 국민이 '오브리히카이트Obrigkeit'라고, 네덜란드 국민이 '오베르헤이트overheid'라고 부르는 것(그 뜻은 대문자로 쓰는 '권위' 곧 공권력이다) 앞에서 보이는 대단히 잘 단련된, 심지어 비굴하기까지 한 복종의 태도로 정평이 났다. 이런 용어들 자체는 종교개혁보다 시기적으로 앞선 것이다. 어쨌거나 권위를 뜻하는 단어들은 16세기와 17세기에 걸쳐 대중에 널리 파급되었다.[79]

더욱 역설적이게도 몇몇 국가는 이런 복종관계를 근대 세계에 알려진 최초의 민주주의 형태와 결합했다. 이런 국가들에서 민주주의는 약한 정부를 의미하지 않았으며, 지금도 여전히 그렇다. 하물며 무정부상태를 뜻하지도 않는다. 오히려 이런 민주주의는 주기적으로 일군의 정치가들을 몰아내고 다른 인물로 대체하는 권리를 가진 매우 강력한 정부를 의미한다. 민주적이든 아니든, 이 국가들의 종교 정체성에 결정적인 직인을 찍은 '30년전쟁'의 종결 이후 이 국가들 가운데 피바람이 부는 대규모의 내전이나 혁명을 겪은 나라는 없다. 가톨릭이나 동방정교의 이웃국가와 달리 이 국가들은 무정부주의 이론이나 그 비슷한 성격의 중요한 운동을 키운 적이 없다. 독일과 스칸디나비아 그리고 네덜란드에는 바쿠닌Mikhail Bakunin도, 크로포트킨Pyotr Kropotkin도 소렐Georges Sorel도 없었다.* 아나키즘 이론은 비웃음을 사기에 충분했을 뿐이다. 권력자를 암살하려는 시도는, 아주 없지는 않았다 할지라도 매우 드물었다.

그 결과 비교적 최근까지 이 국가들의 지배자는 별다른 경호를 받지 않고도 다른 어떤 나라보다도 더 평온한 삶을 누릴 수 있었다. 앞서 언급한 바 있는 프리드리히 2세는 이런 사실을 두고 강력한 촌평을 남겼다. 자신의 군대를 보며 느끼는 놀라운 점은 병사들의 절제된 정확한 동작도, 소총을 재장전하고 발사하는 속도도, 빗발치듯 쏟아지는 총알 속에서 보여주는 의연함도 아니란다. 정말 놀라운 사실은 자신과 장군들이 수천 명의 중무장한 병사들, 내키지 않음에도 군 복무를 하는 수많은 병사들 한복판에 서 있어도 조금도 위협을 느끼지 않는다는 점이라나. 프리드리히 2세는 분명 자신의 수하들을 단련시키는 데 성공한 모양이다. 유대인 혈통의 독일 시인 하인리히 하

---

* 바쿠닌(1814~1876)과 크로포트킨(1842~1921)은 러시아 출신의 아나키스트 혁명가이자 철학자다. 소렐(1847~1922)은 프랑스의 철학자로, 무정부주의적인 노동조합지상주의를 표방한 이른바 '생디칼리슴' 이론가다.

이네는 나폴레옹전쟁을 치르고 나서 프로이센에 합병된 뒤셀도르프 태생으로, 프로이센 군대를 보고 쓴 시에서 병사들은 몽둥이로 맞고 그 몽둥이를 삼키기라도 한 것처럼 꼿꼿이 서 있었다고 묘사했다.

그보다 약간 뒤인 1795년의 바타비아혁명(네덜란드혁명)은 사상자를 전혀 내지 않은 것으로 알려졌다. 1847년에 벌어진 스위스내전*은 사흘 동안 치러졌으며, 100명을 넘지 않는 사망자를 내고 끝났다. 이처럼 예외가 드물다는 점이야말로 권위에 의한 통치의 증명이다. 가장 주목해야 할 것은 1848~1849년의 독일혁명이다. 잘 알려져 있듯 이 혁명은 실패로 돌아갔다. 실패의 원인은 프로이센의 프리드리히 빌헬름 4세Friedrich Wilhelm IV가 프랑크푸르트 국민회의의 제안**을 거절하자 회의를 주도했던 교수들이 온순하게 집으로 돌아갔던 것이다. 그때부터 혁명의 뒤처리는 왕의 군대가 마무리했다. 카를 마르크스Karl Marx는 이런 온순한 혁명을 두고, 독일 혁명가들은 기껏 기차역을 습격해놓고 먼저 기차표부터 구입한다고 썼다. 1918~1919년에 일어난 독일 '11월혁명', 당시 독일이 사상 최대의 사망자를 낸 '1차대전'의 패배 이후 일어난 혁명조차 이런 사정을 바꾸지 못했다. 혁명 분위기가 최고조에 달했던 베를린에서도 일상생활은 평소와 다름이 없었다. 전철이 운행을 계속했으며, 가스, 수도,

---

* 이른바 '스위스통일전쟁'이라는 이름으로 알려진 내전이다. 스위스 연방이 들어서고 중앙정부에 반발해 탈퇴한 일곱 개 칸톤들이 세력을 규합해 중앙정부와 싸웠다. 양측 통틀어 86명의 사망자가 나왔다.

** 이 회의는 독일통일과 민족주의를 주창한 독일혁명 후 구성된 입법기관으로, 프리드리히 빌헬름 4세를 다시 독일 황제로 추대했으나 전제군주제에서 입헌군주제로의 전환을 꾀했다.

전기와 전화 같은 서비스 역시 원활하게 이루어졌다. 백화점을 찾는 고객의 발길도 끊이지 않았다. 사실이 아니라 전설이기는 하지만, 좌익인 스파르타쿠스단*은 권력을 잡으려 시도하면서도 풀을 밟지 않으려 조심했다고 한다. 악명 높은 자유군단**의 사령관 헤르만 에르하르트Hermann Ehrhardt는 독일 제국중앙은행의 돈을 가져다가 부하들에게 주면 되지 않느냐는 물음에 자신은 은행강도가 아니라고 대답했다. 이 시기에서 1932년 성탄절에 이르기까지 약 10년, 곧 히틀러가 수상으로 임명되기까지의 세월은 독일에서 가장 평화로운 시절이었다.[80] 1933년 3월 제국의회에서 화재가 일어난 이후 나치스가 공산주의자의 봉기를 두려워했다는 주장 역시 전혀 근거가 없는 것으로 밝혀졌다.[81]

앞으로 살펴보겠지만, 제3제국에서 '양심'은 많은 독일인들이 게슈타포와 협력하게 만드는 데 중요한 역할을 했다. 히틀러의 가장 뛰어난 사령관 가운데 한 명인 독일군 야전 원수 에리히 폰 만슈타인 Erich von Manstein은 1944년 6월 히틀러 암살계획에 동참해달라는 요청에 "프로이센 장교는 반란을 일으키지 않는다"고 대답했다고 한다.[82] 1945~1946년 소련이 점령한 독일 지역에서 융커Junker***의 사유지를 접수한 루터교 농부들은 대단히 예의 바르고 절제된 태도

---

* 　독일의 마르크스주의 사회주의자 정당으로 1차대전에서 프롤레타리아 혁명을 목표로 활동했다. 대표적인 인물은 로자 룩셈부르크Rosa Luxemburg와 카를 리프크네히트Karl Liebknecht 다.

** 　독일의 극우 민족주의자 단체로 스파르타쿠스단을 공격했다.

*** 프로이센의 지배계급이었던 보수적인 토지 귀족을 이르는 말. 주로 독일 동부 지역에서 대농장을 경영했다.

를 보여주었다. 일단 땅은 공식적으로 압류되었다. 다음으로 농부들은 나치스를 몰아냈으며, 강력한 붉은군대의 지원을 받는 공산당 간부들이 제시한 규칙을 충실히 따랐다. 농민들의 토지 접수는 '자크리의 난'*처럼 폭력적인 성격을 전혀 가지지 않았다. 파괴행위가 거의 없었으며, 강간이나 살인은 더더구나 드물었다. 물론 이렇게 차분할 수 있었던 이유 가운데 하나는 지주들이, 어쨌거나 NKVD**가 체포하지 않은 덕에 거의 모두 이미 대피한 터였기 때문이다.

1989년에 이뤄진 독일의 재통일 역시 유혈사태 없이 성취되었다. 에리히 호네커Erich Honecker의 '인민경찰'은 일단 시위대에 예민한 반응을 보였으며, 쇄도하는 군중에 떠밀리자 일촉즉발의 상황이 연출되기는 했다. 예를 들어 포츠담에서 가까운 글리니케 다리는 서베를린과 '민주'공화국의 경계지역으로, 이미 이곳에는 기계화 대대가 탄알을 장전한 총으로 경계태세를 갖춘 상태였다. 훨씬 뒤에 그 지휘관은 사격명령이 떨어졌다면 따랐을 것이라고 내게 말해주었다. 그럼에도 결과적으로 시위대 가운데 한 명도 총에 맞지 않았으며, 동독의 장교도 살해되거나 처형당하지 않았다. 통일은 피가 아니라 맥주로 자축되었다. 일어나야 마땅한 일과 그렇지 않은 일이 이처럼 조화를 이룰 수 있었던 것은 세속의 공권력과 교회가 몇 세기에 걸쳐 양심을 의식하면서 오로지 단일한 권력구조라고 부를 수밖에 없는 체계에 양심을 결합시키는 데 성공한 덕분이다.

---

*   1358년 프랑스 북부에서 일어난 농민폭동. 귀족을 도끼로 찍어 죽인 폭력성으로 잘 알려졌다.

**   소련 내무인민위원부Naródny Komissariát Vnùtrennikn Del의 약칭. 비밀경찰로 활약했다.

추정하건대 세계에서 가장 부패하지 않은 열 개 국가 가운데 아홉 국가가 개신교인 것은 우연이라고 보기 힘들다.[83] 이 정도로 루터와 그의 동료 종교개혁자들이 닦아놓은 기초는 견고하다.

마키아벨리에서
니체까지

거대한 분열

양심 개념의 발달에서 두드러지게 나타나는 측면으로 이 연구에서 아직 언급하지 않은 점은 상류층과 하층민, 지배자와 종복, 공적 공간과 사적 공간 사이를 가르는 경계선이 거의 전무했다는 사실이다. 서기 2세기 말 로마의 법학자 울피아누스Domitius Ulpianus (170?~228)는 현실에서 이미 오래전부터 자명한 것으로 받아들여진 통념, 곧 '살루스 레스푸블리카에 숨마 렉스salus respublicae summa lex(공화정의 안녕을 보장해주는 것은 최고법이다)'와 '프린케프스 레기부스 솔루투스 에스트princeps legibus solutus est(지배자는 법 적용을 받지 않는다)'를 원칙으로 단언하기는 했다. 이 구절은 다른 사람들도 언급하곤 했지만, 어디까지나 법과 관련한 맥락이었을 뿐, 양심에 적용한 것은 아니었다. 모든 사람이 평등하게 창조되었다는 생각이 등장하기 오래전부터 이미 양심과 이에 따라 기대되는 결과, 곧 어떤 행동은 해야 하며 어떤 것은 하지 말아야 하는지는 모든 사람에게 똑같이 적용된다고 여겨져왔다.

이런 사고방식을 보여주는 좋은 예는 아우렐리우스의《명상록》이다. 이 책을 쓸 당시 그는 역사상 가장 강력한 권력을 가진 지배자 가운데 한 명이었다. 그는 언제라도 누구에게나 어떤 이유로든 뭔가를 하거나, 혹은 아무것도 하지 않을 수 있었다. 그렇지만 아우렐리우스는 양심이든 일상사든 오로지 철학을 선호하는 자신의 개인적 성향에 충실한 말만 했다. 그가 옹호한 태도와 행동을 두고도 같은 말을 할 수 있다. "어떤 일이든 절대 정신없이 빠져들지 말라"든가, "언제 어디서든 일상에서 일어나는 일을 경건히 받아들이도록 힘써라"를 비롯해 그가 쓴 많은 구절들은 계급, 지위, 신념 그리고 국적과 무관하게 모든 사람에게 적용할 수 있는 것이다(오늘날이라면 분명 성별의 차이도 문제 삼지 않으리라). 아우렐리우스는 지도자로서의 공적인 삶과 개인적 행동 사이에 아무런 차이를 보이지 않았다. 어느 쪽이든 그는 티끌 하나 찾아볼 수 없었다.[1]

일반적으로 군주의 거울Mirror for Princes이라고 알려진 유형의 글에도 지배자와 평민 사이의 구분은 없다. 문학 장르로서 이런 지침서는 기원전 4세기에 처음 나타났다.[2] 그 목적은 통치자와 그 후계자에게 처신하는 법을 가르치는 것이다. 중세에 쓰인 이런 지침서는 "왕자의 의무", "왕자의 훈련", "왕의 통치" 같은 제목을 달았다.[3] 거의 모든 저자는 가장 좋은 형태의 정부가 군주제라고 강조한다. 지배자는 법의 테두리를 넘지 않아야 한다고 강조하는 점에서는 로마 전통과 다른 모습을 보여준다. 그러나 저자들은 군주가 원하는 거의 모든 것을 법에 구애받지 않고 할 수 있다고도 이해했다. 그들이 정한 궤도를 벗어나는 상황을 표현하는 전문용어는 '폭정'이다. 단 한 명의 예외도 없이 저자들은 이런 폭정이 들어서는 것을 막으려 맹렬히 비난했다. 이를 위해 선택할 수 있는 유일한 방법은 지배자의 윤리적 감각, 곧 양심(종교와 결합한 양심)에 호소하는 것이다. 군주의 권력남용과 그에게 노출된 권력의 유혹에 굴복하는 일을 막아줄 유일한 것은 양심이다.

마르티누스 브라카렌시스Martinus Bracarensis(580년 사망)*는 군주야말로 네 가지 가장 중요한 덕목, 즉 신중함과 너그러움과 일관성과 정의감의 본보기가 되어야 한다고 말한다. 세비야의 이시도루스Isidorus(570~636)**는 순수함, 겸손함, 온건함, 친절함, 자비로움과 언제라도 악에 선함으로 답하는 자세를 덧붙인다. 무릇 군주는 선하고 도덕적인 삶을 이끌 수 있어야 하며, 신의를 지키고 매사에 친절하고 자비로우며 정의롭고 진실하며 인내심이 많고 너그러우면서 헌신할 줄 알며, 먹고 마시며 옷을 입는 일에 지나침이 없으며 올곧은 예절과 도덕으로 되도록 겸손하며 상냥하고 구호를 베푸는 손길에 아낌이 없어야 한다(앨퀸Alcuin, 737~804***). 군주는 참을성과 진실함 그리고 배움을 사랑하고 악한 생각을 멀리하는 일에서 타의 추종을 불허해야 한다. 이 모든 것을 갖추는 일은 앞서 열거한 특성을 가진 사람을 주변에 두고 조언을 구할 때만 가능하다. 그렇지 않다면 군주는 쉽사리 부패한다. 거듭 확인하지만 이런 생각에서 공적인 생활과 사적인 생활은 구분되지 않는다. 이런 관점은 군주에게만 적용되는 게 아니다. 군주의 아내 역시 넉넉하고 우아하며 순수하고

---

* 현재 포르투갈인 브라카라 아우구스타의 주교를 지낸 인물이다.
** 30년 이상 세비야의 대주교를 지낸 인물이다.
*** 잉글랜드 출신의 스콜라철학자이자 신학자로 샤를마뉴 대제를 가르쳤다. 라틴어 이름은 플라쿠스 알쿠이누스Flaccus Alcuinus이다.

신중하며 신을 두려워할 줄 알아야 한다. 여성은 자녀를 돌보아야할 뿐만 아니라, 필요하다면 남편을 위해 자신을 희생할 줄 알아야한다.

이런 종류의 글 가운데 가장 유명한 것은 우리의 박식한 친구데시데리위스 에라스뮈스가 1516년에 쓴 글이다. 현대 영어판의 제목은 《기독교 군주의 교육*The Education of a Christian Prince*》으로, 오해의 소지가 있다. 글의 대부분은 이미 권좌에 오른 군주에게 충고하는 내용이지, 태어나면서부터 권좌를 차지할 운명을 타고난 왕자를위한 것은 아니다. 《인스티투티오 프린시피스 크리스티아니*Institutio Principis Christiani*》라는 원제를 내용에 충실하게 옮기면 '기독교 군주가 걸어야 할 길'이 될 것이다. 이 책은 다음과 같이 일갈한다. "훌륭한 군주의 첫 번째 의무는 가능한 최선의 것을 바라는 것이다. 두 번째 의무는 어떻게 하면 악을 피하거나 제거할 수 있는지 알아내는 것이다."[4] 전형적인 훈계는 계속 이어진다. "군주는 책을 고를 때마다즐거움보다는 독서를 통해 자신을 더 낫게 하는 일에 관심을 가져야한다."[5] 의심할 바 없이 유용한 충고이기는 하지만, 이런 훈계는 군주의 종복에게도 똑같이 적용될 수 있는 내용이다.

정확히 무엇이 문제인지 살펴보자면, 에라스뮈스의 시대만 하더라도 금령이나 파문과 같은 처벌로 군주를 통제할 교회 권력은 거의 남아 있지 않았다. 황제 하인리히 4세Heinrich IV가 카노사 성으로 찾아가 눈밭에서 사흘간 기다린 끝에 교회의 파문을 되돌릴 수있었던 굴욕의 시절은 이미 지나갔다. 1302년 교황 보니파시오 8세Bonifacio VIII가 칙서 '우남 상탐 에클레시암Unam Sanctam Ecclesiam(하나의 거룩한 교회)'으로 세속의 권력은 오로지 "사제의 명령과 묵인"으로만 행사될 수 있다고 했던 것도 옛일이었다.[6] 현대의 어떤 학자가 지적했듯, 모든 문제를 풀어갈 열쇠로 "기독교의 덕목"을 강조한 것에는 더 많은 이유가 있다.[7] 그러나 그 결과는 이론과 현실 사이에 간극을 만들었고, 그 괴리가 너무 커서 메울 수 없을 정도였다. 여전히 이론은 현실을 두고 경건해야 한다는 진부한 소리나 할 뿐이다. 어떤 면에서 보면 이런 진부한 이야기는 성인, 하물며 무거운 정치적 책임을 져야 하는 성인보다는 어린 학생에게나 어울릴 법한 것이다.

마침내 위선을 발가벗기고 이론과 현실 사이의 "깊은 골"을 메운 사람이 니콜로 마키아벨리Niccolò Machiavelli(1469~1527)다. 대다수 선대 학자와 달리 마키아벨리는 성직에 몸담은 일이 전혀 없다. 중산층 법률가의 아들로 태어난 그는 일찌감치 '네고치negozii' 곧 상업보다는 '아파리affari' 곧 '정치'라는 말로 가장 잘 옮겨질 수 있는 것에 더 많은 관심을 가졌다. 젊은 시절 그는 고향 피렌체가 공화국이었던 시기(1494~1512)에 정치, 외교, 군사 요직을 두루 차지했다. 자신이 즐겨 쓴 표현처럼 그는 '스타토stato'의 일원, 곧 공직자였다. 물론 스타토는 국가가 아니라, 권력자가 권력을 행사하는 권력구조를 가장 잘 표현하는 단어다.[8]

메디치 가문이 권좌에 복귀하면서 마키아벨리는 공직에서 쫓겨났다. 그는 여생을 도시에서 멀리 떨어지지 않은 자신의 조촐한 사유지에서 보내며, 오늘날 우리가 정치학이라고 부르는 것을 연구하면서 몇몇 성공적으로 공연된 희곡을 쓰기도 했다. 그의 가장 유명한 작품 《군주론 Il Principe》은 에라스뮈스의 《기독교 군주의 교육》

보다 3년 전인 1513년에 쓰였으나, 그의 생시에 출간되지는 않았다. 많은 측면에서 《군주론》은 '군주의 거울'이라는 유구한 생명력을 자랑하는 장르의 전형적인 작품이다. 차이가 있다면 마키아벨리가 **효과적인** 행위와 행동이라고 부르는 것은 고향 피렌체의 보다 더 큰 번영과 이탈리아의 통일로 직접 이끄는 길라잡이 역할을 목표로 한다는 점이다(이탈리아의 통일이라는 주제는 완전히 정리된 적이 결코 없다).[9] 어쨌거나 강조점은 구체적 목표에 이르는 구체적인 행동을 효과적으로 조언하는 '방법'에 놓였다. 이런 조언을 따르는 군주, 특히 새로 수립되어 최대의 난관에 봉착한 정권의 군주는 안전하고도 안정적으로 정부를 이끌 수 있다.

이런 접근방식은 비록 마키아벨리가 명시적으로 언급하고 있지는 않지만, 처음부터 끝까지 양심은 평민의 개인적인 삶에 자리 잡고 있다고 본 것이 아닐까 하는 짐작을 하게 만든다. 그러나 정치라는 분야, 마키아벨리가 아주 명쾌한 태도를 보이는 이 정치라는 분야에서 양심은 자멸을 부를 정도로 치명적이다. 자신과 같은 부류의 사람들에게 둘러싸인 군주는 마키아벨리보다 앞선 많은 학자들이 믿었듯, 혹은 믿는 척했듯, 양심이 이끄는 대로 따를 수 없다.[10] 실제로 정치 세계를 지배하는 힘은 양심이 아니라 이해관계를 따질 수밖에 없는 '네세시타necessità(필연성)'이다. 마키아벨리가 사용한 이 핵심 개념은 군주 자신의 권력은 물론이고 그가 책임져야 하는 정치조직체의 권력을 유지하고, 가능하면 확장해야 하는 필요를 뜻한다.

마키아벨리의 도덕은 그의 대다수 동시대인보다 더 고결하지 않으며, 그렇다고 더 느슨하지도 않았다. 어느 대목에선가 그는 자신이 항상 "정직하고 선량했다"고 썼다. 이 말이 의미하는 바는 자신의 능력을 최대한 발휘해 피렌체공화국을 위해 봉사했으며, 그 어떤 뇌물도 받지 않았다는 것이다.[11] 마키아벨리는 혁명가를 연기하려는 생각도 하지 않았다. 존재한 적도 없고 존재할 수도 없는 모든 종류의 공동체를 상상으로 꾸며내는 대신, 마키아벨리는 자신이 보아온, 군주들이 현실에서 보여준 정치기술을 그냥 묘사했을 뿐이다. 성경 속, 고전시대(주로 로마공화국), 그리고 자신의 시대에 목도한 군주들을.

마키아벨리의 원고를 본 친구는 그에게 진짜 새로운 내용은 없다고 말했다. 어떤 면에서 그 말은 정말 옳다. 율리우스 카이사르 이래로 역사는 사자의 용맹함과 여우의 교활함을 더할 줄 알았던 남자들과 때로 여인들을 안다. 그러나 역사를 있는 그대로 기술했다는 사실이 마키아벨리를 사후의 운명으로부터 구해줄 수는 없었다. 《군주론》이 출간되자마자 마키아벨리는 악마의 화신으로 여겨졌다. 그가 이런 비난에 답할 수 있었다면, 분명 부당한 비난이라고 말했으리라. 마키아벨리는 오로지 오랜 세기에 걸친 위선의 장막을 찢어버리고 군주를 향한 충고를 담은 헤아릴 수 없이 많은 책들이 숨기고 있는 생생한 현실을 분명하게 드러냈을 뿐이다. 말보다 행위로 판단한 현실은 생각할 줄 아는 사람이라면 완벽하게 이해할 수 있는 것이다. 그러나 마키아벨리를 비난한 사람들은 이런 현실을 인정하려 들지 않았다.

분명 군주는 적어도 겉으로나마 통상적인 도덕감정과 일치하는 태도를 보여주는 것이 좋다. 바꿔 말해서 최고의 마키아벨리주의자는 자신의 마키아벨리즘을 감출 줄 아는 사람이다.[12] 그렇게 함으로써 군주는 자신이 원하는 방향으로 호도하면서도 신하와 백성이 일상생활을 유지하도록 돕는다. 평화와 진리를 말하면서 그 정반대의 상황에 대비하고 필요할 때 실행에 옮기는 것이 군주의 자세다.[13] 좋은 말만 늘어놓았던 예전 학자들과 달리 마키아벨리는 군주를 덕목이 아니라 '비르투virtù'로 평가했다. 이 단어는 기독교 세기를 건너뛰어 마키아벨리가 고전 라틴어에서 직접 취한 것이다. 비르투의 어원은 '비르vir' 곧 남자다. 이는 '비스vis' 곧 힘과 연결된다.[14] 가장 적절한 번역어는 '솜씨', 적을 누르고 사회 정상의 지위에 올라 인생을 좋은 평판으로, 좋은 자질이 아니라 최소한 능력으로 평가받아 마감할 수 있게 해주는 능력이다. 이런 솜씨는 도덕이나 양심과는 거의 관계가 없다. 그 대신 용기, 투지, 선견지명, 리더십은 물론이고 교활함, 모든 종류의 술수, 표리부동한 태도, 약속을 깨는 식언 등을 포괄한다. 마키아벨리의 책을 보면 비르투는 흔히 '페로시타ferocità'와 맞물려 쓰인다. 목표를 위해서라면 물불 가리지 않는 흉포함을 뜻하는 이 단어는 지배자라면 친구와 적을 둘 다 위협할 수 있어야 하며, 때로는 위협해야만 한다는 맥락을 담았다.

일각의 표현처럼[15] 마키아벨리는 서구 사회의 인생관 옆구리에 칼을 꽂아 비명을 지르며 떨쳐 일어나게 만들었다. 걸출한 글솜씨로 마키아벨리는 정치에서 양심을 제거하는 데 필요한 이론적 정당화를 제공하면서 양심에 그 어느 때보다도 더 강력한 타격을 안겼다. 그의 책들은 몇 세기 동안 금서 목록에 올랐다. 책이 출간되고 오래지 않아 그는 악인의 대명사가 되었다. 악마를 뜻하는 익살스러운 표현 '올드 닉Old Nick'이 마키아벨리의 이름 니콜로에서 비롯되었다는 풍문이 아마 사실은 아니라 할지라도, 둘을 연관시킨 시도는 주목할 만하다. 대개 평범한 수준의 저자들은 나름 선의를 가지고 다른 방향에서 접근해 마키아벨리의 주장을 좀 누그러뜨려 통상적인 도덕과 합치시킬 수 있는 방안을 찾느라 고민했다. 그러나 악의를 품었든 선의를 가졌든 어느 쪽도 마키아벨리의 목소리를 잠재울 수 없었으며, 그가 만들어낸 정치와 양심의 깊은 골을 메우지도 못했다. 양심이 무어라 하든 상관없이 '라지오네 디 스타토ragione di stato' 곧 '국익우선주의'가 모든 것에 앞서며, 또 앞서야만 한다는 마키아벨리의 주장은 태어나기 무섭게 오명을 뒤집어쓰고 오랜 시간 동안 무시당하는 굴욕을 당했다. 마키아벨리의 고향만큼 국익우선주의가 뚜렷했던 곳은 따로 찾아보기 힘들었음에도, 오로지 한 명의 학자 페데리코 보나벤투라Federico Bonaventura(1555~1602)*만이 '국익우선주의'를 여섯 종류로 구별했을 뿐이다. [16]

마키아벨리가 살던 시대에 이탈리아는 르네상스 동안 누린 문화적 우위를 이미 잃었다. 자신의 지위를 지키기 위해서라면 비열한 방법도 서슴지 않았던 지배자들은 그 어디 못지않게 양심을 무시했을 것이 틀림없다. 게다가 이탈리아 반도는 여러 공국으로 분할되었으며, 대개 스페인, 오스트리아 그리고 이따금 프랑스 출신의 이방인들에게 지배당했다. 바로 그래서 이 지배자들은 유럽 정치라는 무대에서 단역을 맡았을 뿐이며, 1492년부터 이뤄진 지리적 발견으로

---

* 이탈리아의 지리학자이자 의학자로 활동하면서 정치를 다룬 책도 활발히 쓴 인물이다.

더욱 커진 세계무대에서는 그저 보잘것없는 존재였다. 무대의 중심에서 멀리 떨어져 이 지배자들은 때때로 '프린시피니principini', 곧 '촌뜨기 군주'라는 조롱을 받았다. 자신의 종복과 가까운 친인척 및 이웃 말고는 이들이 무엇을 하든 주의를 기울이는 사람은 거의 없었다. 국가의 규모가 작을수록 그 군주가 자신과 친족과 애첩의 이득을 위해 국익이라는 구실을 내세워 저지른 악행은 이루 말할 수 없는 악취를 풍겼다.

그러나 이런 상황이 변화할 조짐을 보이자마자 마키아벨리가 제기했던 문제들은 다시 표면에 떠올랐다. 정치가가 양심을 가질 여유가 있을까? 국익에 봉사해야 하는 정치가가 어디까지 양심을 지킬 수 있을까? 이 물음에 자신의 약소국을 지키기에 급급하거나 심지어 이웃 국가를 침범해 영토를 키우려는 촌뜨기 군주의 능력 따위는 이미 고려의 대상이 아니었다. 이제 막 기지개를 켜는 통일 이탈리아의 약 2,200만 국민의 운명이 달려 있었기 때문이다. 이탈리아의 통일에서 지도적인 역할을 한 피에몬테 출신의 정치가 카보우르 백작 카밀로 벤소Camillo Benso Conte di Cavour(1810~1861)*는 이런 말을 했다고 한다. "조국을 위해 일한다고 하면서 자신의 이익에만 충실했다면, 우리는 얼마나 못된 악당인가."[17] 그가 이런 탄식을 쏟아낸 일에는 신문을 매수한 것, 부정선거를 저지른 것, 게다가 최악의 선택으로 나폴레옹 3세Napoleon III와 위험한 동맹을 맺어 오스트리아제

---

* 1861년 주세페 가리발디Giuseppe Garibaldi를 원조하면서 이탈리아 통일을 완성한 인물로, 가리발디, 주세페 마치니와 함께 이탈리아 통일의 3대 영웅으로 꼽힌다.

국을 상대로 전쟁을 벌인 것 따위가 포함된다. 백작에 대한 호의적인 평가에는 항상 유머감각 이야기가 빠지지 않았다. 언젠가 그는 외교관을 속일 방법을 알아냈다며 미소를 머금었다고 한다. 외교관은 어차피 당신 말을 믿지 않을 테니 진실만 말해주면 된다나.

몇십 년 뒤에 정치가는 국익에만 충실하면 된다는 생각을 가장 극단적인 형태로 대변한 또 다른 이탈리아인은 1914~1916년 수상을 지낸 안토니오 사란드라Antonio Salandra(1853~1931)*다. 개인으로서 사란드라는 카보우르와 마찬가지로 존경받아 마땅한 중산층 시민이었다. 그러나 그는 서슴지 않고 '사크로 에고이스모sacro egoismo', 즉 신성한 이기주의라는 표현을 썼다.[18] 이런 표현이 등장하는 맥락은 통일을 이뤄가는 과정에서는 부도덕한 거래도 용인해야 한다는 것이다. 돈과 전리품을 약속받은 대가로 사란드라는 조국 이탈리아의 동맹국 독일과 오스트리아의 뒤통수를 쳤으며, 연합국과 런던조약을 맺고 독일과 오스트리아에 선전포고를 했다. 전리품이란 런던조약에서 연합국이 이탈리아에게 아드리아해 연안을 돌려주기로 보장한 것을 뜻한다. 이 거래를 성사시킨 사람은 사란드라의 외교장관 시드니 소니노Sidney Sonnino(1847~1922)**다. 역설적이게도 소니노의 개인적인 좌우명은 '알리이스 리세트, 논 티비aliis licet, non tibi(남이 거리낌 없이 하는 일일지라도, 너는 해서는 안 된다)'였다고 한다. '사크로 에고이스모'를 좌우명으로 삼은 사람 가운데는 불같은 성격의 31세

---

* 이탈리아의 법률가이자 정치가로 수상을 역임한 인물이다.
** 이탈리아의 정치가로 주요 요직을 두루 경험한 인물이다.

신문 편집기자 베니토 무솔리니Benito Mussolini(1883~1945)가 있었다.[19] 시간이 흘러 무솔리니가 이탈리아에서 부동의 지배자로 군림하던 1932년 그가 이런 말을 했다는 보도가 나왔다. "모든 것은 국가 안에서 존재하며, 국가 밖에는 아무것도 없고, 국가를 반대하는 어떤 것도 허용되어서는 안 된다."

이탈리아 바깥에서 마키아벨리는 일단 신중하게 받아들여졌다. 이런 반응을 두고 마키아벨리 자신은 의심할 바 없이 위선적이라고 말했으리라. 어쨌거나 사람들은 도덕으로부터 정치를 철저히 분리해야 한다는 마키아벨리의 주장을 거리낌 없이 받아들일 정도로 뻔뻔하지 않았다. 오히려 사람들은 마키아벨리라는 이름을 사악함의 동의어로 여겼다. 그가 외국인이라는 사실도 이런 평판을 거들었다. 프랑스에서 마키아벨리는, 피렌체에서 나고 자라 앙리 2세 Henry II의 왕비가 되었다가 나중에 미망인이 된 카트린 드 메디치 Catherine de Medici(1519~1589)가 저지른 죄악에 원인을 제공했다는 비난을 들어야만 했다. 1572년 그녀가 위그노교도를 학살한 '성 바르톨로뮤의 밤'이라고 알려진 단체를 조직하는 데 조력했다는 것이다. 이 혐의는 사실인지 일각의 주장인지 아직도 가려지지 않았다. 그럼에도 카트린 드 메디치가 프랑스에 마키아벨리즘을 퍼뜨리기 위해 악마가 선택한 도구라는 비난은 줄어들지 않았다.[20] 이후로도 그녀는 언제든 지극히 비열한 수단을 쓸 준비가 되어 있는 책략가이자 독살자라는 악평을 떨쳐내지 못했다. 셰익스피어는 "살인자 마키아벨리"라는 표현을 썼다(《헨리 6세*Henry VI*》, 3부 2막). 셰익스피어는 또한 카트린의 아들로 엘리자베스 1세Elizabeth I의 구혼자였던 알

랑송 공작duc d'Alençon을 두고도 부도덕한 인물이라고 비난하며 "악명 높은 마키아벨리"라는 표현을 썼다(《헨리 6세》, 1부). 셰익스피어의 독자들은 고개를 끄덕였다. 《군주론》의 영어 번역본이 처음으로 출간된 해인 1585년에서 1660년경까지 악한을 묘사하면서 저 유명한 피렌체 남자를 끌어들이지 않은 잉글랜드 극작가는 찾아보기 힘들다.[21]

17세기 전반부에 사람들은 대다수의 나라에서 절대왕정이 출현하는 것을 목격했다. 절대왕조의 부상과 더불어 이런 정권은 내부의 저항을 짓밟고 국가 존재의 안정화를 꾀하려는 노력을 정당화하기 위해 국익을 강조했다. 이제 국익이라는 말은 '국가 이성'이라는 이론적으로 잘 다져진 근대적 의미를 얻었다. 그리고 고만고만한 국가들이 같은 목적을 추구했기에 경쟁은 치열할 수밖에 없었다. 마키아벨리라는 이름은 예전처럼 표리부동한 언행을 일삼는 사악한 악당으로 들먹여지지 않았지만, 사람들은 마키아벨리로부터 많은 것을 배웠음을 공개적으로 인정하는 것을 부끄러워했고 지금도 그런 것 같다. 그러나 토머스 홉스Thomas Hobbes(1588~1679)와 바뤼흐 스피노자Baruch Spinoza(1632~1677)는 마키아벨리에게서 영향을 받았음이 분명하다.

홉스와 스피노자는 본래 무신론적 입장을 가졌으며, 선대의 많은 학자들이 그랬듯 도덕성의 유래를 신의 명령으로 보지 않았다. 그 대신 이들은 도덕성의 뿌리를 이성에서 찾았다. 목표는 사람들이 글자 그대로 서로 잡아먹는 것을 막아 평화롭게 살도록 강제하는 것이며, 이를 실현할 수단은 국가 윤리(솔직하게 말하자면 국가 윤리라는 것은 존재하지 않으므로 윤리가 결핍된 상태)가 개인 윤리에 앞서도록 절대적인 우선권을 부여하는 것이다. 이는 문제를 체계적으로 다루기보다 군주가 어떻게 처신하고 행동해야 할지 이야기하는 데 치중한 마키아벨리에서 진일보한 관점이다. 실제로 홉스는 "내적인 진리"의 표현으로 개인마다 독특한 점을 가지며 끊임없는 논쟁만 불러일으킬 수 있는 양심이 어떤 자연적 근거를 갖고 있을지 의문을 품었다. 홉스는 양심이란 단순히 명목에 지나지 않으며 사실 사람들이 "자신의 새로운 의견과 급속히 사랑에 빠진 나머지 그 의견이 말이 되지 않더라도 완강하게 고집함"으로써 자신의 권위를 높이려는 것이 아닐까 의심했다. 홉스와 스피노자는 질서를 지키고 유지하기 위해 국가가 독단적으로 행동하기보다 이성의 명령을 따를 때 목표를 더 잘 이룰 수 있다는 점을 인정할 각오가 되어 있었다.[22] 바꿔 말하면 권력 정치라는 냉혹한 세계에서 국가 이성이란 곧 윤리였다.

또 다른 관점에서 보면 홉스와 스피노자 두 사람은 모두 국가 대사를 맡아보지 않았다. 많은 선대 학자는 물론 후대 학자들과 마찬가지로 두 사람은 평민이었다. 홉스는 귀족 자제의 가정교사 노릇을 했다. 스피노자는 렌즈 세공을 생업으로 삼았다. 두 사람 모두 정말 중요한 어떤 일을 하거나 사람에게 권위를 행사하거나 책임을 가져본 적이 없었다. 요점을 강조하자면 두 남자는 평생 독신으로 살았다. 이 책에서 언급한 인물 가운데 평민이든 성직자든 독신이 참으로 많다는 점은 흥미롭기만 하다. 안티고네(그녀는 결혼을 앞두고 죽었다), 플라톤, 칸트, 니체가 그 대표적인 인물이다.

이와는 반대로 철학자가 아니며 국사를 책임져야 하는 지위에 있던 사람들은 양심의 요구와 정치적 필요 사이의 충돌을 훨씬 더 다루기 어려워했다. 국가 이성은 원래 왕 또는 때로는 여왕이 필요할 경우 양심에 귀를 기울여야 할 의무로부터 벗어나게 하려는 용도로 쓰였다. 그러나 이제 상황은 완전히 달라졌다. 양심을 무시하는 것은 군주의 **의무**가 되었다. 이런 관점을 가장 잘 보여주는 예는 다른 누구도 아닌 프리드리히 2세, 즉 프리드리히 대왕이다. "[나는] 국가의 첫 번째 종이다."**23** 원래 프리드리히는 똑똑하고 상당히 예민한 청년이었다. 유럽의 비교적 낙후된 지역에서 성장한 그는 휴머니티 (인간 중심 사상)와 정의와 진보라는 계몽의 이상에 강한 영향을 받았다. 그 자신의 말을 들어보자. "인간의 연약함에 공감을 보여주며, 모든 사람을 휴머니티의 감정으로 다루는 것, 이것이야말로 이성적인 인간이 해야 할 행동이다."**24** 아버지 프리드리히 빌헬름 1세Friedrich Wilhelm I에게 글자 그대로 두들겨 맞고 걷어차이면서 교육을 받았음에도, 그는 이런 태도를 그 자신이 국가의 태생적 본성으로 보았던 가능한 모든 수단을 동원해 국가를 방어하고 확장해야 할 필요와 조화시킬 수 없었다.

프리드리히 대왕이 국익이라는 문제에 사로잡힐 수밖에 없었던 또 다른 이유는 아버지의 시대와 자신의 시대에 프로이센이 그동안 무시받던 공국의 위치를 벗어나 독일 내에서 두 번째로 강한 국가로 올라섰으며, 세계 최강국가로 발돋움하려는 야심을 품었기 때문이다. 이 과정은 사적 윤리와 공적 윤리 사이의 관계 정립을 그 어느 때보다도 더 긴급하고 까다롭게 만들었다. 1739년 28세의 나이로 프리드리히는《안티 마키아벨리Der Antimachiavell》라는 책을 썼다.

이 책에서 그는 부도덕한 방법을 썼다며 마키아벨리를 공격했다. 아마도 프리드리히는 마키아벨리에게 빠지지 않도록 자신을 보호하고 싶었던 모양이다. 목적이 무엇이었든 프리드리히는 이듬해 권좌에 오르기 무섭게 자신의 적 마키아벨리가 제공한 놀라운 무기를 움켜쥐었다. 프리드리히는 서둘러 자신의 책을 회수하려 했으나 허사였다.

당시 상비군과 강력한 관료주의 그리고 독립성을 잃어버린 종속적 교회 조직, 이 세 가지가 결합된 개신교 국가 어디에서든 양심은 절대왕권의 든든한 토대 구실을 했다. 이런 내부의 안정화에 힘입어 프리드리히는 마키아벨리가 옹호했던 것보다 더욱 야만적인 통치수단, 이를테면 반정부세력을 살해하고 그 훼손된 시신을 '국민의 충성심을 고취하려는 의도'로 장터에 버려두는 방법은 생략할 수 있었다. 그러나 외무장관 겸 군통수권자라는 자신의 역할에서 프리드리히는 다른 어떤 지배자 못지않게 부도덕했다. 그는 이웃 공국들을 거침없이 침략했으며, 자신에게 유리하다 싶으면 협정을 깨고 동맹을 배신하는 일을 거듭했다. 그러면서도 이 모든 것을 "불가피한 필요"와 국가 이성이라는 명분으로 설명했다.

프리드리히가 저지른 최악의 정치적 '범죄'는 생애의 말년에 폴란드의 분할을 획책한 것이다. 그는 "불행한 필연성" 운운하고 러시아의 예카테리나 2세Ekaterina II와 오스트리아의 마리아 테레지아 Maria Theresia와 공분을 나누었다는 사실로 자신의 행동을 정당화했다. 상대적으로 작은 영역을 차지한 마리아 테레지아를 두고 프리드리히는 "눈물을 흘리기는 했지만 받아들였다"고 말했다. 세평에 따르면 프리드리히는 양심을 가진 마키아벨리주의자였다. 그는 틈만 나면 군주는 마땅히 해야 할 일을 위해 "자신을 희생한다"고 되뇌었다. 그는 "후손이… 내 안의 철학자를 군주와 구분하고, 정치가가 아닌 존경받아 마땅한 남자로 평가해주리라" 하는 희망을 절대 포기하지 않았다.[25] 1752년에 쓴 《정치적 유언Das politische Testament》에서 프리드리히는 젊은 시절 자신을 괴롭힌 귀신 마키아벨리가 결국 옳았다고 인정했다. 다른 사람들에게 둘러싸인 가운데 정직하게 남으려던 권력은 완전히 실패로 끝났다.[26]

정치적 편향성을 가지지 않은 현대 독일 역사가들은 흔히 프리드리히를 두고 오로지 자신의 권력 그리고 자신이 봉사한다고 주장한 프로이센의 권력에만 신경 쓴 순전한 "권력인간"으로 묘사한다. 이런 평가가 맞는다면 왜 프리드리히가 63세이던 1775년, 곧 제1차 폴란드 분할 3년 뒤에 이 문제로 여전히 괴로워했는지가 설명되지 않는다. 이런 괴로움을 달래고자 그는 에세이 한 편을 썼다. 이 에세이에서 그는 군주가 조약을 깨고 동맹을 배신하는 것을 정당화해주는 정황에 어떤 것이 있는지 열거한다.[27] 때로 프리드리히는 개인적인 포부와 통치자의 의무 사이에 벌어진 피할 수 없는 균열로 자기 연민을 느끼며 괴로워했다. 언젠가 그는 돌고래가 바다에서 헤엄쳐야 하는 운명인 것처럼 자신은 전쟁을 벌여야 하는 운명을 타고났다고 불평했다. 이 모든 정황은 왜 그가 그토록 냉소적이었는지 설명해준다. 벅찬 희망으로 권좌를 물려받은 자칭 휴머니티 후원자는 결국 인간 혐오자로 말년을 맞았다. 그는 '상수시Sanssouci'(프랑스어로 '근심 없음'을 뜻함) 궁전의 정원을 자신이 인간보다 더 좋아하고 아낀 개들을 이끌고 거닐며 말년을 보냈다. 그는 개들과 함께 묘에 안장되었다.

현실 정치에 직면해 양심의 부담, 곧 양심의 **가책**을 덜어주려는 문제를 개신교가 얼마나 중시했는지 살펴볼 때 군주를 현실 정치와 양심이라는 딜레마에서 해방시켜주려 시도한 인물이 이 딜레마 자체였다는 점은 놀라운 일이 아니다. 내가 말하는 인물은 다름 아닌 게오르크 빌헬름 프리드리히 헤겔Georg Wilhelm Friedrich Hegel(1770~1831)이다. 그가 사망하고 이른바 파괴주의destructivism와 포스트모더니즘이 출현하기까지 거의 150년에 가까운 세월 동안 역사의 역할, 역사가 작용하는 방식, 역사로부터 무엇을 배우고 어떤 것은 배워서는 안 되는지 하는 문제들을 바라보는 관점의 형성에 헤겔보다 더 영향을 준 사람은 없다. 20세기의 중대한 세 가지 정치 이데올로기, 곧 자유주의와 사회주의/공산주의 그리고 파시즘은 모두 헤겔에게 무거운 빚을 졌다. 1900년경 보통 이론적 사변에 별 관심을 가지지 않는 나라인 잉글랜드에서조차 헤겔이라는 이름은 "예루살렘이라는 이름이 오랜 세월 동안 인간의 심장을 움직인 것처럼, 여성과 남성을 막론하고 우리 젊은이들의 상상력을 자극한다"고 회자되었다.[28]

독일 남서부의 슈투트가르트에서 태어난 헤겔은 루터교 목사인 아버지의 교육을 받으며 성장했다. 프로테스탄트의 전형적 사고방식대로 그는 양심을 도덕적 의무를 함축하는 동시에 도덕적 의무에 뿌리를 둔 것으로 이해했다.[29] 그러나 신학을 공부하면서 그는 인격적인 신을 더는 믿지 않게 되었다. 지성 발달의 오랜 흐름을 따라 헤겔은 신을 인격적 요소를 가지지 않는 세계역사의 정신, 곧 '세계 정신Weltgeist'으로 대체했다. 헤겔 자신은 이 세계정신을 섬기는 최고 제사장이다. 세계정신의 특징은 무엇보다도 두 가지다. 첫째, 존재하는 모든 것은 존재해야만 하기 때문에(그렇지 않다면 존재할 수 없을 테니까), 바로 이성의 구현이다. 이 이성은 그 드러남이 종종 잔인하고 복잡하며 난해해 보이는 것과 상관없이 진리다. 둘째, 이성은 끊임없이 인류를 미래의 완전한 사회로 이끈다. 모든 모순이 해결되고 일종의 세속적 낙원으로 회복된 것이 이 완전한 사회다.

역사는 보다 더 완벽해지는 쪽으로 나아가는 미리 정해진 길을 따른다. 그러나 세계정신은 개인을 통해 실현되지 않는다. 그 이유는 두 가지다. 우선 개인은 생물학적으로 모든 유전적 취약성을 가지는 연약한 존재다. 개인은 대개 오로지 자신의 호불호 또는 이해관계에만 관심을 가진다. 심지어 이런 협소한 영역에서조차 개인의 생각과 행동은 실수로 얼룩진다. 다음으로 법 없이는 질서 있는 공동체가 존재할 수 없기에 개인은 법의 적용을 받는 대상으로서 온전한 자아를 실현할 능력이 필연적으로 제한된다. 개인들이 이루는 많은 종류의 조직, 그리고 이런 조직들의 행위와 상호작용으로 형성되는 시민사회도 불완전하기는 마찬가지다.

인간의 모든 조직, 또는 헤겔이 공동체라 부른 것 가운데 이런 한계를 뛰어넘어 완벽함을 실현할 능력을 갖춘 유일한 것은 국가다. 국가는 주권 덕분에 최상위의 공동체다. 이런 특징은 국가에게 그 본래의 가능성을 실현할 잠재력, 무오류의 세계정신이 국가에게 요구하는 잠재력을 부여한다. 국가는 의식적으로는 이런 잠재력을 실현하지 못한다. 모든 국가는 오로지 국익을 추구할 뿐이다. 국가를 이끄는 것은 애덤 스미스Adam Smith(1723~1790)가 주장해 유명해진 보이지 않는 손과 크게 다르지 않다. 그럼에도 국가는 지배자와 피지배자 양쪽 모두의 개인적 이해관계를 넘어서는 통일을 만들어내고 다듬어나가는 쪽으로 권력을 사용한다. 완전히 다른 차원에서 작동하는 가족만 빼고, 목적에 이르는 도구가 아니라 목적 그 자체인 것은 오로지 국가뿐이다. 부분적으로는 이런 권력 행사를 위해, 또 부분적으로는 이 권력을 확인받으려고 국가는 그 구성원에게 피의 희생을 요구하며, 실제로 자주 희생을 얻어낸다. 전쟁은 역설적이게도 개인과 시민사회에 윤리적 의미를 제공한다. 전쟁은 개인과 시민사회보다 훨씬 더 높은 차원에서 윤리를 빚어주는 원인이다. 다툼과 갈등이 없다면 개인과 시민사회는 윤리를 가지지 않으며, 가질 수도 없다. '살루스 레스푸블리카에 숨마 렉스(공화정의 안녕을 보장해주는 것은 최고법이다)'라는 원칙 때문만이 아니라 또한 국가는 **도덕적** 창조물, 헤겔의 표현을 빌리자면, "신이 지구 위를 걸어가는 발걸음의 메아리"와 다르지 않기 때문이다.[30]

최초의 근대적 저자로 마키아벨리가 제기한 문제, 이후 스피노자와 홉스가 보다 더 추상적인 이론으로 다듬은 문제, 프리드리히 대왕에게 그처럼 골치를 앓게 만든 문제는 이로써 결국 '해결'되었다. 마치 강하고 영리하며 반항적인 사생아가 이제 모든 사람에게 적자로 인정받은 모양새다. 이로 빚어진 결과 하나는 국가 이성이라는 개념이 확실하게 보증된 것으로 받아들여져 관련 문헌에서 더는 논의되지 않는 경향을 보인 것이다. 그 과정은 두 개의 분리된 단계를 포함한다. 우선, 프리드리히 대왕의 이력이 보여주듯, 주권은 군주의 것에서 국가의 것으로 바뀌었다. 국가의 '종복'이라고 하는 것은 필요하다면 '자신의 희생'을 불사할 군주의 '의무'를 뜻했다. 둘째, 국가는 단순히 국익만 추구하는 조직이기를 중단하고, 세계정신이 완벽을 추구하는 방식을 구현하는 현장이 되었다. 국가의 지도자는 단순히 자신의 호주머니를 채우지 않고 국가를 위해 행동한다는 신념으로 매사에 신중을 기해야 한다. 이로써 정치가의 정의에 윤리가 들어간다. 정치가를 평가하는 기준은 윤리가 아니라, 일차적으로 권력과 부로 측정되는 국가의 성공이다. 여기에 헤겔은 문화가 발전하기 좋은 환경을 만들어줄 능력을 덧붙이는데, 이 대목은 후대 학자들이 간과하고 있는 부분이다. 이로써 성공은 오랫동안 그래온 것처럼 단순히 현실 그대로 바라보는 것이 아니라, 이론적 근거도 얻은 윤리로 평가되었다.

여전히 한 가지 중요한 문제는 남았다. 헤겔은 독일이 나폴레옹에 의해, 빈회의의 결과로 상당 부분 통합되고 정리된 후에도 여전히 남은 공국들의 프린시피니 문제를 잘 알고 있었다. 또한 이 지방 토후들의 지배가 얼마나 폭압적이며 쩨쩨하고 숨 막히게 만드는지도 꿰고 있었다. 헤겔은 이른바 '소국분립주의Kleinstaaterei'* 곧 배타적 지방주의에 호감을 가지지 않았거니와 참고 봐줄 생각도 전혀 없었다.³¹ 헤겔은 일관되게 자신의 생각을 오로지 크고 강력한 국가에만

---

*　신성로마제국과 19세기 전반의 독일 연방이 숱한 작은 지역 국가, 곧 공국들로 분할되었던 상태를 이르는 개념. 독일의 공국은 많을 때는 심지어 348개에 달했다.

적용했다. 바꿔 말해서 헤겔이 관심을 가진 국가는 오로지 지배자의 사적인 이해관계 그 너머를 추구하는 나라였다. 사실 국가는 규모가 크고 강할수록 지배자의 사익과 국익을 구별하기가 더 쉬워진다. 몇몇 사람들의 눈에 헤겔은 국가 사이의 국제적 관계를 짓밟는 무지막지한 폭력배로 보였다. 세계정신이 가리키는 방향으로 나아가기 위해서라면, 헤겔 자신의 표현대로 "섬약한 꽃들"*을 불도저로 밀어버릴 각오가 되어 있다는 것이 이런 혐의의 골자였다. 그러나 다른 사람들의 눈에 헤겔의 메시지는 독일통일 운동이 속도를 내기 시작한 시점에 더없이 시의적절하고 환영할 만한 것이었다.

헤겔 사망 당시 프로이센(헤겔은 프로이센의 수도 베를린에서 생애의 마지막 13년을 살았으며, 그 정부를 격찬했다)은 여전히 작기는 했지만, 빠른 속도로 힘을 키워나가는 중이었다. 주변에 상어가 득시글거리는 것 같은 환경에서 나라가 성장은 말할 것도 없고 존립한다는 것은 강력한 추진력과 마키아벨리의 권모술수를 결합한 매우 세련된 정치 지도력을 요구했음에 틀림없다. 결국 이런 결합을 도모하고 활용할 수 있는 인물이 발견되었다. 오토 폰 비스마르크Otto von Bismarck(1815~1898)다. '철혈정책'에 기초해 비스마르크는 내각책임제 정부라는 새로운 이론을 만들어내 프로이센 의회, 곧 국회를 길들이며, 1864년과 1866년에 전쟁을 일으켰다. 다음으로 비스마르크는 나폴레옹 3세를 도발해 1870~1871년에 전쟁을 벌였다. 이렇게 해서 얻어진 결과물이 통일 독일제국이다.

* 　공국들

나중에 비스마르크는 자신이 새롭게 건설하려는 독일을 위협하는 세력이라고 여긴 가톨릭교회와 사회주의자들을 약화시키기 위해서라면 무슨 일이든 서슴지 않았다. 비스마르크의 공적인 삶이 비슷한 위치의 다른 지도자에 비해 더 양심적이었는지, 아니면 모든 위대한 인물은 악당이라는 액턴John Dalberg-Acton, 1st Baron Acton 경(1834~1902)*의 주장이 맞는지는 지금 우리가 다룰 문제가 아니다.³² 지금 할 수 있는 말은 액턴 경은 비스마르크의 행적을 추적한 많은 역사학자들보다 훨씬 더 정직했다는 점이다. 독일 역사학자들만 거짓말을 일삼은 것은 결코 아니다. 국수주의에 맹목적으로 사로잡힌 역사학자들은 저마다 자신의 관점에서 비스마르크 노선을 정당화하려고 온갖 애매한 전설을 끌어다 붙였다. 액턴 경은 자신의 시대 그리고 아마도 모든 시대의 정치를 충분히 간결하게 요약했다. 즉 정치가가 양심을 깨끗하게 유지하는 유일한 방법은 양심을 쓰지 않는 것이라고 그는 단언했다.

---

* 잉글랜드의 정치가이자 역사학자. "절대권력은 절대 부패한다"는 명언으로 더 잘 알려진 인물이다.

신의 죽음

기독교 세기를 거치는 동안 양심과 종교는 손에 손을 맞잡고 행진했다. 유대인 율법을 양심으로 대체한 바울로 시작해 양심과 종교는 아주 밀접하게 맞물린 나머지 둘을 떼어서 생각한다는 것은 불가능할 정도였다. 성인聖人들과 평범한 신도들은 신이 남녀를 불문하고 심지어 그리스도를 박해하고 십자가에 매단 사람을 포함해 모든 사람의 마음에 양심을 심어놓았는지, 아니면 선택받은 소수에게만 심어놓았는지를 놓고 논쟁했다. 양심과 신의 전지전능함, 양심과 이성, 양심과 법 사이의 관계, 죄지은 자를 용서해줄 방법과 개인의 양심과 교회 가르침 사이의 관계는 끊임없이 반복해서 면밀하게 연구되었다. 대략 1500년까지 이런 논의의 대부분은 극소수의 잘 교육받은 신학자에게만 한정되었다. 그러나 인쇄술이 출현하면서 논의는 그 저변을 넓혀나가며 종교개혁의 심장부를 차지할 수 있게 되었다. 그 결과는 문제를 다루는 프로테스탄트 특유의 접근방식이다. 루터와 헤겔이 저마다의 방식으로 보여주었듯, 논의는 강제적 성격과 자유와 양심을 하나의 단일한 복합체로 묶어낼 정도로 성공적이었다.

이 문제의 정확한 해결책이 무엇이든 간에 논의되는 맥락에서 세계는 변함없이 신이 창조했으며 다스리는 곳이다. 이 문제에서도 왕은 벌거숭이라고 외친 최초의 중요한 저자는 마키아벨리다. 마키아벨리는 교회가 위선적이며, 당시 프랑스와 스페인과는 달리 이탈리아가 분할된 채로 남아 '야만인barbarian'*에게 정복된 데 일차적인 책임이 있다는 이유로 교회를 증오했다.**33** 그렇다고 이런 사실이 그가 착실한 가톨릭교도로서 행동으로 의무를 다하는 것을 가로막지는 않았다. 《군주론》은 기독교 공국들을 두고 많은 이야기를 하고 있기는 하지만, 종교는 거의 언급하지 않는다. 마키아벨리가 칭송한 고대와 당대의 영웅들 가운데 유일하게 자신이 은혜를 입었다고 언급한 인물은 모세다. "오로지 모세만이 신이 내린 명령을 수행했으며 [그리고] 신과 이야기를 나눌 은총을 입었기에 칭송받아 마땅하다." 이처럼 명령과 그 수행을 중시했기에 피렌체 남자 마키아벨리는 모세를 자세히 "논구하지" 않았다.**34**

마키아벨리와 대척점에 서 있는 인물은 칼뱅이다. 활동하는 내내 칼뱅은 양심의 가책으로 도덕을 진작하고, 도덕으로는 선택받은 계층이 좋은 정치를 펼치도록 혼신의 노력을 기울였다. 칼뱅은 평생에 걸쳐 부단히, 무엇보다도 올곧은 회개를 요구했다. 그의 양심에 바탕이 된 것은 모든 것을 굽어보는 전능한 신이 실제로 존재한다는 확신이었다. 신의 뜻을 거스른 죄인은 신속하고도 무서운 처벌을 받는다. 질병, 사고, 가뭄과 같은 자연현상은 모두 이런 식으로 해석되

---

* barbarian은 게르만족을 일컫는 표현이다.

었다. 유명한 성경구절은 이런 메시지를 강화하기 위해 끊임없이 널리 퍼뜨려지고 암송되었다.[35] 칼뱅주의는 유대교와 유사한 점이 많았다. 예외가 있다면, 유대교는 죄를 짓지 않는 생활을 훨씬 더 중요하게 강조하면서, 이에 따른 행동규칙을 대단히 세세하게 규정했다는 점이다.

여전히, 결국 신의 계율에 순종하는 사람들은 지켜야 할 것이 많았다. 칼뱅이 이처럼 신의 계율을 강조한 첫 번째 이유는 종교전쟁의 대단히 파괴적인 본성 때문이다. 1546년에 시작된 종교전쟁은 중간에 몇 번 중단을 겪으면서 1세기 동안 지속되었다. 처음에는 프랑스가, 다음에는 독일이, 결국 유럽 중부의 대부분 지역이 폐허가 되었다. 1648년 마침내 전쟁이 끝났을 때 몇몇 국가의 인구는 3분의 1로 줄어들었다. 이런 격심한 인구감소에 비추어볼 때 전체 역사에서 이처럼 치명적인 무장 갈등은 찾아보기 힘들다. 혹독한 대가를 치렀음에도 기독교 신앙만이 유일하게 옳은 것이라는 결론을 얻어내는 일은 실패했다. 전쟁으로 얻은 교훈은 분명했다. 문명사회가 지속할 수 있으려면, 이런 사회를 뒷받침하는 몇몇 다른 원리들이 찾아져야만 한다. '쿠이우스 레기오, 에이우스 렐리기오cuius regio, eius religio' 즉 '각각의 나라에 고요한 종교'라는 원리를 재확인한 베스트팔렌조약은 이런 교훈을 반영했다.

종교 그리고 종교의 한 부분인 양심이 쇠퇴한 두 번째 원인은 이른바 '과학혁명'의 일환으로 등장한 기계적 세계관이다.[36] 기계적 세계관을 만들어낸 인물의 면면은 요하네스 케플러Johannes Kepler(1570~1631), 갈릴레오 갈릴레이Galileo Galilei(1584~1642), 그리고 특히 아이작 뉴턴Isaac Newton(1642~1727)이다. 1650년대는 종교로부터 철학이 떨어져 나온 시기다. 대략 1690년 이후 종교와 철학의 분리는 특히 교양인들 사이에 급속도로 퍼져나갔다. 기계적 세계관은 자연현상을 설명하는 데 이성을 이용해야 한다는 점을 강조했다. 결과적으로 신의 세계와 인간의 그것 사이 거리는 갈수록 벌어졌다. 몇몇 사람은 기독교 신을 아예 포기하고 이신론Deism으로 돌아섰다. 1675년 이신론이라는 단어는 영어사전에 등재될 정도로 충분히 널리 쓰였다.

세계를 신의 계시 결과라기보다 '자연'으로 이해한 이신론의 가장 중요한 관점은 세계를 일종의 거대한 시계로 본 것이다. 자연 안에서 발견되는 기적적인 질서는 최고 존재가 실제로 엄존한다는 증명으로 보였다. 그러나 세계를 창조하고 마무리를 하고서 움직이게 한 다음 신은 열쇠를 던져버렸다. 신이 창조물을 면밀히 지켜볼까 하는 물음이야 답을 알 수 없는 것일 따름이다. 하지만 분명 신은 세계가 움직이는 방식에 간섭하지 않으며, 신이 세운 법도가 기적으로 흔들려 무너져도 그저 그러려니 할 뿐이다. 과거 세대의 착실한 기독교도는 아내의 불임이나 소의 죽음 또는 흉작을 신이 (혹은 아마도 악마가) 자신의 죄에 내리는 벌이라고 믿었다. 이제 계몽된 사람은 그런 생각을 비웃으며 미신이라고 묵살했다.

어떤 사람은 아예 한 발 더 나아가 공공연히 자신이 무신론자라고 선포했다. 신을 하찮게 여기거나 아예 부정하도록 한 변화는 개인의 종교적 믿음의 문제만은 아니었다. 태곳적부터 사람들이 가장 두려워한 자연현상 가운데 하나는 번개였다. 역사가 수에토니우스

Suetonius는 칼리굴라 황제가 천둥번개가 칠 때 침대 밑으로 숨었다는 이야기를 전해준다.[37] 가톨릭교회는 이를 두고 기도를 올리며 종을 울리고 촛불을 켜고 향을 피우며 선행을 하라고 가르쳤다. 개신교는 간단히 속죄하고 참회하라고 했다. 몇몇 개신교 신학자는 천둥과 번개를 만드는 신의 목적은 정확히 기독교인에게 참회할 의무를 상기시키려는 것이라고 주장했다. 이런 가운데 이신론자 벤저민 프랭클린Benjamin Franklin이 나타났다. 1752년 프랭클린은 번개가 방전 현상임을 발견하고 이를 무해하게 만드는 피뢰침을 발명했다.[38] 거의 같은 시기에 천연두를 막아주는 예방접종 실험이 이루어졌다. 천연두라는 병은 이에 노출된 사람들의 3분의 1을 죽음으로 몰아넣었으며, 나머지는 평생 흉한 몰골로 살아가게 만드는 무서운 질병이었다. 과학이 종교의 역할을 대신하고 문제의 실질적인 해결책을 제시해줌으로써 사람들의 믿음이 바뀌도록 도운 과정을 피뢰침과 예방접종보다 더 잘 보여주는 것은 없다.

이신론과 무신론은 기독교 세기를 거치는 내내 신의 칭찬과 보상, 못마땅함과 처벌이라는 형태로 양심을 매어두었던 닻을 잃게 만들었다. 이렇게 함으로써 이신론과 무신론은 개인이 저마다 알아서 행동하게끔 내버려두었다. 이신론과 무신론은 양심과 어떤 종류든 형이상학이 맞물린 고리를 끊어내었으며, 양심을 "가슴의 주민이며, 우리 행동의 위대한 심판관이자 결정권자"(애덤 스미스)로 이해했다.[39] 이로써 양심의 중요성은 그 어느 때보다도 더 크게 부각되었다. 그러나 닻을 없애버리고도 어떻게 배가 표류하지 않게 만들까?

당대의 사람들에게 해결책은 교육이었다. 교육은 단순히 사람들을 미신으로부터 해방시키고 보다 지적이고 합리적이게 만드는 데 그치지 않고, 사람들의 도덕적 관점도 개선시켜야 했다. 가장 위대한 교육자 가운데 한 사람으로 흔히 장자크 루소Jean-Jacques Rousseau(1712~1778)가 꼽힌다. 해당 주제를 다룬 많은 다른 저자와 마찬가지로 루소는 어떤 모범사례를 보여주어 이런 평판을 얻은 것이 분명 아니다. 당시 칼뱅주의의 본산이나 다름없던 제네바에서 시계공의 아들로 태어난 루소는 언젠가 가톨릭으로 개종했다. 전해지는 바에 따르면 그가 그렇게 한 목적은 인간은 본성상 타락해 있다는 칼뱅주의 교리에 저항하려는 것이었다고 한다.[40] 루소의 인생은 방랑하는 인생이었다. 한때 시종 노릇까지 했다가 유명한 문필가로 출세했음에도 루소는 호주머니에 돈 한 푼 없을 때가 많았다. 이곳저곳 떠돌아다니며 루소는 숱한 여인, 부유하거나 가난한 여인과 관계를 가졌다. 그 가운데 적어도 한 명과의 사이에서 루소는 아이들도 낳았다. 그러나 아이들의 어머니인 테레즈 르바쇠르Thérèse Levasseur가 충분한 교육을 받지 못해 아이들 교육은 힘들 것이라는 이유를 들어 루소는 그녀를 설득해 아이들을 고아원에 맡기게 했다. 고아원 같은 시설에서 영양실조, 질병 혹은 보호태만 등의 이유로 아동의 사망률이 50~90퍼센트나 된다는 점은 루소도 틀림없이 알고 있었으리라.[41] 루소 자신의 양심 이야기는 이쯤 해두자.

인간으로서 루소가 가진 결점과 그가 쓴 책은 별개다. 당대의 많은 계몽사상가와 달리 루소는 의도적으로 독자의 합리적 이성이 아니라, 뜨거운 심장에 호소했다. 좋든 나쁘든 이런 전략이야말로 루소의 저작이 이후 이어진 모든 교육이론의 지표가 된 원인이다.[42] 교육

분야에서 루소가 내놓은 걸작은 《에밀 또는 교육에 관하여*Émile, ou De l'éducation*》(1762)이다. 교육의 목적은, 예전에 주장되었으며 지금도 여전히 때때로 대두하는 주장처럼, 신과 부모와 권위와 사회의 요구에 순응하게 만들려고 아이의 성격을 개조하는 것이 아니다(특히 사내아이의 성격, 소년은 소녀보다 더 고집스럽고 훨씬 더 사납다고 여겨왔기 때문이다).[43] 미래를 위해 현재를 희생하는 그런 교육을 루소는 "야만적"으로 여겼다.

좋은 교육은 되도록 빨리 성인으로 만들겠다는 목적으로 아이의 욕구를, 설혹 제멋대로인 욕구라 할지라도, 좌절시켜서는 안 된다. 아이의 욕구라고 해서 무시하는 것은 "설익어 아무 맛이 없으며 머지않아 썩을 조숙한 열매를 생산하는 것"일 뿐이다.[44] 좋은 교육의 목표는 아이가 가진 고유한 성향과 능력과 감성을 키워주는 것이어야 한다. 《에밀》이라는 두꺼운 책에서 저자의 철학을 단 한마디로 요약해주는 문장이 있다면 그것은 다음과 같다. "그[에밀]에게 적합하지 않은 그 어떤 것도 하지 않으면, 곧 그가 해야 마땅한 것만 하고 싶어 하는 환경이 자연스레 형성된다." 이런 교육으로 얻어지는 결과는 자애로운 본성에 충실하여 자기답게, 사회를 부패시키는 영향력에 큰 어려움 없이 맞서면서 단순하고 행복한 삶을 살아갈 능력을 가진 인격체다.

누구나 짐작할 수 있듯 루소 사상에서 가장 중요한 역할을 하는 것은 양심이다. 루소는 이렇게 말했다. "영혼의 깊숙한 곳에는 정의와 덕성이라는 타고난 원칙이 있으며, 우리는 각자 좌우명이 있음에도 이 원칙에 따라 우리 자신의 행동과 다른 사람의 그것을 좋은지 나쁜지 판단한다. 이 원칙을 나는 양심이라는 이름으로 부르고자 한다."[45] 양심은 "인간의 모든 법을 무시하고 자연의 질서를 따르기를 고집한다".[46] 이런 언급은 텍스트의 도처에서 만나볼 수 있다. 그러나 텍스트의 어디에서도 저자는 이런 양심 개념을 다듬어낸 과정을 조리 있게 설명하지 않는다. 이전과 이후의 많은 다른 사상가와 마찬가지로 루소는 양심이 '자연'을 근원으로 하는지, 이 경우 최소한 개인이 태어나면서부터 가지는 일종의 잠재력인지, 아니면 성인이 되어서야 비로소 '쿠이드 프로 쿠오quid pro quo'(보상 또는 대가로 주어지는 것)라는 논리로 발전되는 것인지, 확신하지 못했다.

그렇지만 루소는 자신의 책에서 양심을 청소년의 정신에 새겨줄 수 있는 방법을 자세히 설명한다. 한편으로 양심은 오로지 이성에 기초한다. 다른 한편으로 양심은 이성의 극복을 의미하기도 한다. 실제로 양심은 하지 말아야 할 행동을 권고하며, 그런 일을 저질렀다면 이성에 따랐을지라도 후회한다. 분명한 사실은 도덕 교육은 아동이 생각하는 법을 배운 뒤에야 시작될 수 있다는 점이다. 다시 말해서 도덕 교육은 십대 후반에야 가능하다.[47]

《에밀》제4부에서 루소는 양심이라는 주제를 두고 그의 유명한 축포를 터뜨린다. 허구의 인물인 사부아 지방 목사의 입을 통해 루소는 이렇게 말한다.

양심이여! 양심이여! 신적인 본능, 불멸하는 천상의 목소리는 무지하고 유한하지만 지적이고 자유로운 존재의 확실한 안내자로다. 오류를 저지르는 일이 없이 선과 악을 판별하며, 인간을 신처럼 만드는구나. 인간의 본성을 뛰어나게 만들며, 그의 행동을 도덕으로 이끄는 것은 바로 너로구나. 네가 없다면, 나는 법도 없이, 원칙을 중시하는 이성의 이해도 없이, 길을 잃고 헤매며 실수만 되풀이하는 서글픈 특권 외에는 짐승보다 나을 것이 전혀 없구나.[48]

바로 그래서 루소는 감성적인 이신론자로 가장 잘 묘사되곤 한다. 실제로 감수성, 혹은 그의 동시대인들이 불렀듯 감각이야말로 루소가 작가로서 가진 가장 큰 강점이다.[49] 루소가 평생 동안 최고 존재를 기리는 송가를 쓰는 일에 절대 소홀함이 없었다는 것은 감성을 중시하는 그의 태도와 일치하는 측면이다. 이런 찬송은 "그 어떤 요청을 담은 것이 아니라 경의와 존중"을 표현한다고 루소는 설명했다.[50] 루소는 나이를 먹어갈수록 더욱더 이런 길로 매진했다.

루소의 가장 유명한 책 《사회계약론 혹은 정치 권리의 원칙 *Du Contract Social ou Principes du Droit Politique*》(1762)은 《에밀》과 거의 동시에 출간되었다. 이 책에서 루소는 자신이 이상으로 여기는 사회의 초상화를 그려낸다. 개인과 공동체가 밀접하게 맞물린 이런 사회에서 루소는 정부가 필요하지 않은 삶을 살고 싶어 했다.[51] 두 권의 책이 이내 금서가 된 사실이 보여주듯 당시의 현실은 전혀 달랐다. 실제로 18세기의 모든 국가는 재정과 군사와 경찰이 세습 군주에게 장악당한 절대왕정이었다. 절대왕정을 떠받드는 또 하나의 기둥은 제단이었다. 군주는 제단을 후원하는 대가로 교회의 지지를 받아냈다. 독자들이 기억하겠지만 헬레니즘 고대에 절대왕정은 옛 도시국가를 대신해 들어서며 스토아철학을 촉발시켰다. 스토아철학은 제논,

키케로, 세네카, 에픽테토스 그리고 마르쿠스 아우렐리우스가 다듬은 양심 개념을 잇달아 선보였다.

17세기 말과 18세기에 걸쳐 갈수록 세속화하는 사회가 직면한 문제는 어디나 비슷했다. 신앙의 쇠퇴는 양심의 뿌리를 내릴 새로운 토양을 요구했으며, 양심과 권력 사이의 충돌을 막을 방법도 강구하게 만들었다. 이를 성취하는 것이 이마누엘 칸트가 자진해서 맡은 사명이다. 루소와 마찬가지로 칸트는 프로테스탄트 가정 출신이다(헤겔도 마찬가지). 하지만 닮은 것은 배경뿐이다. 생후 아흐레째 되던 날 어머니를 잃은 루소는 십 대 때부터 실질적으로 아버지 없이 성장했다. 그는 정규 학교를 다니기 어려웠으며, 그때그때 거처를 제공해준 사람들로부터 배운 것이 고작이었다. 개신교도로 인생을 시작했던 그는 가톨릭으로 개종했으며, 말년에는 다시 개신교로 돌아왔다. 칸트는 양친이 다 있는 중산층 가정에서 성장했다. 마구馬具 제작자인 아버지 그리고 어머니는 신앙이 독실했으며, 종교생활에 참여를 강조하는 루터파 회원이었다. 되도록 종교를 면밀히 공부하는 것은 모든 사람의 의무였다. 당시 프로테스탄트의 지성은 성경을 글자 그대로 해석하는 일과 엄격한 규율, 개인적 겸손과 지극한 헌신을 강조했다. 평생 결혼하지 않았다는 점만 빼면 칸트는 완벽한 부르주아, 곧 중산층 시민이었다. 그는 평생을 프로이센 동쪽의 쾨니히스베르크, 지금의 칼리닌그라드에서 보냈으며, 이 도시를 15킬로미터 이상 벗어나본 일이 전혀 없었다. 이런 제한된 생활환경이 칸트가 다양한 관심사를 키우는 것을 가로막지는 않았다. 천문학, 지리학, 정치학, 세계를 감상하는 감각을 다룬 미학 등 칸트의 학구열은 그칠

줄 몰랐다.

독자에게 칸트는 역설 그 자체다. 한편으로 그의 책은 길고 복잡한 문장이 가득한 매우 어려운 것이다. 칸트의 책을 읽으며 마크 트웨인Mark Twain은 "이 지독한 독일어"가 신기하게도 재미있다고 했지만 말이다. 다른 한편으로 철학의 모든 중요한 문제를 칸트보다 더 잘 다룬 철학자는 없다. 칸트는 그의 가장 유명한 책《순수이성비판Kritik der reinen Vernunft》(1781)에서 실제로 철학의 가장 중요한 문제는 단 두 가지라고 설명한다. 첫 번째는 "별이 빛나는 하늘", 곧 우리를 둘러싸고 있는 경외심을 불러일으키는 광대한 세계의 근원과 의미를 묻는 것이다. 두 번째는 이 세계를 살아가는 동안 자신의 행동을 규제하기 위해 따라야만 하는 규칙을 묻는 것이다.[52] 첫 번째 문제를 두고 칸트는 이 세계를 지은 신성한 창조자의 존재는 증명될 수 없다고 주장한다. 신은 인간의 정신이 세계를 설명하기 위해 불가피하게 상정했을 뿐이라고 그는 설명한다.

양심과 관련해 칸트가 쓴 가장 중요한 문장은 이렇다.

인간은 누구나 양심을 가지며, 이 내면의 심판관에게 관찰당하며 위협받지만, 이 심판관을 일반적으로 경외한다. 그리고 인간 안에서 법칙을 관장하는 강제력은 인간이 스스로 만든 것이 아니라, 인간이 본질로 타고난 것이다. 양심은 인간이 도망가려 생각하면 그림자처럼 따라다닌다. 인간은 쾌락과 도락으로 정신을 흐리게 만들거나 잠을 잘 수는 있지만, 양심의 무서운 목소리를 듣자마자 언제라도 깨어나는 통에 양심을 피할 수는 없다. 인간은 극심한 타락

에 빠져 더 이상 자신을 회복하지 못할지라도, 양심의 목소리를 듣는 것만큼은 피할 수 없다.[53]

신앙이 돈독했던 루터와 달리, 또 본성, 인간의 타고난 선함에 호소한 루소와도 달리, 칸트는 양심의 근거를 이성에서, 달리 말하면 논리로 찾아낼 수 있다고 믿었다. 양심은 다음과 같이 선언하는 일종의 자기 규제 원리다. "오로지 네가 원하는 것이 동시에 보편법칙이 될 수 있는 원칙에 따라서만 행동하라."[54] 칸트는 이 구절을 '정언명법Kategorischer Imperativ'이라고 불렀다. 이런 논리에는 신적인 본능이나 천상의 목소리는 물론이고, 우주를 굽어보며 이끄는 엄격하거나 은혜로운 신은 전혀 언급되지 않았다. 선과 악이라는 표현도 없다. 그 대신 가장 중요해 보이는 것은 질서 있는 사회가 존재하며 번영하도록 하는 개인행동의 규제다.

칸트는 실제로 정언명법을 따르는 것이 행복하게 해주지는 않을지라도, 어쨌거나 내면의 평화 그리고 물론 외부의 평화를 빚어주어 편안한 잠을 잘 수 있게 해줄 거라고 인정했다. 아무튼 칸트의 정연한 논리는 정언명법을 따라야 하는 일차적인 이유가 정언명법이 공동체와 동료 시민에게 지켜야 할 **의무**라는 것이다.[55] "숭고하고 강력한 것"으로 묘사된 의무는 매혹적이지 않고, 은근히 암시되는 것도 아니다. 오히려 양심의 의무는 "굴복을 요구하며", 양심의 면전에서 "모든 변명은 어리석다".[56] 다음 사례는 칸트가 직접 든 것이다.

누군가 지인으로부터 막대한 자금을 관리해달라는 부탁을 받았고, 이 지인이 죽었다고 가정해보자. 죽은 사람의 상속권자는 이런 사실을 알지 못하며, 또 알 수도 없다. 이제 이런 상황을 두고 여덟 혹은 아홉 살 아이에게 물어보자. 자금 관리를 맡은 사람은 자신의 잘못도 없이 큰 어려움에 빠졌다. 그는 그 자금을 써서 자신의 불행한 가족, 아내와 아이들을 극빈 상태로부터 구해줄 수 있다. 더구나 그는 어진 성격으로 자선을 베풀기 좋아하는 사람인 반면, 저 상속권자는 냉혹한 부자이며 대단히 낭비벽이 심해 우연히 얻게 된 재산을 바다에라도 던져버릴 사람이다. 이제 아이에게 물어보자. 이런 상황에서 관리자는 맡겨진 자금을 자신에게 유리하게 써도 좋을까? 의심할 바 없이 아이는 이렇게 대답하리라. "안 돼요! 그런 짓은 **의무와 어긋나기 때문에** 부당해요."**[57]**

아마도 루터경건주의를 배경으로 성장했으며, 종신 교수로 봉직하고 역사상 그 누구보다도 더 국가 존재의 핵심을 의무로 본 인물, 그래서 자신을 시민 종복으로 이해한 인물은 칸트 외에 따로 없으리라.

정언명법은 무엇보다도 법의 테두리 **안에서** 작용하는 것으로 설정되었다. 이 양심은 사도 바울의 경우처럼 법을 대체하지 못한다. 또는 루터의 경우처럼 법에 대항하지도 않는다. 이 양심은 개인과 '보편의지'의 결합이 완벽해서 법이 필요 없어지는 루소의 이상적 공동체 안에서처럼 없어지지도 않는다. 칸트가 자신과 동시대인이 살던 당시의 절대군주정에 유리하도록 이런 논리를 펼친 것은 아니다. 그러나 칸트는 분명 강한 정부를, 더욱이 공동체의 삶과 문화를 번

3장 마키아벨리에서 니체까지

172

성시킬 수 있는 강한 정부에 복종할 필요를 옹호했다. "악은 법에 저항하는 것"을 의미한다고 그는 어느 대목에서 말했다.[58] 이런 관점과 칸트가 이성에 부여한 역할은 그의 사상과 고대 스토아철학자들의 그것 사이에 명백한 유사성이 있음을 드러낸다. 칸트가 자신이 "용맹한 남자들"이라고 부른 이들에게 관심을 가졌다는 점은 놀라운 사실이 아니다. 권위에 맞서 자신이 생각한 양심을 주장할 수 없었던 스토아철학자들은 자신의 의무를 지키기 위해 자살을 감행하지 않았던가.[59]

칸트의 양심 정의는 근대인의 인생, 특히 관료적 측면에 맞춘 것으로 보인다. 그의 조국 프로이센, 그리고 나중의 독일 전체는 관료주의의 탁월한 사례를 만들어냈다. 분명 칸트가 사용한 언어는 고도로 복잡하다. 그가 조합해낸 가장 중요한 용어인 정언명법은 그리스어와 라틴어의 혼합으로, 그가 쌓은 학문적 바탕과의 직접적인 연관성을 잘 보여준다. 그러나 칸트는 인류의 대다수가 구제불능의 바보라고 본 스토아철학의 엘리트주의에는 반대 의사를 분명히 했다.[60] 그는 시골의 촌부까지는 아니라 할지라도 최소한 당시 도시의 교육받은 부르주아에게는 자신의 이론을 전파하기 위해 최선을 다했다. 1807년에서 1812년까지 이어진 개혁 과정에서 바로 이 계급이야말로 프로이센의 중추를 이루기 시작했다. 덕분에 프로이센은 1806년 나폴레옹에게 당한 패배의 폐허로부터 불사조처럼 되살아났다.

19세기 내내 대서양의 양쪽에서 중산층은 '진보'를 이루어냈으며, 진보는 중산층을 키웠다. 중산층 사람들은 도덕적인 인물로 보이는 것을 좋아했다. 이들에게 덕성이 무엇을 뜻하며, 어떻게 실천에 옮길지 가르쳐준 사람은 다른 누구보다도 칸트다. 더구나 헤겔이 지적했듯, '정언명법'은 모든 부르주아가 가진 가장 소중한 것, 곧 사유재산을 이를 가지지 못한 사람에게서 지켜주려는 시도로 해석될 수 있었다.[61] 앞서 살펴본 '사례연구'야말로 정확히 그 예시가 아닐까? 19세기 내내 독일어든 다른 언어든 칸트의 사상을 설명하는 대중적인 해설서는 그치지 않고 쏟아져 나왔다.

기독교 세기의 시작부터 양심은 흔히 신 앞에서 회개하는 것과 밀접히 연관된 것으로 이해되어왔다. 가톨릭교도 사이에서 회개는 과거의 죄를 씻고 죄인의 마음을 평안하게 만드는 의례 절차로 상징적인 의미를 가졌다. 개신교도는 죄책감을 불러일으키며 참회자의 태도를 바꾸어 일종의 미래 보장, 이를테면 천국을 약속받는 것에 더 강조점을 두었다. 물론 19세기라고 해서 종교를 포기한 것은 결코 아니다. 한 가지 사례를 들자면 칸트보다 후대의 철학자 프리드리히 슐라이어마허Friedrich Schleiermacher(1768~1834)는 양심을 여전히 "신의 목소리"라고 묘사했다. 그러나 세월이 가면서 죄라는 문제를 다루는 종교적 접근방식은 점차 합리적 추론이 대신하게 되었다.

이런 변화가 일어난 가장 중요한 이유 하나는 18세기 말쯤 감옥을 단지 죄인을 체포하고 구금하는 데 쓸 것이 아니라, 교정하는 용도로 써야 한다는 발상이 생겨났기 때문이다. 바로 그래서 감옥은 벌금, 공개적인 망신주기, 태형, 수족 절단 그리고 물론 사형을 대신했다. 어떤 면에서 감옥은 우리가 앞서 살펴본 교육을 지속하는 수단이기도 했다. 시 당국은 주거지를 모델로 한 감옥과 같은 시설을 고아, 걸인, 미치광이를 위해서도 지었다. 이런 시설의 증가와 함께 이를 관리할 관료의 수도 늘어났다. 그냥 일회적인 처벌이라는 방법 만 썼던 예전에는 없던 문제들이 속속 등장하며 관리의 필요성을 부 각시켰기 때문이다. 감옥은 단순히 죄를 처벌하기만 했던 시절과 달 리, 죄인들이 가지지 않은 것처럼 보이는 양심을 심어주는 교화시설 이 되었다.

　　감옥과 더불어 구빈원, 노역장, 정신질환자를 위한 시설과 학 교가 성장하는 관료주의 국가의 일부로서 속속 생겨났다.[62] 이런 제도는 나라마다 많은 변형을 보였다. 그러나 어디든 핵심은 같았 다. 참을성을 가지고 집요하고도 체계적으로 이성을 심어주어 착 한 행실을 하고 질서를 지키며 검소하고 근면한 생활을 하게 만드 는 것, 한마디로 칸트의 표현처럼 이성을 "[인간] 존재의 본질로 심 어주는 것"이 핵심이었다. 19세기 사회에서 이런 기획은 얼마나 성 공적이었을까? 정확히 이 물음의 답을 찾은 사람은 미국의 역사학 자 거트루드 힘멜파브Gertrude Himmelfarb(1922~2019)다. 1922년에 태어난 힘멜파브는 자칭 "신보수주의의 대부"인 어빙 크리스톨Irving Kristol(1920~2009)과 결혼했다.* 그녀는 경력의 대부분을 뉴욕시립 대학교에서 보내며 현대의 미국 '가치관'이 '빅토리아 시대'의 '덕목' 과 비교해 해이하기 짝이 없다며 체계적으로 비판했다. 힘멜파브 의 저서 제목은 그 자체로 내용을 알려준다. 한 권은《심연 들여다보

---

*　　힘멜파브는 보수적 해석을 대변하는 역사학자, 크리스톨은 미국의 언론인이자 평론가 로 신보수주의를 대표하는 인물이다.

기: 문화와 사회를 바라보는 시기적으로 부적절한 생각*On Looking into the Abyss: Untimely Thoughts on Culture and Society*》이며, 다른 한 권은《사회의 탈도덕화: 빅토리아 시대의 덕목에서 현대 가치에 이르기까지*The De-moralization of Society: From Victorian Virtues to Modern Values*》이다. 두 제목의 배경에는 사람들, 특히 중산층을 포함한 사람들의 양심이 신을 바라보는 믿음에 궁극적인 뿌리를 두었던, 오래전에 지나간 시절의 한편으로는 서글프며 다른 한편으로는 영감을 불러일으키는 이야기가 있다. 신을 우러르는 믿음은 사람들로 하여금 더 나은 미래를 얻기 위해 즉각적인 만족을 기꺼이 미루며 경건한 자세로 성실하게 일하게 만들었다. 이런 인생의 특징은 "도덕적인 진지함… 군인으로 영웅이 되겠다는 자세… 사회봉사… [그리고] 경건한 신앙"이었다.[63] 잉글랜드 레딩대학교의 사회학 교수를 역임한 크리스티 데이비스Christie Davies*는 2006년에 발표한 저서《도덕적 영국의 기이한 죽음*The Strange Death of Moral Britain*》에서 영국을 비슷한 그림으로 그려냈다. 이 책은 어떻게 "한때 경건하고 신앙심이 깊었던 영국이 심각할 정도로 폭력적이며 부정직한 사회, 시민과 재산이 걸핏하면 위험에 노출되고 도처에서 가족이 무너지며 약물과 술의 남용이 늘어난 사회가 되었는지" 설명한다. 아니 설명한다고 주장한다.[64]

19세기 잉글랜드의 시골 처녀 중 거의 3분의 1이 임신한 채 결혼식을 치렀다는 사실을 저자는 신경조차 쓰지 않는다. 대서양을 사이에 둔 양쪽 상류층에서 사촌끼리 사랑해서가 아니라 가문의 재산

---

* 영국의 사회학자로 도덕의 문제를 집중적으로 연구한 인물이다. 2017년 8월 사망했다.

을 지키려는 욕망으로 결혼하는 일이 흔했다는 사실은 무시한다.[65] 노동계급에서 첫 섹스가 평균 13세에 이루어졌다는 점 역시 고려의 대상이 아니다. 이혼이 드물기는 했지만, 그 이유는 하층민이 애정 관계를 공식화하려고 신경조차 쓰지 않았으며, 내키는 대로 함께 살다가 헤어지기를 반복했기 때문이라는 것도 고려하지 않았다. 또 당대의 어떤 통계에 따라 사춘기 연령대 이상의 잉글랜드 미혼 처녀 열두 명 가운데 한 명이 매춘부였다는 사실도 언급하지 않았다.[66] 그저 월터라고만 알려진 빅토리아 시대의 신사가 쓴 일기를 보면 성욕이 생길 때마다 이를 풀기 위해 미혼이든 기혼이든, 프로든 아마추어든 여자를 찾는 일은 물 한 잔 마시는 것만큼이나 쉬웠으며, 다만 좀 더 비쌀 뿐이라는 언급이 나온다.[67] 미국의 상황이라고 다르지 않았다. 1890년대 초 시카고를 방문한 독일 사회학자 막스 베버Max Weber (1864~1920)는 매춘부들이 몸에 가격표를 달고 진열장에 늘어서 있는 것을 목격했다고 한다.[68] 남자들이 이처럼 마음껏 즐긴 반면, 부유층 여인들은 의사를 찾아와 클리토리스를 자극해달라고 했다. 처음에는 손으로, 나중에는 이런 목적으로 특별히 고안된 기계로.

빅토리아 시대의 현실 범죄율이 오늘날보다 훨씬 더 높았다는 점도 애써 무시되었다.[69] 노동자의 대다수가 매우 가난했으며, 부자는 일하지 않았다는 점 역시 무시되었다. 추리소설 작가 애거사 크리스티Agatha Christie(1890~1976)는 자신의 아버지 프레더릭 앨바 밀러Frederick Alvah Miller를 두고 클럽을 찾아 "즐기는 것"으로 소일했다고 썼다. 당시 화폐가치는 금과 연동되어 안정적이었으며, 물가는 산업화 덕분에 갈수록 싸졌기 때문에 미래를 위해 저축을 해두는 것이 오늘날보다 훨씬 더 유리했다. 결국 그토록 칭송해 마지않는 빅토리아 시대는 식민지 쟁탈에 두려워하지 않고 저항하는 비非유럽인을 숱하게 죽인 식민주의 시대였으며, 악덕 자본가의 시대였음을 우리는 유념해야 한다. 이 이야기는 이 정도면 충분하다.

지금까지의 논의로 누구나 알 수 있듯이, 힘멜파브와 데이비스 같은 학자들이 그토록 떠들썩하게 칭송한 빅토리아 시대의 덕목이란, 중세 '군주의 거울'이 천년간 퍼뜨려온 것과 다를 바 없는 위선적인 꾸며낸 이야기다. 이런 지어낸 이야기는 상류층이 하층계급에게 과시하려는 의도로 조장되었다. 권력을 유지하고 특권을 즐기려는 것이 그 목적이었다. 현실에서 상류층은 겉으로 드러나지 않게 신중을 기하기는 했지만, 원하는 대로 마음껏 즐겼다.

하늘을 향해 포문을 열다

양심을 의무에 매어두려는 칸트의 시도는 모든 사람을 만족시키지 못했다. 그 의무가 단순히 국가 그리고 법 집행을 통해 국가를 다스리는 오브리히카이트Obrigkeit를 지원해야 한다는 강제적 명령으로 이해될 때 더욱 그랬다. 하물며 사회에 유용하다고 여겨진 양심을 사람들에게 심어주며 마치 푸들 길들이듯 하는 수단인 교육은 더 말할 것도 없다. 아마도 프로테스탄티즘과 관련해 가장 놀라운 사실은 그 최고의 적이 독일인이며, 프로테스탄트로 태어났다는 점이리라. 그의 이름은 프리드리히 빌헬름 니체다(이 이름은 1840~1861년 프로이센을 다스린 국왕 프리드리히 빌헬름 4세에게서 따왔다). 이렇듯 모순되는 사실 때문에 니체는 그의 조상이 폴란드 귀족이었다는 거짓 주장을 했던 모양이다. 그가 쓴 책들의 많은 구절이 보여주듯 니체는 "단순한 독일인"을 경멸해 마지않았다.

1844년에 태어난 니체는 네 살 때 루터교 목사였던 아버지를 여의었다. 그는 어머니, 결혼하지 않은 두 명의 고모 그리고 여동생과 함께 살며 성장했다. 일찌감치 우수한 학생으로 인정받은 니체는 독일어권 최고의 김나지움으로 꼽히는 슐포르타에 입학허가를 받았다. 이 학교에서 니체는 특히 고전어와 음악에 탄탄한 기초를 쌓았다. 원래 그가 고른 전공은 신학이다. 니체는 선과 악의 문제에 관심이 많았기 때문이다. 그러나 나중에 신을 더는 믿을 수 없다고 생각한 니체는 전공을 바꿔 독일의 몇몇 최고 대학교들을 다니며 수년간 고전문헌학을 공부했다.

1869년 채 25세도 되지 않았고 박사학위논문을 완성하기도 전에(그는 평생 박사학위를 취득하지 않았다) 니체는 바젤대학교에서 교수 자리를 얻었다. 니체는 1879년에 건강이 나빠져 사퇴할 때까지 이곳에서 교수로 재직했다. 나중에 그는 자신처럼 중대한 관념에 열정적인 관심을 가지는 사람들에게 대학교는 지식을 세분화하는 경향과 틀에 박힌 일상으로 나쁜 환경을 조성했다고 썼다. 퇴직한 뒤 니체는 조촐한 연금을 받으며 건강을 회복할 수 있는 환경을 찾아 독일, 스위스, 이탈리아 등을 떠돌며 방랑 학자로 생활하다가 1889년에 쓰러졌다. 그러나 교수 생활 초기부터 니체는 철학에 매달려 문헌학을 소홀히 함으로써 그의 예전 스승들을 실망시켰다. 철학자로서 니체는 거의 등장과 동시에 세상을 깜짝 놀라게 만들었다. 체계적인 비체계성을 가지고 니체는 "체계"를 자신이 항상 "인생"이라고 부른 것과 정반대로 간주했다. 니체는 인생이 **본질적으로** 무질서해서 틀에 가두어 이끌고 통제하기가 불가능하다고 보았다.

이런 모든 특성은 니체의 사상을 간단히 요약하는 것을 대단히 어렵게 만든다. 객관적인 진리 자체가 존재한다는 확신은 착각이라며 니체는 나비처럼 날아 벌처럼 쏘았다. 니체는 몇몇 철학자들에게서 자신의 생각을 이끌어내어 잘 조준한 다트처럼 다른 철학자에게 날려댔다. 기존 철학에 의문을 던지고 그 가식을 비웃고 그 핵심 내용을 철저히 깨부수거나 패러디했다. 문제를 자유자재로 뒤섞어가며 니체는 자신의 글 대부분을 직설적인 산문이 아니라 아포리즘, 격언, 비유, 풍자, 짧은 스케치 그리고 심지어 시로 꾸몄다.

니체의 생각을 풀어줄 유일한 실마리는 자신을 "견줄 자가 없는 심리학자"로 추켜세운 니체의 관점이다.[70] 남자의 영혼(이 책에서 우리가 만나는 많은 다른 철학자와 마찬가지로 니체는 여성을 거의 고려하지 않았으며, 여성을 '고양이'로, 선악의 통념 뒤에 숨어 남자를 자신의 목적에, 가장 중요하게는 아이를 가지는 것에 이용하는 데만 관심을 가지는 부도덕한 피조물로 간주한다)을 직관적으로 간파하는 이런 능력은 니체로 하여금 당대 문명의 지배적인 특징을 '르상티망ressentiment'*으로 규정할 수 있게 해주었다. 이런 감정의 기원을 추적함에 있어 니체는 역사학자라기보다 심리학자로 발군의 실력을 발휘했다.

역사를 '과학적'으로 보아야 한다는 요구를 무시하고, 니체는 오로지 르상티망에—항상 이 프랑스어로 쓰면서—집중했다. 르상티망은 시기심과 무력감의 결합으로 생겨난 것이다. 무력감은 분명 비겁함과 자기혐오라는 객관적인 환경 탓에 생겨나는 것이 아니다. 오히려 무력감이 비겁함과 자기혐오를 만들어내고 이에 투영될 뿐이다. 르상티망은 귀족의 강력함과 건강함을 보며 느끼는 허약하고 병적인 감정이다(영어로 귀족을 뜻하는 '아리스토크라시aristocracy'는 탁월함 또

---

* 증오, 질투 따위의 감정이 되풀이되어 마음속에 쌓인 상태를 이르는 심리학 용어다. 우리말의 '한恨'이 가장 적절한 번역어다. 니체는 민주주의의 근간을 이루는 '평등 의지'가 이런 한에 뿌리를 둔다고 보았다.

는 우월함을 뜻하는 그리스어 '아리스토스aristos'가 그 어원이다).**71** 신의 은총을 받은 귀족은 선과 악을, 나중에 다듬어진 도덕과 양심을 전혀 의식하지 않으며 대중을 지배해왔다. 고대에 이런 우월함을 보여주는 사례가 호메로스의 영웅들이며, 더 뒤에는 로마의 상류층이다. 귀족은 막강한 권력을 행사하며 억압하고 낙인찍고 착취해가며 대중을 지배했다. 그들은 필요하다면 서슴없이 사람을 죽였으며, 그렇다고 죄책감을 느끼지도 않았다. 귀족의 자부심 넘치는 정신은 양심 또는 그 친밀한 동반자인 죄책감에 전혀 제약을 받지 않고 고전 문화라 알려진 것, 당시 존재한 것 가운데 최고의 문화를 만들어냈다.

이 귀족중심 사회는 로마제국이 처음으로 국교로 받아들인 기독교 탓에 무너졌다. 앞서 살펴보았듯 유대인의 율법을 '자기 자신을 앎'으로 대체하면서 바울은 자신의 시대 이전에 양심을 두고 무어라 했든 개의치 않고 양심의 중요성을 엄청나게 끌어올렸다.**72** 니체의 양심 해석이 성공적일 수 있었던 이유는 그가 기독교를 예수 중심으로 바라보지 않고, 르상티망에 초점을 맞춰 이것에 발언권을 주었기 때문이다. 르상티망은 대중에게 복수할 길을 열어주었다. 이제 대중을 이끄는 것은 사제였는데, 이들 중 몇몇은 귀족에게 등을 돌린 터였다. 대중은 자신의 힘으로 복수할 수는 없었다. 힘으로 대항한다는 것은 능력 밖의 일이며, 아마 상상조차 할 수 없는 일이었으리라. 그 대신 대중은 자신의 극도로 비참한 허약함, 오랫동안 경멸받아온 허약함에 호소했다. 산상설교에서 심령이 가난한 자와 온유한 자에게 축복을 내리며 너희는 세상의 소금이라 부르면서 천상의 보상을 약속해준 사람은 다름 아닌 예수 자신이지 않은가?

기독교 사제들이 약함을 강함으로, 강함을 약함으로 바꾸는 데 특히 즐겨 쓴 도구는 도덕적 판단 혹은 양심이다. 양심과 어긋나는 일이라며 도덕적으로 질책하는 일은 "정신적으로 제약을 받은 사람들이 그런 제약을 덜 받은 사람에게 즐겨 하는 복수"* 였다. [73] 고전 문명의 지하세계, 귀족 문화의 빛이 들기 어려웠던 암울한 지하세계에서 떨쳐 일어나 기독교는 힘에만 의지해서는 결코 이룰 수 없던 일을 해냈다. 더 정확히 말하자면, 귀족에게 양심이라는 족쇄를 채워 무슨 일이든 그의 마음대로 할 수 없게 만든 것이다. 이로써 귀족은 힘을 자랑하는 대신 양심에 죄책감을 가지는 법을 배웠으며, 양심에 비추어 행동했다. 인류 역사 전체를 통틀어 이처럼 위대한 '성취'는 없으며, 또 양심처럼 건강하고 강력하며 위대하고 아름다우며 창의적이고 무엇보다도 자유로운 모든 것에 해로운 성취도 없다.

뿌리인 르상티망과 마찬가지로 기독교 양심은 인간의 자아가 자신에게 겨누는 단검으로 출발했다. 이런 사정을 바꿔 말하자면, 내 안의 약한 부분은 강한 부분이 하려는 일, 내가 실제로 원하는 일을 방해한다. 그 결과는 시기와 분노가 뒤섞인 병든 마음이다. 그래서 나는 "도덕"이라는 내면의 벽을 쌓고 내가 왜 저 일을 하지 않는지 설명하는 구실로 채택한다. 그런 다음 나는 이 장벽이 강한 부분도 둘러싸도록 확장한다. 이런 식으로 나는 강한 쪽을 약화시켜 결국 나 자신의 수준으로 끌어내린다. 장벽이 허용해주지 않는 것에 나는 '나

---

*　'정신적 제약'이란 '르상티망'의 다른 표현이다. 곧 문화와 교육의 혜택을 덜 받은 사람을 니체는 이렇게 표현했다.

쁜 것', 허용해주는 것에는 '좋은 것'이라는 이름을 붙인다. 이처럼 니체가 보았듯, 악의 발명은 그 반대의 것을 꾸며낸 일보다 선행했다.

양심의 뒤를 바짝 따라붙는 것은 죄악, 죄책감, 회한, 연민, 관용, 자기부정 그리고 자학이다. 연민과 관용을 두고 니체는 이를 받는 사람에게 굴욕감을 안기며, 중간에서 전달하는 사람을 위험에 빠뜨린다고 말한다. 양심의 뒤에 공허한 의례, 어리석은 미신, 그리고 수치스러운 관습도 따른다는 점은 굳이 언급할 필요도 없다. 위에서 아래를 향해 하향식으로 건설된 고전 문명은 이런 감정들을 무력감의 표시로 보았으며, 무시받아 마땅한 것이라고 경멸했다. 아킬레우스도, 데모크리토스도, 제논도, 마르쿠스 아우렐리우스도 이 정도까지 몸을 낮추어야 한다는 생각은 꿈에도 하지 않았다. 기독교는 마치 세상을 물구나무 세우듯 이런 감정들을 추켜세우고 격찬해가며 가장 훌륭한 '덕목'으로 바꾸어놓았다. 그러나 그 어떤 것도 이런 감정들이 그 바탕에서 자살충동을 부른다는 사실을 바꾸지는 못했다. 한 알의 썩은 사과가 통 안의 모든 사과를 상하게 만들듯, 기독교 양심이 승리를 구가하는 곳이면 어디나 병색과 퇴보와 죽음이 따라다녔다.

아마도 이 모든 것 가운데 최악은 인간은 스스로 노력하고 위험을 감수한다고 해도 구원받을 수 없다는 사도 바울의 주장이리라(구원이 실제로 존재하며, 또 사람들이 구원을 필요로 한다거나 심지어 원한다는 가정 아래). 예수 자신이 이런 말을 한 것은 결코 아니지만, 인간이 스스로를 구원할 수 없다는 생각은 거의 예외를 찾아볼 수 없을 정도로 모든 기독교 교파가 받아들였다. 기독교는 인간을 위해 자신을 희생한 예수에게 매달렸다. 니체는 이 관념이야말로 사상의 금지를 야기했다고 말한다. 서기 2세기의 저술가 테르툴리아누스 Tertullianus(155~240)*는 합리적 이성이 받아들일 수 없는 것을 신앙은 확인해주기 **때문에**—그가 말하는 신앙은 예수의 부활을 믿는 것인데—신앙은 꼭 필요하다고 말하지 않았던가?[74] 더 나쁜 것은 신앙이 인간에게, 니체가 그의 마지막 저작, 미완성으로 남은 마지막 저작에서 권력의지라 부른 것을 포기하도록 요구한다는 점이다. 자유로운 발달을 갈구하는 '인생'에 신앙보다 더 굴욕적이며, 더 파괴적인 관념은 없다.

신앙을 인간 정신에 '각인'시키려고 교회는 흔히 세속의 권위를 이용해 고문이라는 아주 무서운 방법에 의존했다. 니체는 이를 두고 정말 무감각하며 어리석고 변덕스럽고 언제든 왜곡하거나 망각할 태세를 갖추고 있다고 말한다. 그때그때 유행에 따라 돌팔매질을 하거나, 바퀴에 매달아 고통을 주거나, 칼로 찌르거나, 심지어 신체를 절단하고 기름에 튀겨 가죽을 벗기는 고문이 자행되었다. 이 모든 것 가운데 최악은 신에게 빚을 졌다는 의식을 심어주는 것이다. 무슨 일을 해서가 아니라 타고난 대로 진 빚, 서로 협의해서 호혜를 누리는 계약이 아니라 순전히 일방적인 신의 은총 때문에 생긴 빚은 절대 갚아질 수 없다(니체가 적시했듯, 독일어 '슐트Schuld'는 '빚'과 동시에 '죄책감'을 뜻한다). 인간은 "눈물을 흘리며 괴로워하고 번민하고 혼란스러워 자신을 학대하며… 우리의 쇠창살에 몸을 비벼대는" 동물로 전락

---

* 　테르툴리아누스는 북아프리카 카르타고 출신의 신학자. 교회 역사 최초로 라틴어를 쓰고 '삼위일체'라는 개념을 처음 사용한 것으로 알려진 인물이다.

하고 말았다.[75] 결국 유일하게 가능한 결말은 미치는 것뿐이다.

몇 되지 않는 "자유로운 정신"은 "지식 탐구의 경건함"이라는 동기를 가지고 어떻게 해서든 자신을 주장하는 데 성공했다.[76] 이들이 선도하는 가운데 19세기 말 신을 우러르는 믿음은 쇠퇴하기 시작했으며, 정신병원의 문이 조금 열렸다. 니체의 저술에서 여러 차례 반복해 등장하는 표현, "신은 죽었다"를 이끌어낸 것은 바로 이런 과정이다.[77] 이 표현을 둘러싼 대중적인 해석과 이에 빗댄 흔한 농담과는 반대로, 신이 죽었다는 '사실'은 신이 다른 피조물과 마찬가지로 물리적인 죽음을 맞았음을 뜻하지 않는다. 인간의 상상력이 꾸며낸 것, 인간이 지어내 자신 위에 세운 개체가 신이라고 인정한다면, 어떻게 신이 죽을 수 있다는 말인가? 오히려 이 말은 신을 우러르는 **믿음**이 약해졌으며, 이제 신은 인간사에서 더는 중요한 역할을 하지 않게 되었다는 뜻이다. 이를 후대의 역사가들이 '세속화'라 불렀으며, 이를 두고 숱한 책을 썼지만, 이런 노력이 독창적이었다고 보기는 힘들다. 신이 차지했던 자리에 인간의 자아를 세우는 세속화는 이미 헤겔의 저술에서 발견되며, 19세기 전반부에 흔히 찾아볼 수 있는 논의 방식이었다.[78]

어쨌거나 독일에서 신은 죽었다는 선언을 이끌어낸 결정적 요인은 특히 중산층 시민 세대의 순전하고도 철저한 근면성이었다. 중산층 시민은 그저 자신의 직업과 여가생활에만 관심을 가졌으며, 다른 일에 관심을 쏟을 시간도 의향도 없었고 고작해야 가족, 신문 그리고 "조국"에나 약간 관심을 보이는 인생을 살았다고 니체는 썼다. 신을 진지하게 받아들여 생각하게 만드는 일은 상위의 교육기관인 신학교 외에서는 실질적으로 불가능해졌다. 오늘날에도 학자나 과학자는 신의 섭리 운운하는 이야기를 곧장 '비과학적'이라고 낙인찍으며 조롱거리로 삼기를 서슴지 않는다. 이를테면 미국 국립보건원에서 오랫동안 원장을 지낸 프랜시스 콜린스Francis Collins*는 도덕성의 존재야말로 "신이 내려준 가장 강력한 이정표"라고 썼다가 갖은 조롱에 시달렸다.[79]

교회가 '다른' 세계의 존재를 두고 지어낸 숱한 우화들이 아무런 내용 없는 공허한 것으로 밝혀지면서 신을 중심으로 형성된 목사와 신학자를 비롯한 "학식 깊은 소 떼"의 세대들은 맥을 못 추고 무너지기 시작했다. 신은 경의에 보상을 내리며 불경에 처벌로 위협하기는커녕 더는 도덕적 안내도 해줄 수 없게 되었다. 니체의 《즐거운 학문 Die fröhliche Wissenschaft》(1882)에 기록된 미치광이의 말을 들어보자.

신은 어디로 갔는가?… 내가 너희에게 말해주지. 우리가 그를 죽였어—너희와 내가. 우리는 모두 그를 죽인 살인자야. 그러나 어떻게 우리가 이런 짓을 했지? 어떻게 우리가 바다를 통째로 마셔버릴 수 있지? 누가 우리에게 수평선 전체를 지워버릴 스펀지를 주었어? 우리가 무슨 짓을 했기에 지구와 태양이 떨어진 거야? 이제 지구는 어디로 가지? 우리는 어디로 가는 거야? 모든 태양으로부터 멀리 떨어진 곳으로? 우리는 계속해서 추락하는 게 아닐까?

---

* 1950년생 미국 생물학자로 인간 게놈 프로젝트를 이끈 인물이다. 2009년부터 미국 국립보건원의 원장을 맡고 있다.

뒤로, 옆으로, 앞으로, 모든 방향으로? 아직도 위와 아래라는 것이 있을까? 우리는 무한한 없음 속을 헤매는 게 아닐까? 공허한 공간의 숨결을 느끼는 게 아닐까? 좀 더 추워진 것 같지 않아?… 살인자 중의 살인자인 우리는 어떻게 위로를 얻지? 세계가 가졌던 가장 성스럽고 강력한 것이 우리의 칼 아래 피를 흘리는구나. 누가 우리에게 묻은 피를 닦아주지? 어떤 물로 우리 자신을 깨끗이 씻을까? 어떤 속죄의 축제를, 무슨 성스러운 놀이를 우리는 만들어내야 할까? 신을 죽인 행위의 위대함은 우리에게 너무 위대한 것이 아닐까? 이런 행위를 할 자격이 있으려면 우리 자신이 신이 되어야만 하는 게 아닐까?[80]

인류는 삶의 지침이 되어줄 새로운 나침반을 필요로 한다. 무엇이 이 나침반일까? 헤겔에게 이 나침판은 국가이며, 자신이 가진 능력으로 최선을 다해 국가에 봉사할 의무다. 심지어 이 의무가 전쟁이라 불리는 피의 아수라장에서 자신을 희생하는 것을 뜻할지라도 감당해야만 한다. 니체는 이런 해결책을 단호히 거부한다. 국가가 이상을, 더욱이 윤리적 이상을 대변한다는 것은 간단히 진리가 아니다. 현실에서 국가는 "모든 냉혹한 괴물 가운데 가장 냉혹한 것"이다. 국가끼리의 교섭은 물론이고 자국민을 다루는 데 있어서도 국가는 거짓말을 일삼고, 매수하며, 함정을 파고, 폭력을 쓰며, 고문하고, 살인을 저지른다. 국가는 이 모든 짓을 다른 사람에게는 하지 말라고 금지시킨다. 어쩌다가 실수로 금지시키는 게 아니라, 바로 국가의 본성으로 꾸준하게.[81] 양심의 뿌리를 개인이 국가에게 가지는 의무에서 찾는 헤겔의 관점은 틀렸을 뿐만 아니라, 그로테스크하다.

　루소가 인생의 나침반으로 제시한 답은 인간의 선한 본성을 더욱 끌어올리는 교육이다. 니체는 루소 사상의 중요성을 인정하면서도, 그를 "카나이canaille", 곧 가진 것 없는 하층민으로 여겼다.[82] 인간은 적절한 교육만 받으면 훌륭해질 수 있다는 루소의 견해를 니체는 강하게 부정한다. 인간이 본질적으로 선하며 온화하다는 생각은 감상적인 헛소리에 지나지 않는다며 거부했다. 사실 원숭이에서 시작한 인간은 그 어떤 원숭이보다 좀 더 나은 원숭이일 뿐이다.[83] 당시 찰스 다윈이 보여주었듯 자연은 더할 수 없이 치열한 생존경쟁을 기반으로 했다. 니체에게, 그와 같은 세대의 수많은 사람들에게 이런 번식과 적응으로 이뤄지는 생존경쟁은 곧 끊임없이 이어지는 물리적이고 정신적인 권력투쟁이었을 따름이다.[84]

　니체의 시대에는 보편적인 의무 교육이 대다수의 선진국에서 확실히 자리를 잡았다. 아마도 바로 그래서 타고난 반골인 니체는 루소와 다른 사람들만큼 교육을 신뢰하지 못한 모양이다. 결국 어디를 가나 니체는 교육의 결과, 아니 오히려 의무교육이라는 탈을 쓴 교육의 결여를 똑똑히 목격했다. 당시 교육은 그만큼 어리석기 짝이 없는 암기식 세뇌였으며, 미지의 세계를 향한 열린 교육이 아니라 기존 질서만 받아들이게 만드는 닫힌 것이었다. 교육은 고작해야 "학식 높은 소 떼"만 만들어내기 일쑤였다. 교육은 확장될수록 그만큼 더 "어리석고, 둔한 대중"의 행복(독서, 출세)이나 국가의 권력에만 봉사했다. 이처럼 가치를 잃은 교육은 특권을 부여하거나 존중받게 해줄 능력을 상실했다.[85]

헤겔과 루소를 상대한 뒤에 니체는 양심의 가장 중요한 옹호자인 칸트를 겨냥한다. 모든 본질적 측면에서 칸트는 자신이 성장한 기독교 도덕의 틀을 벗어나지 못하고 있다고 니체는 질타한다. 칸트가 세운, 또는 세우려 시도한 모든 것은 구태의연한 기독교 도덕의 틀에 새로운 기초를 다지려 한 것일 뿐이다. 그러나 이 새로운 기초는 대체하고자 하는 옛 기초에 비해 더 확실하지 않다. 니체는 이렇게 썼다. "칸트는 자연과 역사가 실증하는 도덕이 아니라, 자연과 역사가 끊임없이 충돌하는 도덕을 믿었다."[86] 정언명법은 인간이 자신의 본질적인 천성에 겨눈 단검의 다른 이름이다. 더욱 나쁜 점은 정언명법이 경탄해 마땅한 전능한 신이나, 심지어 신을 지어내고 신에게 봉사하라고 주장하면서 자기 잇속이나 챙기며 거짓말을 일삼는 성직자들이 제시한 것이 아니라는 사실이다. 하필이면 정언명법은 시대의 가장 '계몽된' 철학자, 혹자는 모든 시대를 통틀어 가장 뛰어나다고 말할 철학자 덕분에 존재할 수 있게 되었다.

의식했든 아니든, 칸트는 "모든 냉혹한 괴물 가운데 가장 냉혹한 것"에 봉사하며 평생을 보냈다. 불행하게도 칸트가 영향력을 자랑할 수 있었던 것은 시대정신과 맞아떨어졌기 때문이다. 그러나 정언명법이 품은 보편성은 이 시대정신을 비난한다. 어떤 종류든 독립적인 생각을 막고자 국가를 중시하는 시대정신은 이 시대정신을 받아들인 모든 사람의 머리에 바보의 모자를 씌웠다. "늙은 칸트"도 예외는 아니었다.[87] 표면상으로 국가가 내세우는 목적은 문명화한 삶을 누릴 수 있게 해준다는 것이다. 그러나 현실에서 국가는 인간성의 정수, 곧 자아와의 조화를 이루며 자유를 누리고 끊임없이 더 많은 권력을 추구하는 인간 본연의 욕구를 짓밟을 뿐이다. 국가는 본연의 자아를 실현하는 것, 잠재력을 이끌어내 완성하고자 하는 인간의 노력을 가로막는다. 니체는 칸트의 주된 교리가, "나는 복종할 줄 안다―고로 너도 복종해야 한다"라고 썼다.[88] 사람들에게 도덕성을 내면화하려는 모든 시도, 바꿔 말해서 양심을 키워주려는 모든 시도에는 "잔혹함의 악취"가 절대 빠지지 않았다.[89]

양심의 뿌리를 종교에서 찾든 세속에서 찾든 상관없이, **나쁜** 양심은 두 가지 가운데 하나를 의미한다. 자신의 발전을 위해 본성이 요구하는 모든 것을 할 용기를 가지지 않은 것이 그 하나다. 다른 하나는 지나칠 정도로 용기를 과시해 그로 말미암아 비롯된 결과를 직시하지 못하는 것이다. 자신이 저지른 범죄를 숨기거나 부정하거나 최소화하려 하거나 자비를 구걸하는 대신 법정에서 뽐낼 정도로 자부심에 넘치는 범죄자는 별로 없다. 몇 안 되는 그런 범죄자야말로 "최고로 단단하며 가장 소중한 재목으로 깎아 만든" 걸물이다.[90] '위버멘쉬Übermensch', '인간 이상의 인간' 즉 '초인'으로 가장 잘 번역될 수 있는 니체의 이상에 근접한 인물이 있다면 바로 이런 걸물이다. 니체는 이런 걸물을 마키아벨리의 책에서 찾아냈다. 그는 다름 아닌 체사레 보르자Cesare Borgia(1475~1507)*다. 다른 예는 《카라마조프가의 형제들Bratya Karamazovy》에 등장하는 인물들이다. 이 소설의 작가인 도스토옙스키Fyodor Mikhailovich Dostoevskii를 두고 니체는 뭔가 배

---

* 체사레 보르자는 이탈리아의 추기경이자 군인이며 정치가로 교황 알렉산데르 6세의 서자이다. 권모술수로 유명한 인물이다.

울 것이 있는 유일한 심리학자라고 썼다.[91]

문제는 대다수의 사람들이 양심에 어긋나는 일을 하는 것을 피하기에도, **그리고** 나중에 이런 양심의 가책을 가지고 살기에도 너무 약하다는 것이다. 욕구에 충실하고 싶다는 갈망과 양심의 가책 사이에서 갈등하는 사람은 기독교에서 위로를 구하려 들었다. 기독교는 이런 요구에 맞춰진 양심을 만들어냈다. 수세기 동안 교회는 이런 문제들에 대처할 방법, 우스꽝스럽기 짝이 없으며 건강하지도 않은 방법을 끊임없이 사람들에게 제공해왔다. 신의 죽음은 이런 방법이 어떤 효험을 가졌든 간에 깨끗이 지워버렸다. 그 결과는 인류 역사에서 유례를 찾아보기 힘들 정도로 심각한 위기였다. 위기는 정신적 갈등과 위선으로 나타났는데, 이런 위선의 유형에는 '국가의 첫 번째 종'을 자처하며 '공공의 선'을 위해 일한다고 주장하던 이들이 포함된다. 궁극적으로 이 위기는 퇴보를 이끌었다.

모조 보석이나 다름없는 양심을 걸친 사람들은 연민 어린 표정으로, 혹자는 '감수성'이라 부를 태도로 세속의 종교에 충실했다.

[이들은] 감각이 있고 살아 숨 쉬며 고통 받는 것은 무엇이든 공감하고(아래로는 동물에서 위로는 '신'에 이르기까지)… 고통 전체를 죽을 것처럼 증오하며, 고통의 구경꾼으로밖에 남을 수 없는 계집애 같은 무능함에 그저 **속수무책으로** 고통 받는구나. 때로는 원치 않은 어둠 속에서 민감하게 굴며… 때로는 **상호** 연민의 도덕성이 마치 도덕 그 자체이며 정점, 인간이 이룩한 정점인 양 믿으며, 오로지 미래를 바라보는 희망과 현재의 위로와 과거의 모든 죄를 사할 위

대한 대속을 믿는구나.[92]

위선자들은 도덕성과 우월감을 뽐내며 다른 사람의 일에 끊임 없이 간섭하면서 도와준다는 명목 아래 외려 깔보고 무시하는 견디 기 힘든 태도를 보여주었다. 이런 옹졸한 인생마저 뭔가 위대하고 강력하며 자신감과 확신에 넘치는 어떤 것에 뒤집히는 게 아닐까 위 선자는 늘 전전긍긍했다. 니체처럼 인간 심리에 능통한 사람의 눈에 는 이 모든 위선의 뿌리에 그 특징적인 악취를 풍기는 르상티망이 고 스란히 드러나게 마련이다.[93]

이처럼 양심은 기독교 덕분에 탄생했다. 양심은 인간이 내면에 지닌 강력하고 위대한 모든 것의 적이다. 그래서 결국 인간은 양심 탓에 자해를 하고 만다. 칸트는 양심을 세속에 맞게 다듬었지만, 그 기초만큼은 건드리지 않고 그대로 두었다. 니체가 자부심을 가지고 스스로 떠맡은 과제는 선악의 배후를 파고들어 인간을 자아와 재결 합시키려는 시도였다. 그의 이런 시도는 최고의 수준을 자랑한 가장 중요한 것이다. 이는 곧 양심의 뿌리를 드러내고, 양심이 자라난 습 지, 비겁함과 두려움과 르상티망이 병적으로 뒤섞여 이뤄진 습지의 물을 빼주는 것을 의미한다. 양심에 발목이 잡혀 늘 휘청거리던 인 격은 최고의 과제, 가장 어렵고 고된 것이라 할지라도 마다하지 않는 인격으로 대체되었다. "에크라세즈 랭팜Ecrasez l'infame!" 괴물을 분쇄 하라! 이 말은 니체가 양심 문제에 마지막으로 한 발언이다.[94] 신의 섭리로, 아마도 우연일 테지만, 이 발언은 어둠이 니체의 정신을 사 로잡기 전에 그가 쓴 마지막 문장 가운데 하나였다.

4장

신 없는 세상

프로이트와 양심 콤플렉스

소포클레스에서 칸트에 이르기까지 양심에 거스르는 일을 저지르려 하거나 이미 저질러 양심의 위협을 받는 사람의 정신상태를 묘사하는 표현은 다양했다. 몇 가지만 언급해보자면 "앎"(이 단어는 오이디푸스가 쓴 것으로 이후 양심을 나타내는 모든 단어의 어원이다), "불안함", "판단함", "괴롭힘", "신랄함", "잊히지 않음", "비참함", "살인적임", "고통스러움" 그리고 마지막으로 "미치게 만듦" 등이 그에 해당한다. 셰익스피어의 리처드 3세, 심지어 아무 죄도 없는 아이들인 조카들마저 서슴지 않고 죽인 살인자 리처드 3세는 자신의 양심이 "수천 개의 혀를 가졌으며, 각각의 혀는 저마다 다른 이야기를 들려주고, 모든 이야기는 나를 악당이라고 비난한다"(5막 3장)는 대사를 읊조린다. 이 대사는 앞서 살펴본 표현들을 모두 뭉뚱그린 뜻을 담았다. 일각에서는 이 대사야말로 도덕적으로 괴기한 왕이라 할지라도 결국은 우리와 같은 인간임을 상기시켜준다고 주장하기도 한다.

연극이 막바지로 치달으면서 왕은 우리에게 문제를 보는 다른 관점을 제공한다.

쉴 새 없이 주절대는 꿈으로 영혼을 놀라게 하지 말라

양심은 겁쟁이나 쓰는 말이다

애초부터 강한 자를 경외하도록 만들어진 양심이니

우리의 강한 군대가 양심이며, 칼이 우리의 법이라.

행군하자, 용감하게 합류하라, 서둘러 돌진하자

천국은 아닐지라도 손에 손을 맞잡고 지옥으로 가자꾸나(5막 3장).

셰익스피어에게 경탄해 마지않았던 니체[1]가 흔쾌히 동의할 대사다. 필요가 행위를 강제한다면, 앞서 가라. 그렇지 않다면 가만히 있어라. 어떤 결정을 내리든, 숨기거나 부정하거나 초조해하거나 심지어 더욱 못나게 변명하려 들지 말라. 그것을 즐길 만큼 강해져 가만히 지켜보고 필요하다면 되풀이하라. 후회의 여지를 남기는 것은 단순히 어리석음을 차곡차곡 쌓는 바보 같은 짓이다.[2] 기독교 그리고 특히 칸트가 굽혀놓은 허리를 꼿꼿이 펴고 장차 감당할 위대한 과업을 위해 자부심을 회복하는 것만이 중요하다. 무엇보다도 천국을 습격할 능력이 필요하다. 무엇은 해도 되고 무엇은 안 된다고 말하는 신이 없는 삶을 우리는 살아야 한다. 그리고 전적으로 독특한 인간만의 새로운 가치를 세우자.

20세기 그리고 아마도 모든 세기를 통틀어 인간 심리의 연구에 가장 큰 영향을 미친 사람은 지크문트 프로이트(1856~1939)이리라. 어려서부터 프로이트는 항상 자신의 독창성을 중시했다. 이런 태도 탓에 프로이트는 니체와 자신의 생각이 밀접하게 맞물려 있음을 부정하려 들었다.[3] 그러나 두 사람 사이의 연관성을 보여주는 흔적은 적지 않다. 어느 대목에선가 프로이트는 어렸을 적 이상이 니체였다고 털어놓았다. 1900년 프로이트는 니체의 책을 모두 구입했다. 니체와 프로이트를 직접 이어주는 고리는 러시아 출신의 지적인 여인 루 안드레아스 살로메Lou Andreas-Salomé라는 구체적인 인물로 존재한다. 1880년대에 살로메는 니체와 친구로 지냈는데, 그녀의 지성에 경탄한 니체는 언젠가 그녀에게 청혼을 했다. 나중에 살로메는 프로이트를 알게 되어 그가 수요일 저녁마다 개최하는 모임에 참석해 정신분석을 받았으며, 결국 그녀 자신이 정신분석학자로 일하기 시작했다. [4] 이런 정황에 비추어볼 때 프로이트의 양심 개념을 니체의 조명 아래 살펴보는 것은 방법론적으로 충분히 근거를 가진다.

니체는 이런 글을 쓴 적이 있다. "만약 신이 존재한다면 어째서 나는 신이 없는 상태를 견뎌야만 할까? **그러므로** 신은 존재하지 않는다."[5] 약 40년 뒤 프로이트는 신은 인간이 자신의 목적을 위해 상상으로 지어낸 "보다 높은 존재"일 뿐이라는 비슷한 주장을 한다. 이 목적 가운데 주된 것은 죽은 아버지를 대신해줄 존재의 갈망이라고 프로이트는 덧붙인다. [6] 그러나 신이 '실제로' 존재한다는 생각은 미신의 시대, 과학 이전 시대의 잔재이며, 지성을 더럽히는 유치하고 어리석은 오점이다. [7] 니체와 프로이트는 각각 종교를 거부하는 나름의 이유를 제시한다. 니체는 종교가 사람들이 자신의 능력으로 이룩할 수 있는 모든 것을 가로막기 때문에 거부한다. 프로이트는 칸트와 마찬가지로 종교 진리의 '과학적' 증거를 찾을 수 없다고 생각했다. 니체와 프로이트가 종교를 거부함에 있어 가지는 공통점은 종교와 양심 사이의 그 어떤 연결고리도 끊는다는 점이다. 천상에서 들려와 영혼을 파고드는 성스러운 목소리, 언제나 고대하는 신적인 섬광 같은 것은 철저히 배제된다. 그런 목소리를 듣는 사람은 아마도 성전이 아니라 정신병원에서 끝을 맞으리라.

니체와 프로이트가 공유하는 또 다른 전제는, 칸트와 홉스 그리고 스토아학파가 무어라 말했든 간에, 인간의 본질은 이성이 아니라, 그 본성이 영원히 똑같은 것으로 남은 몇 가지 충동이라는 것이다. 야성이며 통제할 수 없고 종종 갈등을 일으키는 충동은 인간의 영혼에 뿌리를 두는 것으로 궁극적으로 생물의 본성이다. 마치 다양한 액체가 펌프의 좁은 주둥이를 통해 쏟아져 나온다고 하면 적절한 비유가 될까. 몇 가지 액체는 순수하며, 다른 액체는 뒤섞인 것이다. 액체는 상호작용을 하면서 다양하고 종종 놀라우며 심지어 폭발적인 복합적 효과를 일으킨다. 펌프의 좁은 주둥이를 막아버리면 압력이 커지기 시작해 마침내 마개와 주변의 모든 것이 파괴되고 만다. 니체에게 가장 중요한 충동, 다른 모든 것을 능가하는 충동은 권력의지다. 여성의 히스테리를 치료하는 것으로 경력을 시작한 프로이트에게 가장 중요한 충동은 성적 충동이다. 《섹스 이론을 다룬 세 편의 논문*Drei Abhandlungen zur Sexualtheorie*》(1905)라는 책에서 프로이트는 성욕을 배고픔에 비유한다.[8] 그러나 성욕과 식욕은 동일한 원천에서 솟아나기 때문에 어느 정도 서로 대체될 수 있다. 때로는 식욕이, 때로는 성욕이 지배적이 된다. 또 두 충동 모두 공격적인 형태로 표출되기도 한다.

바로 이 공격성이라는 지점에서 프로이트는 니체를 앞서가기 시작한다. 니체에게 공격성은 극복과 성장으로 이끄는 것으로 인생의 본질이다. 이와 반대로 양심은 약자와 병자가 지어낸 것으로, 칸트가 이를 대변한 최후의 가장 영향력 있는 인물이었다. 약자와 병자가 양심을 지어낸 목적은 강력하고 건강한 사람에게 복수를 하려는 것이다. 약자와 병자는 강력하고 건강한 사람을 자신의 수준으로 끌어내려 인간의 모든 문화가 생겨난 터전을 파괴하려 위협한다. 프로이트는 그처럼 과격하지는 않았다. 이 주제를 다룬 그의 가장 중요한 저작 《문화 속의 불안함*Das Unbehagen in der Kultur*》에서 프로이트는 공격성의 불가피함과 인생에서 차지하는 핵심적 역할은 인정했다. 그러나 1차대전이 끝나고 10년 뒤에 쓴 글에서 프로이트는 공격성의 혼란스럽고 파괴적인 성격을 훨씬 더 강하게 강조한다. 문명사회가 가능할 수 있으려면 공격성은 제한되고, 걸러지며, 전쟁터의 참호와는 다른 분출구를 가져야만 한다.

사회는 "그 존립을 위협하는 공격성을 통제하고, 그 해를 줄이며, 아마도 떨쳐버리기 위해" 어떤 방법을 쓰는가 하고 프로이트는 묻는다. 그의 대답은 이렇다.

공격성은 무의식으로 받아들여져 **내면화된다**. 실제로 공격성은 그 것이 비롯된 원천으로 되돌려 보내졌다. 즉 이제 공격성은 자아를 겨눈다. 공격성은 자아의 한 부분으로 자리 잡아 다른 부분인 초자아와 구분된다. 그리고 이제 공격성은 **양심**이라는 형태로, 자아가 다른 사람에게 행사하기를 즐겼던 것보다 더 거친 공격성으로 자아를 위협하는 경향을 보인다.

"엄격한 초자아와 그 하위 자아 사이의 긴장을 우리는 **죄책감**이라고 부른다"고 프로이트는 덧붙인다. "긴장은 처벌의 필요로 표출된다. 바로 그래서 문명은 개인의 공격성을 향한 위험한 사랑을 약화시키고 무장해제해 다스리면서, 마치 정복된 도시의 주둔군처럼 공격성을 감시할 기관을 개인의 정신 안에 세운다."

죄책감의 두드러진 특징은 '나쁜 행동'을 저지른 것만이 아니라, 그런 짓을 할 의도나 생각을 가진 것만으로도 이런 감정을 경험하게 된다는 점이다. 흔히 "정의감이 높은 사람일수록 그의 양심은 더 엄격하며 더욱 의심한다. 바로 그래서 궁극적으로 가장 원대한 고결함을 지닌 사람이 그 내면에 가장 깊은 죄책감을 느낀다." 이런 측면에서 본다면 사람은 자신을 벌하기 **위해** 죄의식을 품는 게 아닐까 하는 의문이 자연스레 고개를 든다. 그런데 이런 감정은 어떻게 처음으로 촉발될까? "그것은 쉬운 물음이다." 프로이트는 다음과 같이 썼다.

인간이 이처럼 무기력함에 빠지며 타인에게 의존하게 되는 가장 큰 동기는 **사랑을 잃을까 하는 두려움**이다[강조는 원저자 프로이트]. 자신이 의존하는 사람의 사랑을 잃으면 많은 위험에 맞서는 이 사람의 보호 역시 빼앗길 터이며, 무엇보다 이 강한 사람이 처벌이라는 형태로 그의 우월함을 드러낼 위험이 있다. 그러므로 나쁜 일은 원인이 무엇이든 사랑의 상실을 위협하는 것으로 시작된다. 이런 상실이 두려운 사람은 나쁜 짓을 그만두어야만 한다. 나쁜 짓을 이미 저지른 것과 그럴 의도를 품은 것이 거의 차이 나지 않는 이유는 이것이다. 두 경우 모두 권위를 가진 쪽에서 나쁜 행위나 의도를 발견할 때 위험은 시작되기 때문이다. 그래서 사랑의 상실을 두려워하는 사람은 두 경우 모두에서 똑같이 행동한다.

개인이든 인류 전체든 인간이 일차적으로 드러내 보이는 특징은 죄를 짓고, 이에 죄책감을 가지며 처벌을 받을까 두려워한다는 점이다. 프로이트는 이런 두려움이 양심이라 불려야 마땅한 것은 아니라고 인정하면서도, 두려움이 양심이 자랄 토양은 마련해준다고 보았다. 적절히 발달한 양심은 다음과 같다.

초자아의 발달로 권위를 내면화하자마자 양심은 발전한다. 그런 다음 양심의 표출은 새로운 수준으로 올라선다… 이 지점에 이르면 나쁜 짓을 했거나 하려고 생각한 것이 발각되지 않을까 하는 두려움은 작동을 멈춘다. 행위와 생각의 차이가 사라지는 셈이다. 초자아 앞에는 어떤 것도, 심지어 생각도 숨겨지지 않기 때문이다.

모든 곳에 있으며, 모든 것을 살피고, 항상 경계를 게을리하지 않으며, 복수심에 불타는 유대교와 개신교를 합친 신에 이른 것을 환영한다. 다만 이제 신은 천상이 아니라, 영혼의 내부에 자아를 감독하고 꾸짖는 초자아의 본질로 존재한다.

개인 충동의 제어, 본래 사회가 내린 금지는 인간의 의식으로 이해된 자아가 분리되어 초자아로 변하게 만든다. 말하자면 초자아는 자아에 맞서는 셈이다. 물론 자아와 초자아의 관계는 이로써 정확히 묘사된 것은 아니다. 자아를 이루는 '구성적 요소'와 '실제 환경'

사이의 상호작용은 부드러운 교육이라 할지라도 엄격한 양심을 키울 수 있고, 엄격한 교육이라 할지라도 느슨한 양심을 낳을 수도 있다. 그렇지만 이 과정이 명확한 시작이나 끝이 없이 양심을 자기강화하게 된다는 점에는 의문의 여지가 없다. 프로이트는 이런 과정에서 인류 문명의 기원이 찾아질 것으로 믿었다. 문명은 이런 과정 없이는 결코 생겨나거나 발전하지 않았으리라. 어쨌거나 충동을 막아주는 이런 자기강화는 상승작용을 일으키며 지나치게 부풀려질 수 있다. 바로 그래서 양심을 키우는 과정은 극한적 고통은 아니라 할지라도 고통의 씨앗을 담았다. 이 과정은 종종 다양한 형태의 불안, 신경증과 심지어 정신이상으로 번진다. 야뇨증이나 경련 같은 몸의 증상 역시 나타난다. 사회가 발전할수록, 또 이 사회가 강제하는 제한이 커질수록 문제는 더욱 심각해진다.

니체와 프로이트 사이의 몇몇 차이점은 두 남자의 사회적 배경, 성격 그리고 인생의 객관적 환경에 그 뿌리를 가진다. 니체는 평생 결혼을 하지 않았으며, 늘 이 도시에서 저 도시로 떠도는 바람에 어떤 일을 조직적으로 추진할 여력이 없는 금욕적인 철학자였다. 니체가 진정으로 몰입한 일은 무엇보다도 고대 그리스의 역사와 문화에 밝은 자신의 배경지식을 바탕으로 인간의 탁월함을 탐색하는 것이었다. 프로이트는 대가족을 돌봐야 하는 선량한 부르주아였다. 또한 의사로서 프로이트의 관심은 일찍부터 질병의 신체적 증상에서 심리적 증상으로 이동했다. 《환상의 미래*Die Zukunft einer Illusion*》(1927)라는 책으로 철학에 초점을 맞춘 말년에 이르기까지 프로이트의 주된 관심은 환자가 자기강화 사이클을 깰 수 있도록 도와줌으로써 고통을 줄여주는 것이었다. 이렇게 하기 위해서는 환자가 자신이 앓는 질병의 근원을 파악하도록 돕는 것이 반드시 필요했다.

그러나 환자가 파고들어야 하는 원인은 개인의 무의식 속에 조각난 채로 숨겨져 있다. 특히 죄책감이라는 감정이 그렇다.[9] 어떻게 환자 개인의 의식을 파고들어가 그를 억누르는 요소를 찾아낼 수 있을까? 프로이트는 1924년에 발표한 《자전적 연구*Selbstdarstellung*》에서 초기에 이 목적을 위해 쓴 방법은 최면이었다고 밝혔다. 최면이 부적절하다는 것을 발견한 프로이트는 꿈의 해석으로 넘어갔다. 나중에 그는 꿈의 해석을 자유연상과 결합했다.[10] 자유연상이라는 방법은 환자가 긴 안락의자에 누워 분석가의 얼굴을 볼 수 없을 때 완전해진다. 절대 필요한 전제조건은 편안하고 은밀하며 검열받지 않는 환경, 말하자면 환자가 쉽게 스스로를 풀어놓을 수 있다고 느끼는 환경이다.

이런 환경은 생각을 어느 한쪽으로 유도하는 일 없이, 또 인정이나 처벌을 요구하지 않고 물 흐르듯 말할 수 있게 해준다. 분석가는 자연스러운 흐름 속에서 나타나는 숨겨진 진실을 주목하고 해석해야 한다. 사람들은 어렸을 때의 경험을 평생 되풀이한다는 전제아래, 분석가는 어린 시절의 억압된 기억을 밝혀내는 데 특별한 주의를 기울여야 한다. 철학자 오렐 콜나이Aurel Kolnai(1900~1973)*는 이렇게 작업하는 방식의 탁월한 예를 보여준다. "중요한 목표는… 환

---

* 헝가리 태생의 유대인으로 오스트리아에서 철학을 공부하고 영국에서 활동했다. 도덕과 감정 이론으로 유명하다.

자로 하여금 자기비판적인 판단을 할 수 있는 수준에 올라서서 억압의 단계를 고정시켜 바라볼 수 있게 해주는 것이다."[11] 일단 환자가 자신의 고통을 야기한 내면의 갈등을 이해한다면, 자기 자신과의 조화를 이루어낼 능력을 얻는다. 1900년 전에 복음서 저자는 훨씬 더 간결하게 표현했다. "진리가 너희를 자유롭게 하리라."[12]

이런 방법은 환자에게 설교를 하는 것이 아니며, 죄에서 풀려나게 해주는 것도 아니다. 실제로 프로이트는 언젠가 면죄라는 생각을 '부조리'라고 일갈했다. 환자가 해야 할 일은 자신이 할 수 있는 데까지 면밀하고 정직하게 자아를 살피는 것뿐이다. 왜 고통 받는 증상이 생겨났는지를 이해하는 환자는 고통으로부터 풀려날 수 있다. 과거를 되돌아보는 치료는 환자에게 드물지 않게 해방의 효과를 주었다. 프로이트의 상담실이 특히 상류층 귀부인들 사이에서 유명해진 이유는 예전에는 금기시되었던 문제를 거리낌 없이 털어놓을 기회를 제공해주었기 때문이다. 특히 중요한 것은 섹스 문제였다. 정신분석이 해방감을 준다는 바로 그 이유로 많은 신학자들은 정신분석이 너무 쉽게 죄책감을 덜어주고 양심을 깨끗하게 만들어주는 방법이라고 비난해댔다.[13] 이런 비난을 충분히 의식한 프로이트는 이에 맞서 정신분석의 수준을 끌어올리려 최선을 다했다.[14]

정신분석학자와 심리학자와 정신과 전문의가 늘어나면서 이 분야는 필연적으로 제도화 과정을 밟았다.[15] 지칠 줄 모르고 자신의 메시지를 전파하려 노력하면서 프로이트는 이 과정에서 중요한 역할을 했다. 그 결과는 적지 않은 수의 전문가협회, 출판 기능과 운영위원회와 자격 양성과정을 갖춘 협회의 수립이다. 업계가 커지고 요구가 갈수록 까다로워지면서 이런 양성과정은 피할 수 없이 문서로 정리된 학설, 또는 최소한 가이드라인을 갖춰야만 했다. 양성과정을 밟고 시험을 치르고 협회에 가입하는 것이 자격을 취득하고 전문가로 개업하기 위한 전제조건이었다. 개업의의 활동 자체는 윤리 규정과 전문 법정의 규제를 받았다. 1930년대에 갓 부상하기 시작한 복지국가, 그리고 뒤이어 발발한 2차대전 역시 이런 과정에 중요한 역할을 했다. 급증한 정신과 전문의와 심리학자는 군사 관료를 포함한 지배 관료 계급으로까지 일자리를 확장했다. 이들은 이내 체제의 중요 부분이 되었다.

미국에서 1950년과 1980년을 비교해보면 정신과 전문의와 신경과 전문의의 수는 인구 10만 명당 열 배 늘어났다. 1966년에서 1977년까지만 해도 정신과 병원의 간호사 수는 거의 두 배로 급증했다.[16] 이 모든 사실은 치료를 반대하는 목소리를 잠재웠으며, 치료의 성질도 어느 정도 바꿔놓았다. 초기의 치료는 단순히 환자를 어떻게 다루느냐 하는 문제였다. 치료사와 환자는 순전히 개인적이고 자발적인 관계를 맺었다. 양쪽은 자신이 원하는 대로 관계를 맺거나 끝낼 수 있었다. 궁극적으로 치료받기를 원하는지, 어떤 치료가 적절한지 정하는 쪽은 환자였다. 그만큼 자유롭다는 점을 강조하려고 프로이트는 때때로 자신의 고유한 방법을 무시하기도 했다. 그는 환자를 무료로 치료했을 뿐만 아니라, 환자와 함께 빈의 거리를 산책하기도 했다. 형식을 따지지 않는 이런 치료는 몇몇 사례에서 여전히 고수되고 있다. 그러나 제도화는 자유를 제한하거나 아예 고려하지 않음을 뜻했다.

유례를 찾아볼 수 없을 정도로 탁월한 공감능력을 지닌 초기 정신분석학자 샨도르 페렌치Sándor Ferenczi(1873~1933)*의 사례를 살펴보자. 그는 환자를 무척 아꼈으며, 안아주고 심지어 엄마가 아이에게 하듯 뽀뽀를 해주기도 했다.[17] 오늘날 그런 행동을 했다가는 당장 의사 자격을 잃을 뿐만 아니라, 교도소로 직행하리라. 지적인 탁월함에서 스승 프로이트에게 필적했던 유일한 제자인 카를 구스타프 융Carl Gustav Jung(1875~1961)을 둘러싼 풍문에 따르면 그는 치료를 위해 여성 환자와 함께 잠을 잤다고 한다. 오늘날 그랬다가는 어떤 일이 벌어질지 우리는 상상조차 할 수 없다. 치료사들은 초창기와 달리 더는 친척을 대상으로 치료행위를 할 수 없다(프로이트는 딸 안나 Anna Freud를 분석하곤 했다).[18] 이런저런 치료행위의 금지가 보여주듯, 갈수록 분석자들은 자신의 뜻을 펼치기보다 협회, 또는 사회, 심지어 국가를 대변하게 되었다. 그들은 우선 직접적으로는 전문가로서의 집단양심을, 간접적으로는 사회와 국가의 집단양심 역할을 했다.

치료방법이자 인간 본성 이론으로서 정신분석의 영향력은 1930년에서 1970년까지 절정을 누렸다. 이 40년 동안 정신분석은 인간의 정신건강뿐만 아니라 문화와 교육에도 깊숙이 스며들었다. 이후 다양한 요인으로 정신분석은 성장세가 꺾였으며, 여러 방향으로부터 종종 악의적이고 부당한 공격에 시달렸다.[19] 그러나 목욕물 버리겠다고 아기까지 버리는 어리석음은 피해야만 한다. 거의 단독

---

* 헝가리 출신의 정신분석학자로 1908년에 프로이트의 모임에 가담하면서 초기 정신분석에 상당한 공헌을 한 인물이다.

으로 프로이트는 이른바 '대화치료', 오늘날 심리치료라 알려진 방법을 고안해냈다. 이런 이유로 역사에서 그가 차지하는 위치는 확고하다. 그의 이론을 누가 어떻게 평가하든 간에, 학계에서 이처럼 포괄적이며 일관성 있고 풍성한 결실을 약속하는 대안은 나오지 않았다. 바로 그래서 프로이트 이론이 죽었다는 이야기는 상당히 과장된 것이다.

정신분석의 상대적인 쇠퇴는 이미 분열되었던 정신건강 산업을 수천 개의 경쟁하는 학파들, 저마다 독창성과 독립성을 주장하는 학파들로 쪼개놓았다. 여기저기서 저항세력이 기치를 들어 기존 학계와 완전한 절연을 선언하고 전적으로 그 또는 (드물게) 그녀 자신의 방법을 주장하기 시작했다. 이런 관점에서 특히 주목해볼 인물은 로널드 레잉Ronald Laing(1927~1989)과 토머스 사즈Thomas Szasz(1920~)다.[20]* 그러나 이런 **공격**은, 심지어 역사학자 미셸 푸코Michel Foucault의 《고전 시대 광기의 역사Histoire de la folie à l'âge classique》(1961)를 포함하더라도, 핵심을 건드리지 못하고 변죽을 울리는 데서 크게 벗어나지 못한다. 대다수 국가는 다양한 어려움을 겪는 국민의 치료를 저마다 알맞은 '전문가'에게 맡길 여유가 없었다. 이런 이유에서 일반적인 기성 심리학계, 특별하게는 정신분석의 존재가 심각한 위협을 받지는 않았다. 그 숱한 학파는 한철 과일처럼 단명할 뿐이다. 결국 중요한 것은 각 학파가 품은 사상이 아니라, 조직과 이들이 받는 후

---

* 레잉은 영국의 심리학자로 안티 정신분석운동을 주도했다. 사즈는 헝가리 태생으로 미국에서 활동하는 심리학자다. 정신분석의 도덕적·학문적 기초를 비판한 인물이다.

원이다.

조직은 정신건강 분야에서 일하는 사람들이 정확히 어떤 전문성을 갖추었고 무슨 학파 소속인지와 상관없이, 선별되어 훈련을 받고 자격을 취득하며 규제를 받는다는 것을 뜻한다. 이들은 갈수록 비중이 커져가는 직업윤리를 위반하는 경우 징계를 받고, 직업 활동을 하면서 상당 부분 외부로부터 명령받은 의제를 숙지해야만 했다. 이로써 정신건강 분야의 종사자는 환자가 이 의제의 어떤 분야를 위반했다고 고백한다면, 이른바 아동 성학대 같은 행위를 했다면, 경찰에 넘겨야 하는 **의무**를 지게 되었다.[21] 이런 의제는 치료사의 보수를 환자가 아니라 제3자, 이를테면 보험회사나 정부가 운영하는 보건당국이 지불하는 사례가 늘어나면서 특히 중요해졌다. 어느 쪽에서 지불을 하든 이런 경우 '치료'는 환자가 최단 시간 안에 그리고 가장 저렴한 비용으로 의제를 수용하는 것을 의미했다.

프로이트가 쓴 용어대로 말하자면, 본래 그는 일반인에게 죄책감/양심 콤플렉스라고 알려진 초자아와 자아 사이의 갈등, 갈수록 고조되는 갈등을 깨뜨림으로써 환자를 해방시켜줄 수 있기를 희망했다.[22] 어떤 심리적 부담을 가졌는지 올바로 헤아리는 이해는 그 부담을 없애주거나, 최소한 덜어주는 것을 가능하게 한다. "치료 일정에 따라 '정상 상태'를 만들 수 있음에는 의문의 여지가 없다고 프로이트는 썼다.[23] 그의 후계자들은 저마다 다른 신조를 가졌음에도 정확히 프로이트의 치료법을 사용했다. 문제는 사회의 요구에 맞추어 마치 야생동물을 서커스를 위해 훈련시키듯 자아를 꾸며주는 것이었다. 환자는 '자발적'으로 새로운 부담을 떠안는 꼴이었으며, 부담을 덜 수 있는 도움을 받지 못했다. 모든 종류의 치료사가 속한 직업이 고도로 제도화할수록, 그만큼 사회, 국가, 국가의 도구, 법도 정비되어 누릴 수 있는 자율성의 여지는 줄어들었으며, 치료사와 환자가 받는 압력은 커지기만 했다.

'일탈', '정서장애', '기능이상'(정상과 반대되는 것), '적응'('부적응'과 반대되는 것), '순기능'('역기능'과 반대되는 것) 따위의 의학이 쓰지 않는 용어가 점점 자주 쓰이는 것이 보여주듯, 치료의 강조점은 고통을 덜어주는 것에서 순응의 유도로 바뀌었다. 아마도 이런 변화는 정신분석의 중심지, 또 심리학과 정신의학 전체의 중심지가 미국으로 넘어갔다는 사실과 관련이 있을 것이다. 알렉시 드 토크빌Alexis de Tocqueville(1805~1859)*에 따르면 순응을 향한 압력이 민주국가 미국보다 큰 곳은 없었다고 한다.[24] 1929년에 세계 정신분석학자의 90퍼센트는 독일어를 썼으며, 독일어로 생각하고 꿈꾸었다. 20년 뒤에는 70퍼센트가 영어를 사용했다. 1949년 취리히에서 열린 학술대회의 약 800명 참가자 가운데 절반 이상은 미국인이었다.[25] 미국인은 문화적이고 철학적인 접근방식과는 반대되는 실용적 입장을 취했다.[26] 세간의 평판대로 "계산적인 인간"은 치료의 "효과"를 측정할 수 있는, 되도록 계량화할 수 있는 "객관적 표준"을 세우려 노력했다.[27]

이런 과정에서 환자(영어 '페이션트patient'의 어원인 라틴어 '파티엔스patiens'는 수동적인 의미로 어떤 고통을 당하거나 참는 사람이라는 뜻이다)는 보

---

* 프랑스의 정치철학자이자 역사가이다. 미국 민주주의의 연구로 유명한 인물이다.

살핌을 요구하는 능동적 의미의 '고객' 또는 '이용자'로, 치료사는 서비스 '제공자'로 바뀌었다. 프로이트는 그처럼 훈련받고 자격을 취득한 서비스 사업자와 그런 환경에서 하는 업무가 자신의 본래 의도를 거부하거나, 더욱 나쁘게는 환자를 수단화해 통제할 표준을 만들어냄으로써 오히려 환자를 억압하는 것은 아닐까 두려워했다.[28] 그의 두려움은 충분한 근거를 가진 것으로 증명되었다. 모든 표준을 낳은 어머니는 '정신질환 진단 및 통계 편람Diagnostic and Statistical Manual of Mental Disorders(DSM)'이다. 이 편람을 발행한 곳은 '미국 정신의학회 American Psychiatric Association(APA)'로 같은 종류의 학회 가운데 가장 규모가 크고 최고의 권위를 자랑한다. 정신건강 분야 종사자에게 어떤 질환이 보험으로 처리되는지 여부를 결정해주는 일, 다시 말해 환자에게 어떤 상표를 붙여줘야 좋은지 알려주는 일에서 'DSM'이 차지하는 비중은 실로 막대하다. 1952년에 첫 출간된 편람은 60개 항목을 132쪽으로 정리했다. 2012년에 쪽수는 886쪽으로 늘어났으며 다루는 질병은 341개다. 항목을 통합하고 정리하는 과정에서 아스퍼거증후군*을 전처럼 독립적으로 두지 않고 자폐증의 일종으로 재분류한 2013년 5월에 출간된 최신판은 몇 가지 항목만 더 추가했을 뿐이다. 그러나 몇 가지만 더 추가한 것에 아쉬움을 느꼈는지 쪽수는 992쪽 이상으로 불어났다.

편람의 저자와 여타 종사자들이 주장하듯, 편람의 이런 폭발적

---

* 정서적·사회적 발달이나 행동 발달이 정상인에 비해 다소 지연되나 언어나 인지능력은 비교적 정상적으로 보이는 질환.

팽창은 진단과 치료 방법이 개선된 결과일까? 아니면 유행의 변화 및 사회와 경제와 정치의 압력을 반영한 것일까? 많은 새로운 질병이 추가되고 다른 것은 아예 사라진 것을 보면 아무래도 두 번째 관점이 설득력을 가진다. [29] 가장 좋은 사례는 동성애다. 동성애를 정신질환의 목록에서 제거하려는 최초의 움직임은 성소수자 권리운동이 시위를 벌이며 정신의학자와 심리학자와 여타 정신건강 종사자의 학술대회를 중단시킨 사건이 제공했다. 그러니까 개(정신의학)가 꼬리(동성애의 본성과 의미)를 흔든 것이 아니라, 꼬리가 개를 움직였다. 동성애를 삭제하기로 한 실제 결정은 APA의 투표에서 과반수 득표로 이루어졌다. 정치적으로 볼 때 이런 접근방식은 나름의 가치가 있다. 그러나 프로이트가 1924년에 썼듯, 이런 접근방식은 정신의학이 과학과 상관이 없음을 강력히 시사한다. [30]

다른 사례는 성전환이다. 자신이 여성이라고 느끼는 남성이나, 자신이 실제로 남성이지만 여성의 몸 안에 갇혀 있다고 생각하는 여자의 문제다. 서구에서는 오랫동안 이 문제를 병리현상으로 여겨왔으나, 다른 문화권에서는 전혀 그렇게 여기지 않는다는 사실이 밝혀지면서 성전환증은 질병 목록에서 완전히 빠졌다. 때와 장소에 따라 지배적인 표준이 무엇이든 간에 모든 종류의 치료사는 성 정체성 문제로 고민하는 사람들이 치료사를 기꺼이 만나려 들도록 마술을 부려야 했다. 비공식적이든 공식적이든 치료사의 성공은 마술을 얼마나 잘 구사하는가에 따라 평가되었다. 그러나 마술에도 아무 반응을 보이지 않거나, 자신 그리고/또는 타인에게 위험하다고 여겨진 몇몇 성전환증 환자는 감옥이나 정신병원에 갇혔다. 다른 '해결책'은 외과적이거나 전기적이거나 화학적 방법으로 두뇌에 영향을 주려 시도한 것이다. 이 문제는 나중에 더 자세히 살펴보기로 하자.

　요약하자면 죄책감/양심 콤플렉스가 흔히 신경증으로 표출되며 끝없는 고통을 유발하는 이유는 영혼 안에서 다양한 강제가 일으키는 갈등이라는 것이 프로이트의 관점이다. 몇몇 측면에서 니체를 따르기는 했지만 그 사실을 인정하기를 꺼렸던 프로이트의 목적은, 갈등을 무의식으로부터 끌어내어 그 악순환을 깨고 해방시켜줌으로써 사람들이 회복되어 자신의 능력을 마음껏 발휘하고 이로써 만족을 누릴 수 있게 하려는 것이었다. 이는 몇몇 사례에서 가능한데, 특히 환자와 치료사가 독립적인 인격체로 서로 진실성과 선의로 완전한 신뢰를 구축한 가운데 순전히 자발적인 협력에 기반한다면 그렇다. 물론 이런 신뢰는 충분한 시간과 안전하고 비밀이 보장되는 환경 그리고 환자와 치료사 양쪽의 금전적 만족이 전제되어야만 형성된다.[31]

　상황은 꾸준히 변화했다. 정신건강 산업의 눈부신 성장 그리고 이런 발달이 사회와 국가의 다양한 측면에 끼친 영향은 전문화를 이끌어냈다. 다시금 전문화는 몇 종류의 공통 의제를 요구했으며, 의제 역시 전문성을 요구받았다. 행정관료와 전문의의 의견을 조사해본 결과 대부분의 의제는 이해관계를 따지지 않는 '중립적' 연구의 성과가 아니다. 의제는 바깥으로부터 오는 다양한 종류의 사회적이고 정치적인 압력에서 비롯된다. 연구자는 자신의 고용주가 원하는 의제를 내놓기 일쑤였다.[32] 또 다른 주된 요인은 많은 치료에 환자 자신이 비용을 지불하지 않았다는 사실이다. 사적이든 공적이든 보건 사

신 없는 세상

업의 규모가 커질수록, 실감할 수 있는, 가능하다면 계량할 수 있는 치료 결과를 만들어내야 한다는 압력 역시 높아지기만 했다. 그리고 그럴수록 양심의 가장 본질적 요소, 곧 자유를 제한해야만 한다는 목소리가 힘을 얻었다.

이런 과정은 양심의 진화가 처음에는 가톨릭교회 아래서, 다음에는 루터와 그의 뒤를 이은 사람들의 손에 의해 관장된 과정과 명백히 닮았다. 가톨릭교회, 루터, 루터의 뒤를 이은 사람들은 저마다 양심, 곧 처음에는 '시네이데시스'로, 다음에는 '게비센'(루터와 프로이트는 독일어를 썼음을 상기해보자)으로 쓰였던 양심의 근원과 본성과 기능을 둘러싼 신선하고도 기발한 발상을 그 출발점으로 삼았다. 그 의도는 해방의 성취였다. 심지어 그것이 기존 사회규범을 부수는 것을 의미할지라도. 그러나 시작만 그랬을 따름이다. 양심이라는 관념은 성공적으로 널리 퍼지고 받아들여졌지만, 곧 자발성은 종말을 맞았다. 인간의 양심을 죄의 부담으로부터 풀어주려는 노력이 조직이라는 틀, 사람과 의제와 규제와 여러 격식으로 이루어진 틀을 낳고 말았기 때문이다.

조직과 더불어 부족한 자원을 어떻게 배분할 것인가 하는 문제가 대두했다. 조직은 고유한 동력을 가지고 계속 몸집을 불려나갔기 때문이다. 조직은 양심의 한계를 끊임없이 새롭게 정의하도록 요구했으며, 기존의 인식을 바꾸고 묻어버리기 일쑤였다. 자의든 타의든, 빠르든 늦든, 결국 조직은 법과 씨름하지 않을 수 없었다. 지나치게 방대해진 조직과 이로 말미암은 권력 남용은 조직 자체가 무너질 길을 활짝 열어놓았다. 결국 조직은 사실상 자신을 겨눈 반란을 자초하고, 모든 것을 처음부터 다시 시작되게 만들었다. 이것이 우리가 과거에 목도해온 조직의 흥망성쇠다. 그리고 기적이 일어나지 않는 한, 조직화의 이런 악순환은 미래에도 되풀이되리라.

일본에서의 양심

　서기 1세기의 세네카, 아니 더 멀리 거슬러 올라가 기원전 5세기의 안티고네와 더불어 시작된 양심은 보통 내면 깊숙한 곳에서 들려오는 목소리로 이해되었다. 개인의 내면에 자리 잡은 양심은 선악의 구분을 기초로 충분한 자율성을 누리는 독립체로 여겨졌다. 더욱이 양심은 지켜보는 목격자가 없어도 부단히 우리를 감시하는 감독관이라는 사실 역시 중요했다. 양심의 이런 이해에는 인정과 부정, 보상과 처벌을 따지는 고민이 끼어들 수 없었다. 기독교는 양심을 신이 인간에게 심어주었다고 덧붙였다. 양심을 법의 대안으로 쓰면서 기독교는 양심을 신앙과 결합해 회개의 필수조건으로 제시했다. 수세기 동안 기독교인들은 비기독교인도 양심을 가지는지, 또한 양심과 신앙과 회개 등이 정확히 어떤 방식으로 맞물리는지 하는 문제를 놓고 갑론을박을 거듭했다. 칸트는 의무를 신의 자리에 놓았다. 니체는 한 발 더 나아가 신은 없다고 주장했으며, 프로이트는 니체의 이런 관점에 동의했다.

　앞서 나는 양심이 보편적으로 인간 영혼의 일부로 간주된 것이 결코 아니라는 예시로 유대인의 전통을 들었다. 심지어 20세기의 첫

217

10년까지만 하더라도 히브리어에는 양심을 표현하는 단어가 없었다. 결국 히브리어는 유럽 언어로부터 적절한 것을 골라 번역해 쓰고 있다(이디시어의 경우도 마찬가지다). 서구 사회가 이해한 양심 개념 없이도 생활에 불편함이 없었던 또 다른 사회는 일본이다. 역사를 통틀어 일본은 중국을 일종의 큰형으로 여기며 중국으로부터 문화의 많은 부분을 빌려왔다. 유교, 불교, 도교 등이 그것이다.

이 세 가지 종교 가운데 어떤 것에도 인격적인 신이 등장하지 않는다. 특히 도교는 일본의 토속종교 신토神道와 여러 면에서 중요한 유사성이 있다고 언급되는 종교다. 도道의 글자 그대로 의미는 '길'이다. 그러니까 신토는 '신의 길', 즉 '카미かみ의 길'이다. 신토는 그것에 접목된 유교, 불교, 도교와 깊은 연관을 가지게 되면서 의례와 경배를 통해 사람과 사람이 사는 땅과 신을 연결해주는 것을 본질적 기능으로 했다. 신토가 이해하는 카미는 그 어떤 물질적 존재가 아니라, 정신적 본질이다. 어떤 카미는 사람에게서 벗어난 정신이고, 어떤 것은 풀, 산, 강, 폭포, 파도, 나무, 바위, 달 등 아름답고 고상한 그리고/또는 영감을 불러일으키는 자연현상과 동일시되었다. 1868년의 메이지유신에 따른 '국교 신토'의 출현은 국가와 왕의 카미를 특별히 섬기는 것을 의미했다. 그러나 1945년의 패망으로 이런 숭배에는 종지부가 찍혔다.

카미가 앞서 언급한 물체 안에 거하는지, 아니면 물체와 동일한지 하는 물음의 답은 전혀 분명하지 않다.[33] 이처럼 성격이 모호한 이유는 카미가 세상과 따로 떨어져서 존재하는 게 아니라, 죽을 운명을 타고난 평범한 세계 안에 존재한다고 믿어지기 때문이다. 그럼에도 카미의 존재는 어떤 장소에서 유난히 강력한데, 이곳에서 사람들은 항상 카미에 둘러싸인다. 그러므로 '실재' 세계와 형이상학적 세계를 분리하는 서구적 관점은 없다. 종교생활은 이런 결속을 표현하고 유지하며 강화한다고 믿어지는 정성스러운 의례로 이루어진다.

가장 중요한 카미는 태양, 아마테라스天照다. 그러나 태양은 인격적 신처럼 죄인을 처벌하려고 감시하거나, 참회하고 다시는 죄를 짓지 않겠다고 약속하는 사람을 용서해주지 않는다.[34] 실제로 어떤 의미에서는 무수한 신이 있지만, 다른 의미에서는 신이 전혀 없다고 말하는 편이 맞을 수도 있겠다. 어쨌거나 사람들의 마음에 양심을 심어주거나, 필요하면 없애주는 초자연적 존재란 없다. 그 결과 아우구스티누스의 시대부터 기독교인에게 양심의 가책을 덜어준 탁월한 방법, 어떤 저자가 "고백의 문화"라고 부른 방법은 신토 사원이나 일본 심리학자의 상담실에서 전혀 찾아볼 수 없다.

일본의 심리학자들은 1차대전이 발발하기 직전에 정신분석을 알게 되었다. 처음부터 이들은 신경증이 정말 자아와 초자아 사이의 갈등이 빚어낸 결과일까 하는 의문을 품었다. 그들은 자신들이 속한 사회와 달리, 지나치게 자아에 초점을 맞춘 게 아닌가 하는 의구심을 가졌다. 그래서 일본 심리학은 신경증을 "정상적 생활의 흐름이 방해받는 것"으로 이해했다.[35] 나중에 마침내 일본에 본격적으로 발을 디딘 정신분석은 불교의 온갖 가르침과 뒤섞여 그 성격이 심각하게 변질된 것이다. 일본 심리학자들은 심지어 프로이트 신화의 가장 핵심적인 오이디푸스 콤플렉스마저 나름대로 첨삭을 가했다. 오이디푸스 콤플렉스는 일본 문화가 받아들이기 정말 어려운 것이었기 때

문이다.[36]

1930년대 동안 일본에서는 프로이트 선집 두 편이 출간되었다. 그럼에도 대다수 관련 연구자들은 일본의 정신의학자가 정신분석 치료가 어떻게 이뤄지는지 완전히 파악하지 못했거나, 이해했다 하더라도 해당 치료를 거부했다는 데 의견을 같이한다.[37] 일본의 가장 유명한 정신의학자인 모리타 쇼마森田 正馬(1874~1938)*는 중요한 것은 증상이지 정도의 차이가 있는 억압된 어린 시절의 기억이 아니라고 말했다.[38] 최소한 1940년대 말에 일본을 찾았던 어떤 미국 정신분석학자는 일본의 정신분석은 말만 그렇지 정신분석이 전혀 아니라고 확신했다. 이 학자는 그 이유로 사회가 개인에게 행사하는 압력이 대단히 강력하다는 점을 꼽았다. 일본 사회는 개인이 자율성을 얻고자 하는 모든 시도를 좌절시켰다.[39] 대략 1950년 이후 프로이트의 모든 추종자 가운데 가장 중요한 인물인 프랑스 정신분석학자이자 철학자 자크 라캉Jacques Lacan(1901~1981)은 이런 견해에 동의한다.[40] 일본에서 정신분석은 가능하지도 필요하지도 않았다. 이는 정신분석을 할 능력이 없음을 고백하기를 꺼리는 차원의 문제가 아니다.[41] 오늘날까지도 일본의 심리치료는 본래 정신분석학이 추구했던 대로 무의식으로부터 환자를 해방시켜주는 것에 초점을 맞추지 않는다는 주장이 제기되곤 한다. 오히려 일본의 심리학은 개인의 자아 집착을 포기하고 오롯이 사회에 헌신하게 만드는 것에 관심

---

*   선불교를 임상심리학에 적용한 모리타 치료로 잘 알려진 일본의 정신의학자이다. 모리타 쇼마는 서양에서 알려진 이름이며 본명은 모리타 마사타케이다.

을 가진다.[42]

　도대체 일본 사회에서는 그 구성원을 이끌기 위해 어떤 정신적 방법이 **수행되었을까?** 관련 문헌을 보면 죄책감/양심에 초점을 맞춘 사회는 흔히 부끄러움을 강조하는 사회와 대비되곤 한다. 이런 비교 관점은 미국의 인류학자 마거릿 미드Margaret Mead(1901~1978)가 1937년에 모아 엮은 에세이 모음집으로 거슬러 올라간다.[43] 미드의 스승 루스 베니딕트Ruth Benedict(1887~1948)*는 두 사회의 차이를 다룬 고전적인 정의를 선보였다. 그녀가 1944~1945년에 쓴 글을 읽어보자.

　부끄러움을 중시하는 문화는 죄책감에 바탕을 둔 문화가 죄의식의 내면화에 의존하는 것과 달리 착한 행실을 보는 외부의 공개적인 인정에 의존한다. 부끄러움은 다른 사람의 비난에 보이는 반응이다. 인간은 공개적으로 웃음거리가 되었다거나, 거절을 당했다거나, 또는 자신이 우스꽝스러운 짓을 했다고 상상할 때 부끄러워한다. 세 경우 모두 부끄러움은 강력한 처벌이다. 그러나 부끄러움은 지켜보는 관중 또는 최소한 관중이 보고 있다는 상상을 필요로 한다. 죄책감은 다르다. 자신의 자화상에 부응하는 것이 명예를 의미하는 국가에서 인간은 죄책감으로 괴로울 수는 있다. 그러나 다른 사람이 그가 저지른 잘못을 아는 것은 아니다. 그래서 죄

＊　루스 베니딕트는 미국의 인류학자로 세계의 여러 문화를 비교연구하는 문화인류학의 기틀을 닦은 인물이다. 《국화와 칼》의 저자로도 유명하다. 마거릿 미드는 남태평양 원주민 연구로 유명한 20세기의 대표적인 인류학자다.

책감은 자신의 죄를 고백함으로써 실제로 덜어질 수 있다.[44]

이후 해당 주제를 다룬 문헌은 폭발적으로 늘어나 개인이 전체 규모를 가늠할 수 없는 지경에 이르렀다. 대다수 저자들은 두 종류 사회의 이런 구분이 절대적인 것은 아니라고 본다.[45] 그러나 세상의 많은 것이 잿빛이며, 그레이grey 자체가 50가지 그림자 혹은 그 이상을 가진다는 사실이 흑백의 존재를 알아보는 것을 방해하지는 않는다.* 베니딕트는 죄책감과 부끄러움의 대비를 1946년에 발표한 책《국화와 칼 *The Chrysanthemum and the Sword*》의 이론적 기초로 이용했다. 원래 이 책은 미국 국방부의 전시정보국을 위해 쓴 것이다. 인류학자에게 이런 책을 쓰게 한 이유는 일본 국민의 성격을 분석해 가능한 한 미래 일본인의 행태를 예측하려는 것이었다. 의아한 점은 베니딕트는 일본어를 할 줄 몰랐으며, 일본을 방문한 적도 없다는 사실이다. 이전 저작에서 일본을 특정해 다룬 일도 없었다. 오늘날의 말투로 이야기하자면 그녀는 일본 '전문가'라고 할 수 없었다. 그러나 출간되기 무섭게 이 책은 공전의 베스트셀러가 되었다. 일본에서만 200만 권이 넘게 팔렸다.[46] 이 책은 관련 주제를 다룬 도서 목록에 여전히 등장하며, 그중에서 가장 오래된 작품이다.

"하지はじ, 즉 부끄러움은 일본에서 쓰라리게 느껴지는 감정이다." 베니딕트가 쓴 글이다. 그러나 부끄러움은 당사자가 한 말이

---

*   이 표현은 세계적 베스트셀러《그레이의 50가지 그림자 *Fifty Shades of Grey*》에 빗댄 것이다.

나 행동으로만 빚어지는 것이 아니다. 부끄러움은 또한 당사자를 '폄하'하는 세간의 평판이나 행동 탓에 생겨나기도 한다.[47] 양심은 사적으로 저지른 잘못과 다른 사람에게 알려진 잘못을 구별하지 않는다. 또는 구별하지 않아야 한다. 그러나 부끄러움은 두 경우를 구분한다. 다시 말해서 자신이 저지른 잘못이 비밀로 남아 곤란을 느낄 필요가 없을 때 당사자는 부끄러워하지 않는다.

> [일본인에게] 좋은 행실의 분명한 길잡이를 따르지 못한 실패, 의무의 균형을 이루지 못한 실패 또는 만일의 사태를 예측하지 못한 실패는 부끄러운 일이다. 일본인은 부끄러움이야말로 덕목의 뿌리라고 말한다… 일본 윤리에서 부끄러움은 서양 윤리의 '깨끗한 양심', '신에게 도리를 다함', '죄지을 일의 회피'와 같은 권위를 가진다. 그러므로 이 논리는 사후에는 벌을 받지 않을 것이라 여기기에 충분하다.

계속해서 베니딕트는 이렇게 지적한다. "일본인이 이처럼 부끄러움을 중시한다는 것은 부끄러움을 심각하게 느끼는 어떤 종족이나 국가와 마찬가지로 자신의 행위를 여론이 어떻게 판단할지 전전긍긍함을 의미한다. 일본인은 다른 사람들이 어떤 판단을 내릴까 하는 상상을 중시할 뿐만 아니라, 상상 속 타인들의 의견에 비추어 자신의 행동 방향을 잡기도 한다." 이는 시네이데시스를 세간의 평가와 무관하며 독립적인 특징으로 바라본 마르쿠스 아우렐리우스의 관점과 정확히 반대되는 것이다. 또 필요하다면 세평에 맞서는 것으

로 양심을 이해한 루터의 사상과도 정면으로 충돌한다. 일본의 윤리
는 다르다.

> '선악의 구분'이 아니라, '주변의 기대'에 맞추어 자신의 행동 노선
> 을 잡으며, 집단의 '기대'를 우선시하고 자신의 개인적 요구를 낮
> 추는 사람이 존경을 받는다. 부끄러움(하지)을 알고 끝없이 신중할
> 줄 알아야 훌륭한 인간이다. 이런 사람은 가족과 부락과 국가에 명
> 예를 가져다준다.

개인이 감당해야만 하는 이 모든 요구는 피할 수 없는, 대단히
막중한 것이다. 교육이 아이들에게 이런 요구를 이해하게 하고 내면
화시켜 아주 어린 나이부터 이런 요구에 맞는 행동을 하도록 유도하
는 것은 놀라운 일이 아니다. 베니딕트는 프로이트 학설의 신봉자답
게 이런 교육이 대소변을 가리는 훈육과 관련이 있다고 믿었다. 일
단 시작된 훈육은 절대 멈추지 않는다. 일본인들은 인자한 눈빛을
지으며, "아이들은 부끄러움을 모른다"고 말한다. 그리고 "바로 그래
서 아이들은 행복하다"는 말이 따라붙는다. 부끄러움을 심어주려 사
용하는 첫 번째 제재는 비웃음이다. 다른 방법도 뒤따른다. 어느 다
른 사회와 마찬가지로 형식적인 제재가 존재하며, 필요한 경우 적용
된다. '기리ぎり', 즉 '평판 관리의 도리'를 다하지 못한 사람에게 가할
수 있는 최악의 제재는 가족이 등을 돌리는 것이다. 가족에게조차
인정받지 못한다는 사실보다 평판 관리의 실패를 더 잘 증명해주는
건 없다고 일본인들은 믿는다.

1992년 두 명의 인류학자는 베니딕트의 《국화와 칼》이 출간된 후 약 50년 동안 관련 주제를 다룬 모든 책은 베니딕트 것의 주석에 지나지 않는다고 주장했다.[48] 다른 사회학자는 "베니딕트가 세운 본보기, 집요할 정도로 규범적인 본보기와 반대되는 문화적 초상화는… 항상 복잡하게 합성되고 통합된 전체 '일본 문화'의 요소들을 잘 알지 못하는 '대안' 혹은 '다른 것'이었을 뿐이다" 하고 덧붙였다.[49] 헤아릴 수 없을 정도로 많은 저작물이 미국의 개인주의를 일본의 '집단주의'와, 평등주의를 '위계질서'와, 계약을 '족벌'(타인과의 공식적 계약이 아니라 혈연으로 이루어진 체계)과, 사적인 면을 '공적인 면'과, 개방성을 '폐쇄성'과, 그리고 바로 '죄책감'을 '부끄러움'과 대비시킨다.[50] "갈등의 이상적인 해결책은 어느 한쪽의 일방적인 승리와 다른 쪽의 굴욕적인 패배가 아니라, 승자와 패자가 체면을 너무 많이 잃지 않고 공존할 수 있게 해주는 합의다."[51] 예루살렘 히브리대학교의 일본사 명예교수인 벤아미 실로니Ben-Ami Shillony 교수의 말이다. 다른 두 명의 전문가는 일본에서 "의회는 표결로 다수가 소수를 무시하지 않으며, 표결에서 이긴 쪽은 상대에게 마지막 결정에 동참할 기회를 허락한다(또는 허락하는 척한다)"고 덧붙인다.[52]

네 번째 전문가는 일본이라는 체제가 "부끄러움과 처벌을 효과적으로 결합해가며 부정한 짓을 저지르는 사람을 부끄러워하는 문화적 전통"에 달려 있다고 설명한다.[53] 죄책감과 대비되는 부끄러움을 강조해서 나오는 기묘한 결과는 사과가 담당하는 역할이다. "변명은 마음속에 켕기는 것이 있다는 증거다qui s'excuse, qui s'accuse"라는 속담이 함축하듯, 서구에서 사과를 하는 사람은 자신의 잘못을 인정

하는 양심을 가졌다는 암묵적 전제를 피할 수 없이 받아들인다. 기이하게도 일본에서 사과를 하는 사람은 동시에 자신이 결백하다는 주장을 하는 것일 수 있다. 일본에서 사과란 자신이 저지른 일을 두고 하는 것이 아니라, 잘못했다는 혐의를 받아 주변 사람들에게 부끄러운 꼴을 보게 만든 데 대해 하는 것이라고 한다. 누군가 부덕한 일, '후토쿠ふとく'를 저질렀다는 언급은 겸손이나 겸허함을 보이라는 요구이기도 하다. 그럼에도 흔히 이런 언급은 죄책감이나 회개와는 아무런 관련을 가지지 않는다.[54]

양심, 프로테스탄티즘과 칸트와 헤겔이 각각 의무로 이해한 양심까지 포함한 서구의 양심 개념은 언제나 독립성과 선택의 자유를 가진 개인을 상정했다. 반대로 일본의 부끄러움 문화, 그리고 우리가 앞으로 살필 중국의 공경 문화는 보다 긴밀하게 결합된 사회를 요구한다. 개인들의 상호관계는 조화와 화합과 협력과 의무 그리고 복종에 중점을 둔다. 이런 가치들은 어느 정도의 획일성을 요구할 뿐만 아니라, 일본에서는 큰 문제든 작은 문제든 내부고발자가 왜 그처럼 드물었는지 설명해주기도 한다.[55] 다행스럽게도 70년 동안 이뤄진 사회학 연구는 이 주제와 관련해 많은 확실한 증거를 알려준다. 베니딕트 자신은 알지 못했던 증거들이다. 전반적으로 볼 때 일본은 그런 획일성과 화합을 실제로 누렸던 것으로 보인다.[56]

일본에서 소수집단은 매우 드물어서 이들이 행사하는 정치력은 무시해도 될 정도다. 일본은 세계에서 가장 산업화한 나라 가운데 하나로 사회가 위계질서를 중시함에도 빈부격차는 다른 선진국에 비해 갈수록 줄어든다. 지리적으로 볼 때 일본인은 미국인이나 영국인에 비해 이사를 덜 하며, 어쨌든 한 곳에 정주하는 경향을 보인다. [57] 이런 사실은 다시금 자녀가 늙은 부모를 봉양해야 하며, 이런 돌봄이 사회의 마땅한 풍습이 되어야 한다는 사회적 요구를 반영한다. [58] 1990~1991년 시작되어 아직도 지속되는 경기침체는 보장된 평생고용을 위축시키고 말았다. 그럼에도 노동력의 이동성은 여전히 서구 국가에 비해 현저히 낮다. [59]

설문조사 결과, 일본인은 사회 적응도가 높을수록 내적인 만족도가 높다는 것을 보여준다. [60] 일본인 개인이 최우선시하는 가치는 자율성이 아니라 안정이다. 덕분에 가족과 이웃과 고용주는 상대적으로 경찰과 법원의 신세를 지는 일이 별로 없이 개인을 확실히 장악할 수 있다. 부끄러움은 개인을 넘어서서 개인이 속한 집단까지 확장되기 때문에 대리 사과, 잘못을 저지른 본인이 아닌 집단 소속의 다른 사람이 나서서 하는 사과가 매우 중요하며 대단히 큰 비중을 차지한다. 이런 식으로 집단은 그 구성원이 이른바 '부패'라고 하는 죄에 연루되는 등 어떤 위반을 했을 때 늘 덮어주려 노력한다. 이처럼 집단 중심의 행태는 당연한 것으로 기대되며, 그래서 너그럽게 용인되기도 한다. [61] 그 결과 이런 사회규율이 적용되지 않는 국가를 방문한 일본인은 말 그대로 물을 벗어난 물고기 신세가 된 것처럼 느낀다. [62]

이 장을 맺기 위해 나는 취재를 하며 겪은 일을 독자들과 공유하고 싶다. 자부심을 가지고 말하자면 나는 벤아미 실로니와 40년 넘게 가까운 친구로 지내왔다. 일본 역사와 문화에 정통한 그의 탁월한 지식은 일왕이 직접 수여한 메달을 받게 해주었다. 그러니까

일본어로 양심이 무엇인지, 또 일본의 양심은 정확히 무엇을 뜻하는지 실로니에게 묻는 것보다 더 자연스러운 일은 없다. 그는 친절하게도 그의 대답을 책에 인용해도 좋다고 허락해주었다. "물론 일본어에도 양심을 뜻하는 단어가 있죠. 그것은 '료신りょうしん(양심)'입니다. '료'는 '좋음良心'을, '신'은 느낌의 중심인 심장을 뜻하죠. 비슷한 단어도 있는데, 이를테면 '혼신ほんしん(본심本心)', '도오토쿠신どうとくしん(도덕심道徳心)'이죠." 그는 나중에 이렇게 설명했다.

양심은 일본 문화의 기본 요소입니다. 양심은 내면의 도덕적 확신과 사회적 의무 사이의 긴장으로 키워집니다. 때때로 이 긴장은 풀릴 수 없는 것이어서 이로부터 풀려날 방법은 자살이나 절간에 들어가 은둔을 하는 겁니다. 양심은 특히 의무와 내면의 확신을 강조하는 무사(사무라이) 계급에서 강합니다.

일본어를 할 줄 모르는 나를 돕기 위해 실로니는 두 권의 책, 곧 이반 모리스Ivan Morris가 쓴 《실패의 고결함The Nobility of Failure》(1975)과 폴 발레이Paul Varley의 작품 《일본의 무사들Warriors of Japan》(1994)을 추천해주었다.* 이 두 권의 책을 읽으며 내가 처음으로 주목한 것은 색인에서조차 양심이라는 단어가 등장하지 않는다는 점이다. 《일본의 무사들》의 경우 색인은 고유명사만 다루었기 때문에 나는

---

* 모리스(1925~1976)는 영국 출신의 일본 전문가로 미국 컬럼비아대학교의 교수를 지낸 인물이다. 발레이(1931~2015)는 하와이대학교의 일본 문화사 교수를 지낸 인물이다.

그러려니 했다. 그러나 '부끄러움'은 물론이고 '충성심'과 '성실'도 다룬《실패의 고결함》에 양심이 등장하지 않는 것은 의아하기만 했다. 제목이 암시하듯《실패의 고결함》은 사무라이의 인생을 다루는데, 내용의 대부분은 전설이다. 이 책은 사무라이와 그들의 주군이 패배를 당한 상황에서 어떻게 고결함을 지키는지에 관련된 이야기들에 집중한다. 이런 상황에서 사무라이는 공식적인 충성심과 감정적 충성심(충성심의 기초는 '주어진 일에 열정을 다하는 것'이라고 일본인들은 말한다), 충성과 죽음, 위엄과 죽음, 삶과 복종 사이의 갈등에 노출된다.[63] 사무라이는 19세기 초 오시오 헤이하치로大塩平八郎(1793~1837)*가 일으킨 반란처럼 민중을 고통으로부터 해방시켜주기 위해 행동했을 수 있으나, 실제 이런 경우는 드물었다. 그럼에도 이 책에 등장하는 모든 이야기는 주인공의 초인적인 노력과 용기를 들려준다. 어쨌거나 사무라이의 성실한 자세는 처음부터 비운을 맞을 수밖에 없다. 모리스가 지적하듯, 사무라이는 일본인으로 자부심을 가지며 항상 정확하게 패배자의 운명을 택한다. 사무라이는 승리를 원하는 것이 아니라 고난과 파국에 맞서 싸운다.[64] 패배해 죽음에 직면한 마지막 순간에 이르러 사무라이는 자신의 고결함을 최종적으로 증명해낸다. 정확히 이것이 전설이나 연극이 사무라이를 비극적 성격으로 그려내는 방식이다.

가장 인기를 누리는 이야기는 미나모토노 요시쓰네源義経**의

---

* 일본 에도 시대의 양명학자. 빈민구제에 힘쓰다가 이를 외면하는 위정자에 분노하여 반란을 일으킨 인물이다.

** 일본 헤이안 시대 말기, 가마쿠라 시대 초기의 무장으로 아명은 우시와카마루牛若丸이다.

것이다. 이 영웅담의 대부분은 전설이지만, 주인공만큼은 1159년에 태어나 1189년에 사망한 실존 인물이다. 당시 양대 귀족 가문 가운데 한쪽의 자손으로 태어난 그는 어려서 피리를 불며 돌아다니기를 즐기는 감상적인 소년이었다. 나중에 그는 용맹하면서도 따뜻한 심장을 가진 무사, 부하들이 죽음도 불사하고 열렬히 충성을 바치게 이끄는 자질을 갖춘 무사로 성장했다. 처음에는 싸움마다 승리가 이어졌다. 그러나 정치감각의 부족으로 권모술수를 몰랐던 탓에 그는 형 요리토모에게 배신을 당한다. 결국 그는 단지 여덟 명의 부하만 거느리고 3만 명의 군사와 대적해 싸운다. 최후에 이르자 그는 냉정하고도 침착하게 '셋푸쿠せっぷく(절복切腹)' 즉 할복자살을 감행한다. 전설이 들려주듯 요시쓰네는 생전에 실제로 훌륭한 자질 덕분에 장수로서도 인간으로서도 존경을 받았다. 그러나 그를 헤아릴 수 없이 많은 전설의 영웅으로 만들어준 것은 실제로는 그가 감당해야만 했던 불행, 곧 쓰라린 패배와 이에 굴하지 않은 의연한 죽음이었다.[65]

발레이는 《일본의 무사들》에서 전설의 문학적 효과보다는 그 바탕에 깔린 역사적 현실을 드러내는 일에 더 집중한다. 발레이의 이야기는 고결함이 아니라, 끝없이 이어지는 정치적 탐색과 동맹 형성 그리고 마키아벨리를 연상시키는 권모술수를 다룬다. 우리는 또한 도저히 믿을 수 없는 잔혹행위, 흔히 평범한 남녀와 아이들이 저지르는 잔혹행위를 목도한다. 나무로 짓고 종이를 바른 집들로 이뤄진 촌락에 불이 붙었을 때 주민의 "비명소리는… 지옥의 불에 타는 죄인의 악다구니보다 더 참혹했다".[66] 어떤 한 번의 충돌에서만 4만여 명의 사람들이 목숨을 잃었다. 그렇지만 사무라이의 악명이나 명

성을—특히 명성은 사후에 누리는 것인데—가늠하게 해주는 특징
은 명확했다. 악명 높은 사무라이는 "이들이 섬기던 옛 군주나 예전
의 주군이 정한 법도를 따르지 않았으며, 방종한 삶을 살고, 충고를
무시하면서, 세상의 어지러움을 자각하지 않았고, 사람들이 받는 고
통을 외면했다". 드높은 명망을 자랑한 사무라이는 다른 사람은 물
론이고 자신에게도 충실했다. 이런 충성심은 모든 특징 가운데 가장
중요한 것이다. 명예를 소중히 여긴 사무라이는 최후의 순간을 맞아
서도 용감했고 침착했다.

벤아미 실로니가 추천한 그대로 두 권의 책이 일본 문화를 잘
대변하는 것이라면, 내 관점에 일본인의 도덕성 관념은 여러모로 시
네이데시스와 현대의 양심보다는 호메로스의 아이도스에 훨씬 가
까운 것으로 보인다. 호메로스 시대와 마찬가지로 무사 중심의 사회
에서 삶과 죽음은 맞닿아 있었다. 호메로스 시대처럼 무사들은 누가
더 뛰어난지를 두고 서로 치열하게 경쟁했다. 무사는 전투에서 가장
위험한 곳을 찾아 누볐으며, 누구보다도 뛰어나고자 하는 열망으로
스스로 죽음을 초래하는 일도 잦았다. 또 호메로스 시대와 마찬가지
로 무사가 직면하는 선택은 선악의 문제가 아니라, 한편으로는 자신
의 이득과 다른 한편으로는 충성심/명예/성실성 사이에서 고민하
는 것이었다. 실제로 악은 이득이며, 선은 충성심/명예/성실성에 해
당한다는 것이 맞는 말이리라. 드물게 예외가 있기는 했지만, 영웅
이 싸워야만 하는 이유는 그게 어떤 것이 되었든 부차적인 것에 지나
지 않았다. 영웅이 본분을 위해 이득을 포기하고 패색이 짙은 싸움
에 뛰어들수록, 그는 패배했음에도 더 위대한 승리를 쟁취했다는 칭

231

송을 들었고, 나아가 그를 둘러싸고 생겨나는 전설은 더욱 인기를 끌었다.

중국에서의 양심

거듭 말하지만 신토는 인격적 신을 가지지 않으며, 단순한 '종교'에 그치는 것이 아니다. 인격적 신이 없다는 특징은 서로 떼려야 뗄 수 없이 맞물린 중국의 거대한 사상체계들, 곧 유교와 도교와 불교가 공유하는 것이다. 이 세 종교는 오랫동안 전 세계 인구의 5분의 1에게 지배적인 영향력을 행사해왔다. 그리고 이 인구의 미래 전망은 분명 현재 전혀 나쁘지 않다. 먼저 가장 중요한 종교인 유교에 초점을 맞추어보자. 이 종교의 영향력은 너무 커서 오늘날 몇몇 극동과 동남아시아 정부들은 이 종교를 '장악해 이용하고자' 시도해왔다. 이 정부들은 마치 자신들의 마차를 끌기 위해 말에 마구를 씌우듯, 유교를 자신의 의도에 맞게 변형해왔다.[67] 지금 우리의 목적은 모든 종교를 검토하고자 하는 것이 아니며, 단지 양심이 없는 사회가 어떻게 기능하는지 보여주는 것일 뿐이다. 바로 그래서 나는 유교를 하나의 사례로만 이용하고자 한다.

하늘이 있다는 것은 지당한 진리다. '천天'은 "하늘 아래 모든 것"을 덮어주는 친근한 푸른 하늘이다.[68] 소비에트가 몰락했음에도 아무도 아쉬워하지 않는다며 윈스턴 처칠Winston Churchill이 했던 말을 내 마음대로 끌어다 쓰자면, 유일신 종교에 익숙한 사람들에게 천을 둘러싼 모든 것은 신비로 감싸인 수수께끼다. 천은 신이 아니며, 그렇다고 신이 아닌 것도 아니다. 오히려 천은 신이기도 하고, 신이 아니기도 하다. 한 가지만큼은 확실하다. 천은 죽은 물체가 아니라, 살아 있는, 생동하는 감각을 가진 존재다. 그럼에도 유교는 계시나 신성한 책이나 기적 혹은 인간사에 개입하는 그 어떤 신의 간섭도 인정하지 않는다.[69] 정확한 성격을 둘러싼 의견은 분분하지만, 천은 일반적으로 인격적 신이라기보다는 비인격적 힘으로 이해된다.

이는 선교사들이 천을 기독교의 신과 동일시하려고 기회가 있을 때마다 시도했지만, 중국의 학자들이 거부한 이유를 설명해준다. 심지어 중국의 학자들은 신이라는 게 무엇을 뜻하는지 이해할 수 없다고 주장했다. 창조의 원천으로서 인격적 신이 부재하는 가운데 중국인은 자신의 존재를 부모 덕분으로, 그리고 부모를 통해 연결되는 조상 덕분으로 여기며, 자신이 태어난 가문의 일원으로 살아갈 수 있는 것에 감사한다. 가족이 많게는 아홉 세대로 이뤄졌다는 이야기도 있는데, 많은 후손은 물론이고 첩이나 종 같은 혈연이 없는 사람들까지 포함해 같은 복합체를 이루며 함께 살았다고 한다.[70]

이론상으로 가족의 규모에는 한계가 없다. 궁극적으로 가족은 '하늘 아래 모든 것', 심지어 제국 전체와 그 안에 살아가는 모든 사람(이민족은 제외된다)과 동일하다. 유대인과 그리스·로마 그리고 기독교 전통은 성보다 이름을 먼저 쓴다. 중국은(그리고 일본은) 다르다. 중국인은 성을 먼저 쓰고 이름을 나중에 쓴다. 바로 그래서 가족 그리고 가족을 통해 연결되는 사회가 항상 우선이며, 개인 자체는 그리

중시되지 않는다. 공자孔子는 거듭해서 사회가 없다면 인간은 존재하지 않는다고 설파했다. 오늘날까지도 '나'보다 '우리'를 우선시하는 이런 경향은 강하게 체득되어, 서구로 이주한 중국인은 이런 사고방식을 깨는 데 무척 곤란을 겪는다.[71]

공산주의와 현대 자본주의를 겪으며 피폐해진 상황에서 살아남기 위해 유교사회는 인간관계의 이상적 모범을 다섯 가지로 정리해 통치의 기반으로 삼았다. 가장 강력한 관계는 왕과 신하의 군신관계이며, 이후 아버지와 아들의 부자관계, 남편과 아내의 부부관계, 연장자와 연소자의 관계, 친구 간의 관계가 따른다. 관계의 이런 목록은 원전마다 약간의 차이를 보인다. 주목해야 할 점은 이 다섯 관계의 어느 것도 평등한 관계가 아니라는 사실이다. 심지어 친구 사이에서도 연장자가 중시된다. 이런 모든 관계는 서로 도움을 주고받는 것이기는 하지만, 아무튼 비대칭적이다.[72] 개인 권리라는 개념이 거의 전무하다시피 했기 때문에 각 관계는 윗사람이 아랫사람에게 명령을 내리고, 규율을 잡고, 처벌할 광범위한 권력을 행사한다. 윗사람이 온유함과 자비를 익히라는 권고를 받는 이유는 바로 이 막강한 권력을 제어하기 위함이다. 위로부터의 온유함과 자비는 아래로부터 충성과 존중과 복종을 요구했다. 이런 특성이 없었더라면 삶은 그야말로 혼란 그 자체였으며, 사회는 존재할 수 없었으리라.

이런 체계에서는 칸트가 이성에 근거해 찾아낸 단 하나의 보편적인 패러다임과 같은 유일한 윤리적 표준이란 존재할 수 없다. 법칙의 보편성이 성립하기 어려운 사정은 공자 자신이 설파한 "내가 하고자 하지 않는 바를 남에게 시키지 말라"는 은률*을 포함한 대부분의 기본 법칙에 적용된다.[73] 중국의 사회적 결속은 마치 연못에 이는 물결과 같아 보인다. 중심에서 멀어질수록 파문이 흐려지듯, 사회적 결속도 약해진다. 이런 특징을 분명히 보여주기 위해 공자는 제자의 질문에 답하면서 양 한 마리를 훔친 아버지를 당국에 고발한 아들의 이야기를 들려준다. 기록에 따르면 공자는 이렇게 말했다. "우리 마을에서 정직함은 전혀 다르다. 아버지는 아들을 숨겨주고 아들은 아버지를 숨겨준다." 그리고 공자는 다음과 같이 덧붙였다. "정직함은 이처럼 서로의 잘못을 덮어주는 것이다."[74] 이런 관점은 '내 아버지의 옳고 그름'을 따지는 것과 같지 않다는 점만 덧붙여두는 것이 적당하겠다. 완곡한 불평은 허용되며, 또 해야 마땅하다. 그러나 불평이 무시된다 할지라도, 당사자는 반항하지 않고 존중을 보여주어야 한다.[75]

가족 바깥에서도 같은 원칙이 적용된다. 어떻게 행동해야 하는지 그 표준은 획일적이지 않으며, 공동체 안에서 당사자의 사회적 지위에 따라 달라진다. 공자 자신은 항상 대화 상대의 지위에 맞춰 행동하려고 신중을 기했다.[76] 유교를 다른 종교와 구분해주는 특징, 또는 공자 사상을 동양이나 서양의 다른 철학과 구분해주는 특징인 이런 상대주의는 흔히 역할 윤리로 알려져 있다.[77] 그러나 어떤 한 관계를 다른 나머지 관계보다 선호하는 것으로 군자의 덕성은 키워지지 않는다. 오히려 이 모든 관계를 조화롭게 가꾸고, 어느 한 순간만

---

* 영어 문화권에서 공자의 "기소불욕 물시어인己所不欲 勿施於人"을 황금률에 빗대 쓰는 상대적인 표현이다. "~하라"는 적극적 의미가 아니라 "~하지 말라"고 부정적으로 썼다는 점에서 차이가 있다.

이 아니라, 시대에 따른 환경 변화에 유연하게 대처할 때 참된 덕성이 길러진다. 이는 분명 매우 어려운 과제이기는 하지만, 기쁜 마음으로 고상하게 처신한다면 가능하다.

　백성의 윤리는 무엇보다도 가족 구성원과의 관계, 그리고 공동체와의 관계를 강조한다. 정부의 관리도 다르지 않다. 공직자는 먼저 자신의 집안을 가지런히 하는 것을 첫걸음으로 평생에 걸친 오랜 여정에 나선다. 공직자는 황제를 섬겨야 할 뿐만 아니라, 황제를 통해 제국 전체 그리고 제국 안의 모든 것에 봉사해야 한다. 이를 위한 전제는 모든 것에 해박한 지식을 쌓는 것이다. 중국의 공직자는 다른 어떤 나라보다도 훨씬 더 교육받은 엘리트를 대표한다. 공자가 그린 사회체제 안에서 공직자의 역할이 이처럼 컸기 때문에 이후 세대, 마오쩌둥毛澤東과 그 휘하의 공산주의자들까지 포함한 이후 세대는 공자를 때때로 나름 타당한 이유로 비난하면서도 공자를 포기하지 못하고 저마다 정권의 간판으로 내세웠다.[78] 마치 공자라는 말에 올라타 마장마술을 즐기듯.

　독자는 이미 눈치챘겠지만, 마키아벨리와 헤겔을 비롯한 서구의 여타 '국가 이성' 지지자와의 대비는 이보다 더 분명할 수 없다. 이 지지자들에게 정치는 마땅한 도리를 지키는 윤리와 조화될 수 있는 것이 아니었다. 지위가 높은 정치가일수록 보통 사람들이 일상생활에서 마주치는 양심의 문제를 **무시해야 한다는 것**이 국가 이성을 신봉하는 지지자의 정치논리였다. 양심을 무시하지 못하는 것은 국익을 외면하는 반역죄나 다름없었다. 실제로 반역에 맞먹지는 않는다 하더라도 그만큼 국익에 충실할 것을 강조한 관점이다. 중국의 상황은 정확히 그 반대다. 진정한 유학자라면 체사레 보르자를 두고 다중 살해범이며 상습적인 강간범이라고 경멸해 마지않았으리라. 반대로 체사레 보르자는 프리드리히 2세를 보며 저렇게 바보같이 가슴이 여려서야 무슨 정치를 하느냐며 혀를 찼으리라. 프리드리히 2세는 '사크로 에고이스모', 신성한 이기주의가 모든 것을 정당화한다는 소니노의 의견에 절대 동의하지 않았기 때문이다. 그러나 유교의 관점에서 정치가는 지위가 높을수록 드높은 도덕적 의무를 감당해야만 한다. 이런 의무는 황제에서 정점을 이룬다.

물론 중국의 황제는 서구의 지배자나 정치가와 마찬가지로 자신의 제국이 부흥할 수 있도록 온 힘을 쏟는다. 그러나 황제는 자신의 신하와 백성이 지는 것보다 훨씬 더 무거운 도덕적 의무를 감당할 때만 이런 부흥을 이뤘다고 주장할 수 있다. 황제가 천의 뜻을 존중하는 의무를 지키지 못한다면, 결과는 하늘의 '명命', 곧 위임을 철회당하는 것이다. 그러면 홍수나 가뭄, 지진과 같은 자연재해가 나타나 많은 생명을 앗아가며 살아남은 자에게 굶주림을 안기게 된다. 기근은 중국 역사에서 항상 인구의 압도적인 다수를 형성한 농민들의 반란을 이끌었다. 중국의 유명한 속담은 농민이 불만에 가득 차면 하늘 아래 모든 것이 두려워 떤다고 한다. 극단적인 경우 황제는 권좌를 잃었다. 황제와 황족은 죽임을 당했으며, 왕조는 끝났다. 심지어 제국 자체가 몰락하기도 했다. 제국이 갈가리 찢겨 여러 제후국이 패권을 다투거나 이민족의 침입을 받는 일은 중국 역사에서 여러 차례 일어났다.

이 모든 정황은 개인적 행동과 정치 사이의 구분을 어렵게 만들었다. 술에 빠져 여색이나 탐하는 방탕한 생활은 협약 파기와 동맹의 와해 같은 결과를 불러왔다.[79] 바로 그래서 중국은 마키아벨리 이후 서구의 정치와 윤리 사상이 겪은 특징적인 변혁을 전혀 경험하지 않았다. 그 결과로 중국 사회가 훨씬 더 정직했는지, 아니면 이루 말할 수 없이 위선적이었는지 하는 물음은 고려할 만한 가치가 없다. 인간의 마음을 읽어내는 인격적 신이 부재한 탓에 중국은 내적인 감정보다는 겉으로 드러난 태도를 더욱 중시했을 따름이다.[80] 중국 문화가 이상으로 삼은 것은, 이런 표현이 올바른지는 모르겠으나, 정신적 구원, 더욱이 서구의 기독교가 그랬듯 사후세계의 구원은 분명 아니었다.

그렇다고 비극적이고도 요란한 '데누망dénouement(대단원)'이, 즉 사무라이가 보여주었고, 이를 통해 일본 사회가 모범으로 삼은 데누망이 중국의 이상도 아니었다. 전반적으로 중국 문화는 참회의 눈물을 흘리며 뒹구는 인간이나, 스스로 목숨을 끊는 것으로 진실하고도 충직하게 최후를 맞는 실패한 영웅을 못마땅하게 여겼다. 공자는 이 세상과의 작별을 몇몇 순교자나 사무라이처럼 빛나는 영광으로 받아들이지 않았다. 소문에 따르면 그는 아들과 몇몇 수제자의 죽음에 상심한 나머지 사망했다고 한다. 공자가 중시한 것은 어진 마음, 본보기로 삼을 완벽함으로 가장 잘 이해될 수 있는 '인仁'이다. 이것은 원래 귀족들만이 가진 특징을 의미한 그리스어의 '아가토스'와 비견된다.[81] 나중에 인의 의미는 하층민에게도 확장되어, 적어도 이론상으로는, 보통 사람들이 갖춰야 할 덕목이 되었다.

인이 바깥으로 드러나는 방식은 '예禮'라고 알려진 일련의 복잡한 의례의 실행이다.**82** 모든 의식이 단지 오래되었다는 이유만으로 자동적으로 받아들여지는 것은 아니다. 전설에 따르면 공자는 의례에서 인간 제물만큼은 바치지 말라고 동시대인들을 설득했다고 한다. 그러나 의례는 대개 조상에게 전래받은 그대로 지켜져야만 했다. 의례는 목적을 위한 수단이 아니라, 목적 그 자체였다. 다시 말해서 열과 성을 다해 제례를 집행하는 정신이야말로 중국인이 가장 중요하게 여기는 것이다. 공자는 이렇게 물었다. 사람이 어질지 못하면 예가 무슨 소용인가人而不仁 如禮何?**83** 의례는 생명을 불어넣어주는 것이며, 생명력 전체를 정신의 표현으로 바꾸는 작업이다. 어쨌거나 사람들이 의례를 통해 보는 것은 비물질적이다. 중국에는 고립과 극단적 가난을 감수하면서 오로지 자신이 생각하는 이상을 실천하는 것으로 유명해진 많은 은자隱者의 이야기가 있다. 물론 이상을 실천하는 것으로 자신의 명성을 드높인다는 것은 말 자체가 모순이지만, 달리 표현할 방법이 없다. 《논어論語》에서 공자는 이런 은자에게 경의를 표한다.

서구의 양심 개념, 특히 개신교의 양심 개념은 흔히 '번민'에 빠졌을 때 홀연 찾아오는 긍정적인 기쁨으로 받아들여진다. 유교는 다르다. 유교는 행동을 앞두고 고민하거나, 이미 일을 벌인 뒤 후회하는 태도에 거의 여지를 주지 않는다. 그런 고민과 후회는 드높은 덕성과는 거리가 먼 것으로 받아들여졌으며, 약함과 경솔함을 드러낸 것으로 여겨졌다. 공자의 언행을 전해주는 많은 전설에 따르면, 그는 항상 신중하고도 찬찬히 결정을 내리는 인물이었다. 공자는 일단 내려진 결정을 번복하는 일이 없었다. 그런데 《논어》의 어느 대목은 계문자季文子라는 이름의 제자가 자신은 항상 행동에 옮기기 전에 세 번 숙고한다고 말하자 공자가 "두 번이면 족하다再斯可矣"라고 대답했다고 전해준다.[84]

시종일관 공자의 양심 개념, 이런 표현이 맞는지는 모르지만 어쨌거나 양심 개념은 서구 사회처럼 선과 악의 기로에서의 선택과 관련이 없다. 또 일본이나 다른 귀족 무사 사회처럼 명예/충성/성실과 개인의 이익 사이의 선택과도 관련이 없다. 그 원인 하나는 지도적 위치를 차지한 학자들이 모범이 되리라 기대되었기 때문이다. 그와 대조적으로 군인은 약간 천대받는 경향이 있었다. 유교에서 사회를 움직이게 만드는 것은 양심이 아니라 '경敬' 곧 서로 존중해주는 마음가짐, 공경이다.[85] 이는 우리에게 서로의 입장을 헤아리게 함으로써 먼저 가족 안에서, 그런 다음 사회 전반에 걸쳐 조화를 이루는 삶의 방식에 충실하게 만드는 것이다. 이해관계에 매달려 혼란을 빚는 태도는 반드시 피해야만 한다. 누구도 달리 행동할 수 없다. 실수라도 용납되지 않는다. 바로 그래서 중국의 전통적인 법은 살인과 과실치사를 구분하지 않는다. 공자는 물론이고, 그의 가장 중요한 제자인 맹자孟子 역시 인을 포기하느니 자살하는 것이 나은 상황이 있다고 말한다.[86]

스토아학파와 유사하게 중국의 이런 사상에는 일종의 엘리트 의식이 포함되어 있음이 분명하다. 서구의 선교사들, 특히 저 위대한 마테오 리치Matteo Ricci(1519~1612)는 수백 년 전에 이미 이런 사실을 주목했다.[87] 선교사들은 스토아철학이 기독교의 길을 다져주었듯, 유교도 도움을 줄 수 있을 것이라고 믿었다. 그러나 선교사들의 이런 희망은 대체로 수포로 돌아갔다. 스토아사상과 유교의 결정적인 차이는 스토아철학이 보는 개인은 이미 사회에 앞서 완벽하고 불변한다는 사실에 있다. 유교가 보는 개인은 다르다. 사회와 떼려야 뗄 수 없이 연결된 개인은 사회 안에서 자신의 위치 변화에 순응해가며 인을 단련한다.

　유교는 아주 어린 아이라도 손윗사람을 존경하고 따르는 것을 보며 '경'은 타고난 성향이라고 믿었다. 이런 존중의 마음은 모든 사람에게 잠재되어 있다. 사회는 이런 잠재력을 태어나는 순간부터 사소한 것부터 시작해 부드럽지만 단호하게 키워주어야만 한다. 이런 교육이 마땅히 이뤄져야 하는 방식대로 이뤄진다면 궁극적으로 더 힘이 센 강자가 약자를 돌보는 사회가 실현된다. 공자의 추종자들은 때때로 이기심을 해를 가리는 구름으로 비유했다. 구름을 날려버린다면 밝은 햇살이 모든 사람과 모든 사물을 환히 비추어 어두운 그늘은 단 한 점도 남지 않는다.[88] 공자는 간단명료하게 최고의 사회는 송사訟事가 없는 사회라고 말했다.[89] 서양의 더 추상적인 용어로 말하자면, 최고의 사회는 개인과 사회 그리고 '천'을 완벽하게 접합한 사회이리라.

5장

제3제국의
양심

명령한 자

나치즘의 야만적인 잔인함과 홀로코스트의 이루 말할 수 없는 공포를 익히 아는 많은 사람은 아돌프 히틀러가 자신을 사악하기는 커녕 좋은 사람, 심지어 친절한 사람이라고 여겼다는 사실에 충격을 받으리라. 그러나 관련 자료를 조금만 뒤져봐도 실제로 그랬다는 것은 쉽사리 드러난다.

어린 시절을 회상하며 히틀러는 반복해서 자신이 개구쟁이 가운데 개구쟁이였다고 너스레를 떨었다. 학교에서 자신과 친구들은 못 말리는 악동이었다고도 했다. 그러나 장난을 쳤을 뿐, 심술을 부리거나, 하물며 악의를 품은 행동은 하지 않았다고 했다.[1] 린츠 당국에 자신이 군복무 신고를 하지 않은 것을 사과하기 위해 1914년에 보낸 편지에서 히틀러는 다음과 같이 주장했다. "나쁜 길로 빠지기 쉬운 환경에서 지독한 가난에도 나는 항상 법과 나 자신의 양심 앞에서 한 점의 오점도 없이 올곧게 나의 이름을 지켜왔습니다."[2] 전선에서 4년을 보내는 동안 만약 히틀러가 그 상황과 장소에서 할 수 있는 일반적인 행동 이상으로 잔인하고 포악했다면 그 당시 그에 대한 기록은 달라졌을 것이다.[3] 그는 어디를 가나 개 채찍을 지니고 다니기를 좋아했다고 하는데, 실제 이 채찍을 썼다는 증거는 없다. 1차대전이 끝난 뒤 히틀러는 누구를 죽이거나 공격한 일이 전혀 없다. 1937년 바이로이트에서 히틀러는 사람들이 그를 보면 겁을 먹는다는 이야기를 듣고 껄껄 웃으며 자신을 두려워하는 사람을 본 적이 없다고 말했다.[4]

황제 칼리굴라와 네로Nero 때부터 많은 절대군주는 자신의 지위를 이용해 음주와 색욕에 탐닉했다. 항상 자신을 "민중의 남자"로 내세웠던 히틀러는 자신이 꾸며 보였던 것처럼 절제된 삶을 살지는 않았다. 그러나 그의 측근, 특히 닥치는 대로 뇌물을 받아 막대한 부를 축적한 헤르만 괴링Hermann Göring(1893~1946)*과 다르게 히틀러 자신은 부패하지 않았으며 대단한 사치를 부리지도 않았다. 외국으로 돈을 빼돌리지 않았으며, 첩들로 가득한 화려한 저택을 꾸미지도 않았고, 보석으로 치렁치렁 꾸미고 정치에 적극 개입한 마담 퐁파두르Madame de Pompadour 같은 여인도 곁에 두지 않았다. 아마도 히틀러가 저지른 최악의 죄는 예술작품 징발이리라. 히틀러는 자신이 행복한 어린 시절을 보낸 도시 린츠에 박물관을 세우고 이 예술작품들을 가져다놓을 생각을 했다. 그는 린츠를 빈과 경쟁상대로 만들고자 희망했다. 자살을 감행하기 직전까지도 그는 건축 계획에 몰두했다. 요컨대 이전과 이후의 다른 독재자와 비교할 때, 히틀러의 개인적인 삶은 정직성의 표본이다.

---

* 나치스 정권의 2인자로 게슈타포와 공군을 창설한 인물이다. 내키는 대로 요직을 골라 가며 막대한 부를 축적했다. 전범재판에서 사형을 선고받고 자살했다.

보통 사람들과 비교해 절대군주는 법, 보상(군주는 스스로 자신에게 상을 내린다), 처벌을 평민과 같은 형태로 적용받지 않기 때문에 훨씬 더 큰 자유를 누린다. 히틀러가 휘하의 장군들에게 오로지 자신의 "양심과 의무감"에만 책임을 느낀다고 말할 수 있었던 정확한 이유는 이런 자유에 있었다. 히틀러의 생각을 가장 잘 들여다볼 수 있게 해주는 자료는 이른바 《히틀러의 비밀 대화*Hitler's Secret Conversations*》다. 속기로 된 이 기록은 1941~1944년 전시사령부에서 가까운 측근과 가끔 찾아온 손님과 나눈 대화를 받아 적은 것이다. 대화는 히틀러가 자신을 예의 바른 인간으로 여겼다는 점에 의심의 여지를 남기지 않는다. "나는 누군가에게 충분히 공정하지 못했다고 느낄 때 양심의 가책을 받는다." "나는 적수라 해서 굶겨 죽여야 한다고 생각하지 않는다. 비열한 적은 강제수용소로 보내면 된다! 그러나 사기꾼이 아니라면 나는 그를 자유롭게 풀어주고 살기에 어려움은 없는지 보살펴줄 것이다."

운전기사에게 의무사항을 일러주며 히틀러는 이런 말을 했다. "나는 자동차가 도로변에 줄지어 있는 사람들에게, 특히 일요일 정장을 말끔히 차려입은 사람들에게 흙탕물을 튀기면 불편하다." 또 이런 표현도 나온다. "나는 반대파를 박해하지 않도록 항상 주의해왔다." "정치적 논란 때문에 누군가를 암살하는 일은 절대 허락하지 않았다." 바꾸어 말해서 "표적 살인"은 안 된다. 히틀러는 이렇게 덧붙인다.

그런 방법은 일반적으로 적절하지 못하며, 예외적인 경우에만 권할 수 있다. 실제로 표적 살인은 적의 조직 전체와 그 힘을 어깨에 걸머진 사람을 제거할 수 없는 한, 실효적인 성공을 이끌 수 없다. 심지어 그럴 수 있다 할지라도 나는 그런 무기를 쓰는 것을 거부하겠다.[5]

히틀러는 편리하게도 1934년 6월 말에서 7월 초로 넘어가던 밤, 이른바 '장검의 밤Nacht der langen Messer'*에 숙청한 수십 명, 어쩌면 수백 명은 될 희생자를 잊어버린 모양이다. 히틀러는 아마도 이 희생자의 대다수가 반대파가 아니라 반역자였다고 본 모양이다. 그들은 이미 무장 쿠데타를 일으킬 준비를 마친 터라 가까스로 때에 맞춰 진압될 수 있었다. 수용소에서 잔혹하게 죽임을 당한 많은 사람들이야 잔챙이라 히틀러는 일일이 신경 쓸 수 없기도 했으리라.

1944년 말 히틀러는 주치의 테오도어 모렐Theodor Morell에게 "나는 은혜를 모르는 사람이 아니다"[6]라고 말했다. 그렇다고 해서 위대한 독일제국의 총통이 1939년 이후 자행한 것으로 알려진 수많은 무고한 사람들의 죽음에 책임을 져야만 한다는 사실이 바뀌지는 않는다. 역사 전체를 놓고 봐도 이와 비견될 만행을 저지른 군주는 손꼽을 정도다. 이런 인식이 물방울이 오리 등을 적시지 못하고 굴러떨어지듯 히틀러에게 아무 영향도 미치지 않았을까? 아니면 적어도 가끔이라도, 적게나마 그를 괴롭히기는 했을까? 문제의 심각성은 두 가지 사실에 초점을 맞출 때 가장 잘 드러난다. 한편에 몇백만 명의 독일 군인과 시민의 죽음이 있고, 다른 한편에는 유대인 남성과 여성

---

* 1934년 6월 30일 히틀러가 반대세력을 숙청한 사건이다.

과 아이는 물론이고 '바람직하지 않다'고 짓밟은 장애인과 집시 등 더욱 많은 수백만 명의 죽음이 있다.

독일인의 죽음과 관련해서 히틀러의 입장은, 비록 관련 자료가 많지는 않지만, 비교적 분명해 보인다. "만약 누군가 나에게 전쟁을 이유로 10만 또는 20만 명의 남자들을 희생시켰다고 비난한다면" 하고 히틀러가 1941년 러시아 침공을 개시하고 얼마 지나지 않은 시점에 발언한 기록이 남아 있다.

내가 한 일 덕분에 오늘날까지 독일 민족은 250만 명 이상을 더 얻었다고 대답하겠다. 10퍼센트의 국민에게 희생을 요구했지만, 나는 90퍼센트를 절대 포기하지 않았다. 10년 뒤에 세계에서 독일인은 1,000만~1,500만 명이 더 늘어나리라 나는 희망한다. 이들이 남자냐 여자냐 하는 문제는 중요하지 않다. 나는 성장에 유리한 조건을 창조해냈다.

그의 말은 계속된다. "자본주의자가 하는 방식대로 천연자원을 선점하기 위한 정복 전쟁이라는 단순한 이유로 독일 군인의 생명을 희생시켰다면 분명 그것은 범죄다." 전쟁에서 얻은 전리품을 더 잘 배분할 길을 찾아야 한다고도 그는 덧붙였다. 모든 사람에게 기회를 주었다는 점에서 히틀러는 "[자신의] 양심이 깨끗하다"고 주장했다.[7] 간단히 말해서 독일 군인의 피는 히틀러에게 세계에서 가장 소중한 자원이었던 셈이다. 그러나 이런 소중한 자원을 자의적으로 남용하지 않았느냐 하는 문제에서 히틀러는 결코 자유로울 수 없다.

최소한 어떤 장교, 히틀러와 거의 매일 접촉한 어떤 장교는 히틀러가 훌륭한 사령관이 되기에는 너무 마음이 여리다는 말을 했다고 한다. 이름은 알려지지 않았지만, 히틀러의 최고 작전장교이었던 알프레트 요들Alfred Jodl로 추정되는 이 장교는 "개인적으로 신경써야만 하거나, 죽음의 현장이 자세히 묘사된 보고가 올라온 사상자의 경우 히틀러는 공포에 사로잡혔으며, 분명 지인이 죽은 것만큼 고통스러워했다"고도 말했다. "그는 자신의 정치적 의지가 요구하는 결정을 내리는 데 방해가 될 수 있는 자신의 부드러움과 감수성을 두려워했다."**8** 무슨 말도 안 되는 소리인가 할지 모르나, 이런 관점에 힘을 실어주는 또 다른 기록이 존재한다. 알베르트 슈페어Albert Speer(1905~1981)*는 히틀러가 탄 열차가 우연히 어느 역에 멈추어 섰을 때 바로 옆 선로에 동부 전선에서 실려 온 초췌한 몰골에 굶주린 부상병들을 가득 태운 다른 열차를 보았던 일화를 이야기했다. 히틀러의 눈에 그들이 들어왔고, 부상병들은 고급스럽고 조명이 밝은 객실 창가에 선 히틀러를 똑바로 쳐다보았다.

히틀러는 1차대전의 경험 덕에 전선에 나간 일반 병사들의 마음가짐을 잘 알며 공감한다고 항상 주장했다. 그는 일반 병사를 "가엾은 벌레들"이라고 부르곤 했다. 히틀러가 병사들을 불쌍하게 여겼다는 점은 그의 지도력에 강한 비판을 했던 장군들조차 부정하지 않는다. 이런 연민에도, 또는 바로 이런 연민 **때문에,** 히틀러는 병사

* 독일의 정치가이자 건축가. 베를린의 설계에 중요한 영향력을 끼친 인물이다. 슈페어는 한스 프랑크Hans Frank와 함께 자신의 과오와 책임을 인정하고 사죄한 단 두 명의 나치 고위직이다.

들을 직접 찾아가 격려하는 대신 커튼을 닫았다. 괴벨스Paul Joseph Goebbels(1897~1945)*는 처칠이 종종 한 대로 히틀러도 폭격당한 도시들을 시찰할 것을 여러 차례 제안했다. 그때마다 히틀러는 참상이 어떨지 충분히 상상할 수 있다는 말로 거절했다.[9]

가능한 한 비밀로 유지하려 애썼기 때문에 유대인 절멸 문제의 증거는 더욱 모호하다. 1970년대 말 데이비드 어빙David Irving**이 처음 제기한 관점, 곧 총통의 수하들이 그가 모르게 홀로코스트를 자행했다는 주장은 현재 확실히 반박되었다.[10] 러시아에서 유대인을 대량으로 총살한 것은 미리 준비된 계획으로, 1941년 6월 22일 러시아를 침공한 즉시 실행에 옮겨졌다. 그러나 '비밀 대화'는 이런 사실을 단 한 번도 언급하지 않는다. 독일 거주 유대인들의 상황은 달랐다. 1941년 8월 8일에서 9일로 넘어가던 밤 히틀러는 이렇게 말했다.

피난을 주장할 권리를 가진 사람이 있다면 그것은 바로 우리다. 우리는 자주 자국민을 피난시켜야 했기 때문이다. 동프로이센에서만 80만 명이 대피해야 했다. 우리가 얼마나 인간적 감수성을 지니고 있는지는 60만 명의 유대인들로부터 우리의 조국을 해방시킨

---

*   나치스의 대표적인 프로파간다, 즉 정권의 선전과 미화를 책임졌던 인물로 패전에 자살했다.

**   1938년생 영국 역사학자로 홀로코스트를 부정한 인물이다. 1977년 그는 히틀러가 2차대전을 일으킨 것이 아니며, 1943년까지 홀로코스트도 몰랐다고 주장해 많은 국가로부터 유죄판결을 받았다. 유럽의 극우 성향을 대표하는 인물이다.

것을 최대한의 잔혹함으로 본다는 사실이 잘 보여준다. 그럼에도 우리는 아무런 맞대응도 하지 않고 우리 동포의 피난을 불가피한 사실로 받아들인다!*[11]

사실 이 시점에서 독일인과 유대인의 격리는 아직 시작되지 않았지만, 여러 사람의 제안으로 고려되고 있기는 했다. 히틀러는 청중의 반응을 시험하기 위해 간을 본 것일까, 아니면 진짜 권리문제에 관심을 가졌던 것일까? 실제로 장애를 가진 독일인과 유대인을 소개疏開해 사살하기로 한 결정은 그해 9월 16일에서 17일에 걸쳐 여러 차례 열린 회의에서 내려졌다. 이 회의에는 히틀러 자신은 물론이고 친위대장 하인리히 힘러Heinrich Himmler(1900~1945)와 외교장관 요아힘 폰 리벤트로프Joachim von Ribbentrop(1893~1946) 등이 참석했다.** 당시 총통은 소련이 10월 15일이면 패망할 것으로 낙관했다.[12]

1942년 1월 23일 히틀러는 다시 격리수용 문제를 다룬 회의를 열었다. 참석자 가운데는 힘러도 있었다. 이번에는 상황이 심각했다. 독일군이 모스크바에서 퇴각했으며, 미국이 적으로 참전했다. 아마도 이 시점에서 히틀러는 더는 승리할 수 없음을 깨닫기 시작했던 모양이다. 이때는 또한 다소 시간적 차이는 있지만 첫 번째 절멸

---

*   이 연설문은 나치스가 우생학을 내세워 장애인과 유대인의 안락사를 자행한 이른바 'T4 작전'을 옹호하는 내용이다. 동포라는 표현은 장애를 가진 독일인을 염두에 둔 것이다.

**   힘러는 친위대와 게슈타포를 지휘한 책임자로 유대인 학살을 주도한 인물이다. 리벤트로프는 독일의 정치가로 나치스 정권의 외교장관을 맡았던 인물이다. 1946년 전범재판에서 교수형을 선고받고 처형당했다.

수용소가 작전을 개시한 시점이다.

과감하게 행동해야만 한다. 치아를 뽑을 때는 단번에 잡아당겨야 아픔이 빨리 사라진다. 유대인은 유럽에서 사라져야만 한다. 그렇지 않고 유럽인 사이에 상호 이해는 있을 수 없다. 유대인이 모든 것을 가로막는다. 이런 생각을 할 때면 내가 대단히 인간적임을 깨닫는다… 나는 유대인이 사라져야 한다고 말하는 것으로 자제해왔다. 그들이 자발적으로 사라지지 않는다면, 남는 방법은 오로지 절멸뿐이다. 왜 나는 유대인을 러시아 전쟁포로를 볼 때와 다른 눈으로 보아야 하는가? 포로수용소에서 많은 사람이 죽어간다. 그것은 나의 잘못이 아니다. 나는 전쟁도 포로수용소도 원하지 않았다. 왜 유대인은 이 전쟁을 도발했는가?[13]

그리고 나흘 뒤에는 다시 이런 발언을 한다.

유대인은 짐을 꾸려 유럽에서 사라져야만 한다. 그들을 러시아로 보내버리자. 유대인과 관련해 나는 일말의 동정심도 없다. 그들은 항상 사람들을 이간질하는 악질이다. 그들은 어디를 가나 민족 사이는 물론이고 개인 사이에도 불화의 씨를 뿌린다. 유대인은 스위스와 스웨덴에서도 깨끗이 사라져야 한다. 유대인의 수가 가장 적은 곳에서 그들은 가장 위험해진다.[14]

사안의 특성을 더욱 밝게 조명해주는 것은 1941년 9월 말에 히틀러가 한 발언에서 나온다. 그는 자신의 저지를 또 다른 범죄, 곧 자신의 군대가 포위당한 '볼셰비키의 수도' 상트페테르부르크를 파괴할 작정임을 밝히며 이렇게 말한다.

> 분명 나는 본성상 다른 인종인 모양이다. 나는 사람이 고통당하는 것을 보거나, 누구에게 해를 끼치는 것을 좋아하지 않는다. 그러나 내가 속한 인종이 위험에 처했음을 깨닫는 순간, 감상은 냉철한 이성에 길을 내어준다. 나는 미래가 요구하는 희생이 무엇인지 분명히 깨달아 오늘 주저하지 않고 이 희생을 감당할 각오를 다진다.[15]

이 모든 이야기는 히틀러가 자기 자신을 정당화하려 시도하는 듯한, 무엇보다도 자신에게 정당화하려는 듯한 울림을 준다. 그렇지 않다면 왜 이런 주제를 꺼내겠는가?

이런저런 일화는 히틀러가 좋아한 "우아한 여인들"과 관련이 있는데, 그는 그녀들에게 냉혈한으로 보이기를 원치 않았다.[16] 내가 보기에는 이런 일화들이 히틀러가 자신이 명령한 범죄가 누구도 두려워할 필요가 없는 자신의 "인간적 본성"과 충돌한다고 주장함으로써 나름 주관적인 진실을 이야기하고 싶어 했는지도 모른다. 1940~1941년 히틀러는 라인하르트 하이드리히Reinhard Heydrich(1904~1942)*의 계획을 너무 과격하다며 거부했다. 라인하르트 하이드리히는 "사형집행인"이라는 별명으로 불린 인물로 유대

---

* 게슈타포 보안방첩부 수장으로 유대인 학살에 앞장서 '프라하의 도살자' 또는 '피에 젖

5장 제3제국의 유혹

254

인 절멸 조직에서 두 번째로 높은 지위에 있던 장교다. 분명 히틀러가 그런 결정을 내린 것은 정치적 이유 때문이었지 양심 때문이 아니었다. 독일 국민의 분위기를 누구보다도 더 잘 감지한다고 믿은 자신의 직관에 자부심을 가지고, 히틀러는 국민이 그 방법을 수행할 준비가 아직 되어 있지 않다고 느꼈다.[17] 히틀러가 하이드리히의 장례식(하이드리히는 체코슬로바키아 레지스탕스로부터 1942년 6월에 암살당했다)에서 한 추도사는 여전히 흥미롭다. 그는 망자를 두고 철 심장을 가졌다고 했다.[18] 이 표현은 칭찬으로 들리지 않는다.[19] 물론 독자는 이 사건을 비롯해 비슷한 사건들을 자유롭게 해석해 자신이 원하는 쪽으로 결말을 얻어낼 수 있기는 하다.

히틀러와 하이드리히 사이에서 핵심적 역할을 맡은 사람이 하인리히 힘러다. 1934년 6월 힘러와 함께 게슈타포 창설자로서의 역량을 발휘한 괴링은 돌격대Sturmabteilung(SA)*를 숙청하기 위한 조직을 구성하는 주요 책임자였다. 괴링은 돌격대 학살을 대수롭지 않게 여겼다. 숙청 작업을 끝내고 불과 일주일 후인 7월 7일 괴링은 자신의 전원 저택인 '카린홀'에 특별히 만든 '비어가르텐'에서 이 살인자들과 함께 술과 음식을 즐겼다. 괴링과 잘 알았던 영국의 해군무관 대위 호스Hawes는 그를 두고 "이기주의와 거드름으로 쌓아올린 산"과 같다고 묘사했다.[20] 자신을 정당화해야만 직성이 풀리는 성격의 힘러와도 다르게 괴링은 그저 자신이 하고 싶은 대로 밀어붙이기

은 사형집행인'이라는 악명을 떨친 인물이다.

* 나치스당의 준군사조직으로 친위대Schutzstaffel(SS)와 세력다툼을 벌이다가 몰락했다.

만 했다. 그해 10월 모든 게슈타포 장교들이 참석한 회의에서 괴링은 '장검의 밤'을 두고 이렇게 말했다. "한 군인이 평생 맞이하는 날들 가운데 가장 힘든 날이었다. 함께 8년에서 10년 동안 같은 이념을 위해 나란히 서서 싸워왔지만 이념을 지키기에 실패한 동료를 쏜다는 것은 한 남자에게 일어날 수 있는 가장 쓰라린 일이다." 그는 계속해서 유대인과 프리메이슨과 가톨릭교회를 향해 저주를 퍼부었다. 괴링은 그들이 돌격대 대장 에른스트 룀Ernst Rhoem의 부하들을 포섭해 "그를 파국으로 몰아넣었다"고 주장했다.[21]

6년 뒤인 1940년 5월 15일 힘러는 히틀러에게 흥미로운 제안서를 준비했다. 이것이 지도자의 "전폭적인 승인"을 받았다고 그는 주장했다.[22] 제목은 "동부 외국인의 인종적으로 순수한 자녀들"이었다. 이 자녀들을, 부모가 동의한다는 전제 아래, 고향에서는 받을 수 없는 좋은 교육을 해준다는 조건으로 독일로 이주시켜 독일인으로 키운다는 것이 이 문서의 내용이다. "개인에 따라 잔인하고 비극적일 수는 있지만" 하고 힘러는 운을 떼었다. "물리적 절멸이라는 볼셰비키의 방법이 독일에게는 어울리지 않으며 불가능하다는 내적인 확신으로 거부하는 사람이라면, 인종적으로 순수한 후손을 독일로 이주시켜 독일인으로 키워내는 방법은 가장 온당하고 최선인 선택이다." 짐작하건대 유대인을 두고도 힘러는 비슷한 생각을 했던 모양이다. 그렇지 않다 해도 같은 제안서에서 유대인들을 모아 '아프리카'로 보내는 가능성을 언급한 이유는 설명되지 않는다.

그것으로 끝은 아니었다. 1941년 7월 독일군은 점령한 러시아 지역에서 앞서 "독일에게는 어울리지 않으며 불가능하다"던 방법,

곧 남자뿐만 아니라 여자와 아이까지 절멸시키는 살상을 일상적으로 저질렀다. 다시금 괴링과 힘러 사이의 대비가 두드러진다. 뚱뚱한 몸집에 쾌락을 탐닉하는 제국원수 괴링이 악행을 보거나 듣는 것을 피하려 한 것은 양심에 걸려서라기보다는 자칫 잘못된 행동을 할 경우 히틀러가 내릴 불호령을 두려워했기 때문이다.[23] 자제력 있는 힘러는 정확히 반대의 모습을 보여준다. 다소 고지식한 스타일의 지도자인 그는 크든 작든 부하들이 자신의 명으로 했던 모든 일에 참여하거나, 적어도 직접 눈으로 지켜 보았다. 무엇보다도 힘러는 마흔을 넘긴 나이에도 체력 검사를 정직하게 통과하고 싶어 했다. 이런 성품을 잘 아는 그의 부하들은 몰래 통과 기준을 낮춰서 그가 통과할 수 있게 했다.

1941년 8월 15일 힘러는 숱하게 다닌 전시사찰의 일환으로 민스크에 날아갔다. 그곳에서는 아르투어 네베Arthur Nebe(1894~1945)* 가 '특임부대 B'의 지휘관으로 통수권자의 구미에 맞는 '작전'을 벌였다. 자세한 것은 다른 친위대 장군 에리히 폰 뎀 바흐첼레프스키Erich von dem Bach-Zelewski(1899~1972)**의 증언으로 알려졌다. 네베의 임무는 게릴라 격퇴였다. 그러나 누구를 죽여야 한다는 것인지 구분이 분명치 않아, 관련 문서는 '게릴라 도당'에 더해 수많은 유대인이 사살된 것을 확인해준다.[24] 시위대에는 약 200명의 유대인이 섞여 있

---

*   나치스 보안경찰의 핵심 인물. 오늘날의 벨라루스 지역에서 유대인 학살에 주도적인 역할을 했다.

**   친위대 대장으로 러시아에서 벌어진 대량학살에 가담했던 인물이다. 1933년 공산주의자를 살해한 사건으로 무기징역을 선고받고 복역하다가 사망했다.

옮긴이 주

었는데, 당시로 그리 많은 규모는 아니었다. 대다수는 젊은 남성이었지만, 그 가운데에는 여성과 아이들도 있었다. 유대인의 사살이 자행된 곳은 두 개의 구덩이가 파인 들판이었다. 구덩이의 크기는 각각 길이 8미터, 폭 2미터, 깊이 2미터였다. 희생자들은 얼굴을 바닥에 대고 엎드렸다. 각 구덩이마다 열두 명의 총살집행대가 사격자세를 취했다.

안이 훤히 들여다보이는 첫 번째 구덩이 가장자리에 선 힘러는 이런 장면을 자기 눈으로 한번은 보는 게 좋겠다고 말했다. 그는 가정환경이 좋은 중산층 출신이었다. 전에 사람이 죽임을 당하는 장면을 본 적은 없었다. 그는 경련이라도 일으키듯 떨면서 손으로 얼굴을 감쌌고, 휘청거렸다. 안색이 파랗게 질렸다. 사격이 끝나자 그는 돌아서서 손수건을 꺼내 뺨과 외투에 튄 피와 뇌 조각들을 닦아냈다. 나중에 힘러는 "독일인으로 그런 일을 지켜보는 것은 소름 끼치고 끔찍했다"고 말했다. 그리고 '작전'을 수행한 부하들은 자신이 피비린내 나는 일을 얼마나 싫어하는지 똑똑히 보았을 거라면서, 힘러는 부하들이 아무리 어려워도 의무를 다해주기를 바랐다고 덧붙였다. 나는 다시금 독자들이 나름대로 판단해주었으면 한다.

살육의 현장에서 돌아온 뒤 폰 뎀 바흐첼레프스키는 자신의 사령관에게 총살집행대 대원들의 인생이 완전히 망가져버렸다고, 신경쇠약에 걸리거나 천하의 악당으로 살아갈 수밖에 없을 거라고 말했다. 이 문제는 힘러가 처형을 하는 "보다 인간적인 방법"을 찾는 데 착수하게 한 이유 중 하나였다. 과정의 비효율성과 기밀유지 불가능성이 그밖의 이유였다. 힘러의 요청으로 제국 총통과 그의 수하들은 이른바 'T4 안락사 프로그램'에 눈길을 돌렸다. 안락사 프로그램은 이때 한창 가동되고 있었다. 처음에 이 방법은 내연기관에서 나오는 배기가스를, 나중에는 시안화물을 기반으로 만든 살충제 '치클론 B'를 이용했다. 가스실이 딸린 다양한 유형의 수용소 건설은 가을에 시작되어 몇 달째 공사가 진행되었다. 이 무렵 힘러는 부하들에게 "초인적인 동시에 비인간적인 요구이기는 하지만 총통의 명령이다" 하고 말했다.[25] 이 말이 그 어떤 명령보다 끔찍한 일을 수행하는 데 따르는 도덕적 어려움을 인지하지 못했던 사람의 발언으로 들리지는 않는다.

1943년 10월 4일 힘러는 친위대 지휘관들과 몇몇 다른 장군도 모인 자리에서 연설을 했다.[26] 먼저 그는 여러 전선의 상황을 물었다. 그런 다음 그는 요점에 초점을 맞췄다. "내가 원하는 것은" 하고 결정적인 구절은 시작된다.

여기 여러분 앞에서 아주 어려운 과제를 완전히 솔직하게 털어놓으려 한다. 하지만 이 문제는 내부에서만 논의되어야 하며 결코 공개적으로 발설해서는 안 될 것이다. 6월 30일 명령받은 대로 의무를 수행하고 실패한 동료들을 벽에 세우고 쏘면서 조금도 주저하지 않았듯이 말이다. 이 문제를 우리는 지금껏 전혀 언급하지 않았으며, 앞으로도 절대 언급하지 않을 것이다. 이런 태도는, 고맙게도, 우리의 타고난 분별력 덕분이며, 이 분별력으로 이미 내려진 결론을 우리는 절대 뒤집지 않으며, 우리 사이에서 이를 두고 절대 이야기하지 않을 텐데, 모두가 몸서리쳐지는 경험을 했고, 다음번에도 명령을 받는다면, 그리고 필요하다면 같은 일을 하리라는 것이 모두에게 분명해졌다. 나는 '유대인의 제거'를, 유대민족의 절멸을 말하는 것이다. 이것은 말하기는 쉬운 문제이기는 하다. "유대인이 절멸당했다." 그럼 모든 정당의 당원이 당신에게 말하리라. "완벽히 깨끗하군, 그건 우리 계획의 일부였어, 우리는 유대인을 지웠지, 절멸시켜버렸어, 하 별거 아니네." 그럼 그들 모두, 8,000만 명의 허리를 꼿꼿이 편 독일인들이 찾아와 저마다 예의 바른 유대인을 보게 되었다고 말할 것이다. 모든 다른 유대인은 돼지새끼이지만, 이제는 1등 계급의 유대인만 남았다고 말이다. 그리고 독일인 중 누구도 절멸을 보거나 견뎌내지 않는다. 여러분은 100구, 또는 500구 심지어 1,000구의 시체가 함께 누워 있다는 것이 무엇을 뜻하는지 알 것이다. 그리고 이런 일을 겪어내는 것, 인간이 지닌 약점이 없는 제대로 된 상태로 남게 되는 것이 우리를 견고하게 만들었으며, 이는 지금까지 한 번도 언급되지 않았으며 앞으로도 언급되지 않을 영광의 한 페이지가 될 것이다… 우리는 유대인이 가졌던 재산을 빼앗았으며, 나는 엄격한 명령을 내렸다… 우리는 이 재산을 완전히 제국에, 국가에 헌납했다. 우리 자신을 위해 취한 것은 전혀 없다. 이를 어긴 몇몇 소수는 내가 애초에 내린 명령에 따라 [심판을] 받게 될 것이다. 유대인의 재산에서 단 1마르크라도 취한 사람은 죽은 목숨이다… 우리는 도덕적 권리, 우리 민족을 지킬 의무, 우리를 죽이려 하는 유대인을 죽일 의무를 가졌다. 그러나 우리는 심지어 단 하나의 모피, 단돈 1마르크, 한 개비의 담배, 하나의 시계 등 무엇으로도 우리 자신을 풍요

롭게 만들 권리는 없다… 이 일이 마무리되었을 때 우리가 세균을 박멸했음에도 같은 세균으로 병들어 죽고 싶지는 않기 때문이다. 나는 부패가 조금이라도 우리를 건드리거나, 우리 안에 뿌리를 내리는 일을 절대 간과하지 않을 것이다. 그럼에도 부패가 뿌리를 내리려 한다면, 우리는 함께 힘을 모아 불태워버려야 한다. 우리는 다 함께 말할 수 있다. 우리는 이 극도로 지난한 과업을 우리 민족을 사랑하는 마음으로 수행해냈다. 그리고 우리는 우리 내부에, 우리의 영혼이나 성격에 전혀 피해를 입지 않았다.

대다수의 역사학자들은 힘러가 이런 연설을 한 목적이 청중에게, 즉 유대인 절멸 작전의 진행상황을 알고 있었던 장군은 물론이고, 이런 사실을 몰랐던 소수의 장군에게도 이제는 돌아갈 수 없는 다리를 건넜다는 경고를 하기 위한 것이었다는 데 의견을 같이한다. 이들은 나치스의 천국을 얻으려는 희망으로 싸우느냐, 아니면 글자 그대로 지옥으로 떨어지느냐 하는 선택에 직면했다. 아마도 이런 해석이 정확해 보인다. 그러나 힘러가 말한 것 가운데 특히 부패를 근절하고 감염을 피해야 한다는 강조는 이런 해석으로 설명되지 않는다. 친위대의 모태였던 돌격대의 난폭한 대원들을 상기시키며 힘러는 말하자면 중세의 엄격한 질서와 비슷한 것을 강조했다. 힘러 자신은 항상 자신이 이끌었던 친위대를 우선시하는 태도를 보였다.[27] 힘러는 부하들에게 냉철함, 어느 정도 금욕적인 태도를 주입하고 싶었다. 이 문제에서 힘러는 조직 내 2인자로 자신의 직속부하인 하이드리히의 조력을 즐겼다.[28] 거들먹거리거나 술에 취하거나 희생자에게 개인적인 반감과 가학성을 드러내는 일은 없어야 했다. 명령은 명확히 정리되어 냉철한, 관료적인 효율성으로 수행되어야 했다.

친위대 대원의 벨트에 새겨진 문구가 허언은 아니었다. "운저레 에레 하이스트 트로이에Unsere Ehre heisst Treue"(우리의 명예를 일러 충성이라 한다)라는 문구는 마치 충성이 가장 추악한 범죄일지라도 정당화해주는 듯하다. 힘러가 연설에서 자주 쓴 또 다른 핵심 단어는 '안슈탠디히카이트Anständigkeit(예의 바름)'이다. 예를 들어 힘러는 하이드리히가 암살당하고 얼마 뒤 친위대의 보안 책임자 발터 셸렌베르크Walter Schellenberg에게 경고하기 위해, 또 히틀러를 노린 암살 시도가 실패한 직후 군수산업 노동자들을 상대로 안슈탠디히카이트를 강조했다.[29] 점잖음, 적절함, 정확함, 품위 있음, 정직함, 진실함, 솔직함, 훌륭함, 믿음직함, 충성스러움(또는 불충함의 반대) 그리고 품위의 혼합으로 가장 잘 옮겨질 수 있는 말인 안슈탠디히카이트는 어떤 대가를 치르고서라도, 심지어 잔혹한 폭력을 써서라도 지켜야만 했다.[30] 또한 힘러는 '품위'를 지켜야 할 필요와 자신이 내린 많은 무시무시한 명령 사이의 갈등에 시달린 결과 전쟁 내내 지속된 심한 위경련을 앓게 되었다고 믿었다.[31]

힘러가 성공을 거두어 소기의 결실을 본 경우가 사실상 극히 제한적이라는 추정이 맞는다면, 그는 놀라울 정도로 순진함을 드러낸 것이다. 그를 누구보다도 잘 알았던 핀란드 출신의 마사지사 펠렉스 케르스텐Felix Kersten은 나중에 힘러가 속마음은 낭만적인 성향이 있었다고 썼다. 힘러는 자신이 한 말을 지키는 정직성에 자부심을 가졌을 뿐만 아니라, 실제로 자신의 부하들 혹은 대다수의 부하들이 비슷하게 행동할 것이라고 믿었다. 그러나 상관이 이런 태도를 얼마나 진지하게 여기는지 잘 알면서도 부하들은 능력이 닿는 한 이권을 누리려 혈안이었다.[32] 같은 연설에서 힘러가 여성과 아이들을 포함해 유대인을 절멸시키는 것을 두고 "극도로 지난한 과업"이라고 한 표현이 어떤 기술적 문제를 언급한 것은 아니다. 세계대전을 치르는 동안 기술적 문제는 크지 않았다. 예를 들어 단 40명의 친위대원—그 가운데 한 번의 작전에 20명 이상이 투입된 적은 전혀 없는데—에 더해 폴란드, 리투아니아, 우크라이나 출신의 조수들이 함께 트레블링카 죽음의 수용소를 운영했다. 이 수용소에서만 약 90만 명이 목숨을 잃었다.[33]

다른 나치스 고위 지도자들과 관련한 자료는 어떤 결론도 내릴 수 없을 정도로 빈약하다. 괴벨스는 자신의 일기장 어느 대목에서 유대인을 제거하는 과정이, 그는 틀림없이 가스 살포를 염두에 둔 것으로 보이는데, "상당히 야만적"이었다고 썼다. 괴벨스는 "그들이 자초한 운명"이라는 생각으로 위안을 삼았다.[34] "내 양심의 이름은 아돌프 히틀러다"라는 주장은 헤르만 괴링과 로베르트 라이Robert Ley(1890~1945)*가 했다고 한다. 이런 발언을 실제 했다는 전제 아래, 그 의미는 두 가지 방식으로 이해될 수 있다. 그들은 옳고 그름을 따지지 않고 명령을 따라 행동했거나, 모든 책임을 총통의 어깨에 떠넘긴 것이다. 두 가지 가능성은 서로 배타적이지 않다.

---

* 독일노동전선Deutsche Arbeitsfront, 곧 나치스가 노동조합들을 통합해 지배계급의 입맛에 맞게 만든 어용노조의 지도자였다.

히틀러와 힘러에게 되돌아가보자. 히틀러는 "냉철한 이성"으로의 전환을 말했다. 힘러는 품위와 함께 개인적 이득과 부패를 피하면서 지독한 의무를 수행하는 데 필요한 강직함을 말했다. 히틀러의 명령을 따르면서 힘러는 "어떤 것이 옳은지", 심지어 자신의 내적인 확신과 충돌하더라도, "무엇이 옳은 행동"인지 고민했다. 그럼에도 힘러는 "항상 개별적 사례를 인간적인 배경으로 검토하고… 되도록 너그럽게 대응할 준비가 되어 있었다".[35] 히틀러와 힘러가 이런 말들을 한 맥락에 비추어볼 때 위선을 의심할 이유는 어떤 경우에도 없다. 히틀러는 거의 확실하게, 그리고 힘러는 두드러질 정도로 자신은 물론이고 타인의 눈에도 자신의 행동을 정당화하려 시도했다. 이들이 하는 말은, 과감히 추정컨대, 양심의 가책이라는 의미를 모르는 사람의 언어가 아니다. 더욱이 자신의 안위를 위해 사람들을 죽이는 것을 즐겼음을 시사하는 말도 드물다. 힘러 자신이 연설에서 설명하듯, 그의 목표는 새로운 종류의 도덕성, 독일인끼리의 관계에만 적용될 뿐 다른 누구와도 관련이 없는 도덕성을 창안해내는 것이었다. 다시 말해서 힘러가 원한 도덕성은 그 누구도 제외하지 않는 무조건적이며 보편적인 것이 결코 아니다.

이렇게 말한다고 해서 힘러나 히틀러의 책임이 덜어지는 것은 아니다. 현대 히브리어로 시를 쓴 위대한 시인 하임 나만 바이알릭 Haim Nahman Bialik(1873~1934)*은 악마라 할지라도 어린아이에게 고통을 안기는 복수는 하지 않는다고 말한 바 있다. 반대로 이들이 명

---

* 현대 히브리어 시 문학을 개척한 인물. 유대인의 삶에 새로운 숨결을 불어넣어주었다

령하고 감독하며 저지른 범죄를 설명하는 일은 특히 변태적이고 왜곡된 성격을 확인해줌으로써 더 큰 혐오만 자아낼 뿐이다. 나치스의 이런 변태적이고 왜곡된 성격은 고작 몇 해에 그치는 것이 아닌, 영원히 지속될 기억을 남긴다.

는 평가를 받는 시인으로 유대 문화를 선도한 인물이다.

명령을 실행한 자

명령을 내린 사람이 자신이 범죄를 더 끔찍하게 만든 것이 아닌가 하는 의심으로 괴로워했다면, 명령을 받고 사살한 사람은 어떠했을까? 독자들이 기억하겠지만 폰 뎀 바흐첼레프스키는 힘러에게 대량살상을 수행한 총살집행대 대원들의 "인생이 완전히 망가져버렸다"며 경고했다. 실제로 명확히 그런 사례가 있을까? 대원들은 사이코패스라서 그런 임무를 맡았을까? 아니면 대량학살에 참여한 일이 그들을 사이코패스로 만들었을까? 사형집행인은 상명하복이라는 군율 준수 그 이상의 행동을 한 것이 아닐까? 전쟁이 끝나고 살아남아 집으로 돌아간 사람들은 어땠을까? 양심의 가책을 느꼈을까? 계속 범죄를 저질렀을까? 정신병원 신세가 되거나 술에 의지했을까?

홀로코스트의 가해자를 다룬 문헌은 방대하며 계속 늘어나고 있다. 그러나 이런 물음을 염두에 두고 문제에 접근한 저자는 극소수다. 아마도 출발점으로 삼기에 가장 좋은 책은 크리스토퍼 브라우닝Christopher Browning의 잘 알려진 책《평범한 사람들Ordinary Men》(1992)이 아닐까 싶다.* 1960년대에 이뤄진 수사 기록을 바탕으로 동시대와 이후 자료를 살펴가며 이 책은 101 예비경찰대대가 폴란드에서 자행한 '최종해결' 이야기를 들려준다. 이 경찰대대의 본부 기지는 잘 정비되고 부유하며 독특한 국제적 분위기를 자랑하는 항 구도시 함부르크였다. 하급 장교를 포함한 대다수 대원들은 이렇다 할 특이점을 찾아보기 힘든 평범한 남자들이었다. 이들은 자원해서 이런 임무를 맡은 것이 아니며, 하물며 무슨 특수임무 요원으로 선발 된 것은 더더욱 아니다. 이들은 그냥 어쩌다 발탁되었을 뿐이다. 바 꿔 말해서 자발적 선택이라는 것은 전혀 문제가 되지 않는다. [36]

대원들의 평균연령은 39세였다. 그러니까 이들은 나치스가 정 권을 잡기 이전, 그리고 가장 악질적인 반反유대주의가 일상으로 자 리 잡기 이전의 시절을 충분히 잘 기억하는 나이였다. 거의 3분의 2 는 노동자 계급 출신으로 선원, 부두노동자, 창고지기, 건설노동자, 트럭운전사, 웨이터 등이었다. 3분의 1을 약간 넘기는 대원들은 중 산층의 하층, 이를테면 사무직 종사자, 판매원 등이었다. 대원의 4분 의 1은 나치스 당원이지만 대개 '정권 장악' 이후에 가담했을 뿐이다. 아마도 입당하면 무슨 특권이 주어지지 않을까 하는 기대가 동기였 던 모양이다. 힘러는 항상 자신의 주력 부하들을 선발하는 데 심혈 을 기울였다. 그러나 이런 신중함이 실제 처형을 담당한 하급 장교 에까지 미치지는 못했다. 대령보다 높은 계급을 가진 사람은 거의 없었고, 대개 일반 사병 출신이었다. 이런 예비대대에 선발되는 것 은 어렵지 않았다. 대원들은 바이마르 시대에 청년기를 보낸 탓에

---

*   브라우닝은 1944년생의 미국 역사학자다. 이 책은 《아주 평범한 사람들》이라는 제목 으로 국내에서 2010년에 번역 출간되었다.

군사훈련을 전혀 받지 않았으며, 전투부대에 복무하기에는 너무 나이가 많았다. 대략 40세 안팎의 예비역 소위 또는 대위는 1차대전 막바지에 군에 복무했던 터라 대단한 전투력을 보여줄 수 있는 처지가 아니었다.

대원들은 해당 과업을 앞두고 어떤 특별훈련도 받지 않았다. 공식적으로 그들은 작전의 실체를 마지막 순간에야 알았다. 비록 이를 둘러싼 소문이 일찌감치 떠돌기는 했지만 말이다. 101 예비경찰대대가 처음으로 대량학살을 수행한 것은 1942년 7월 13일이었다. 장소는 폴란드 도시 루블린에서 멀지 않은 유에포브다. 101 예비경찰대대의 지휘관은 빌헬름 트라프Wilhelm Trapp라는 이름의 53세 예비역 대령으로 성품이 온화했다. 대원들에게 '아버지'라고 불렸던 트라프는 바로 전날 명령을 받고 쓰라린 눈물을 흘리며 불평했다. 더욱이 그는 자신의 괴로움을 직속부하가 곧바로 알아차릴 정도로 전혀 숨기려 하지 않았다. 나중에 그는 실제 총살집행이 이뤄지는 현장에서 할 수만 있다면 자리를 피했다.

그러나 그는 명령은 명령이라고 말했다. 부하들에게 작전을 설명하면서 트라프는 지시를 수행할 수 없다고 느낀다면 빠져도 좋다고 명시적으로 허락해주었다. 500명의 대원 가운데 고작 열두 명 정도가 빠졌다. 나머지 대원들은 작전을 개시해 마을에서 여성과 아이들을 포함한 1,500명의 유대인을 사살했다. 이듬해까지 비슷한 일련의 '작전'을 수행한 결과는 최소 3만 8,000명 유대인의 사망이다. 살아남은 4만 5,000명의 유대인은 대오를 맞춰 기차역으로 행진해야만 했다. 행진하는 동안 노쇠나 성별, 질병 탓에 대오에서 낙오하는 유대인은 즉석에서 총알을 맞았다. 역에서 유대인들은 트레블링카 죽음의 수용소가 행선지인 기차에 올라타야만 했다. 직접적이든 간접적이든 대대가 1943년 5월 함부르크로 귀환할 때까지 희생시킨 유대인은 8만 3,000명에 육박했다.

세심한 역사학자 브라우닝은 대원들이 세 그룹으로 나뉘었다고 믿는다. 몇몇 장교를 포함한 소수 그룹은 사디즘 성향을 보이는 킬러로 변신하며 그들의 임무를 즐겼다. 그들은 '특별임무'마다 자원했으며 희생자를 더 잘 죽일 방법을 찾았다. 심지어 몇몇은 학살에 참여하게 허락해달라고 간청하기도 했다. 이보다 수가 좀 더 많은 그룹은 종종 동료들에게 '비겁'하고 '나약'하다는 비난을 들을 위험을 감수해가며 노골적으로 임무를 회피했다. 이 그룹에는 다양한 방법으로 실제 사살에 참여하는 것을 피한 사람들이 포함되었는데, 예를 들면 비상경계 임무를 맡겠다고 주장하거나 본격적인 순간에 아프다는 핑계를 댔다. 가장 큰 규모의 세 번째 그룹은 이렇다 할 저항 없이 명령에 순응했다. 이 그룹은 작전을 끝낼 때마다 허락된 술을 마시며 속을 달랬다.

19세기의 '위대한 장군'의 피를 물려받았으며 반反나치스운동을 이끈 헬무트 제임스 폰 몰트케Helmuth James von Moltke*는 이름을 밝히지 않은 어떤 간호사와 나눈 대화를 아내에게 알려주었다. 이

---

* 본문에서 말하는 위대한 장군이란 헬무트 카를 베른하르트 폰 몰트케Helmuth Karl Bernhard von Moltke 백작(1800~1891)을 지칭한다. 이른바 '대 몰트케'라는 별명을 가진 장군은 프로이센의 참모총장으로 독일 통일에 기여했으며, 헬무트 제임스는 '대 몰트케'의 조카인 '소 몰트케'―1차대전 당시 독일 참모총장―의 손자이다.

간호사는 더 이상 사형을 집행할 수 없다고 호소하는 대원을 위한 특별 병원이 설립되었다고 말해주었다고 한다.[37] 그러나 이 이야기를 입증할 자료는 전혀 없다. 진실이 무엇이든 대대와 그 예하 중대와 소대 대원들은 멀쩡하게 살아남았다. 저항은 전혀 없었으며, 집단 근무이탈이나 명령 불복종도 일어나지 않았다. 이런 증거로 미루어 볼 때 대대 혹은 예하 중대와 소대에게 작전 수행을 어렵게 만든 군율 문제는 없었던 것으로 보인다. 작전을 벌이는 내내 매일 평균 300여 명의 유대인을 사살하거나 집단수용하면서 역할 수행을 거부했다고 위중한 처벌을 받은 대원이 없었다는 점은 무척 인상적이다. 다른 임무를 받았다고 둘러대는 식으로 작전에서 빠질 방법을 찾아내는 일은 언제나 가능했다.

명령에 불복하거나 저항하려는 움직임이 보다 널리 퍼져 조직적 성격을 갖추었다면 문제는 달라졌으리라. 1939년에서 1944년 말까지 5년 동안, 기록 체계가 붕괴하고 수치가 널뛰는 시기이긴 하지만, 독일군은 최소한 1만 8,000명의 아군을 처형했다고 한다. 죄목은 대개 탈영이나 이른바 '국방력 저해' 또는 '사기 저하'로 알려진 군기위반이다. 이를테면 히틀러의 지도력이 형편없다든지, 패배는 피할 수 없다는 말을 한 것이 화근이었다.[38] 친위대와 독일 경찰을 모두 지휘한 힘러는 더욱 무자비했다. 101 예비 경찰대대가 작전수행에 눈에 띄는 곤란을 야기할 수준의 조직적인 저항은 말할 것도 없고 조금이라도 저항의 움직임을 보였다면 힘러는 가혹한 징계조치를 내렸을 것이 분명하다.

오히려 '최종해결'이라는 이름의 작전을 수행하는 동안 대원들은 잔혹한 임무에 익숙해져갔다.[39] 주저하거나 저항하는 태도는 언뜻 보기에 늘어나기보다 줄어드는 경향을 보였다. 그러나 사실은 힘러가 전혀 보고를 받지 못한 것이다. 트라프의 부하 가운데 몇 명은 폴란드에 머무르는 동안 사망했다. 도망가서 숲에 숨던 유대인과 맞닥뜨려서였고, 이따금 무장 저항세력이 급습해오기도 했다. 몇몇은 전선을 포함한 다른 부대로 전출되기도 했다. 고향 함부르크로 귀환 명령을 받은 대원도 있었다. 전쟁에서 얼마나 많은 대원들이 살아남았는지는 알려지지 않았다. 1960년대를 거치며 전쟁범죄로 조사를 받은 대원은 210명이다. 이 조사 기록이 브라우닝의 연구 자료가 되었다. 그러나 전범재판을 받은 경우는 극소수일 뿐이며, 유죄판결을 받은 경우는 더더욱 적다. 짐작하건대 살아남은 대원의 대다수는 조용하고 평범한 삶을 살았던 모양이다. 그들은 세간의 주목을 끌기에 충분한 심각한 감정적 문제를 겪지 않고 사회에 적응한 것으로 보인다. 심지어 몇 명은 전쟁시기의 경력을 기반으로 삼았다. 경찰에 남은 이들은 원래 임시 과제였던 일을 평생의 업으로 삼았다.

조사와 재판을 받는 동안 대원들은 압력을 받아 어쩔 수 없었다고 주장하기 일쑤였다. 뉘른베르크에서 주요 전범을 상대로 열린 재판과 마찬가지로, 유감이나 후회를 말한 사람은 거의 없었다. 학살에 가졌던 거부감은 그게 무엇이든 주로 물리적 혐오 탓에 생겨난 것이지 도덕적 원칙을 염두에 둔 것은 아니었다. 양심을 끝내 언급하지 않았던 이유는 아마도 양심을 입에 올리는 것이 선택의 여지가 있었음을 인정하는 것과 다를 바 없었기 때문이 아닌가 싶다. 대원들은 대개 개인적으로 유대인에 반감을 가질 이유가 전혀 없었다고 조심스럽게 강조했다. 이런 태도는 분명 과실치사와 살인을 구분하는 기준으로 '기본 동기'를 살피는 독일 법과 관련한 것으로 보인다.[40]

문제는 전범으로 조사받고 기소되었을 당시 101 예비경찰대대의 대원들은 처벌을 모면할 수만 있다면 거의 무엇이든 말할 각오가 되어 있었다는 점이다. 그러나 전범재판 당시 이런 조건은 허락되지 않았다. 진한 아쉬움이 남는 대목이다. 대원들이 겪었던 상황을 충실히 복원할 수만 있었더라면, 남녀노소를 불문하고 학살할 때 이들이 가졌던 동기와 느낌은 더욱 흥미로운 연구 대상이 되었으리라. 브라우닝은 나치스의 반유대인 선전선동이 상대적으로 크지 않은 역할만 했다고 믿었다. 그의 관점은 홀로코스트를 전문으로 연구한 다른 학자들의 주장과 정반대된다. 이 학자들은 흑을 백으로, 백을 흑으로 바꿔놓을 정도로 선동의 효과가 크고도 오래 지속되었다고 강조했다.

개인적으로는 브라우닝의 관점에 동의한다. 분명 힘러는 일반적으로는 독일 민족의, 특수하게는 친위대의 교육자를 자처했다.[41] 그는 부하들을 시켜 강연 준비를 하고 학습 자료를 배포하는 등 열성을 보였다. 101 예비경찰대대의 경우, 그리고 다른 곳도 마찬가지였으리라 짐작되는데, 지휘관은 그날그날의 끔찍했던 경험을 '지워주기' 위한 특별 명령을 시달했다. 그 방법은 대원들끼리 즐기는 저녁의 파티나, 음악, 잔혹행위가 정치적으로 불가피했다는 강연 등이었다.[42] 그러나 이런 목적으로 이용한 대부분의 선동 자료는 열악하기 짝이 없어서 지루함만 자아냈다. 하긴 대원들이 로켓 과학자는 아니었으니까. 이런 자료나 강연을 보고 들으며 얼마나 많은 대원들이 설득되었을지 우리는 알 길이 없다. 늘 전쟁의 공포와 박탈감에 시달리며 신도 포기한 폴란드의 마을에서 마을로 진흙탕을 헤매고 다니던 그들이 실제로 그런 자료나 강연을 보고 듣긴 했을까.

브라우닝과 마찬가지로 나는 대원들 사이의 단합이 더 중요한 역할을 했다고 믿는다. 그것이야말로 지시받은 명령을 실행할 원동력이 되어주기 때문이다. 군대 역사가 보여주듯 명령 수행에서 단합은 대단히 중요하다. 하물며 끔찍하기 짝이 없는 난관에서 가장 어렵고 위험한 과제를 수행해야 할 때 단합의 중요성은 아무리 강조해도 지나치지 않다. 당시는 물론이고 나중에도 나치스 군대는 단합을 이뤄내고 유지하는 능력으로 유명했다. 뛰어난 전투력에 단합만큼 결정적 영향력을 행사한 요인은 따로 없다. 경찰대대 같은 준군사조직 역시 군대를 본받으려 노력했기에 결속은 크게 뒤지지 않았다. 힘러를 정점으로 한 경찰은 자신들도 '군인'임을 입증하려 최선을 다했다. 그 결과 대원들, 특히 지휘관이 '의무'를 행함에 있어 주저하거나 기피하거나 거부하면 모욕과 조롱의 대상이 되었다.

대부분의 압력은 동료들이 행사했다. 그러나 그 뒤에는 지휘체계의 강력한 지원이 있었다. 그리고 나치스의 고위층은 당근과 채찍을 어떻게 쓰면 되는지 잘 알았다. 스탠리 밀그램Stanley Milgram과 필립 짐바르도Philip Zimbardo의 유명한 실험이 보여주듯 평범한 사람이 가학적인 사형집행인이나 교도관으로 돌변하는 일은 흔히 생각하는 것 이상으로 쉽게 일어난다.*[43] 그러나 실험도 보여주듯, 아무리

* 　이 실험은 이른바 '역할놀이'로 교도관 역할을 맡은 참가자가 폭압적 성향을 보여주는

큰 압력이 작용해도 이를 견뎌내는 사람은 항상 있게 마련이다.

우리는 양심과 의무 사이의 연관이 특히 강력한 나라가 독일임을 유념해야 한다. 이런 연관의 뿌리는 칸트, 프로이센 왕국(프로이센이 결국 독일 전체에 이런 연관을 강제했다) 그리고 궁극적으로는 루터에게까지 거슬러 올라간다. 사람들이 잔혹한 행위를 보며 처음 떠올리듯 살인자는 양심이 없을까? 아니면 군인들로 하여금 개인적인 감정, 최소한 몇몇 군인은 가졌을 수 있는 개인적인 감정을 무시하고 '의무'를 수행하게 하는 것도 엄밀히 말하면 양심, 물론 특수한 종류의 양심이 아닐까? 미국의 역사학자 대니얼 골드헤이건Daniel Goldhagen*이 1998년에 발표한 《히틀러의 자발적 집행자Hitler's Willing Executioners》라는 제목의 책은 브라우닝의 견해를 반박한다. 이 책에서 골드헤이건은 대다수 독일인이 의무가 요구하는 것 이상을 저질렀음을 보여주려 시도한다. 그가 "반유대인 절멸주의자"라 부른 오랜 전통에 맞게 독일인들은 언제 어디서나 할 수만 있다면 유대인들을 학대하기를 즐겼다는 것이 골드헤이건의 진단이다. 다시금 나는 브라우닝의 편에 서고자 한다. 브라우닝이 인정했듯, 의심할 바 없이 사형집행대 대원 가운데에는 처음부터 사디스트라 그런 임무를 자청했을 남자가 분명 존재한다. 그러나 대개의 대원은 총살이라는 임무를 수행하는 동안 사디스트가 되었다. 강제수용소의 경비병들도 마찬가지였다.[44] 아무튼 대다수 독일 군인에게 명령은 명령이

것을 확인했다.

* 1959년생의 하버드 교수로 반유대인주의를 주로 연구해온 학자다.

었다. 시간이 흐를수록 명령에 익숙해지는 경향은 분명히 나타난다. 틀림없이 독일 사람들은 흡연이나 글쓰기에 익숙해지는 것과 마찬가지로 대량학살에 익숙해져갔다.

모든 학살자 가운데 가장 중요한 인물인 루돌프 회스Rudolf Höss (1901~1947)*를 면밀하게 연구한 자료는 이런 관점이 맞음을 확인해준다. 회스는 독일 식민군대에서 복무하다가 퇴역한 대령의 아들로 1901년에 태어났다. 그는 2차대전이 끝난 뒤 폴란드의 교도소에 수감되었을 때 쓴 자서전에서 "깊은 의무감을 갖도록 교육을 받았으며, 부모의 집에서 모든 지시는 정확하게, 충심으로 실행해야만 했다"고 썼다.[45] 헤아릴 수 없이 많은 독일인이 가졌으며, 결코 독일에서만 볼 수 있는 것이 아닌 이런 종류의 '양심'은 회스를 다양한 측면에서 이상적인 부하, 지극히 어려운 상황에서도 의지할 수 있는 부하로 만들어주었다. 본래 회스는 가톨릭 신부가 될 생각이었다. 그러나 그는 아버지를 잃고 16세의 나이에 군대에 자원했으며, 중동 지방에서 여러 전투에 참여했다. 집으로 돌아온 뒤 회스는 의용병에 합류해 발트해 지역에서 더 많은 전투 경험을 쌓았다. 1923년 회스는 몇몇 다른 동료와 함께 프랑스가 루르 지역을 점령했을 때 파괴공작을 벌인 레오 슐라게터Leo Schlageter를 프랑스 당국에 밀고한 혐의를 받은 어떤 남자를 살해해 유죄판결을 받았다. 1928년에 석방되기는 했지만, 범죄에 가담했던 회스는 취업 기회를 전혀 잡을 수

---

* 나치스 친위대 중령으로 1940년부터 1943년까지 아우슈비츠 수용소 소장을 지내며 헤아릴 수조차 없이 많은 인명을 학살한 주범이다.

없었다.

유대인 말살 프로그램의 몇몇 다른 전문가들, 이를테면 친위대 장군 오스카 디를레방거Oskar Dirlewanger와 오도 글로보츠니크Odo Globocnik 그리고 트레블링카 수용소 소장 프란츠 슈탕글Franz Stangl 역시 범죄에 연루되었거나 최소한 군기 문제로 징계를 받은 전력이 있었다. 무장친위대 장군 게오르크 케플러Georg Keppler의 말을 믿는다면 사형집행대의 사병들 가운데에도 이런 전력을 가진 사람은 적지 않았다. [46] 이런 사실은 상부로부터 내려오는 협박에 그들을 취약하게 만들었다. 그리고 상급자는 필요하다면 주저하지 않고 전과를 문제 삼았다. [47] 막 경제대공황이 시작되던 무렵 풀려난 회스는 취업할 가능성이 거의 없어 1933년 친위대에 입대했다. 회스는 여러 수용소를 거치며 하급 장교로 조촐하게 생활했다. 그는 수용소에서 수감자를 상대로 구타가 이뤄지는 것을 처음 보고 심한 충격을 받았다고 주장했다. 나중에는 수감자에게 '동정'을 느꼈다고도 했다. 그러나 그는 자신의 '예민한 감성'을 상급자에게 내보이려 들지 않았으며, 다른 곳으로 전출을 보내달라는 요청도 하지 않았다. 오히려 회스는 항상 "돌처럼 무표정한 얼굴"을 했다. 1941년에 회스는 중령으로 진급했다. 그해 여름에는 아우슈비츠 소장을 맡았다. 예전에 폴란드 군부대 기지였던 아우슈비츠는 아직 가스실을 갖추지 않은 단순한 수용소였다.

회스와 같은 부류의 사람들은 말하자면 대량학살자 역할에 빠져든 것이다. 그 자신의 진술에 따르면 회스는 수년간 세뇌된 터라 제국의 궁극적인 적, 유대인을 제거해야만 한다는 '필요성'을 전혀 의심하지 않았다. 바로 그래서 아이히만Otto Adolf Eichmann*을 비롯한 많은 독일인과 마찬가지로 회스는 개인적으로 유대인에게 반감을 가질 이유가 전혀 없다는 말을 할 수 있었다.[48] 우선 그는 당시 정신질환자와 장애인을 살해하는 시설을 두루 찾아다니며 자신의 임무를 수행할 최선의 방법을 연구했다. 다음으로 그는 이렇게 얻어진 방법을 대단위로 적용했다. 그의 의무감, '양심'이라고도 불리는 것은 이런 식으로 250만~300만 명에 달하는 사람들을 죽음으로 내모는 것을 관장하도록 이끌었다(희생자 수는 회스 자신이 뉘른베르크 전범재판에서 밝힌 추정치다).[49] 법령에 순종하느라 집결지에 나왔다가 수용소로 끌려간 희생자 역시 같은 의미의 의무감을 따랐다고 말한다면 너무나 기막힌 대비일까.

여느 훌륭한 지휘관처럼 회스는 "수용소 사령관은 수용소 안에서 일어나는 모든 일에 전적으로 책임을 진다"고 장담했다. 자서전에서 회스는 양심이 어느 정도 괴로웠던 이유는 그가 매일 관장한 믿기 어려운 범죄 탓이 아니었다고 설명했다. 오히려 힘러와 그의 수하들이 수용소 생활을 규제하기 위해 내리는 모든 지시를 충분히 수행할 수 없는 환경 때문이었다고 회스는 말했다. 오히려 문제가 완전히 반대로 나타나는 일도 왕왕 벌어졌다. 회스는 명령을 충실히 따랐지만, 일부 지시가 효율성을 저해한다는 것을 못 알아차리지는 않았다.

---

*   나치스 유대인 박해의 실무책임자. 종전 후 아르헨티나로 도피했다가 이스라엘 정보기관에 체포되어 공개재판을 받고 처형되었다. 철학자 한나 아렌트가 말하는 '악의 평범성'의 모델이 된 인물이다.

뉘른베르크의 감방에서 회스는 교도소의 정신과 전문의 구스타브 길버트Gustave Gilbert와 자주 대화를 나누었다. 그는 수용소에서 가까운 자신의 저택(지금도 그대로 있다)에서 아내 헤트비히와 자녀들, 몇몇 하인과 함께 지내며 특별한 심리적 문제를 겪지 않았다고 말했다. 특히 성생활에도 문제가 없었다.[50] 회스의 막내딸 아네그레트는 지척에서 회스의 명령으로 수백만 명이 목숨을 잃을 때 잉태되어 태어났다. 자서전을 보면 아내가 잠자리를 가지는 것을 거절했다는 대목이 나오는데, 딸의 출생은 어떻게 설명할지 아리송하기만 하다. 회스는 때때로 괴롭기는 했던 모양이다. 괴로움을 다스리기 위해 그는 자신이 소유한 몇 필의 말들 가운데 한 마리를 타고 몇 시간을 보내곤 했다. 아내에게 보낸 마지막 편지에서 회스는 자신이 받은 훈련, "친위대에서 받은 오랜 기간에 걸친 가혹한 훈련"을 하소연한다. 이런 훈련이 원래는 "친절하고 예의 바르며 항상 우호적이었던" 자신을 "맹목적으로 명령을 따르는 로봇"으로 바꾸어놓았다나.

전쟁이 끝나고 체포된 뒤 똑같은 양심은 회스를 모범수로 바꿔놓았다. 사형을 선고받고 형 집행이 이뤄지기 나흘 전인 1948년 4월 16일 회스는 폴란드 검사에게 편지를 썼다. 그는 자신의 양심이 고백을 "강제한다"고 표현했다. 감방에 홀로 앉아 있으려니 자신이 얼마나 "위중한 죄"를 지었는지 "쓰라리게 깨달았다"고 했다. 아우슈비츠를 지휘한 사령관으로 "인류에게 끔찍한 상처를 안겼으며", 더 나아가 "특히 폴란드 국민에게 이루 말할 수 없는 고통"을 야기했다고도 했다.[51] 회스는 자신의 목숨으로 죗값을 치르며, 오로지 신의 용서를 구할 뿐이라고 읍소했다. 이 편지는 절대 액면 그대로 받아들여서는 안 된다. 아내에게 보낸 편지에서 회스는 비난의 화살을 자신이 아닌, 상관과 그들이 세운 체계로 돌리려 했다. 회스가 검사에게 보낸 편지에서 유대인이 아니라 폴란드 국민을 언급하고 있다는 사실은 눈여겨보아야 한다. (이후 오랜 시간이 지나기는 했지만 폴란드 정부는 홀로코스트를 자국민이 겪은 사건과 별개의 것으로 인정하기를 거부했다.)**52** 심지어 눈앞에 교수대를 두고서도, 회스는 누군가의 명령을 받아 행동하는 것 같다. 그가 마지막 순간에 형 집행 유예를 얻어내려 했던 것은 아닌지, 의혹은 지울 수가 없다.

다른 전범들은 이런 의혹을 받을 지경까지 나가지 않았다. 회스의 부하들 가운데에는 세 명의 친위대 하사관 오스발트 카두크 Oswald Kaduk, 빌헬름 보거Wilhelm Boger, 요제프 클레어Josef Klehr가 있다. 세 명은 모두 1904~1906년에 태어났다. 이들은 1930년대 말에 친위대 대원이 되었다. 자원한 경우도, 징발된 경우도 있다. 장교가 될 수는 없었고, 전선 임무를 감당하기에는 너무 나이가 많았던 세 명은 모두 거의 우연에 가깝게 아우슈비츠로 배치되었다. 이들이 벌인 사디스트 행각을 들려주는 이야기는 믿기 힘들 정도다. 나중에 세 명은 모두 아내와 가족의 품으로 돌아갔다. 모두 안정적인 일자리를 찾아 꾸준히 일했다. 병원에서 간호보조원으로 활동한 카두크는 환자들을 성실히 돌봐 '파파 카두크'라는 별명을 얻었다. 누구도 알코올중독과 같은 특별한 심리적 문제로 고통을 받지 않았다. 히틀러와 힘러의 목표가 이들을 비롯해 많은 사람들의 양심에서 '유대인'을 지워버리려는 것이었다면, 분명 기대 이상으로 성공을 거둔 셈이다.

1960년대를 거치는 동안 세 명은 모두 체포되어 재판을 받고 유죄가 선고되었다. 재판을 받은 뒤 교도소에서 이뤄진 인터뷰에서 카두크는 옳고 그름은 상관없었다고 말했다. 그는 명령받은 대로 실행했으며, 어떤 경우에도 자신이 바꿀 수 있는 것은 없었다고 했다. 아니, 아우슈비츠는 그가 "스위치를 꺼서" 꿈에도 나오지 않는다고 했다. 아니, 가책 같은 것은 느끼지 않는다고 했다. 그리고 어느 대목에선가 그는 증언을 거부했으며, 다른 친위대 대원들처럼 타협하려 하지 않았다. 그러나 카두크는 "만약 검찰 쪽 증인들이 나를 두고 하는 말이 모두 맞는다면, 나는 햇살을 받을 가치도 없는 인간"이라고 동의했다.[53] 클레어는 심장에 주사를 놓아 사람들을 죽인 방법을 묘사해야만 하는 것이 자신에게 매우 고통스럽다고 말했다. 그러나 그역시 자신은 달리 선택할 수 없었으며, 명령에 따랐을 뿐이라고 강조했다. 그것이 그가 "약간의 죄책감만" 느낄 뿐인 이유였다.[54] 의무는 의무였다. 보거의 경우 우리는 그가 어떤 말년을 보냈는지 안다. 그는 1977년에 상심한 노인으로 죽음을 맞이했다. 그의 고통은 참회에서 비롯된 것이 아니라, 그의 가족이 연을 끊고 손자들을 보게 해주는 것마저 거부한 사실 때문이었다. 다른 전직 경비병들 역시 평범한 삶을 살았다.

되돌아보면 세 사람을 비롯한 수용소 경비병력이(그 가운데는 여성도 있었다)[55] 어떤 성격의 양심을 가졌든 간에, 이 양심은 잔혹행위의 발생을 막거나 상당한 정도로 간섭할 수 있을 만큼 강한 것은 분명 아니었다. 이들의 양심은 "강철 같은 군율"(회스의 표현)과 브라우닝이 주장하는 집단적 압력, 또는 세뇌가 뒤섞인 결과물이었을 수 있다. 당시 이 세 가지에 더해, 골드헤이건을 비롯해 최근의 심리학 연구가 더욱 강조하듯, 강력한 사디즘도 섞여 있었다. 몇몇 중간계급 지휘관들에게 양심은, 실제로 양심이 존재했으리라는 가정 아래, 결코 목소리를 낼 수 없었다. 이런 양심은 은밀하지 않은 협박에 압도당했다. 명령받은 대로 해, 아니면….

분명 양심의 가책은 갖은 어려움을 겪으며 살아남는 일에만 매달려야 했던 이들에게 자기 목소리를 낼 수 있을 정도의 충분한 힘을 주지 못했다. 어쨌거나 "불안[상부로부터 미움을 받지 않을까 하는 불안은 제외하고], 참회, 공포, 가책, 아픔"의 흔적은 거의 찾아볼 수 없다. 그러나 양심이 잔혹행위를 막지 못했다고 말한다는 것이 아예 양심이 존재하지 않았음을 뜻하지는 않는다. 101 예비경찰대대의 대원 가운데 몇 명은 더는 임무를 수행할 수 없다고 느끼고 전출 허가를 받아내는 데 성공했다. 남은 다른 대원들은 의기소침한 나날을 보냈다. 심지어 동부전선에서 게릴라퇴치 부대의 수장으로 유대인을 비롯해 많은 생명을 살상한 책임이 있는 바흐첼레프스키조차 1942년 초 임무를 수행할 수 없을 정도로 심각한 정신질환에 시달렸다.[56] 그를 치료하고 힘러에게 보고했던 친위대 소속 의사의 말에 따르면 바흐첼레프스키는 자신이 사살하라고 명령한 사람들과 관련된 환영을 보았다고 한다.[57] 바흐첼레프스키는 히틀러가 한때 "조금의 가책도 없이 피의 바다를 행복하게 헤쳐갈 남자"라고 말했던 바로 그 인물이다. 그런데 이 말은 하이드리히의 경우와 마찬가지로 칭찬으로 들리지 않는다. 바흐첼레프스키의 신경쇠약 증세는 오래가지 않았다. 회복한 그는 전출을 요청했다. 그의 요청은 거부되었으며, 그는 임무를 재개했다.[58]

때때로 양심은 우리의 모든 상식을 비틀어버리고 정반대의 모습으로 나타난다. 되풀이하는 말이지만, 양심은 사람들로 하여금 자신의 의무라 믿는 것을 하게 만든다. 특히 초기에 상당한 정도의 불편함을 안겨주어도 사람들은 이런 의무감을 저버리지 않는다. 예를 들어 101 예비경찰대대 대원들은 고향 함부르크에서부터 알고 지냈던 유대인을 쏘는 것이 불편한 나머지 방아쇠를 당기기 전에 그 유대인에게 시선을 다른 곳으로 돌리게 했다. 확신 전범으로 수감된 감방에서 기자와 한 인터뷰에서 트레블링카 수용소 소장 슈탕글은 이런 말을 했다. "나는 모든 것을 내 자유의지로 한 것이며… 내가 할 수 있는 최선을 다했다." 특수작전 지휘관 가운데 한 명인 오토 올렌도르프Otto Ohlendorf는 심지어 희생자의 고통을 최소화해주기 위해 자신은 "인간적"이고 "효율적"인 방법을 썼다고 뽐내기도 했다.[59] 이 참으로 기괴한 주장은 뉘른베르크 전범재판 법정에서 한 것이다. 그러나 이런 태도는 힘러가 항상 친위대에 불어넣고자 했던 정신과 일치한다.

아우슈비츠를 비롯한 수용소의 가스실을 앞서 언급한 바 있는 안락사 프로그램으로 운영했던 몇 명의 정신과 전문의는 당시 수용자 처리에 새롭고도 인간적인 기법을 도입했다는 평가를 받은 것으로 잘 알려져 있다. 적어도 한 명, 곧 나중에 범죄의 책임을 지고 처형된 교수 헤르만 파울 니체Hermann Paul Nitsche는 동료 연구자들로부터 실제로 "상당히 좋은 남자"라는 평을 들었다.[60] 2차대전의 와중이나 종식 이후에 자신들의 행동을 설명해보라는 요구를 받은 전문의들은 올렌도르프의 말과 비슷한 논리를 들이댔다. 전통적인 관점은 오랫동안 인간을 짐승과 다르게 만들어주는 것이야말로 양심이라고 여겨왔다. 이런 관점이 맞는지 틀리는지 판단을 유보한다 하더라도 나치스의 경험, 그러나 결코 나치스의 것만이 아닌 경험은 불행히도 양심이 오해되고 잘못 해석될 때, 오히려 인간을 지금껏 존재한 또는 앞으로 존재할지 모를 그 어떤 짐승보다 더 나쁜 괴물로 바꿔버릴 수 있음을 보여준다.

명령에 저항한 자

    제3제국의 지배 아래서 저항은 다양한 형태로 나타났다. 저항은 이른바 '내적인 이민', 곧 매사에 수동적인 태도를 취하며 사회에 되도록 거리를 두면서 은밀하게 적국의 라디오 방송을 청취하는 것으로 시작되었다. 이런 방법은 당국의 감시에 걸릴 위험이 적기는 했지만, 일단 적발되면 엄격한 처벌을 받을 수 있었음에도 매우 널리 퍼져 있었다. 이렇게 해서 여호와의 증인은 히틀러식 인사와 군복무를 체계적으로 거부하는 저항에 이르기도 했다. 특히 전쟁 초기에 반정부 세력은 히틀러의 계획을 방해하고자 하는 희망에서 독일의 적에게 정보를 넘겨주었다.

    나는 저항의 가장 극단적인 형태 두 가지에 초점을 맞추고자 한다. 그 하나는 유대인을 돕는 것이며, 다른 것은 정권 전복 모의다. 독일은 물론이고 나치스가 점령한 모든 다른 국가에는 목숨을 잃을 위험을 무릅쓰고 유대인을 나치스의 조직적 테러로부터 구하려 노력한 사람들이 있었다. 이런 사람들은 적었으며, 심지어 극소수이기도 했다. 독일과 점령국가들에서 힘러의 지시를 수행하는 인원이 제한적이었음을 고려할 때, 유대인 말살 프로그램은 지역의 행정조직, 경찰 그리고/또는 시민의 적극적 지원 없이는 결코 실행될 수 없었다.

이른바 "열방의 의인Righteous among the Nations"*을 찾아내 확인하고 분류하며 연구하고 기리는 가장 포괄적인 프로그램은 1963년에 수립되어 예루살렘의 홀로코스트 박물관(야드 바셈Yad Vashem)이 운영해오고 있다. [61] 2012년 초에 이 명단에는 44개 국가의 2만 4,000명 이상이 이름을 올렸다. 프로그램 책임자가 누구를 명단에 넣고 뺄지 정한 기준은 매우 엄격하다. 한편 구조를 위해 힘쓴 인물 가운데 살아남지 못한 이들도 많고, 구조활동을 입증할 증인 그리고/또는 문서가 없어서 야드 바셈이 다른 방법으로 주목하기는 했지만 그래도 나서지 않은 사람도 적지 않다. 결과적으로 명단에 등재된 인물들은 빙산의 일각에 지나지 않는다. 진정한 규모는 5만 명에서 50만 명 사이의 어느 지점이 되지 않을까 싶다. [62]

유대인을 도운 사람들은 일반 시민과 농부는 물론이고 교수, 교사, 의사, 성직자, 수녀, 외교관, 노동자, 동물원 원장, 서커스 단장 등 그 면면이 다양하기만 하다. 그들 가운데 상당수는 기독교인, 적어도 명목상 기독교인이었으며, 교파는 다양했다. 발칸 반도에서는 무슬림도 도움의 손길을 베풀었다. 심지어 대부분의 동유럽 지역처럼 반유대인주의가 극심한 곳의 주민도 유대인 구조에 힘을 보탰다. 상대적으로 반유대인주의가 덜한 불가리아와 이탈리아에서도 마찬가지로 구조의 손길은 있었다. 중산층과 상류층이 인구에서 차지하는 비

---

* 카시드 우모트 하올람Chassid Umot ha-Olam. 이스라엘이 1948년 건국한 뒤 2차대전에서 유대인 구출을 위해 헌신한 비유대인을 기리기 위해 도입한 명예 칭호.

율에 견주어 상당한 구조 활동을 벌였던 이유는 이런 은밀한 지원에 돈이 많이 들었기 때문인 것으로 보인다. 또 대학 교육을 받은 고학력자가 많았다.[63] 대개 구조해주려는 결정은 배우자나 친구, 이웃, 피고용인이나 고용주처럼 개인적인 인연으로 내려졌다. 또 생사가 달린 문제를 현장에서 즉각 결심해 도운 경우도 적지 않다.

이 경우는 특히 전혀 알지 못하는 유대인이 난데없이 나타나 문을 두드리며 도와달라고 요청한 것에 해당한다. 다른 경우, 유대인을 직접 겨냥한 나치스의 조직적인 작전의 공포를 생생히 목격하고 더는 두고 볼 수 없다고 행동을 결심한 경우도 있었다. 내 삼촌을 도왔던 어떤 이름 모를 남자는 이런 말을 했다. "나는 유대인을 좋아하지 않거니와, 약간 괴롭히는 정도는 신경 쓰지 않지만, 이건 너무 심하군요."[64] 전체 사례에 비추어 이미 알고 지내던 사람에게 도움을 준 경우가 절반에 가깝다. 예전에 유대인과 접촉한 일이 드물었던 사람도 상당수다. 전체 사례의 3분의 2는 행동을 취하기 전에 도와달라는 요청을 기다렸다. 흔히 결정은 앞날을 걱정하지 않고 즉흥적으로 내려졌다. 그러나 도움을 준 이들 중 3분의 2는 다소 정도의 차이는 있지만 지속적으로 도움을 베풀었다. 물론 처음부터 계속 똑같은 사람을 지속적으로 도와준 것은 아니다. 발각될까 하는 두려움에서든 다른 이유로든, 도움을 주는 사람과 받는 사람은 계속 바뀌었다.[65]

도움의 종류는 환경과 상황에 따라 변했다. 대개 사람들은, 몇몇 독일 군인까지 포함해서, 그냥 간단하게 결정적인 순간에 못 본 척해주었다. 어떤 이들은 유대인의 재산을 전쟁이 끝날 때까지 숨겨두고 관리해주었다. 자녀를 맡아준 경우도 드물지 않다. 가짜 서류를 제공해주는가 하면, 유대인이 감금된 곳에서 도망갈 수 있게 돕기도 했다. 거의 주목받지 못한 또 다른 중요한 형태의 도움은 뿔뿔이 흩어진 가족 사이에 서로 연락을 주고받을 수 있게 중간 역할을 해준 것이다. 피난한 유대인 여러 명을 오랜 기간 동안 숨겨주고 돌봐준 경우 마찬가지로 중요하지만 눈에 띄지 않았다. 먹여주고 전반적으로 돌보는 책임을 감당해야 해서 이런 도움은 위험부담이 가장 컸다. 이런 도움은 숨기기가 어려웠다. 실수로 존재를 노출시키거나 밀고당할 위험이 항상 있었다. 서유럽에서 유대인을 도와주다가 발각되는 경우 일반적인 처벌은 수용소로 끌려가는 것이었다. 반면 나치스가 훨씬 더 거리낌 없이 굴었던 동유럽에서 처벌은 도움을 준 사람은 물론이고 그의 가족 전체가 몰살되는 것일 가능성이 컸다. 결과적으로 유대인을 돕는 것은 일반적인 레지스탕스 활동보다 훨씬 위험했다.[66]

많은 조력자가 직면할 수밖에 없는 막중한 위험을 고려하면, 지인이나 낯선 사람을 도우려는 결정이 순전히 윤리적인 동기에서 비롯된 것만은 아니라는 지적은 대단히 부당하다. 물론 도움의 동기를 정확히 이해하기 위해서는 이런 지적도 살펴봐야만 한다. 자발적으로 행동했든 요청을 받았든 재산을 맡아주기로 한 사람은 '도와준' 유대인이 끌려간 곳에서 돌아오지 못하는 경우 분명 이 재산을 차지할 수 있을 거라고 계산했으리라. 어떤 이들은 아예 이런 도움의 대가를 어떤 형태로든 기대했고 받아냈다. 바로 그래서 야드 바셈은 이런 조력자를 명단에 포함시키지 않았다.[67] 특히 전쟁이 막바지에 접어들면서는 가족 구성원 가운데 한 명 이상이 점령당국과 협력하면서도

명령에 저항한 자

다른 수용소에 있는 누군가를 돌봐준 사례들도 있었다. 어쨌거나 독일의 패망이 가까워질수록 유대인을 구하는 것이 범죄가 아니라 명예이며 공동체 안에서 영광을 누릴 기회라는 점을 예측하기란 점점 쉬워졌다.

당시 이런 모호함은 개인뿐만 아니라 아예 조직 전체가 보여주기도 했다. 강력한 민족주의자였던 해군 제독 빌헬름 카나리스Wilhelm Canaris(1887~1945)*의 경우를 살펴보자. 1919년 그는 군법회의 의장으로 사회주의 지도자 로자 룩셈부르크Rosa Luxemburg와 카를 리프크네히트Karl Liebknecht를 살해한 의용군들을 재판하고 무죄로 풀어준 바 있는 인물이다. 비록 탁월한 첩보능력을 입증하기는 했지만, 이런 경력만으로 카나리스가 나치스 군대의 첩보/방첩 수장이 된 것은 아니었다. 카나리스 자신은 나치스가 결코 아니었지만, 1937년까지는 볼셰비즘을 막아줄 유일한 방벽이 히틀러라고 보았다. 나중에 그는 생각을 바꿨다. 그렇지만 생각이 바뀌었다고 해서 카나리스는 하이드리히와의 우정을 끊지는 않았으며, 그의 장례식에 참석해 눈물을 흘렸다.[68]

어쨌거나 1941년 12월 카나리스는 직속 부하들에게 자신의 조직은 유대인 박해와 아무 관련이 없어야 한다고 강조했다. 이 시점은 그저 우연한 것으로 보일 수 있다. 카나리스의 동료 장교들은 그를 두고 "자비심으로 유명했다"고 언급했기 때문이다.[69] 또는 유대인 처

---

* 2차대전에서 독일군의 정보기관을 책임졌던 인물이다. 나중에 히틀러 암살 음모를 꾸몄다가 발각되어 처형되었다.

형과 거리를 두려는 그의 명령이 첫 번째 죽음의 수용소가 그때 막 박차를 가하기 시작했다는 사실과 관련한 것일 수도 있다. 그러나 모스크바와 북아프리카 전선에서 독일군이 처음으로 심각한 타격을 받았다는 사실에 놀라 이런 반응이 나왔을 수도 있다. 진짜 속내가 무엇이든 간에 카나리스는 몇몇 유대인을 스페인으로 탈출시켜 목숨을 구해주는 일을 계속했다. 그의 부하들은 유대인을 데리고 스위스 국경을 넘으며 넉살 좋게 자신의 요원들이라고 둘러대기도 했다.[70]

　더욱 교묘한 사례는 스웨덴 정부가 제공한다. 1944년 봄 스웨덴 정부는 미국의 압력에 굴복하는 모양새를 취하며 라울 발렌베리 Raoul Wallenberg*를 외교관으로 부다페스트에 파견했다. 발렌베리는 부유한 은행가 가문의 일원으로 왕족과 긴밀한 친분이 있었다. 자국의 많은 기업과 마찬가지로 스웨덴 정부는 전쟁 내내 독일과 연합군 양쪽과 거래를 벌였다. 스웨덴 정부는 몇몇 나치스 지도급 인사들의 자산을 은닉해주고 돈세탁을 돕는 등의 일도 했을지 모른다.[71] 라울의 임무는 할 수 있는 한 많은 유대인을 구하는 것이었다. 이를 위해 조성된 기금으로 라울은 재빨리 유대인을 위한 안전가옥, 병원, 무료 급식소 등을 세웠다. 그는 또 좌우를 망라해 '보호 서신'을 발행하기도 했다. 스웨덴 대사관의 지원을 받아가며 라울은 그 어떤 개인

---

*　스웨덴의 외교관으로 10만 명에 가까운 유대인을 구출한 것으로 유명한 인물이다. 종전 직후 소련군에 체포되어 소련으로 압송되었다. 미국 간첩이라는 혐의를 받아 스탈린으로부터 고문을 받은 것으로 알려져 있다. 1980년대까지도 그를 목격했다는 증인이 나왔으나, 스웨덴 정부는 실종 후 일정 기간이 지나면 사망으로 인정하는 법에 따라 그가 1952년에 죽은 것으로 선포했다.

보다도 더 많은 유대인을 구출했다. 라울이 누린 영웅이라는 평판은 받아 마땅한 것이다. 그러나 그가 영웅이라는 칭송을 받는다고 해서 배후에서 영향력을 행사한 사람들이 전혀 다른 계산을 하고 있었다는 사실이 바뀌지는 않는다.

다른 고려들에는 애국심은 물론이고 나치스를 겨눈 순전한 증오도 포함된다. 특히 점령지역에서 조국과 자신이 처한 상황에 분개하느라 양심에 할애할 여지가 적다. 이런 모든 정황을 고려할 때 몇몇 학자들이 주장하는 것처럼 어려운 상황일수록 인격의 "이타적인" 유형이 두드러지는 일이 정말 가능한지 의문스럽다. "공감능력"을 "규범 중심적인 고려", "원칙에 따른 행동", "자신을 멋들어지게 꾸며 보이려는 욕구" 그리고 자신의 고결함과 정체성을 지키고자 하는 인간의 욕구와 따로 떼어 보는 일이 정말 가능할까?[72] 구조 활동을 하지 않은 사람이라고 해서 양심을 완전히 제쳐둔 것은 아니며, 오히려 주변의 가까운 인물을 위험에 빠뜨리는 것은 아닐까 하는 염려 때문에 조심했다는 점을 생각하면 "이타적인 특성"이 곧 양심이라는 관점은 더더욱 의심스럽다. 주변 인물을 위험에 빠뜨리려 하지 않는 고려 역시 의무에 충실하려는 양심이다. 돕지 않았다고 비난하려는가? 너희 가운데 죄가 없는 사람은 돌을 던져도 좋다! 문제를 더욱 복잡하게 만드는 것은 유대인을 구출한 사람 가운데 몇 명이 전쟁이 끝난 뒤에 당국의 조사를 받으면서 그들이 가졌을 법한 다른, 좀 덜 고결한 동기는 한사코 감추면서 양심에 따랐다고 힘주어 강조하는 경향을 보였다는 사실이다. 의식적이든 무의식적이든 자신을 양심의 화신으로 치장하는 것은 진정한 양심을 가진 사람이라면 하지 않을 일이다.

결국 양심을 두고 우리가 진짜 말할 수 있는 것은 이해관계에 얽매이지 않고 오로지 옳고 그름의 구분을 기초로 하는 행동, 위험을 감수하고서라도 옳은 일을 하는 행동이야말로 양심적이라는 확인 일 뿐이다. 전쟁이 끝났을 때 나치스를 상대로 린치를 벌이는 것을 막은 사람이야말로 양심의 소유자가 아닐까.[73] 양심의 뿌리가 종교 일 수는 있다. 종교는 곤궁함에 빠진 사람을 돕는 의무를 강조한다. 또 기독교는 유대인을 신의 선택을 받은 민족이라고 긍정적으로 바라본다. 그러나 과거 수백 년 동안 계속해서 점차 세속화의 길을 걸어온 유럽대륙에서 언제나 양심이 이런 모습으로 나타난 것은 결코 아니다.[74] 몇몇 개인의 용기와 희생이 컸다고 할지라도, 양심의 역사를 충분히 살펴본 지금 인정할 수밖에 없는 점은 히틀러와 힘러가 만든 공포의 살인기계를 양심은 거의 막아주지 못했다는 사실이다.

정권에 반대하고 저항하려 시도한 사람들을 두고도 같은 말을 할 수 있다. 앞서 이미 언급했듯, 저항은 다양한 형태로 나타났다. 저항은 소규모로도 대규모로도 이뤄졌다. 나치즘의 희생자들, 유대인을 비롯해 다른 희생자들을 도우려는 대다수의 시도는 저항 행동으로 나타났다. 어쨌거나 정권은 저항으로 이해했다. 조직적 형태를 갖추고 보다 더 원대한 목표를 설정한 저항도 있었다. 활동을 금지 당한 공산당의 남은 지도자들이 예전의 당원들을 동원해 저항을 벌인 것은 거의 전적으로 정치적 동기를 가진 것이기에 따로 언급하지 않겠다. 사회주의자와 노동조합의 저항도 마찬가지다. 이들이 유대인을 돕는 일에 특히 열성을 보였을 수는 있으나, 저항하려는 결정에서 유대인을 돕고자 하는 바람이 중요한 역할을 했다는 조짐은 찾아 볼 수 없다.[75] 더 중요하게 눈여겨보아야 할 것은 1938년의 봄과 여름에 걸쳐 군대의 장성급 인물 몇 명과 외무부가 힘을 합쳐 나치스 정부를 전복시키고 히틀러를 법정에 세우려 시도했다는 사실이다. 이런 저항의 목적은 전쟁의 발발을 막으려는 것이었다. 공모자들의 눈에 전쟁은 독일의 패배로 끝날 수밖에 없었다. 1914~1918년에 보았듯 적은 막강한 군사적 우위를 자랑했기 때문이다.[76]

육군 참모총장이었던 루트비히 베크Ludwig Beck(1880~1944)*의 경우를 살펴보자. 1930년대 중반 그는 조국의 군사력을 재건하기 위해 최선을 다했다. 그러나 이내 그는 히틀러의 팽창정책에 의문을 품기 시작했다. 그래서 베크는 히틀러의 암살 모의에 가담했으며, 강제 퇴역을 당했음에도 끝까지 지원했다. 분명 시간이 흐를수록 정치적 동기가 아니라 도덕적 이유가 더욱 뚜렷해졌다.[77] 프랑스를 누른 승리 직후 다른 참모 장교들, 특히 중령 헤닝 폰 트레스코프 Henning von Tresckow는 베크의 의견에 동조해 처칠이 미국을 전쟁에 끌어들이는 데 성공한다면 결국 독일에 남는 것은 브란덴부르크 제후국뿐일 거라고 주장했다.[78]

이 음모에 가담한 무리 중 다른 장교들도 같은 생각이었다. 독일이 어떤 나라인가. 결국 헤겔의 조국이 아닌가. 독일처럼 국가라는 개념을 최고의 윤리적 이상으로 내세우며 든든한 뿌리를 내린 곳

* 독일의 장군으로 나치스 치하에서 육군 참모총장을 지낸 독일군의 정신적 지주인 인물. 히틀러 암살에 실패해 자살을 강요받았다.

은 없다. 장교들은 수십 년 동안 군에 복무하며, 자신들이 국가의 중요한 부분이라고 여겼다. 이들 가운데 몇몇 군인은 히틀러에게 한 충성선서를 깨는 것을 어려워했다. 이들이 거듭 연합군과 접촉을 시도하며 조국을 위한 가장 유리한 조건을 얻어낸 것이 보여주듯, 이들의 동기는 애초부터 도덕적인 동시에 정치적이었다. 적지 않은 장교가 히틀러가 정복했던 지역, 이를테면 알자스로렌, 외펜(벨기에), 오스트리아, 주데텐란트, 메멜란트, 폴란드 일부를 비롯해 당연히 독일의 식민지까지 회복할 수 있기를 바랐다. 반면 유대인의 운명이라는 도덕적 문제에 이들은 별반 관심을 가지지 않았다. 이런 태도는 아마도 이들이 살며 작전을 벌인 환경에서 유대인은 상대적으로 드물었다는 사실과 관련이 있으리라. 몇몇은 유대인 문제라는 것이 **있으며**, 이 문제를 "해결"하지 않는 한, 세계는 "평안을 누릴 수 없다"는 나치스의 관점에 동의하기도 했다. 그러나 그들이 제시한 해결책은 히틀러의 그것에 비해 덜 과격했으며, 오히려 시온주의와 비슷했다.**[79]**

시간이 흐르면서 상황은 변했다. 트레스코프는 1939~1940년에 폴란드 국민이 친위대에게 사살당하는 것을 목격하면서 히틀러 정권에게 강한 혐오감을 키웠다. 그는 독일군의 최고사령관 빌헬름 카이텔Wilhelm Keitel에게 이의를 제기하며 읍소했지만, 무시당했다. 1941년 후반기에 접어들면서 트레스코프는 히틀러 암살 모의에 본격적으로 뛰어들었다. 당시 동부전선에서 독일군은 전투마다 승리를 구가했는데, 부대가 후방에서 저지르는 잔혹행위를 보며 트레스코프는 몸서리를 쳤다. 이때부터 그는 암살 모의를 주도했으며, 더 많은 장교들을 포섭하고, 모든 끈을 자신의 손안에 모으려 노력했다.

히틀러가 초기에 거둔 승리들에 호도되기를 거부하며 몇몇 다른 핵심적 가담자들 역시, 적어도 부분적으로는 도덕적 고민으로 동기를 다졌다. 이런 고민은 점령지역에서 자행되는 잔혹행위와 관련된 것이었다. 이들 가운데 유명한 인물은 앞서 언급했던 헬무트 폰 몰트케 외에도 페터 요크 폰 바르텐부르크Peter Yorck von Wartenburg(1904~1944)*가 있다.[80] 물론 카나리스도 포함된다. 카나리스는 자신의 지위를 이용해 공모자들이 여행을 다니며 독일의 적국과 접촉할 수 있게 도와주었다. 아무래도 가장 중요한 인물은 대령 클라우스 솅크 폰 슈타우펜베르크Claus Schenk von Stauffenberg(1907~1944)**다. 이 남자는 1944년 7월 폭탄공격을 계획해 히틀러 살해에 거의 성공할 뻔했다. 트레스코프를 비롯해 다른 장교들과 마찬가지로 슈타우펜베르크는 독일의 통치자와 장교들을 몇 세대에 걸쳐 배출한 귀족 가문 출신이다. 그가 암살 모의에 가담하게 된 경로는 트레스코프와 닮았다. 원래 슈타우펜베르크는 자신이 "갈색 페스트"라 부른 히틀러의 제거는 독일이 전쟁에서 승리할 때까지 기다렸다가 이뤄져야 한다고 믿었다. 나중에 흐름이 바뀌며 '엔트지크Endsieg' 즉 최종승리가 갈수록 멀어지는 것처럼 보이자 그는 생각을 바꿨다.

　　1942년 가을 슈타우펜베르크는 동료들에게 자신은 히틀러를 실각시키려 하는 것이 아니라, 죽일 각오가 되었다고 말했다.[81] 장교

---

*　　독일의 법률가로 나치스에 저항한 투사로 잘 알려진 인물이다. 귀족 출신임에도 노동자 계급에 우호적 태도를 보인 박애주의자다.

**　　나치스 정권에 저항한 핵심 인물 가운데 한 명. 귀족 출신이면서 열렬한 민족주의자로 자부심을 가진 군인이었으나 나치스의 잔혹행위에 반감을 품고 저항운동을 주도했다.

들이 '항명하지 않는' 나라에서 이는 실로 엄청난 행보다. 1943년 8월 당시 긴밀하게 협력하던 슈타우펜베르크와 트레스코프는 문서 처리 등을 맡은 부관들에게 정권은 전복되어야만 한다고 말했다. 전쟁의 전망이 나빠 그런 것은 아니었다. 결국 전쟁은 전쟁이며, 장교의 의무는 국가의 수뇌부가 내리는 명령을 따르고 최선을 다해 실행하는 것이다. 진정한 목표는 "헤아릴 수 없이 많은" 유대인을 잔인하게 죽임으로써 더럽혀진 독일 민족과 국가의 명예를 깨끗하게 되돌려놓는 것이었다.[82] 1944년 6월 6일 노르망디 상륙작전 직후 트레스코프는 슈타우펜베르크에게 "히틀러와 그의 정권을 파괴하려는 의지를 증명할 수만 있다면 실질적 방해물을 개의치 말고 어떤 희생을 치르더라도" 나아가자고 말했다.[83]

정확한 동기가 무엇이든 간에 이 남자들이 대단한 용기를 보여줬다는 점에는 의심의 여지가 없다. 성패와 관계없이 오늘날의 독일이 이들의 명예를 기리며 추모하는 이유가 달리 있는 것이 아니다. 그러나 히틀러는 7월 20일 저녁, 자신을 겨눈 폭탄 공격에서 살아남은 지 몇 시간 뒤 국민에게 연설을 하며 이 남자들은 독일군 장교 전체 가운데 "아주 작은 파벌"에 지나지 않는다고 말했다. 이 말은 사실과 크게 다르지는 않았다.[84]

사회의 하층부로 내려가면 상황은 전혀 다르다. 뮌헨에서 한스 Hans Scholl(1918~1943)와 조피 숄Sophie Scholl(1921~1943)*을 중심으

---

* 나치스에 저항한 대학생 운동 단체 '백장미Weiße Rose'에서 활동한 오누이의 이름. 한스 숄과 소피 숄은 전단지를 뿌리다가 게슈타포에 체포되어 처형당했다.

로 결성된 대학생 모임은 고작 전단지 몇 장 뿌리고 체포당하기는 했지만, 동기만큼은 가장 순수했다. 이들에게서 가장 눈에 띄는 점은 신앙심 그리고 1938년 11월 9일에 벌어진 유대인 학살을 목격하고 품은 깊은 혐오감이다.[85] 대학생들은 독일이 끔찍한 괴물이 되고 말았다는 전적으로 옳은 결론을 내리고 뭔가 해야 한다고 결심했다.[86] 아마도 모든 저항 시도 가운데 가장 감탄을 자아내는 것은 11월 8일 밤에 게오르크 엘저Georg Elser(1903~1945)*가 벌인 폭탄공격일 것이다.[87] 엘저의 기막힌 스토리는 풀리지 않는 수수께끼를 담고 있기는 하지만 종종 사람들의 입에 오르내린다.

1903년에 태어난 엘저는 목공 기술과 시계제조 기술을 터득한 숙련공이었다. 그는 공산주의에 호감을 가졌으며, 선거가 있을 때마다 공산당에 투표했다. 그는 공산당의 준군사조직인 적색전선의 대원이기도 했다. 그러나 그는 정치보다는 성장하면서 자연스럽게 익힌 경건한 프로테스탄트 신앙을 보다 더 소중하게 여겼던 것으로 보인다. 1차대전 때는 나이가 어렸으므로 군복무를 한 적이 없으며, 그 어떤 관직을 맡아본 일도 없다. 바꿔 말해서 엘저는 대다수 다른 사람들과 다르게 책임질 만한 일은 조금도 없었다. 그가 히틀러를 죽이기로 한 결의는 분명 히틀러가 독일을 전쟁으로 이끌고 있다는 믿음에서 비롯된 것으로 1937년부터 점차 커졌다. 1938년 11월에 히틀러가 1923년의 쿠데타를 기념하는 연설을 하는 것을 듣고 엘저는 행동하기로 결심했다. 혹자는 엘저가 독일 전역에서 유대교 회당들

---

* 독일의 목수. 나치스 정권에 대항해 히틀러를 살해하려는 폭탄공격을 벌인 인물이다.

이 불에 탄 '크리스탈나흐트Kristallnacht(수정의 밤)'* 사건에 충격을 받아 결심했다고 하나, 분명한 근거는 없다.[88]

외향적이었다고도 하고 외톨이였다고도 하는 식으로 다양하게 묘사되는 엘저는 자신의 결심을 아무에게도 말하지 않았다. 전적으로 혼자 힘으로 그는 정교한 시한폭탄을 만들어 정확한 자리에 가져다놓을 수 있었다. 단지 불운 탓에, 히틀러가 예상했던 것보다 빨리 연설을 끝내고 홀을 떠나버리는 바람에, 엘저의 작전은 성공하지 못했다. 아마도 그래서 역사는 노선을 바꾸지 못했으리라. 양심에 따라 행동한 영웅, 오로지 양심에만 충실했던 영웅이 있다면 그가 바로 엘저다.

---

* 1938년 11월에 벌어진 유대인 학살. 유대인이 독일 외교관을 암살한 사건을 빌미로 유대인을 살해하기 시작한 복수라고 알려져 있으나, 사실은 나치스 정권이 반유대인 감정을 부추기기 위해 조작한 사건이다. '수정의 밤'이라는 이름은 사건 당시 수많은 유리창이 깨진 데서 유래했다.

6장

옛 우상과
새로운 우상

양심과 인권

헤겔의 국가 개념이야말로 공공의 양심을 지배하는 원리라고 모든 사람이 동의하지는 않는다. 양심의 근거를 국가보다 더 높은 도덕성에서 찾거나, 혹은 니체처럼 아예 도덕을 넘어서는 차원으로 나아가며 국가에 저항하는 목소리를 높인 사람들은 항상 있었다. 그리고 이런 목소리의 주인공은 흔히 투옥되고 재판을 받아 유죄를 선고받고 처벌되었다. 이와 관련해 오랫동안 중요한 역할을 해온 것이 양심에 따른 병역거부다. 그 이유는 바로 국가의 심장을 직접 겨누기 때문이다. 국가는 전쟁 수행을 가장 중요한 과제로 여긴다. 또 양심적 병역거부자는 돈으로 병역 면제를 사면서 국가를 조롱한다. 이런 태도는 양심이 단지 말에 그치지 않고 행동으로 이어질 수 있음을 과시한다.

병역거부의 움직임은 초기 기독교 시절에도 있었다. 당시 이런 저항의 뿌리가 전쟁을 거부하는 도덕이었는지 아니면 종교였는지 하는 논란이 있으나, 이런 쟁점은 굳이 따져볼 가치가 없는 것이다. 어차피 기독교인의 눈에 로마 군대는 이교도였으며, 그 최고 명령권자인 황제는 자신을 신으로 내세우는 우상이었기 때문이다.[1] 로마제국이 4세기에 기독교를 국교로 공인하기 무섭게 많은 기독교인들이 입대했다는 사실은 병역거부의 진짜 원인이 종교의 문제였음을 시사한다. 신이 콘스탄티누스 대제에게 "인 호크 시그노 빈세스in hoc signo vinces(이 표식으로 너는 승리하리라)" 하는 말씀을 내리자마자 대부분의 문제는 깨끗이 사라졌다. 샤를마뉴Charlemagne 대제가 에스파냐와 작센에서 벌였던 원정에서 잉글랜드 내전 동안 크롬웰Oliver Cromwell이 벌인 전쟁에 이르기까지 헤아릴 수도 없이 많은 기독교인들은 십자가 표식 아래 전투에 참가했다. 1999년 세르비아가 코소보와 알바니아를 상대로 벌였던 싸움이 보여주듯 여전히 기독교인은 싸움을 마다하지 않는다.

종교개혁의 시작과 더불어 몇몇 개신교 종파는 정반대의 행보를 취했다. "너희 원수를 사랑하라"(마태복음 5: 44)는 예수의 말씀을 외치며 이들은 싸움을 거부하고 종교적 이유에서 병역 면제를 요청했다. 재세례파, 메노파, 후터파 등이 그 대표적인 종파다. 네덜란드와 스위스 그리고 독일의 일부 지역에서 이들은 특별 세금을 내거나 '기부금'을 헌납하는 방식으로 병역거부를 관철시켰다. 잉글랜드의 몇몇 종파 역시 1642~1651년 벌어진 내전에 참가를 거부했다. 그러나 이런 거부의 규모는 그리 크지 않았다. 병역을 거부한 사람은 결코 다수가 아니었고, 17세기 후반 동안 국가는 저마다 일정 정도 혹은 전부를 자원자로 구성한 직업적 군대를 창설했다. 이는 양심적 병역거부자들이 뜻을 관철하기 쉬운 환경을 만들어주었다.

'상비군'을 운영하지 않았으며 각 식민지마다 독자적인 군대를 가졌던 미국은 상황이 달랐다. 잉글랜드에서와 마찬가지로, 미국에서도 가장 잘 조직되고 가장 유명한 종파는 퀘이커교였다. 다른 종파와 마찬가지로 퀘이커교는 여러 주의 의용군을 구축하고 유지하는 데 드는 돈을 기부했다. 이들은 이런 식으로 전쟁을 기피하려는 남자(백인)에게 피신처를 제공했다. 퀘이커교는 무기를 들고 싸우는 것을 그만큼 단호하게 거부했다.[2] 미국 독립전쟁의 전야에 퀘이커교는 13개 식민지 모두 양심적 병역거부를 병역 면제의 합당한 근거로 인정할 정도로 막강한 영향력을 행사했다. 그렇지만 지역에 따라서는 양심적 병역거부를 선언했던 몇몇 사람이 최장 2년의 실형을 사는 경우가 없지 않았다.[3] 미국이든 유럽이든 군 면제는 권리가 아니라 특권의 문제였다. 다시 말해서 특권을 보장해주는 권력은 원하기만 하면 얼마든지 특권을 철회할 수 있음을 사람들은 당연한 사실로 이해했다.[4]

그렇지만 미국과 유럽을 가른 결정적 차이는 존재했다. 당시 미국은 백인 주민은 채 250만 명이 안 되는 변방 국가였다. 반면 인구 2,700만 명의 프랑스는 당대 최강 국가였다. 1793년 프랑스 의회가 일반 징병제를 도입하기로 한 결정은 중요한 전환점이 되었다. 프랑스 자체에는 급진적인 개신교 교파가 거의 전무하다시피 했기 때문에 양심적 병역거부는 병역 기피와 다른 것으로 받아들여지는 일이 극소수였다. 병역을 거부하는 몇 안 되는 사람들은 창고지기, 통신요원, 군병원 등에 투입되었으며, 이따금 전투 병력을 대체하는 자원으로도 활용되었다.

다른 나라들은 프랑스의 본을 따라 군복무를 거부하는 사유를 세세하게 규정하며 제한했다. 예전처럼 이 사유에는 신앙에 따른 양심이 포함되었다. 미국 남북전쟁 동안 양측은 병역을 거부하는 사람이 대리 인력을 고용할 수 있게 한 옛 관습을 그대로 따랐다. 대역을 구할 수 없거나 구하지 않으려는 사람은 구금되었다. 링컨Abraham Lincoln은 언젠가 이런 이유로 복역한 몇몇 퀘이커교와 메노파 교도를 직접 사면해주기도 했다. 결국 자유를 위해 싸운다고 하면서 동시에 소신을 지키겠다고 하는 사람들을 교도소에 가두기란 어려운 일이었기 때문이다. 자신들이 약세라고 판단한 남부 주들의 연맹은 양심적 병역거부를 원칙적으로는 인정하면서도 현실에서는 허용하지 않았다. 남부에서 병역을 거부한 사람들은 폭도들에게 공격당하고 체포되고 학대당하고 굶주린 채 채찍을 맞았다. 심지어 이들 가운데 적지 않은 수가 장총을 몸에 두르고 강제로 전쟁터로 끌려 나가 개죽음을 당했다는 주장도 제기되었다.[5]

이 시기의 특징은 세속적 평화주의의 부상이다. 이는 전쟁과 폭력을 비난하는 근거를 종교가 아닌 순전한 도덕에서 찾았다. 평화주의자는 더는 과거처럼 따돌림을 받지 않았으며, 최상위 계층에서 최하위 계층에 이르기까지 각양각색인 삶의 행보를 보여주었다. 평화주의자는 수많은 단체를 조직하고, 체계적으로 현대 커뮤니케이션 기술을 활용해 선전활동을 벌이며 국내는 물론이고 국제대회도 열었다.[6] 모든 평화주의자 가운데 가장 유명한 인물은 러시아 작가 레프 톨스토이Lev Tolstoy(1828~1910)다. 크림전쟁의 잔혹상을 생생히 목격한 톨스토이는 1880년대를 거치며 비폭력주의를 천명했다. 이때부터 그는 전쟁을 '절대 악'으로 선포하는 일련의 작품들을 썼다. 그를 추종하는 사람들은 여러 나라에서 평화 문제를 다루는 동호회를 조직했다. 또 다른 유명한 평화주의자는 오스트리아 출신의 귀족 여성 베르타 폰 주트너Bertha von Suttner(1843~1914)다. 그녀는 강연자이자 가는 곳마다 논란을 빚어내는 선동가였다. 그녀가 1889년에 발표한 소설《무기를 내려놓으시오Die Waffen nieder》는 독일어 판본만 37종이며, 16개 언어로 번역되었다. 이런 노력으로 그녀는 노벨 평화상을 받았고, 훗날 그녀의 초상화가 오스트리아의 2유로 동전을 장식하게 되었다.

톨스토이가 썼듯, 병역을 거부한 사람은 일단 성직자에게, 그 다음으로는 의사에게 보내졌으며, 다양한 형사처분 기관을 거쳐 결국에는 정신병원에 수용되었다.[7] 톨스토이나 폰 주트너의 추종자들은 1차대전의 발발과 그 진행에 그 어떤 주목할 만한 영향도 미치지 못했다. 예를 들어 평화주의자들은 미국이 1917~1918년에 징발한 300만 명의 남자들 가운데 어떤 이유에서든 병역을 거부한 약 2,000명이 체포되어 유죄판결을 받는 것을 전혀 막을 수 없었다.[8] 그렇지만 영국 역사상 최초로 징병제를 도입한 영국 정부는, 갈등이 지속되자 양심적 병역거부의 권리를 공익 대체복무를 하면 인정해주기로 결정했다. 나중에 영국의 본을 받아 몇몇 다른 나라, 특히 서유럽과 북유럽의 개신교 성향이 강한 국가들은 비슷한 법을 제정했다. 덴마크는 1917년, 스웨덴은 1920년, 네덜란드는 1922년에, 핀란드는 1931년에 양심적 병역거부에 따른 대체복무를 인정했다.

1933년 레오 캄피옹Leo Campion과 헴 데이Hem Day(마르셀 디외Marcel Dieu의 가명)란 이름의 두 벨기에 청년은 징집을 거부하려 시도했다. 이들이 불러일으킨 충격은 엄청났다. 2차대전 동안 나치

양심과 인권

스 독일과 소련과 같은 전체주의 국가는 양심적 병역거부자를 강제 수용소로 보내거나 즉석에서 사살하는 등 전력을 기울여 박해했다. 반면 대부분의 민주주의 국가는 한 세대 전의 영국과 비슷한 노선을 취했다. 장교, 심리학자, 성직자로 구성된 특별위원회가 심의를 통해 누가 진짜 양심적 거부자인지 가려냈다. 위원회 앞에 선 미국 남성은 여동생이 강간을 당하고 있는데도 그것을 막기 위한 싸움을 거부할 것이냐 하는 식의 질문을 받았다. 이와 비슷한 물음에도 싸움을 거부하겠다는 사람은 병원과 같은 시설에서 일하도록 배정되었다. 조앤 그린버그Joanne Greenberg*가 1964년에 발표한 소설《난 너에게 장미정원을 약속하지 않았어I Never Promised You a Rose Garden》에 나오는 등장인물은 정부가 양심적 병역거부 운운하는 사람을 지혜롭게 혼쭐을 낼 방법을 찾아냈다고 말한다. 정신병원의 환자들을 상대해야 하는 고역은 차라리 군대를 갈 걸 하는 뼈저린 후회를 하게 만들 거라나.[9]

징집된 사람과 비교해볼 때 양심을 근거로 삼아 병역을 거부하고 면제를 받은 사람은 지극히 소수다. 어쨌거나 원하는 것을 얻어내거나 최소한 자신의 관점에 대중의 공감을 불러일으킨 이들의 능력은 국가의 암묵적 전제, 곧 국가가 고차원의 도덕을 선점한다는 전제가 더는 성립할 수 없음을 보여줬다. 국가가 반드시 도덕적이지 않다는 관점의 변화는 예전에는 상상도 할 수 없던 것이다. 갈수록 국가는 양심을 지배하는 절대적 권리를, 모든 관점에서는 아니라 할

*   1932년생의 미국 여성 작가로 해나 그린Hannah Green이라는 필명으로 작품을 썼다.

지라도, 가장 중요한 문제와 관련해서는 개인에게 넘겨주지 않을 수 없었다. 곧 시민의 권리이자 의무인 조국을 위해 죽는 문제 말이다.

양심적 병역거부와 관련한 기념비적 이정표는 1967년 유럽 평의회가 제337번 결의안을 채택하면서 세워졌다. 결의안은 다음과 같이 선포한다.

군복무를 위해 징집에 응할 의무가 있는 사람이 종교, 윤리, 도덕, 인본주의, 철학 또는 이와 비슷한 동기로 비롯된 양심이나 심오한 확신의 문제로 병역 수행을 거부하는 경우, 당사자는 이런 복무를 수행할 의무로부터 면제될 개인적 권리를 누려야 마땅하다. 이런 권리는 민주적 법치국가의 개인이 가지는 기본권으로부터 논리적으로 도출된 것으로 간주되어야 한다.[10]

이 결의안은 '개인의 양심과 종교의 자유를 회원국이 존중하도록 규정한 유럽 인권보호조약 9조'에 기초한 것이다. 선언에 동참함으로써 해당 국가는 양심적 병역거부라는 문제의 부담을 상당 부분 덜 수 있게 되었다. 예전에는 병역거부가 원칙적으로는 보장되었다 할지라도 좀체 인정받는 일이 없어 영웅적인 행위로 떠받들어지는 일이 종종 벌어졌기 때문이다. 이제 양심적 병역거부는 자유민주주의 국가의 시민이라면 누릴, 또는 누린다고 말해지는 대수롭지 않고 흥미롭지도 않은 수많은 권리 가운데 하나로 전락했다.

동시에 대서양 건너편에서 치러진 베트남전쟁은 같은 권리를 주장하는 수많은 미국 국민이 급격하게 늘어나게 만들었다.[11] 거의

1만 명에 가까운 사람들이 이 문제로 재판에 처해져 유죄판결을 받았다. 병역을 회피하기로 작정하고 다양한 방법을 찾아낸 사람은 훨씬 더 많다. 이 시기에 병역거부자들은 미국이 동남아시아에서 펼치는 정책을 반대하는 더 폭넓은 저항운동에 편승하면서 미국의 전쟁 수행 능력에 심각한 타격을 주었다. 이런 행동을 하면서 그들은 종교적 믿음에 기반한 병역거부자들뿐 아니라 "도덕적 윤리적으로 깊이 뿌리내린 확신"에 기반한 병역거부자들에게도 병역을 면제받을 권리를 확대한 대법원의 몇몇 판례에서 도움을 받았다. 이런 판례들은 닉슨Richard Nixon 행정부로 하여금 결국 징집을 끝내고 직업적인 자원 병력을 모집하는 모병제를 결정하게 하는 데 공헌했다. 이후 미국은 이런 병력으로 전쟁을 치른다.

1970년대 중반부터 선진국들은 차례로 미국의 본을 따랐다. 심지어 두 세기 전에 근대적인 러베 앙 마스levée en masse, 즉 '국민개병' 제도를 도입했던 프랑스조차 1996년 이 제도를 폐지하고 그 대신 직업군인을 양성하기로 결정했다.[12] 논리적으로 보자면 징병제의 종말은 양심적 병역거부를 멸종시켰어야 마땅하다. 그러나 현실은 달랐다. 오히려 더 많은 권리를 보장받을수록, 요구는 더욱 까다로워졌다. 최근 미국에서는 제복을 입은 군인, 곧 자신의 자유의지로 입대한 군인조차 양심을 들먹이며 전쟁을 거부하고 실전배치에서 제외시켜달라고 요청한다.[13] 레둑티오 아드 아브수르둠Reductio ad absurdum*과 더불어 국가는 양심 앞에 완전히 굴복했다.

***

*   어떤 명제가 함의하는 내용을 따라가다 보면 불합리한 내용 또는 결론에 이르게 된다

이런 굴복을 가능하게 만든 것은 세 가지 요소다. 첫 번째는 2차대전의 발발 그리고 독일과 일본의 패망으로 '군국주의'가 생각할 수 있는 최악의 폭력이라는 사실이 일깨워졌다는 점이다. 군국주의의 해악을 폭로하고 고발하는 글에 잉크는 나이아가라 폭포처럼 쏟아졌다. 군국주의를 겨눈 저항은 제복 착용을 거부하는 것이 선하고 명예로운 일이라는 생각을 확산시키는 데 기여했다. 또한 이 저항은 병역을 거부하는 사람들을 상대로 싸우려는 국가의 손을 묶어놓았다. 두 번째 요소는 강대국 사이의 큰 전쟁이 줄어들었다는 점이다. 실질적으로 1945년 이후 전쟁을 계속한 국가들 가운데 자국의 생존을 위해 전쟁을 치른 나라는 찾아볼 수 없다. 전쟁은 주로 자국에서 지리적으로 멀리 떨어진 곳에서 그리 심각하지 않은 문제를 둘러싸고 거의 겉으로 드러나지 않게 치러졌을 뿐이다.[14] 어쨌거나 결과는 인구 가운데 병력이 차지하는 비율이 급감했다는 것이다. 오늘날 자국 시민들의 병역 면제 권리를 철저히 부정하는 국가는 이스라엘, 한국, 대만처럼 적으로 둘러싸인 곳이다. 그리고 심지어 이 국가들조차 병역 면제 논리에 승복하는 움직임을 보여주거나, 최소한 그런 고민을 하고 있다.

마지막으로 세 번째 요소는 2차대전과 홀로코스트가 길게 드리운 그늘이다. 분명 홀로코스트가 2차대전과 동일시될 수는 없다. 그러나 홀로코스트는 2차대전의 일부이며, 그와 연루된 수많은 최악의 범죄들이 숱하게 목격되었다. 17세기 중반 토머스 홉스가 국가의

는 것을 보여서 그 명제가 잘못되었음을 증명하는 방법. 귀류법.

가장 중요한 특성이 주권이라고 규정한 이후, 주권은 당연한 것으로 받아들여져왔다.[15] 주권은 국가에게 자국의 경계 안에 사는 국민을 상대로 바깥의 어떤 간섭도 받지 않고 무슨 일이든 행할 권리를 허용해주었다. 주권은 그 밖에도 다양한 방식으로 작동했다. 국가로부터 합법적 위임을 받아 무장을 하고 그 의무를 다해야 하는 사람은 누구나 자신의 행위에 책임을 지지 않아도 되었다. 18세기 중반에 이르러 이런 관점은 국가를 떠받드는 기둥, 아마도 가장 중요한 기둥이자 문명국가 국민의 당연한 의무로 이해되었다.

홀로코스트, 그리고 이에 따른 다양한 재판은 더욱 의무라는 관념 자체를 문제 삼았던 것 같다. 거물이든 잔챙이든 나치스의 도살자는 앞 다투어 자신은 조직의 하찮은 일원이었다며 "명령은 명령이다"라는 말로 변호하기에 급급했다. 그런 이들 가운데는 히틀러, 힘러 그리고 하이드리히 다음으로 많은 유대인을 절멸시킨 아돌프 아이히만도 있었다. 그런 주장은 단 한 번도 용인되지 않았다. 국제든 국내든 매번 법정은 피고인을 유죄로 판결함으로써 어떤 상황에서도 "의무"라는 단어 뒤에 숨어서는 안 되며, 정부를 상대로 "아니요"라고 말하며 그 명령에 복종하지 **않아야** 한다는 점을 분명히 했다. 뉘른베르크 전범재판의 법적인 토대를 다지기 위해 제정된 국제군사재판 런던헌장이 1945년에 이미 천명했듯, 명령에 따를 수밖에 없었다는 확인은 법정이 선고하는 형량을 낮추는 용도로만 인정된다.[16] 그 이상의 요구는 자신의 양심이 무력했다거나, 아예 존재하지 않았다는 자백과 다르지 않다.

명령에 따를 의무와 양심 사이의 충돌이라는 문제는 마치 패전국 독일과 일본에만 적용되는 것처럼 다루어졌다(이탈리아는 포함되지 않았다). 이 국가들의 "권위적"인 아버지가 명령을 맹목적으로 따르는 "권위주의에 물든" 후손을 키워내 무엇보다도 양심을 무력하게 만들었음을 증명하려는 책은 도서관을 채울 정도로 쏟아져 나왔다.**17** 이런 책은 오늘날에도 여전히 출간된다. 그 주장의 진위 여부와는 별개로 나는 생산적 논의를 위해서는 국제사회가 그 소중한 구성원, 국적과 상관없이 모든 구성원이 동등한 존재임을 인정해야만 한다고 강조하고 싶다. 이런 관점으로 본다면 독일이나 일본을 바라보는 태도는 이내 바뀐다. 당시 전 세계 대부분의 나라는 전쟁과 그에 따르는 공포로 몸살을 앓았다. 이런 사정은 17세기 중반 이후 이른바 '국가이성raison d'état'(국익)으로 알려진 것을 제한해야 하지 않을까 하는 염려를 불러일으킨다. 인간의 손바닥만 한 구름이 폭풍우를 부른다는 속담을 우리는 새겨야 하지 않을까.

앞서 언급했던 유럽 인권보호조약 9조가 보여주듯, 이런 논의의 대부분은 인권이라는 이름으로 행해졌다. 잉글랜드의 철학자 존 로크John Locke(1632~1704)는 아마도 최초로, 인간은 단지 존재한다는 이유 하나만으로 태어날 때부터 빼앗길 수 없는 권리를 자연으로부터 부여받는다고 주장했다. 로크가 보기에 이 권리는 생명, 자유그리고 사유재산권이다.**18** 누구도 이유 없이 이런 권리를 침해당해서는 안 되며, 제한되는 경우라 할지라도 반드시 합법적 재판에 따라야만 한다. 18세기를 거치는 동안 이런 사상은 미국의 독립선언과 프랑스 인권선언에 고스란히 반영되었다.

그러나 국가는 이런 몇몇 권리를 자국의 주권 영역 안에서만 인정했다. 토머스 페인Thomas Paine(1737~1809)*은 저서《인간의 권리 *The Rights of Man*》(1791)에서 국가 권력은 필요하다면 개인의 권리를 빼앗을 수도 있다고 지적했다. 이처럼 국가 권력이 국민의 권리를 탈취하는 일은 1815년 부르봉 왕조의 복귀와 함께 일어났다. 인권 선언은 제2제국 치하에서 간신히 프랑스 헌법의 영구적인 일부로만 남았을 뿐이다. 다른 나라들은 인권의 중요성을 깨닫기까지 더 오랜 시간이 걸렸다. 세계인권선언의 채택은 1948년에야 이루어졌다.[19] 이때부터 관련 입법은 천천히, 그러나 냉철하고도 폭넓게 이루어 졌다. 수천의 다양한 주제를 헤아릴 수 없이 많은 형태로 다루어가 며 이뤄진 입법의 대단히 중요한 목표는 국가 권력을 내적으로든 외 적으로든 새롭게 정의하고 제한하는 것이었다. 이런 과정의 일부로 국가가 도덕과 양심에 가지는 관계는 전적으로 새로운 기초를 얻었 다.[20] 약 2세기에 걸쳐 칸트와 헤겔과 이들의 수많은 추종자들은 의 무를 인생에서 가장 위대하고 가장 고결한 것으로 떠받들었다. 이제 의무는 오랫동안 차지했던 권좌에서 밀려났다. 의무는, 어떤 정치학 자가 적절히 표현했듯, "권리 혁명"에 그 자리를 내어줬다.[21]

이와 관련해 제정된 국제법 가운데 가장 중요한 것은 '집단학 살범죄의 방지와 처벌에 관한 협약'과 '고문금지 협약'이다. 이 밖에 도 약 24가지 협약이 더 있다. 몇몇 지역, 특히 유럽과 아메리카와 아프리카의 국가들은 이 정도에 만족하지 못하고 별도로 고유한 체

* 페인은 잉글랜드 출신으로 미국에서 활동한 혁명 이론가. 미국의 독립을 선도한 인물 로 알려져 있다.

계를 구축했다. 1997년 테헤란에서 당시 유엔 사무총장 코피 아난 Kofi Annan은 세계 곳곳의 청중을 상대로 "인권은 이성의 요구이며 양심의 명령이다" 하고 연설했다. "인권은 우리를 인간으로 만드는 것이며… 이 원칙으로 우리는 인간 존엄성을 위한 거룩한 집을 짓는다."[22] 잘 알려진 사실이지만 몇몇 국가는 이 협약에 서명을 거부했다. 서명을 한 국가 가운데도 너무 많은 유보 조항을 달아 서명 자체를 유명무실하게 만들거나, 아예 입에 발린 말로만 지지하며 서명한 나라가 적지 않다.[23] 태도를 바꿀 의도가 전혀 없이 서명한 나라도 상당히 많다. 심지어 1994년 이라크, 당시 희대의 독재자 사담 후세인 Saddam Hussein이 지배하던 이라크마저 인권보호협약 다섯 가지에 동참했다.

하지만 협약의 존재만으로, 비록 종이 위의 협약일 뿐일지라도, 서명 여부와 관계없이, 양심상 국가는 더는 자국민을 무턱대고 괴롭힐 수 없게 되었다. 또 국민도 '의무'를 들먹여가며 자신의 범죄를 정당화할 수 없다. 그 정도로 '국익'('국가 이성'), 그리고 사실상 국가 자체는 심각한 타격을 받았다. 국가는 이를 만회하기 위해 안간힘을 쓰고 있으나, 절대 예전의 상태를 회복할 수 없을 것으로 보인다. 홉스 그리고 더욱이 헤겔이 이런 발전과정을 목도했더라면, 두 눈을 비볐을 게 틀림없다. 홉스는 도무지 믿을 수 없어서, 헤겔은 화가 나서 두 눈을 의심하리라. 프리드리히 대왕은 이런 발전을 환영할 것이 분명하다. 비록 예수가 사람들이 서로 목을 따는 것을 막아주지는 못한 이후, 신의 도움 없이 만들어진 협약이 이런 기적을 행사하는 것이 놀랍다고 프리드리히 대왕은 토를 달기는 하리라.

다양한 측면에서 이런 발전과정은 우리가 이 책에서 여러 차례 목격한 것과 닮았다. 우선 이 상태로는 도덕이 유지될 수도 없고 유지되어서도 안 된다는 식으로 "너 자신을 알라"는 극적인 호소의 형태로 씨앗이 뿌려진다. 이런 호소가 충분한 효과를 발휘하면, 양심이 무엇인지 정리되어 명확한 표현을 얻으며 개념으로 압축된다. 점차적으로 양심은 법과 법률가든, 성직자든 평신도든 끌어 모을 수 있는 모든 용품으로 완벽하게 무장된다. 이런 용품에는 정교하게 쓰인 글, 검사와 법정 등이 포함된다. 나는 이런 법정을 대표하는 것으로 헤이그에 있는 국제형사재판소를 언급하고 싶다. 비록 형틀과 화형대와 교수대는 대다수 국가에서 폐기되었지만, 그 빈자리는 심각한 범죄를 처벌하는 주된 수단인 교도소가 차지했다.[24] 역설적이게도 이런 발전과정을 촉발한 양심은 오히려 갈수록 그 무게감을 잃어버렸다. 결과적으로 양심에 남은 것은 아무도 지켜보지 않을 때나, 법이 행동을 저지할 만큼 강하지 않을 때도 해당 법을 지켜야 할지 결정하는 것뿐이다. 바꿔 말해서 보상과 처벌을 하는 법의 능력이 강력할수록 그만큼 더 양심의 여지는 줄어들었다.

그러나 양심의 오랜 역사는 사람들, 특히 아우구스티누스 시대 이후 서구인들은 양심 없는 인생은 거의 불가능에 가깝다고 여겼음을 보여준다. 심지어 최악의 범죄를 저지른 사람조차 그렇게 생각했다. 아마도 바로 그래서 많은 범죄자들이 자신이 양심을 가졌으며 양심에 따라 행동했다고, 또는 양심의 가책을 받았다고 주장하는 모양이다. 루돌프 회스의 경우가 대표적이다. 그러나 당사자의 행동과 행태를 보며 우리가 가지는 확신은 이들이 양심에 따르지도, 양심을 가지지도 않았다는 것이다. 저들은 그저 자신을 정당화하기에 급급할 뿐이다. 다른 사람의 눈에는 그렇지 않을지라도, 최소한 자신의 눈에는 정당하게 보이고 싶은 모양이다. 양심은 카멜레온 같아서 항상 그 색깔을 바꾼다. 법체계의 발달이 양심이 적용될 여지를 좁혀놓기 무섭게, 양심은 그 아픔을 느끼게 할 다른 영역을 찾는 모양이다. 양심을 가져다붙일 영역은 제한이 없는 것처럼 보인다.

사람들로 하여금 죄책감을 느끼게 하려는 시도, 곧 양심에 자극을 주려는 시도의 대부분은 별다른 성과를 거두지 못한다. 양심을 일깨우려는 몇몇 소책자, 텔레비전 쇼 그리고 몇 차례 시위는 이내 사라져버려 흔적도 찾기 힘들다. 그러나 이따금 명백한 이유도 없이 대중의 동조를 이끌어내는 데 성공하는 경우도 없지 않다. 이런 시도에 성공한 사람은 "뱃머리에 무장을 갖추고 세계를 향해한다arm the prow and sail into the world"(20세기 초에 활동한 시인 가브리엘레 단눈치오 Gabriele d'Annunzio의 작품에 등장하는 구절). 그 좋은 예가 낙태반대 운동, 동물권리 운동 등이다. 이 책은 그런 시도 가운데 단 두 가지만 살펴보고자 한다. 그 하나는 건강한 양심이며, 다른 하나는 환경과 관련한 양심이다.

양심과 건강

처음 보기에 건강하고자 하는 사람의 욕구를 양심과 연관 지어 생각하는 것은 사실 좀 기묘하다. 셰익스피어가 리처드 3세의 입을 빌려 이야기했던 기묘한 '그것', 못지않게 기묘한 도덕성에 뿌리를 두었던 양심이 우리에게 이로운 일을 과감히 행하고 나중에 후회하지 말라고 가르쳤던 것을 기억해보자. 양심과 건강의 결합은 셰익스피어의 양심에 뒤지지 않을 정도로 기괴하다. 결국 건강은 우리가 가졌을 때 누리며, 잃었을 때 안타까워하며 되찾고 싶어 하는 물리적 안녕 이상의 것이 아니지 않은가. 누군가 다른 사람의 건강에 간섭하는 것이야 특정 행동을 해야 할지 말아야 할지 하는 점에서 양심의 문제와 닮았으니 논외로 해두자. 그러나 건강을 추구하는 것은 선악의 문제와는 아무 상관이 없는 지극히 개인적인 일이지 않은가. 그럼에도 어떻게 건강을 추구하는 것이 양심과 맞물릴 수 있을까?

나는 내 아들 조너선 레위Jonathan Lewy가 제3제국 정부의 마약 중독자 처리 문제를 공부할 당시 처음으로 이 문제를 주목했다. 레위는 양심과 건강이 아무 관련을 가지지 않는다는 나의 관점이 틀렸음을 금세 납득시켜주었다. 나치스는 무엇보다도 게르만 '인종'을 강하고 아름답게 만들려 심혈을 기울였다.[25] 작가 한스 카로사Hans Carossa(1876~1956)*는 친구에게 보낸 편지에서 이렇게 썼다. "우리는 세탁되고 청소되며 때가 벗겨지고 살균되고 분리되어 북유럽의 이상적 인종으로 강해지는 중이다."[26] 이런 시도는 나치스만 한 것이 결코 아니다. 미래에 벌어질 전쟁을 대비하는 안목으로 당대의 여러 다른 정부는 무엇보다도 "국가적 건강"을 진작하고자 했다. 이 목적을 위해 쓴 방법 가운데에는 어머니와 아동의 복지를 돌보는 정부 주도의 광범위한 병원 네트워크 구축이 있었다. 또 하층민의 자녀를 위해 휴가를 지원하기도 했으며, 각종 스포츠를 장려하기도 했다. 상당수의 국가는 평균 이하의 신체조건을 가진 사람들에게 불임시술을 강제했다.[27]

'전체주의' 국가로 치달으면서 나치스 독일은 다른 국가들보다 훨씬 광폭 행보를 보였다. 독일어의 '하일Heil', 이를테면 "지크 하일Sieg Heil"(승리 만세)이나 "하일 히틀러"에 쓰이는 하일이 '환영'과 '만세'만이 아니라, '구원', '건전함'과 '건강'을 뜻한다는 점은 눈여겨볼 대목이다.[28] 단어의 이런 의미에 충실하게 나치스는 많은 긍정적인 제도, 국민 건강에 이바지한다는 의미에서 긍정적인 제도를 도입했다. 그 가운데 가장 중요한 것은 '크라프트 두르히 프로이데Kraft durch Freude(기쁨으로 힘을)'라는 이름의 대규모 조직이다. 이 조직은 노동자 계급에게 휴가를 위한 보조금을 지급했다. 또 '히틀러 유

---

*　독일의 의사이자 작가다. 1차대전에서 군의관으로 활동한 경험을 바탕으로 휴머니즘을 다룬 작품을 썼다.

겐트Hitler Jugend(히틀러 청소년단)'와 '분트 도이처 매들Bund Deutscher Mädel(BDM, 독일소녀동맹)'은 청소년기에 체육의 중요성을 강조했다. 그 밖에도 유방암 진단을 위한 검진을 폭넓게 실시하기도 했는데, 이 프로그램은 어머니가 유방암으로 사망하는 것을 지켜본 히틀러가 개인적으로 지원했다. 여느 나라들처럼 전반적으로 금연을 장려하는 정책도 시행되었다. 이는 실제 결실을 거두었다. 1940년 프랑스에서 독일 점령군을 목격한 외국인은 독일군과 특히 영국군 사이의 신체적 차이가 두드러졌다고 말했다.[29] 건강은 단순히 개인만을 위한 것이 아님을 사람들은 확인했다. 독일에서는 "플리히트 추어 게준트하이트Pflicht zur Gesundheit"라는 표현이 쓰이는데, 이 '건강할 의무'는 자신의 건강을 지키는 것은 물론이고 건강한 후손을 생산해야 함을 뜻한다. 결국 건강은 개인이 '폴크Volk' 곧 민족 또는 국민에게 빚진 것이다. 아니나 다를까 루터와 칸트의 조국에서는 의무와 양심이 함께 행진한다.

같은 방향으로 작동하는 또 다른 요소는 사회의학의 확산이다. 독일의 경우 이런 의학은 1차대전에서 얻은 교훈을 바탕으로 바이마르공화국에서 처음 도입되었다.[30] 나치스는 이런 다양한 의학 프로그램을 이어받아 인종우월주의를 덧붙이고 확장했다. 다른 국가들 역시 비슷한 동기를 가지고 독자적인 프로그램을 개발했다. 이런 움직임은 유럽에서 먼저 일어나고, 그다음 미국으로 번졌다. 이 과정이 모든 곳에서 정확히 같은 방식으로 이뤄진 것은 분명 아니다. 유럽은 시기적으로 미국에 앞섰을 뿐만 아니라, 개인이 자발적으로 가입하는 민간보험보다는 국가가 운영하는 보험체계에 더욱 심혈을 기울였다. 미국이 겨우 이런 수준에 도달한 것은 오바마Barack Obama 대통령 임기인 2009년 이후의 일이다.

그러나 보험이 제공된 결과, 건강관리는 개인과 의사의 손에서 벗어나 일종의 조직에 맡겨지게 되었다. 대부분의 보험회사와 마찬가지로 의료보험 조직은 수익을 고려할 때만 가장 잘 운영된다. 수익성 문제는 의료보험 조직이 장기간에 걸쳐 두 가지 흐름에 사로잡히게 만들었다. 첫 번째 흐름은 의료비용의 막대한 증가로, 주로 1970년대에 시작된 기술적 요인에 의해 유발되었다. 상당 부분 첫 번째 흐름의 결과로 빚어진 두 번째 흐름은 기대수명의 증가다. 미국을 예로 들어 살펴보면 지난 40년 동안 기대수명은 10퍼센트가 넘게 높아졌다. 어디까지 높아질지 그 끝은 보이지 않는다.[31] 2010년 미국의 의료비용은 국내총생산(GDP)의 17.9퍼센트를 차지하는 수준이다. 이 비율은 미국이 쓰는 국방비보다 네 배 가까이 높은 것이다. 참고로 국방 부문에서 미국은 전 세계 모든 국가를 합친 것만큼 비용을 쓴다. 의료보험은 현재 갈수록 커져가는 예산 적자의 가장 중요한 원인이다.[32] 다른 '선진' 국가, 이를테면 영국, 프랑스, 독일의 경우도 좀 덜 극단적이기는 하지만 상당히 비슷하다. 이 국가들에서도 기대수명은 높아졌다. 이 국가들에서는 국내총생산에서 의료지출이 차지하는 비중이 미국보다 작기는 하지만, 미국과 마찬가지로 국방비의 네 배를 상회한다.

경제를 진작시키는 주된 방법 가운데 하나는 '건강한 삶'이다. 이런 사실은 공공 보건당국은 물론이고 민간 의료보험업계도 재빨리 간파했다. 이들은 사람들의 머리에 건강한 삶의 필요성을 각인시키는 데 집중한다. 책의 이 부분을 쓰기 위해 취재를 시작했을 무렵, 나는 말기 환자의 생명을 연장할지 결정해야만 하는 의사가 직면하는 도덕적 딜레마를 제외한다면 '건강'과 '양심'의 연결고리가 드물지 않을까 생각했다. 그러나 2013년 2월 구글닷컴(google.com)에서 두 단어를 함께 검색해보니 놀랍게도 거의 3,900만 건의 결과가 나왔다. '건강'과 '도덕성'의 조합은 2,700만 건의 검색 결과를 나타냈다. 아무튼 모든 사람들이 이 문제에 연관되어 있는 것 같다. 정부, 의료에 특화된 보험회사 그리고 기업은 국민, 고객, 직원이 보다 건강한 삶을 살도록 교육함으로써 파산을 피하려 필사적인 노력을 기울인다. 같은 목표를 이루고자 하는 수많은 공식적·비공식적 소비자단체는 더 말할 필요도 없다. 과거에 이런 종류의 선전은 주로 성직자가 지휘했다. 이제 성직자의 자리를 차지한 쪽은 보건 전문가다. 이 전문가는 대개 의사이거나, 의사처럼 소개되는 인물이다. 예전과 차이가 있다면 검은 수도복이 아니라 흰색 가운을 입고, 십자가 대신 청진기를 마치 안심시키려는 듯 흔들어댄다. 그런데 어째 좀 위협처럼 느껴지는 것은 나만의 생각일까. 어쨌거나 죄책감을 심어주고, 이 죄책감이 내면화해서 양심이라는 형태를 취하게 만드는 방법은 예나 지금이나 동일하다.

예를 들어 흡연이 건강에 해롭다는 '사실'은 수십 년 전부터 익히 '알려진' 이야기다. 흡연과 관련된 해악의 가짓수는 계속 늘어나는 중이다. 심지어 흡연이 여성의 가슴이 처지게 하는 원인이라는 비난도 있다.[33] 이런 말도 안 되는 헛소리를 한 저자는 분명 모유수유, 중력 또는 노화는 전혀 모르는 모양이다. 아무튼 아무런 죄책감을 느끼지 않고 담배를 즐기는 일은 거의 불가능해졌다. 흡연자는 세금과 과태료로 돈을 쥐어짜이면서도 사냥을 당하고 박해받으며 글자 그대로 우리 안에 갇혔다. 그러나 흡연은 오로지 빙산의 일각일 뿐이다. 기름진 음식도 건강에 나빠 피해야만 한다. 이른바 '정크' 푸드, 패스트푸드, 가공식품, 유전자변형 식품(유럽에서 금지되었다)과 '자연적'이지 않은 어떤 종류의 음식도 마찬가지로 피해야만 한다. 자연스럽게 비자연적 혹은 초자연적인 음식이라는 게 있는지, 있다면 그게 무엇인지 하는 의문이 고개를 든다. 고기도 나쁘다. 소금과 설탕도 모두 나쁘다. 설탕을 대체하는 식품은 더더욱 나쁘다. 청량음료는 대단히 나쁘다(청량음료는 "악마가 우리 몸을 공격하는 무기"라고도 한다).[34] 그러나 물도 나쁘다. 불소 처리가 되고(우리가 요청하지 않았음에도) 플라스틱 병에 담겨야 좋아진다. 물론 이런 경우에는 충분한 미네랄을 첨가한 탓에 물값은 원래보다 몇백 배는 높아진다. 차도 나쁘다. 그러나 오랜 세월 동안 나쁘게 여겨져왔던 커피는 우아한 분위기를 만들어준다며 최근 좋은 것으로 돌변했다.[35]

과거 수백 년 동안 감자는 좋은 것이었다. 한 해의 농사가 실패하면 전 국민이 감자로만 연명할 정도였다. 오늘날에도 사람들은 250년 전에 감자를 프로이센에 도입한 프리드리히 대왕의 무덤에 감사의 뜻으로 감자를 올려놓는다. 그러나 최근 하버드대학교 영양학과 학과장은 도대체 왜 그런지 모르겠으나 감자가 실제로는 나쁘다고 판정했다.[36] 빵과 다른 밀가루 제품, 이를테면 파스타도 나쁘다고 한다(이탈리아가 지중해 국가이며, 이른바 '지중해 다이어트'는 세계 최고로 여겨진다는 사실은 신경도 쓰지 않는 모양이다).[37] 시대와 장소를 막론하고 너무 비싸서 많은 사람들이 드물게 맛볼 수 있었던 고기 역시 나쁜 것이 되었다. 우유는 언제나 대단히 좋은 것이었다. 결국 우리 모두는 어려서 젖을 먹고 살았으니까. 이제는 팩이나 플라스틱 용기에 비非, 무無, 저低라는 단어가 찍힌 우유만 좋다고 한다. 그런데 이런 제품 가운데 어떤 것도 '자연적'이지 않다는 점은 한사코 외면된다.

그 결과 특히 미국에서 사람들은 즐겁고도 건강한 식사라는 것이 말이 되지 않는다고 여기게 되었다. 입맛에 맞아 즐거운 식사는 건강하지 않으며, 건강한 식사는 고역이라는 식이다. 이처럼 즐거움과 건강함은 상호 배타적인 것이 되었다.[38] 그러나 음식은 흡연처럼 이 논의의 극히 작은 부분일 뿐이다. 행복이라는 말로 측정한다면, 돈이 부족한 것은 나쁘며, 돈이 너무 많은 것도 나쁘다.[39] 일거리가 충분하지 않은 것은 나쁘며, 일이 너무 많아도 나쁘다. 스트레스가 완전히 없는 것은 나쁘며, 너무 많은 스트레스는 당연히 나쁘다. 경쟁, 휴식, 수면, 운동, 사교, 사랑, 섹스 등 수천 가지의 다른 활동을 두고도 같은 말을 할 수 있다. 서로 치열하게 경쟁하는 의학과 심리학 연구자들은 대중을 놀라게 함으로써 자신을 홍보한다. 그 결과 나쁜 것의 목록은 나날이 늘어날 뿐이다.

유명세나 부를 노리는 이런 호들갑은 마치 자신이 바퀴를 새롭게 발명했다고 주장하는 것과 다르지 않다. 또는 24세기 전의 철학자 아리스토텔레스가 아들 니코마코스Nikomachos에게 이야기해준 황금률이 정확히 무슨 뜻인지도 모르고 마음대로 끌어다 쓰는 태도이기도 하다. 중도를 말하는 황금률의 의미를 깨우쳤다면 그런 호들갑을 떨 이유가 전혀 없다. 어떤 사람에게는 약이 다른 사람에게는 독이라는 속담이 말하듯, 특정 사실의 일반화는 그저 하나마나한 말만 쏟아낼 뿐이다. 사람들이 좋아하는 것 또는 즐겨 행하는 일을 '나쁜 것'으로 만들어 이득을 보려는 산업이 도처에 있는 사회는 어디나 소란이 그치지 않는다. 죄책감을 빚어내는 위선으로부터의 도피는 불가능하다. 누구나 인터넷, 텔레비전, 라디오, 스마트폰, 잡지, 신문 없이 사는 법을 배워야 하지 않을까. 어떤 종류든 광고를 보지 않으려면 문을 걸어 잠그고 집 안에만 머물러야 한다.

아무튼 먹을거리나 건강한 생활습관과 관련한 이런 자극적 선동은 이제 사람들의 내면을 파고든 나머지 곳곳에서 "건강 양심"(그렇다, 이런 단어는 실제 존재한다)을 요구하는 목소리가 심심찮게 들려온다. 건강 양심은 신의 처벌을 바라보는 두려움을 배경으로 삼아 우리가 건강을 해치는 어떤 일을 하는 것을 막아준다. 유혹에 빠진 나머지 건강을 해치는 일을 한다면, 그런 일을 금지하는 법이 없으며 우리 자신 외에 아무도 알지 못한다 할지라도, 건강 양심이 우리로 하여금 죄책감을 느끼게 한다. 그렇다고 욕구를 낮추라거나, 건강 양심에 따르지 않는 사람을 비난하고 따돌리라는 요구까지 나오는 것은 아니다. 건강 양심의 고결한 사제는 연구자, 의사, 기업, 정부 그리고 소비자단체로, 이들은 건강 증진이라는 미명 아래 오로지 경제에만 관심을 가질 뿐이다. 이 멋진 사람들이 '과학'이라는 간판을 앞세워 끊임없이 제공하는 모든 충고를 좋은 양심을 가진 사람이라면 누가 거절할 수 있을까? 자신에게 죄를 짓는 일은, 간접적으로는 사회에도 죄를 짓는 게 아닌가? 아버지의 죄는 아들을 거쳐 세 번째, 나아가 네 번째 세대도 물들이지 않겠는가? 이런 충고의 대부분이 아무 근거가 없으며, 모순되고 심지어 허튼수작이라는 점은 신경도 쓰지 말란다. 충고의 내용이 끊임없이 변한다는 사실은 그 대부분이 건강과 관련이 없으며, 사람들로 하여금 죄책감을 느끼게 하려는 것임을 보여준다. '특정' 종류의 음식을 먹지 않는 한, 양심은 안도한다.

'건강한' 생활방식의 뒤를 바짝 따라오는 것은 예방의학이다. 고대 그리스의 의사는 건강한 생활방식을 알았던 반면, 이후 누천년의 세월 동안 의학은 오로지 질병에만 매달려왔다. 18세기 중반 천연두를 막아주는 접종이 발명되면서 이런 사정은 변하기 시작했다. 대략 1870년을 시작으로 각종 질병을 막아주는 백신이 속속 개발되었다. 발진티푸스, 장티푸스, 디프테리아, 결핵 및 소아마비의 두려움에 시달리는 사람들이 줄어든 결과는 대단히 유익했다.[40] 이 분야에서도 사회의학은 중요한 역할을 했으며, 그 비중은 갈수록 커진다. 가장 발달한 국가로부터 주변부로 확산되며 거의 모든 사람이 어렸을 때 예방접종을 받는다. 그러나 이것은 시작일 뿐이다. 갈수록 더 많은 검사가 가능해지면서, 그만큼 더 많은 사람들이 건강이 나빠진 증상을 보여서가 아니라, 그저 관료주의 행정에 맞춰 검사를 받아야만 한다. 검사의 본성상 통과에 '실패'한 사람은 식이요법, 운동요법, 휴식요법, 수면요법과 많은 여타 요법들에 시달리느라 속을 부글부글 끓여야만 한다.

이런 요법들과 더불어 모든 종류의 약품이 행진한다. 영국박물관의 전시가 보여주듯, 오늘날 60세 이상의 노인은 한 해에만 60세 이전까지 먹었던 전체 양보다 더 많은 약품을 섭취한다.[41] 20년 뒤에 한 사람이 일 년에 먹는 약품의 전체 양은 1만 4,000알을 쉽게 넘길 것으로 보인다. 지금 하는 이야기는 실제로 아파서 약을 먹는 사람의 경우는 제외한 것이다. 오늘날 노인은 약물의 공습에 굴복할 수밖에 없다. 약을 복용하기 시작하는 연령대를 낮추려는 압력이 그만큼 크기 때문이다. 심지어 이 글을 쓰고 있는 동안에도 나는 이스라엘 방위군의 병사들 가운데 3분의 1이 '리탈린'*을 복용한다는 사실을 알게 되었다. 군인들은 아파서가 아니라, 스트레스를 해소하는 데 도움이 된다는 말에 혹해서 이 약을 먹는다. 예전의 군대는 군인들에게 스트레스를 이겨내라고 매일 많은 담배를 공급했다.[42]

다양한 종류의 식품과 마찬가지로 의약품 역시 좋다고 쓰이다가 나쁜 것으로 돌변하며, 그 반대의 경우도 마찬가지다. 예를 들어, 기억하는 사람이 드물겠지만, '엑스터시'라는 이름으로 알려진 위험한 약물은 1970년대에 유익한 것으로 여겨졌다. 당시 이 약물은 죄책감(죄의식!)은 물론이고 후회와 우울증을 완화하는 데 널리 쓰였다. 약간 운이 따르면, 앞으로 제약회사가 그런 식으로 약물을 그럴싸하게 포장해 새로운 상표를 붙여 가격을 올려서 비슷한 용도로 팔 수 있다.[43] 결국 코카인이 리탈린으로 변신할 때 벌어진 일이 바로 그것이다.

예방의학의 검사가 속속 만들어지고 도입되면서 수백만 명의 사람들이 유방절제술 같은 심각한 수술에서 좀 덜 심각한 치료에 이

---

* 메틸페니데이트를 원료로 쓰는 향정신성의약품. 주의력 결핍과 과다행동장애를 치료하는 데 쓰는 약품의 상호명이다.

르기까지 숱한 치료행위에 시달린다. 이를 둘러싸고 진행 중인 논란이 보여주듯, 많은 진단과 치료 프로그램의 실효성에는 의문이 남아있다. 예를 들어 도식적으로 이뤄지는 정기검진이 사람들을 실제로 건강하게 만들어줄까?[44] 여성을 위한 유방암 검사가 실제로 생명을 구해줄까? 정기검진으로 조기진단을 받아 혜택을 보는 여성보다는 아무 쓸모 없이 방사능에 노출되는 여성이 더 많다는 것은 사실이 아닌가? 모든 유방절제술이 정말 필요할까, 아니면 적어도 몇 명에게는 과잉치료이며, 심지어 해롭지 않을까? 결국 건강을 염려하지 않는 것이야말로 건강에 꼭 필요한 부분이지 않을까? 그러나 내려가는 에스컬레이터를 오르는 것처럼 무망한 과제를—결국 우리 모두는 늙고 병들어 죽기 때문에 무망한—꺼리는 사람은 자신을 철저히 방치했다는 죄책감에 시달리게 된다.[45] 식품의 경우와 마찬가지로 의학도 주로 양심, 개인은 물론이고 사회의 양심을 달래는 일에 무엇보다 신경을 쓴다.

또다시, 의무/죄책감/양심이라는 복합체에 호소하는 것으로 시작된 일이 빠르게 형식적인 허례로 변해가고 있다. 이 분야에서 가장 활발하게 활동을 펼치는 곳은 학교와 기업이다. 둘 다 엄밀한 의미에서 법을 만드는 권위를 가지지 않았다. 그럼에도 학교와 기업은 모든 종류의 규칙을 만들 수 있으며, 또 실제로 만들어낸다. 사회에서야 무엇을 먹고 마시든 개인은 자신의 권리를 주장할 수 있지만, 학교는 주기적으로 학생들에게 금지를 내린다. 내가 이 글을 쓰던 2013년 1월에 마침 여섯 살짜리 영국 초등학생이 신문기사의 주요 기사를 장식했다. 아이가 다니는 학교의 여교장은 아이가 가진 비스

킷을 압수하면서, 배나 바나나를 가져오거나 아니면 굶으라고 지시하며 정학처분을 내렸다. 아이들이 특정 종류의 식품이나 음료를 좋아하면 할수록, 그 소비뿐만 아니라 해당 광고를 보는 것마저 금지될 확률이 그만큼 더 높아진다. 문제의 핵심은 정크 푸드나 초콜릿 바나 설탕이 들어간 음료가 좋은지 나쁜지가 아니다. 어느 경우와 마찬가지로 핵심은 '지나친' 소비를 막아주는 것이다. 권위적인 강요는 특정한 "양심"을 주입시키고자 아이가 올바로 된 정보에 접근하는 것을 체계적으로 막을 뿐이다.

현대의 많은 기업은 이른바 건강 프로그램을 개발했다. 이 프로그램의 주된 목적은 직원의 심신을 건강하게 유지하고, 의료보험 비용을 낮추려는 것이다.[46] 물론 이 프로그램에는 생산성 향상 같은 다른 목표도 포함된다. 목표 달성을 위한 수단은 교육 연수, 운동 기회, '건강한' 식음료를 제공하는 카페, 의료검진 등 매우 다양하다. 종종 심리적 건강을 돌보는 데도 많은 관심을 쏟는다. 이 "멋진 신세계"는 단순히 건강한 것만으로는 충분치 않다. 건강할 뿐 아니라 행복해야만 하는 것이 의무다. 아마도 머지않아 우리는 모두 행복에 겨워 콧노래를 부르게 될 모양이다. 대다수 직원은 자신의 자유의지로 건강 증진에 참여하기는 하리라. 그러나 참여를 원치 않거나 결과가 불만족스러운 경우, 이를테면 '충분한' 체중감량에 실패하는 경우, 직원은 다양한 제재의 대상이 된다. 예를 들어 그들은 동료보다 많은 의료보험료를 납부해야만 한다.

제재의 도입은 양심과 법 사이의 경계가 엇갈리면서 흐려졌음을 뜻한다. 그 법이 국가가 정한 것이든 다른 주체가 세운 것이든 말이다. 공중보건의 개선을 목적으로 의학을 통제하려는 입법은 거의 모든 현대 국가에 널리 퍼졌다. 그 결과 우리의 삶을 지배하면서 끊임없이 그 권력을 키우려 드는 거대한 의료관료 복합체가 출현했다. 다양한 건강관리 프로그램 혜택의 거부를 법 위반으로, 그리고 이 법을 정한 국가에 대한 모독으로 치부하는 일은 상당히 자주 일어난다.

이미 몇몇 정부는 일부 유형의 대중적 식품, 이를테면 버터, 감자칩, 설탕, 아이스크림에 세금을 매기기 시작했다. 들리는 이야기로는 나머지 국가들도 이를 주목하고 있다고 한다.[47] 다른 정부는 전면적 또는 부분적으로 케첩, '킨더 서프라이즈 에그' 초콜릿, '마마이트' 잼, 아키 열매, 사모사*, 젤리빈을 금지했다. 또 다른 희생 품목은 생유다. 생유(살균처리를 거치지 않은 우유)가 소, 양, 염소에게서 얻어낸 '자연적' 형태라는 점은 깨끗이 무시된다. 정반대의 노선을 택한 정부도 있다. 예를 들어 프랑스는 학교 구내식당에서 채식주의를 허락하지 않는다. 학생은 식단으로 나온 고기를 좋든 싫든 먹어야만 한다. 학생이 이런 강제를 받는 것이 정당한지 하는 문제는 논의조차 되지 않았다.[48] 금지에는 매번 왜 해당 음식이 나쁜지 설명하는 전문가 소견과 통계와 주석이 차고 넘칠 정도로 따라붙는다. 그리고 많은 경우 유행이 변하듯 통계도 변한다.

주지하듯 이런 일의 대부분은 그저 금고를 채우려는 문제일 뿐이다. 모든 '건강식품'이 가지는 한 가지 공통점은 그것이 일반 식품

* 남아시아에서 먹는 삼각형 튀김만두.

에 비해 훨씬 비싸다는 점이다. 또 다른 목표는 질병에 걸린 사람이 다른 사람에게 감염시켜 피해를 주는 것을 막는 일이다. 그러나 이 모든 목적의 배후에는 보건기관, 실질적으로는 사회 전체가 사람들이 서로 "상해"를—이 상해가 무엇을 의미하든 간에—입히는 것을 예방함으로써 죄책감을 덜려는 계산이 숨어 있다. 결국 사회가 외관상 더 건강해지지 않는다면, 매년 막대한 돈을 쓰는 보건기관이 왜 존재할까? 되도록 어릴 때부터 시작해 사람들은 자신이 좋아하지 않는 것을 받아들이고 쓰며, 좋아하는 것은 멀리하는 법을 배워야만 한다. 바로 그래서 독일에서 인도에 이르기까지, "건강은 모든 시민의 의무"인 것이다.[49]

그러나 권리가 의무보다 우선시되는 세상에서 역설적이게도 정점에 이른 건강 양심은 모든 권리 가운데 가장 중요한 것, 곧 자신의 인생에 마침표를 찍고 죽을 권리의 인정을 거부한다. 유일신 종교는 언제나 자살을 부정해왔으며,[50] 자살은 치유해주는 신의 능력을 거둔 도전이어서 일종의 신성모독이라고 본다. 휴머니즘에는 다행스럽게도, 정부나 의사 또는 동정심 많은 의회 역시 건강한 사람이 원할 경우 스스로 목숨을 끊는 것을 막을 방법을 찾지 못했다. 그러나 분명 정부와 의사와 의회는 건강하지도 자유롭지도 않은 불행한 사람이 인공적인 수명연장을 거부할 권리를 부정해왔다. 이런 비인간적이고도 고압적인 자세는 고통으로 신음하며 스스로 목숨을 끊을 수 있게 홀로 내버려두라는 사람의 간청을 너무 자주 무시했다. 죽는다는 것은 무엇보다도 허가를 받아야만 하는 일이다. '시네이데시스' 곧 "너 자신을 알라!"고 외치며 자신의 운명을 자기 손으로 감당하며 스스로 목숨에 종지부를 찍으려는 각오를 인간다움을 드러내는 최고의 표현으로 받아들였던 고대 스토아학파가 죽음의 허가 운운하는 이야기를 듣는다면 간담이 서늘해지리라.

양심과 환경

어떤 불교, 특히 선불교는 항상 인간을 자연이라는 환경의 일부분으로 바라보며, 환경을 가장 잘 보호할 방법을 찾는다.[51] 티베트 승려들이 개미 밟는 것을 피하며 조심스레 발걸음을 옮기는, 방송에서 흔히 보는 이미지는 불교의 이런 자연관 때문에 생겨났다. 기독교와 이슬람교를 파생시킨 유대교 전통은 인간과 자연의 관계를 다르게 본다. 세 종교는 모두 인간을 자연과 구분하고, 자연을 지배하는 우월한 존재로 여겼다. 생명을 가진 모든 피조물 가운데 오로지 인간만이 신의 모습대로 지어졌다. 인간은 이내 선과 악을 구분하는 능력을 허락받았다. "하나님이 그들에게 복을 주시며 하나님이 그들에게 이르시되 생육하고 번성하여 땅에 충만하라, 땅을 정복하라, 바다의 물고기와 하늘의 새와 땅에 움직이는 모든 생물을 다스리라 하시니라."(창세기 1:28) 또한 아리스토텔레스는 "자연은 인간을 위해 특별히 만들어진 모든 것"이라고 생각했다.[52] 종교와 철학의 이 두 가지 강력한 영향력을 고려하면, 산업혁명에 이르기까지의 서구 역사가 인간 중심의 자연관을 가졌다는 점은 놀라운 일이 전혀 아니다.

'건강 양심'과 마찬가지로 환경을 바라보는 다른 관점을 처음으로 제시하고 이런 자연관을 실행에 옮길 실천적 수단을 찾은 세력은 나치스 정권이다. 나치스 이데올로기의 핵심은 피와 토양 즉 '블루트 운트 보덴Blut und Boden(흔히 '블루보BLUBO'라는 약칭으로 쓴다)'이다. 간단히 말해서 땅은 사람을 먹여 살리며, 인간은 노동으로 땅을 비옥하게 만들어야 한다는 것이 이 사상의 요지다. 각각의 '폴크'(민족)는 모태인 토양 덕에 그 특징적 성격을 타고나고, 이 땅에서 살아가며 특성을 대대손손 물려준다.[53] 해당 인종 자체의 순수 혈통과 마찬가지로 그 모태인 토양 역시 어떤 희생을 치르더라도 반드시 보존되어야 한다. 이로써 자연을 보존하기 위한 숱한 수단이 고안되었다.

자연보호를 진두지휘한 사람은 히틀러 정권의 2인자로 열렬한 사냥꾼이었던 헤르만 괴링이다. 부하들을 부려가며 그는 베를린 북쪽의 쇼르프하이데 지역을 자연보호구역으로 만들었으며, 이곳에 자신의 저택을 짓기도 했다. 나치스는 강과 호수와 숲을 보호하는 일에도 착수했다. 낚시와 사냥을 규제하고 무단 벌목을 금지한 것 등이 그 방법이다. 자연보호라는 관점에서 특히 흥미로운 것은 저 유명한 '아우토반Autobahn' 곧 고속도로다. 아우토반은 환경보호와 미적 측면을 충분히 고려해 건설되었다. 이 건설에는 엔지니어에 그치지 않고 조경건축가와 농업전문가, 식물학자와 동물학자들이 자문역으로 참여했다.[54] 당시 이 모든 노력은 '하이마트쉬츠Heimatschütz(향토보호)'라는 이름으로 알려졌다. 다른 나라와 마찬가지로 환경보호가 경제적·군사적 고려로 포기되어야만 하는 경우가 이따금 있었다. 1936년부터 가속화한 재무장 기간 동안 특히 그랬다. 그럼에도 나치스가 도입한 규제의 대부분은 대단히 수준이 높아

오늘날에도 여전히 유효하다.[55]

건강 양심과 나란히, 그리고 대개 같은 이유로 1960년대 초부터 모든 선진국에서 환경보호는 일종의 세속적 종교로 자리를 잡기 시작했다. 물론 두 움직임은 서로 연결되었고, 실제로는 뒤얽혔다. 깨끗한 환경이 건강을 유지하는 데 가장 중요한 전제조건이라는 사실은 예나 지금이나 변함이 없다. 건강한 사람은 깨끗한 환경을 유지하기 위해 자신의 몫을 다해야 한다. 환경운동을 뒷받침하려는 다른 고민도 많았다. 어떤 이들은 신이 지은 작품을 경외하는 자세에서 환경운동의 근거를 찾고자 했다. 이들은 성경을 샅샅이 뒤져 적당한 표현을 찾아냈다. 그 좋은 예가 "여호와 하나님이 그 사람을 이끌어 에덴동산에 두어 그것을 경작하며 지키게 하시고"(창세기 2: 15)라는 구절이다. 다른 사람들은 환경을 보존해야 할 이유를 남성의 사악한 지배를 제거해야만 한다는 시급한 필연성에서 찾았다. 전자는 기독교 환경운동을, 후자는 에코페미니즘ecofeminism으로 알려진 운동을 각각 이끌었다.[56]

문제는 이것으로 그치지 않았다. 몇몇 페미니스트는 환경운동을 받아들인 반면, 다른 페미니스트는 여성을 자연과 동일시하는 것이 '가부장제'의 여성 착취를 줄이기보다는 조장하지 않을까 염려했다. 우리는 아직 자유주의 환경운동, 사회주의 환경운동, 보수적 환경운동, 혁명적 환경운동, "현실적" 환경운동 그리고 "심층적" 환경운동에 대한 논의는 시작도 하지 못했다. 현실적 환경운동은 경제적 제약을 고려해야 한다는 입장이다. 심층적 환경운동은 인간을 오랫동안 누려오던 권좌로부터 끌어내려 생명을 부여해준 자연의 부분으로 되돌려놓으려 한다. 심지어 어떤 이들은 동성애 커플은 자식을 낳아 종족번식을 할 수 없다는 이유를 들어, 인간 증가로 망가져가는 환경을 보호하기 위해서는 동성애가 필요하다며 동성애와 환경보호 사이의 '명백한 연관성'을 주장하기도 한다.[57]

실질적으로 초기부터 모든 형태의 환경운동이 갖는 공통점은 이 운동의 지지자들이 죄책감을 느낀다는 사실이다. 동물이든 식물이든 살아 있는 자연을 함부로 다뤘다는 죄책감, 지구를 훼손했다는 죄책감, 물은 물론이고 공기도 오염시켰다는 죄책감이 그것이다. 심지어 어떤 사람은 자신의 존재 자체에 죄책감을 느낀다고도 말하리라. 그들은 다른 사람도 마찬가지로 죄책감을 느끼게 하려고 최선을 다했다. 이런 관점에서 특히 효력을 발휘한 것은 두 권의 베스트셀러, 레이철 카슨Rachel Carson이 쓴 《침묵의 봄Silent Spring》(1962, 나중에 영화로도 만들어졌다)과 폴 에를리히Paul Ehrlich의 《인구 폭탄The Population Bomb》(1968)이다. 《침묵의 봄》은 'DDT' 같은 살충제가 야생에 미치는 영향에 초점을 맞췄다. 《인구 폭탄》은 전 세계적인 인구 증가가 식량 부족과 전쟁을 유발할 것이라고 설명하면서, 인구 증가를 제한할 실질적 수단을 요구한다. 세 번째로 강한 영향력을 자랑한 것은 1973년 로마클럽*의 보고서로 "성장의 한계Limits to Growth"라는 제목을 달았다. 이 보고서는 자칭 "체제전복적인 300인 위원

---

* 1968년 이탈리아의 사업가 아우렐리오 페체이Aurelio Peccei의 주도 아래 지구의 유한성이라는 문제의식을 가진 유럽의 경영자, 과학자, 교육자 등이 로마에 모여 회의를 가지며 창설된 클럽이다. 지속 가능한 발전이라는 주제로 연구와 각종 운동을 벌이는 세계적 비영리 연구기관이다.

회"인 로마클럽을 사람들이 주목하게 만든 거의 유일한 문건이다.

처음에는 인류가 환경에 끼친 피해를 바라보며 이따금 느끼는 불편한 감정이었던 것이 시간이 가면서 깊게 뿌리를 내린 영속적인 환경 양심으로 바뀌었다. 이런 방향으로 나아간 결정적 행보는 "인간"에게 "미래 세대를 위해 환경을 보호하고 개선할 엄중한 책임"을 부여한 1971년의 스톡홀름 회의다. 다른 형태의 양심과 마찬가지로 환경 양심을 다룬 문헌도 이내 엄청난 규모로 쏟아져 나왔다. 환경 양심은 그 나름의 교회, 성직자(흔히 '인바이어런environ'이라고 알려졌다), 각종 상징과 신성한 경전과 순교자를 만들어냈다. 순교자란 벌목꾼으로부터 브라질 원시림을 보호하려 하거나 도살한 송아지를 가득 채운 트럭을 막아서다가 '살해당한' 운동가를 말한다. 가장 최근의 조사는 이런 순교자가 열두 명 정도라고 밝혔다.[58] 환경운동은 그 내부의 분열에도 시달린다. 몇몇 환경운동가는 주류에 비해 훨씬 더 급진적이었다. 반면 다른 사람들은 주류가 너무 멀리 나아간다며 지지자들을 잃지 않기 위해서는 약간의 현실적 태도를 견지해야 한다고 생각했다. 표면상으로는 같은 이유를 가지고 같은 청중의 관심을 사로잡기 위해 노력하면서도, 급진파와 현실주의자는 사회 전반을 상대할 때보다 더 맹렬하게 서로 싸웠다.

1970년대에는 최초의 '녹색당'이 출현했다. 현재 녹색당이 활동하는 국가는 100개국에 달한다.[59] 환경운동가들은 기존 정당에 입당해 내부에서 의제를 바꾸는 것을 도우며 정치에 영향력을 행사하기도 했다. 이들이 촉발시킨 죄책감은 여전한 위력을 발휘한다. 죄책감은 모든 종류의 선전활동 덕에 갈수록 강해지며, 법 제정에 이르기까지 영향력을 행사한다. 해야 할 일과 피해야 할 일의 목록은 갈수록 더 길어진다. 전력 생산을 위해 각 가정의 지붕에 태양 전지판을 설치하는 것에서부터 특정 종류의 세제를 쓰지 않는 것까지, 예비전력 스위치가 있는 컴퓨터부터 '빛 공해'까지 목록의 내용은 다양하다.

건강 양심의 경우와 마찬가지로, 가책의 망치질을 피하려는 사람은 광야에서 홀로 살아야만, 굶주려야만 한다. 바로 그래서 어린 시절 물놀이를 가장 좋아하던 여덟 살의 내 손자 오르Orr('빛'이라는 뜻)가 내게 목욕을 하면 이스라엘의 가뜩이나 부족한 수자원이 더욱 부족해지는 것이 아닌지 심각한 표정으로 묻는 지경에 이르렀다. 또 오르는 나의 A4 용지에 낙서를 하면 브라질의 열대림에 무슨 일이 일어나느냐고도 물었다.

오르의 천진한 물음은 그만큼 어른들로부터 받은 주의가 많았음을 뜻한다. 앞서 언급했던 카로사의 표현으로 되돌아가보자면, 우리는 세탁되고 청소되며 때가 벗겨지고 살균되고 분리되는 중이다. 우리는 많은 경우에 세뇌를 당했다. 이런 모든 세뇌의 목적은 우리로 하여금 새로운 복음을 받아들일 각오를 다지고 되도록 멀리 이 복음을 전파하게 하려는 것이다. 이 복음 아래에서 '옳음'은 뭐가 됐든 "생물공동체의 온전함과 안정성과 아름다움을 지켜주는 경향이 있는" 것이다. '나쁨'은 그 정반대로 향하는 경향이다.[60] 우리 인간은 그런 공동체의 부분을 형성할까? 인간의 독특한 지위를 강조하는 옛 종교의 관점은 우리는 생물공동체의 일부가 아니며, 따라서 우리가 하고 싶은 대로 할 수 있고 심지어 그렇게 하도록 신의 지시를 받았다고 본다. 현대의 환경운동은 우리 인간은 어디까지나 생물공동체의 한 부분이며, 개구리나 식물 따위를 위해 자신을 희생해야 한다고 주장한다.

이제 전 세계의 사람들은 난방과 자동차(특히 가족 외출에 적당한 큰 자동차) 운전, 세탁, 화장품 사용, 책과 신문 읽기(종이는 펄프로 만들어지니까), 컴퓨터 사용(컴퓨터의 재료가 된 물질은 폐기처분하기 힘들다) 그리고 물론 갈수록 늘어만 가는 다양한 식품을 먹는 일을 걱정한다. 특히 육식을 즐기는 사람은 자신에게 겨누어진 거룩한 분노에 몸을 사려야만 한다! 실제로 환경 양심을 겨냥하지 않은 운동은 그게 중요한 것이든 대수롭지 않은 것이든 거의 찾아볼 수 없다. 심지어 자녀를 갖는 문제도 환경운동의 표적이 된다. 미래 세대가 생명을 누릴 수 있으려면, 먼저 현재의 많은 사람들이 자발적으로 숨을 거두어야만 한다. 환경운동의 관점에서 본다면 의심할 바 없이 우리가 아예 태어나지 않았더라면 최선이었을 것이다.[61]

이 모든 환경운동에서 가장 두드러지는 사실은 운동을 뒷받침하는 논리적 근거가 계속해서 변한다는 점이다. 1973년으로 거슬러 올라가 로마클럽의 주된 고민은 인구 증가를 막아야 한다는 것이었다. 인구 과잉은 몇십 년에 걸쳐 빠른 속도의 경제성장을 요구함으로써 에너지와 천연자원의 고갈을 불러온다고 로마클럽의 보고서는 진단했다. 보고서 발표를 위해 선택한 시점은 불운했다. 그때는 1973년 10월의 아랍-이스라엘 전쟁이 끝난 지 얼마 안 된 시점으로, 그에 뒤따른 '에너지 위기'와 스태그플레이션이라는 불가사의한 새로운 현상으로 대다수 서구 국가의 경제성장에 종지부가 찍혔기 때문이다. 그 결과 사람들은 재빨리 양심의 가책이 빚어진 원인을 인구 증가가 아닌 다른 곳에서 찾으려 들었다. 인구 증가를 막아야 한다는 목소리에 맞서 위스콘신대학교의 과학자들은 '지구 냉각'이라는 개념을 들고 나왔다. 1977년 자칭 '임팩트 팀The Impact Team'이라고 하는 단체가 보고서를 발표했다. 단체는 '전 지구적 기후 음모'를 발견했다고 주장하면서 '새로운 빙하시대'가 임박했다고 경고했다.[62]

당시 이 문제가 얼마나 심각하게 받아들여졌는지는 미국 중앙정보부Central Intelligence Agency(CIA)의 연구개발 팀이 움직였다는 사실에서 잘 알 수 있다. CIA의 분석가들은 "서구 세계의 선도적인 기후학자들이 글로벌 기후변화의 폐해를 다룬 최근 보고서들을 확인했다… 이 발견은 전 세계적이고도 동시적인 전쟁과 평화, 인구 그리고 최근 세기들의 가격 사이클이 주로 장기적인 기후변화에 맞춰 이뤄져왔음을 암시한다"고 말했다.[63] 미국이여, 저 멀리 바글거리는 나라들의 비루한 쓰레기가 너희의 은혜 받은 해안에 이르려는 필사적인 시도를 대비하라. 이 사건에서 지구 냉각이라는 논리가 가진 오류는 빠르게 드러났다. 그러나 환경의 고위 성직자들은 사람들의 양심이 오랫동안 평온하게 내버려두지 않았다. 지구 냉각에 뒤이어 그 정반대인 '지구 온난화'가 등장했다.

지구 냉각이든 온난화든 각각이 상정한 원인에 비추어볼 때 인간은 이런 불행을 바로잡을 수 있기도 하고 없기도 하다. 기후 문제를 해결할 수 있다고 가정하는 경우 양측은 저마다 흥미로운 해결책을 제시한다. 한 가지 해결책은 거대한 펌프(어떤 과학자는 '디젤 펌프'여야 한다고 특정했다)를 가동해 지구의 물을 강제로 순환시켜주면서 대

자연이 저지른 나쁜 일들의 균형을 잡아주는 것이다. 온난화를 막아주는 해결책은 수소폭탄을 터뜨리는 것이다. 장소와 시간을 적절히 잡기만 한다면, 폭발은 대기권에 먼지구름을 올려 보내 태양을 가려 '핵겨울'을 불러온다. [64] 필요하다면 이 과정은 반복될 수 있다. 다만 곤란한 점은 이런저런 영리한 계획이 실행에 옮겨지기도 전에 온난화가 냉각과 맞물릴 수 있다는, 적어도 특정 장소와 특정 시기에 맞물릴 수 있다는 점이 드러나는 일이다. [65] 몇몇 영리한 사람들은 두 가지 현상 모두를 이용해 돈을 벌었다. 필요할 때마다 유행을 바꾸듯 양쪽을 번갈아 다니며 이들은 적절히 꾸며진 경종을 울리며 어떤 것이 수익성 좋은 비즈니스 모델인지 전망을 읊어대곤 했다. 시간이 흐르면서 지구 온난화는 기후변화라는 개념으로 뭉뚱그려졌다. 기후변화라는 개념의 강점은 마치 성삼위일체처럼 온난화 **그리고** 그 반대를 모두 품는다는 점이다. 어쨌거나 기후변화라는 개념이 쓰이면서부터 폭풍이 부는 곳이면 어디나 잘못의 원인 제공자는 인간이되었다. 아동심리학자 멜라니 클라인Melanie Klein을 필두로 정신건강 의학자들은 환경운동이 기후변화의 책임을 인간에게 돌리는 태도를 이렇게 부른다. "유치한 전능함."

지금 우리의 목적은 어떤 주장이 맞는지 틀리는지 가려내는 것이 아니다. 환경윤리를 옹호하는 사람들은 '신테이레시스'와 '콘스시엔티아'를 두고 논쟁한 중세 학자들처럼 사소한 것까지 따지는 태도를 보이기 때문에 옳고 그름을 가리기란 불가능하다. 그 대신 우리는 일단 일깨워진 환경 양심이 현재와 같은 상당히 날카로운 이빨을 얻게 된 과정을 추적해보기로 하자. 선전활동을 별개로 본다면, 기본적으로 두 가지 방법이 쓰였다. 첫 번째 방법은 옛날의 면죄부와 딱 맞아떨어지게 비교될 수 있는데, 경제적인 장려책을 시행한 것이다. 정부는 기업에게 공해물질을 배출할 권리를 허가했다. 예를 들어 생산한 부가가치를 전력 소비량으로 환산해 1메가와트당 몇 그램의 탄소는 대기에 배출해도 좋다는 것이 이 권리다. 다음으로 해당 기업이 허용 기준 이하로 탄소를 줄이는 데 성공했다면, 그 차이에 해당하는 배출권을 다른 기업에게 팔아도 좋다는 허가를 주었다. 판매자와 구매자의 연결고리마다 공해물질을 줄이도록 강력한 인센티브를 부여한 것이다. 배출해도 좋다고 허락받은 양과 실제로 배출하는 양 사이의 차이가 크면 클수록 기업의 수익은 그만큼 더 높아진다. 비슷한 방법은 에너지, 깨끗한 물 그리고 특정 천연자원 같은 이른바 희소자원의 소비를 줄이는 데도 쓰였다.

옛날의 면죄부와 마찬가지로 이런 방법의 성패는 배출권의 가격을 적정하게 책정하느냐에 달렸다. 가격은 권리를 사들이는 사람이 큰 손해를 볼 정도로 높아서는 안 되며, 또 무시해도 될 정도로 낮아서도 안 되었다. 적정한 가격으로 거래만 된다면, 경제적으로 이런 접근방식이 주는 혜택은 논란의 여지가 없다. 그럼에도 1980년대 말 이 방법이 처음 제안되었을 당시 격렬한 반대는 전혀 예상하지 못한 쪽, 바로 환경운동론자들이 제기했다. [66] 이 수수께끼의 내막은 이내 밝혀졌다. 반대를 하는 진짜 목적은 인류를 괴롭히는 실질적인 문제를 덜어주는 것이 아니었다. 인류가 계속해서 존재하며 번영을 누릴 수 없다면, 최소한 항상 예측되고 경고되는 재해만큼은 막아야 할 것이 아닌가. 그러나 환경운동가들은 자신이 느끼는 죄책감, 또는 느낀다고 주장하는 죄책감을 다른 사람들도 느끼게 하려 했을 뿐이다. 루터, 칼뱅, 칸트 그리고 오늘날의 많은 정신분석학자들의 사례에서 흔히 보았듯 이들의 신조는 단순하다. 너의 슬픔을 즐겨라. 구원은 오로지 슬픔 안에서만 찾아질지니.

다른 방법은 입법이다. 한 가지 가능성은 세금을 부과하는 것으로, 이미 모든 종류의 액체연료 사례에서 흔히 보던 방법이다. 소비세는 징수가 용이하기에 정부와 운영당국에 대단한 이득을 준다. 일각의 주장에 따르면 탄소에 세금을 매기는 것만으로 미국 정부의 예산 적자는 10년 이내에 반으로 줄어들 것이라고 한다.[67] 또 다른 가능성은 일정한 유예기간을 설정하고 적절한 입법을 통해 '공해' 또는 '해를 끼치는' 활동을 어느 정도 규제하거나 아예 금지시키는 것이다. 유예기간이 지났음에도 법을 지키지 않은 사람들은 무거운 처벌을 받는다. 정원에서 낙엽 태우기, 플라스틱 병 버리기, 공식적으로 인가되지 않은 방식으로 쓰레기 폐기하기(몇몇 국가는 공식적으로 인가된 플라스틱 봉투에 높은 가격을 매기는 방법을 쓴다), 또는 연비가 지나치게 높은 자동차의 생산과 운행 따위가 그 예에 해당한다. 이미 끝을 모르는 목록은 나날이 길어지며, 어디까지 늘어날지 가늠조차 할 수 없다.

그러나 일단 실행만 된다면 양심과 환경을 결합시킨 이런 방법은 상당히 많은 사람들과 조직에 대단히 높은 이득으로 작용한다. 예를 들어 독일 녹색당의 옛 지도자 요슈카 피셔Joschka Fischer는 그 덕분에 권력을 얻었다. 그는 독일 총리 게르하르트 슈뢰더Gerhard Schröder의 내각에서 7년 동안 외무장관을 지냈다. 그는 외무장관이라는 지위를 이용해 2003년 미국의 이라크 침공에 독일이 참여하는 것을 막았다. 반면 그가 이 특별한 지위에 있으면서 재생에너지와 깨끗한 공기 그리고 흔한 '순환기질환'을 다스리기 위해 산책할 건강한 숲을 갈망하는 독일 국민에게 실질적인 기여를 했는지는 의심스럽다. 아무튼 환경과 양심의 결합은 '생태적인' 상품들을 만들어내고, 환경 피해를 막는 로비 또는 환경운동을 찬성하는 로비를 하는 사람들에게 부를 가져다주기도 했다. 환경을 다룬 글을 쓰고 강연을 하며, 이를테면 아주 먼 옛날에는 대기권에 탄소가 얼마나 있었는지 연구할 권리를 얻고 이를 밝혀낸 사람도 적지 않다. 미국 부통령을 역임한 앨 고어Al Gore를 필두로 이런 방향으로 노력한 사람들은 대중을 잘못된 인식으로 이끌었든 아니든 상관없이 심지어 노벨상을 받는 영예를 누리기도 했다.

환경운동은 여느 종류의 정치와 마찬가지로 여러 사람과 운동과 이해관계가 서로 맞물려 대중의 관심이나 파이 한 조각을 얻기 위해 치열하게 싸웠다. 여느 종류의 정치와 마찬가지로 종종 그 결과는 서로 속내를 알 수 없는 동료들이 어울리는 진풍경이다. 보통 모든 부류의 환경운동가는 재미삼아 사냥하는 것을 혐오하고 증오했다(생계를 위해 사냥하는 '단순한' 부족 구성원을 환경운동은 경외하기도 했지만 이것은 다른 문제다). 거꾸로 많은 사냥꾼은 자신들이 행하는 것이 자연과 일체감을 누리는 특별한 방식이라고 주장했다. 흥미로운 동물을 찾아내 죽이는 것이 모토인 것처럼 보였다. 잡은 짐승의 고기를 먹는 것과 별개로, 심지어 침팬지도 때때로 오로지 즐기기 위해 사냥한다는 사실은 사냥이 모든 인간 활동 가운데 가장 오래되고 '자연스러운' 것임을 보여준다. 사냥꾼은 제발 자신을 조용히 내버려두라고 간청하며, 사냥허가를 빼앗으려는 환경운동가를 혐오한다. [68] 그러나 도처에서 두 그룹은 숲과 초원과 습지 등 야생동물 서식지를 지키기 위해 힘을 모았으며, 고속도로나 송유관, 송전탑 등 자연의 맥을 끊는 사악한 것을 지으려는 사람들이나 벌목꾼을 상대로 투쟁을 벌였다.

환경운동은 군대와 힘을 합치기도 했다. "가뭄과 흉작을 동반하는 심각한 해수면 상승과 남반구로부터 수백만 명의 이민을 촉발시킨 원인"[69]으로 지목될 수 있다는 위협을 느끼며, 군대는 자신들이 환경에 남긴 기록을 개선하고자 노력을 기울여왔다. 이런 노력 가운데에는 군대가 도처에서 소비하는 에너지의 절감을 비롯해, 재생에너지 개발과 공해 방지 노력이 돋보인다. 미군은 이를테면 해병대의 훈련기지인 노스캐롤라이나주 캠프 르준에서 반점올빼미나 사막거북이 같은 몇몇 생물종을 돌보거나, 캘리포니아주의 트웬티나인 팜스에서 해병대 훈련을 하는 동안 생물종을 존중하는 자세로 조용하고도 신중하게 운항하는 데 동의했다. 분명 어떤 사람들은 정부가 조국을 위한 전투에 파견한 군대가 죽음을 피하도록 적절한 훈련을 받는 것보다 생물종의 보호가 더 중요하다고 여기는 모양이다. 그 보답으로 환경운동가들은 이런 훈련기지를 개발주의자의 위협에 맞서 보호하는 것을 돕는 데 동의했다.

싸움이 격렬하고 승리자가 누리는 전리품이 큰 만큼, 혹자는 환경운동 전체가 일종의 사기라는 주장도 서슴지 않는다. [70] 어떤 이들은 적어도 몇몇 경우에서는 공해를 보는 인간의 공포심이 공해 자체보다 더 심각한 폐해를 불러온다고 주장한다.[71] 환경운동은 어쩜 그리도 종교조직과 비슷한지. 결국 신이 자신에게 구원의 목소리를 들려주었다며 이러저러한 것이 모든 문제의 원인이라고 설파하고 신도를 끌어 모으는 일은 누구나 할 수 있다. 충분한 신도를 모은 사람은 법과 대포를 써가며 자신의 견해를 나머지 우리 모두에게 강요하기 시작한다. 그런 고발에 진실이 담겼든 아니든, 아마 진실이 없는 것 같은데, 강력하고 다면적이게 된 환경운동은 아예 양심을 깔아뭉개려 위협하기도 한다. 환경윤리를 다룬 수많은 책들이 양심을 전혀 언급하지 않는다는 사실로 미루어 판단할 때, 이미 양심이 묻혀버리고 말았다고 믿을 이유는 얼마든지 있다.

7장

기술 시대
양심의 자리

원자론에서 행동주의로

인간은 곧 기계라는 발상, 다시 말해서 인간은 영혼이라는 것을 가지지 않으며 오로지 물질과 에너지 같은 자연적 요소의 상호작용에 지배된다는 견해의 뿌리는 늦춰 잡아도 고전 고대, 곧 로마 시대로 거슬러 올라간다. 이렇게 믿은 가장 유명한 인물은 로마의 시인 티투스 루크레티우스 카루스Titus Lucretius Carus다. 키케로와 동생 퀸투스Quintus가 그의 작품을 읽고 격찬했다는 점을 제외하면 그의 생애는 거의 알려진 바가 없다. 그는 에피쿠로스Epikuros(기원전 341~270)를 역대 최고의 인물로 숭배하고 따랐다. 견유학파의 디오게네스Diogenes와 앞서 언급했던 스토아학파의 제논과 더불어 에피쿠로스는 헬레니즘 시대 그리스의 가장 중요한 철학자들 가운데 한 명이다. 그는 신들이 실제로 존재한다 해도 인간에게 보상을 내리지도 처벌하지도 않는다고 가르쳤다. 인간의 삶은 죽음으로 끝나며, 신이나 국가 또는 더불어 사는 사람을 섬기는 상위의 목적이란 없다. 그래서 얻어진 그의 좌우명은 이렇다. 할 수 있을 때 최대한을 얻어내라. 지금까지 남은 몇 안 되는 편지 가운데 하나에서 에피쿠로스는 '최대한'이란 권력도 부도 아니라고 썼다. 또 카사노바Giovanni de

Seingat Casanova와 그 동류가 빠졌던 향락도 아니다. 그 대신 에피쿠로스는 다른 사람들이 무슨 일을 벌이든 관여하지 말고 가족과 친구와 더불어 아무런 걱정이나 고통 없이 편안하게 이승의 시간을 즐기라고 제안했다.[1]

죽은 뒤 몇 세기 동안 에피쿠로스는 중요한 인물들의 관심을 끌었다.[2] 루크레티우스는 에피쿠로스의 많은 저작물, 이후 소실되어 버린 저작물을 접할 수 있었던 것으로 보인다. 많은 글을 쓴 작가인 루크레티우스의 대표작은《사물의 본성에 대하여De Rerum Natura》라는 제목의 긴 서사시(거의 7,500행)이다. 이전과 이후의 대다수 종교 및 철학 책과 마찬가지로 이 책이 담은 진정한 목표는 해방, 이 경우에는 죽음과 사후세계에 받게 될 벌의 두려움으로부터 풀어주는 해방이다. 진정한 자유는 오로지 깨달음에 기초한다. 루크레티우스는 분명 정신적 스승과 상당히 밀접하기는 했지만, 신들의 존재만큼은 확실하게 부정하지 않았다. 그 대신 그는 무지하고 미신에 사로잡힌 사람들이 신들에게 지어 입힌 '사악하고 광기 어린' 신화라는 옷을 벗겨버렸다. 루크레티우스가 숭앙한 신은 지혜와 의연함의 본보기인 순수함만 가졌을 뿐이다. 이런 논리에 따라 그는 우리가 알고 있는 것과 같은 세계 창조라는 특별한 행위를 인정하지 않았다. 루크레티우스는 철학자 데모크리토스의 사상을 그대로 받아들여 세계는 상상할 수 없을 정도로 많은 미세한 원자('원자atom'의 유래가 된 그리스어 'a-tomos'는 더는 나뉠 수 없음을 뜻한다)로 이뤄졌다고 논증했다.

원자 자체는 파괴되지 않는다. 원자는 항상 존재해왔으며, 앞으로도 항상 존재할 것이다. 원자는 늘 빈 공간 속을 떠돌며 서로 결합하고 상호작용한다. 열을 받은 원자는 서로 결합하며 상호작용을 일으켜 육체뿐만 아니라 정신도 형성한다. 육체와 정신 사이의 유일한 차이는 정신이 훨씬 더 작고 포착하기 어려운 입자들로 이뤄진다는 점이다. 죽음은 각 개인을 구성하는 원자들의 특정한 결합이 해체된 것, 그 이상도 그 이하도 아니다. 육체가 죽을 때 정신은 마치 와인이 그 향미를, 향수가 향기를 잃어버리듯 육체와 더불어 사라지는 이유는 이렇게 설명된다. 바로 그래서 죽은 몸은 무게에 변화를 보이지 않는다. 기회가 주어질 때 원자는 서로 만나 새로운 형태의 조합을 이루거나 해체한다.

루크레티우스는 이런 방식으로 물리학의 법칙과, 의식과 감각과 다양한 충동 같은 정신의 속성 사이의 직접적인 연결을 설명한다. 모든 것은 단지 원자가 운동하며 상호작용을 일으켜 빚어진 산물, 곧 원자 결합 방식의 현현이다. 어두운 방에 한 줄기 빛이 비칠 때 헤아릴 수 없이 많은 먼지 입자들이 춤추듯 허공을 떠도는 것을 떠올려보라고 루크레티우스는 말한다. 우리가 자유의지라고 여기는 것은 실상 원자 운동으로 나타나는 설명하기 힘든 움직임일 뿐이다.[3] 다시 말해서 자유의지란 존재하지 않는다. 자유의지 안에 뿌리를 둔 양심과 도덕은 세계를 지배하는, 지배함에 틀림없는 쾌락에의 끌림이거나 아픔에 보이는 반감이다. 루크레티우스가 쓴 이 긴 서사시에서 '콘스시엔티아'라는 단어는 단 한 번만 등장한다. 이때 이 단어는 그리스어로 지옥을 뜻하는 '타르타로스Tartaros'와 같이 취급된다. 곧 양심이든 타르타로스든 날조된 허구일 따름이다. 즐거운 인생을 살고자 하는 사람이라면 양심이나 지옥은 잊어야 마땅하다.[4] 영혼을 물질(원자)로 끌어내리고, 영혼의 독립적 실체를 부정하는 이런 주장을 기독교교회가 받아들일 수 없었을 거라는 점에 첨언이 필요할까? 기독교 신학자들은 루크레티우스를 오로지 반박하기 위해 언급할 뿐이다. 우리가 앞서 만나본 바 있는 성 히에로니무스는 루크레티우스를 대수롭지 않게 다룬다. 자신의《연대기*Chronicon*》에서 히에로니무스는 루크레티우스를 두고 사랑의 묘약을 마시고 취해 제정신이 아닌 모양이라고 언급한다. 루크레티우스는 44세의 나이에 자살로 생애를 마감했다.[5]

중세를 거치는 동안 루크레티우스의 시는 그 존재가 다른 원전을 통해 알려졌음에도 소실된 것이나 다름없었다. 단지 1417년에 인문주의 학자 포지오 브라치올리니Poggio Bracciolini가 우연히 사본 하나를 발견했을 뿐이다.[6] 그럼에도 영향은 제한적이었다. 도덕을 부정하는 무신론자 루크레티우스는 에라스뮈스 같은 16세기 전환기 인문주의자의 마음조차 사로잡을 수 없었다. 에라스뮈스는 자신의 대화록《에피쿠로스학파*The Epicurean*》에서 루크레티우스를 따르는 사람은 영혼을 빼앗길 것이라고 썼다. 루터 못지않게 욕설을 잘했던 칼뱅은 어느 대목에선가 루크레티우스를 두고 "추잡한 개"라고 불렀다.[7] 문헌에서든 현실에서든 루크레티우스보다 더 많이 공격당한 사람은 없다.

브라치올리니가 루크레티우스의 시를 발견한 것은 때마침 콘스탄츠 공의회가 좌든 우든 가리지 않고 이단으로 몰아 화형에 처하던 시점이었다. 루크레티우스의 시를 자구 그대로 필사해 그 사본을 바티칸 도서관에 보관한 것으로 알려진 마키아벨리가 그의 저작에서 이를 전혀 언급하지 않은 이유는 아마도 이런 상황 때문이리라. 16세기 말에 이르러서야 상황은 변화의 조짐을 보였다. 잉글랜드에서 루크레티우스가 재조명을 받는 데 결정적인 공헌을 한 사람은 옥스퍼드대학교 소속의 학자 토머스 크리치Thomas Creech(1659~1700)다. 루크레티우스의 《사물의 본성에 대하여》 전문을 크리치가 처음 번역한 것은 아니지만, 크리치의 번역본은 최초의 인쇄본이었다.[8] 정신적 스승 루크레티우스(히에로니무스가 믿을지 모르겠으나)와 마찬가지로 크리치는 자살로 생애를 마감했다. 아마도 그는 이루지 못한 사랑 탓에 그랬던 것 같으나, 정확한 원인은 밝혀지지 않았다. 어쨌거나 그의 자살은 사안의 끝이 아니라, 본격적인 시작이었다. 크리치의 번역본은 예상치 못한 큰 인기를 끌었다. 세월이 흐르면서 루크레티우스 저작의 다른 편집본과 번역본이 속속 출간되면서, 그의 사상은 열띤 토론의 주제가 되었다.

　17세기에 루크레티우스를 추종한 가장 중요한 인물은 다른 누구도 아닌 토머스 홉스다. 홉스가 독학으로 걸출한 실력을 갖춘 고전 학자라는 점을 생각하면 그가 루크레티우스를 주목한 것은 전혀 우연이 아니다. 에피쿠로스와 루크레티우스는 모든 종류의 미신을 허물고, 우주를 감지할 수 있는 물질과 가시적인 운동으로 이해하려 최선의 노력을 기울였다. 홉스는 의심할 바 없이 갈릴레이에게 영향을 받아(당시 홉스는 갈릴레이와 교류를 나누었으며, 경사면에서 공을 굴리는 갈릴레이의 유명한 실험에 큰 관심을 가졌다) 물질과 운동에 세 번째 요소를 덧붙였다. 바로 힘이다. 힘은 볼 수도, 느낄 수도 없다(힘으로 운동하는 물질이라는 매체를 통하는 간접적인 방법을 제외하면). 힘은 물질과 운동을 이어주는 연결고리다. 이 연결 방식은 오래 가지 않아 아이작 뉴턴의 손에서 수학적 공식으로 다듬어졌다. 물질과 운동과 힘은 세계, 특히 인간까지 포함한 세계를 이루는 기본 요소다.

　세계의 모든 생명체가 느끼는 가장 강력한 충동은 자기보존이며, 이 충동의 일부로 고통을 피하고 쾌락을 즐기려는 "기계적인 반응mechanistic push"(홉스가 쓴 표현)을 보인다. 심리적 아픔까지 포함한 고통이 혈액순환을 방해한다는 사실은 때마침 윌리엄 하비William Harvey(1576~1657)가 발견했다. 반대로 쾌락은 혈액순환을 돕는다.[9] 인간을 다른 동물과 결정적으로 구분하는 것은, 플라톤 철학에 기대어 기독교 신학자들이 1500년 동안 주장한 대로 불멸의 영혼이 아니다. 그것은 생각할 줄 아는 인간의 능력, 곧 이성이다. 이성은 인간으로 하여금 자신의 행동을 결과와 연결 지어 생각할 수 있게 해준다는 점에서 인간 심리의 자기보존 능력이다.[10] 이렇게 볼 때 우리는 인간이 서로 주고받는 호혜의 자세를 가져야 할 필요성을 이해한다. 호혜성은 필요하다면 보상의 약속과 처벌의 위협으로 인간이 되도록 서로에게 좋은 행동을 하며 각자 자기보존을 하는 도덕성의 유일한 기초이다. 이런 도덕성으로 비로소 질서 있는 사회생활이 가능해진다. 이런 관점은 앞서 우리가 살펴본 홉스의 양심 이해로 직접 이끈다. 양심은 신으로부터 영감을 받는 '내면의 진실'이라는 표현과는 거리가 먼, 그저 이름일 뿐이다. 양심은 "인간이 자신의 새로운 의견에 급속도로 사랑에 빠져, 그것이 아무리 말이 되지 않는 것이라 할지라도 완고하게 옳다고 고집하면서" 자신의 권위를 높이려고 이 새로운 의견을 부르는 이름이다.[11]

무신론을 비롯해 다른 여러 문제로 고발당한 홉스는 목숨을 구하기 위해 도망가야만 했다. 루크레티우스의 다른 추종자들도 마찬가지였다. 그러나 세계, 특히 인간을 포함한 세계가 단지 물질이며, 영혼과 양심과 같은 것은 존재하지 않는다는 생각은 널리 퍼지기 시작했다. 이런 사상을 변호했던 사람들 가운데에는 클로드 엘베시우스Claude Helvétius(1715~1771)와 폴 앙리 돌바크Paul Henri d'Holbach(1723~1789) 같은 계몽주의의 가장 중요한 사상가들이 있었다. 특히 돌바크는 양심을 두고 "우리가 더불어 살아가는 사람을 높이 평가하거나 비난하기 위해 품은 내면의 증거"라고 정의했다. 양심은 (존재하지 않는) 신이 영감을 불러일으키는 것이 아니라, 인정받기를 희망하고 반감을 두려워하는 자세가 빚은 산물이라는 것이 돌바크의 지적이다.[12] 두 남자의 책들이 금서 목록에 올랐다는 사실은 놀라운 일이 아니다. 그들은 교회의 더욱 위중한 처벌을 다행스럽게도 피할 수 있었다.

두 남자보다 더 유명했던 인물은 프랑스의 백과전서파를 대표하는 계몽주의 철학자 드니 디드로Denis Diderot(1713~1784)다. 문학의 장인으로 사람들을 감동시켜 눈물짓게 만드는 솜씨로 디드로는 루소에 버금간다. 신과 양심이라는 주제를 다룬 그의 작품 가운데 일부, 특히《두 눈으로 볼 줄 아는 사람들을 위해 쓴 맹인에 관한 서한Lettre sur les aveugles à l'usage de ceux qui voient》은 엄청난 탄압을 받아, 디드로는 몇 달을 감옥에서 보내야만 했다.[13] 그는 '인생' 자체가 일련의 행동과 반응이며, 계속해서 형태를 바꾸어가는 것에 지나지 않는다고 설명했다. 이런 진실은 코끼리에게도 벼룩에게도 똑같다. 영원히 변하지 않는 것은 '분자', 원래 17세기 중반에 생겨나 '대단히 작은 입자'를 뜻하던 분자다. 우주, 특히 살아 있는 생명체까지 포함한 우주를 형성하는 기본 요소인 분자만큼은 영원히 변하지 않는다.[14]

유물론은 그 모태인 에피쿠로스의 저작과 마찬가지로 대담한 새로운 이론으로 세계에 등장했다. 유물론은 교회에 정면으로 도전하며 신의 벌과 그와 유사한 형이상학적 허튼소리에 품는 두려움을 없애고 마음의 평화를 약속해주었다. 그러나 18세기의 마지막 10년에 이르러 유물론은, 오늘날 작가들이 즐겨 표현하듯, 너무 익숙해져서 가구의 일부처럼 여겨지게 되었다. 분자를 '감각적'으로 다룬 디드로의 표현방식이 보여주듯, 디드로는 세계를 설명하는 유물론의 방식에 온전히 만족할 수 없었다.[15] 이런 점에서 디드로는 죽은 물질—이 경우에는 유기적인 물질—과 인간이라고 알려진 생각하고 느끼고 훈계하는 피조물 사이의 연관을 찾아내려 최선을 다한 한 세대 전체 생리학자들을 대표한다.[16] 초기 낭만주의 운동의 지지자들 역시 유물론을 거부했다. 이들은 홉스와 그 후계자들이 영혼을 부정함으로써 인간의 가장 중요한 특성을 빼앗아 단순한 기계로 만들었다고 비판했다. 다음 행보로 낭만주의자들은 인간의 행동, 곧 인간이라는 존재를 풀어볼 핵심 열쇠가 이성이 아니라 감성임을 보여주는 일에 착수했다.

디드로가 공동편집을 맡은 《백과전서Encyclopédie》는 감성을 "느낌의 능력, 감각의 원칙… 생명을 보존하는 기본적 요소이며, 탁월한 동물성이자, 자연의 가장 아름답고 독특한 현상"이라고 정의한다.[17] 앞서 3장에서 말했던 것을 되풀이하자면, 《백과전서》의 뒤를

《에밀》, 곧 사부아 목사가 "신적인 본능"으로 이해한 양심이 바짝 좇는다. 양심은 단순한 기계는 발전시킬 수 없는 것이기에, 양심의 역할을 둘러싼 논란은 대단히 중요했다. 19세기 내내 갑론을박이 이어졌다. 그 한 축에는 제러미 벤담Jeremy Bentham, 제임스 밀James Mill과 존 스튜어트 밀John Stuart Mill을 비롯한 공리주의자들이 있었다. 공리주의는 양심을 부정할 정도로 멀리 나아가지 않았으며, 양심을 이성에 기반을 두고 인간의 행복을 증진하고 고통을 최소화하기 위한 것으로 구축하기를 희망했다. 그 반대쪽에는 낭만주의와 신낭만주의가 있었다. 그들 가운데 두드러져 보이는 인물로는 윌리엄 블레이크William Blake, 윌리엄 워즈워스William Wordsworth 그리고 퍼시 비시 셸리Percy Bysshe Shelley와 같은 영국의 시인들이 있다. 그들 가운데 한 사람인 새뮤얼 콜리지Samuel Coleridge(1732~1834)는 의사들은 평생 장기와 신체를 돌보는 데 전념하니, 인간이 장기와 몸 이상의 무엇이라고는 상상하기는 어렵다고 썼다.

지금 우리의 논의와 관련해 가장 중요한 시인은 앨프리드 테니슨Alfred Tennyson(1809~1892)이다. 목사의 아들로 태어난 테니슨은 초기 시 가운데 한 편에서 이렇게 썼다. "나는 야수가 부럽지 않다… 그에게는 양심이 깨어나는 일이 없나니."[18] 양심은 홉스를 비롯한 사람들이 무어라 주장하든 간에 죄라는 것이 실제로 존재한다는 점을 함축한다. 죄 그리고 죄를 저지르고 이를 참회하는 우리의 능력은 유물론의 구렁텅이에서 우리를 구조했으며, 인간의 삶에서 가장 중요한 기둥으로서 자리를 회복하고, 실제로 우리를 인간답게 하는 요인임을 확인받았다. 요점을 분명히 하려고 테니슨은 근대의 감성을 두고 '루크레티우스'라는 제목의 길지만 단호한 분위기의 시를 썼다. 고대 원전에 크게 신경 쓰지 않고 시적 표현의 자유를 구사하면서 테니슨은 루크레티우스가 마셨다는 사랑의 묘약이 그의 아내 루실리아가 투여한 것이라고 설명한다.[19] 루실리아가 결혼생활에 불만을 가지고 남편에게 묘약을 마시게 했다는 것이다. 그러나 그녀는 지나친 양을 쓰는 바람에 여러 흥미로운 환영 가운데 루크레티우스가 '헬레네의 젖가슴'*을 보게 만들고 말았다. 시인이 이런 멋들어진 비유로 논란의 핵심을 성공적으로 정리한 예는 드물다. 원자의 집합에 불과한 인간이 사랑의 감정으로 자살을 감행하지 않았는가! 당대 빅토리아 시대의 분위기를 잘 포착한 덕분에 테니슨은 계관시인이라는 영예를 42년 동안 누렸다. 그의 가장 열렬한 팬이었던 빅토리아 여왕Victoria은 테니슨에게 귀족 작위를 하사했다.

신이란 존재하지 않으며, 인간은 얼마든지 양심을 저버리고 자연이 빚어놓은 그대로 "위엄 있는 금발 야수"로 변할 수 있다고 주장함으로써, 니체는 논란에 완전히 종지부를 찍으려 했다. 무엇보다도 이 주제를 다룬 프로이트의 고찰이 논증하듯, 니체의 시도는 성공하지 못했다(그리고 물론 바로 이 책의 존재도 니체가 성공하지 못했음을 보여준다). 양심이 기반을 둔 요소, 사람들이 죄책감을 느끼거나 사람들로 하여금 죄책감을 느끼게 하는 요소는 변화한다. 그러나 어떻게 해서든 양심은 그 효력을 발휘하기를 멈추지 않는다. 양심은 무엇을 했

---

* 헬레네는 고대 그리스 신화에서 스파르타의 왕 메넬라오스의 아내로 트로이전쟁의 불씨가 된 절세미인의 이름이다.

어야 하며, 무엇을 앞으로 해야 마땅한지 사람들이 겁을 먹고 고민하게 만든다. 이후 철학자들은 양심의 본성을 밝히기 위해 나름대로 숙고를 거듭했다. 철학자들의 잉크는 강물처럼 흘렀지만 그 어떤 실질적인 양심 이해에 가까워지기는커녕 거의 신화에 가까울 정도로 모호함과 혼란의 극치만 빚어냈다.

그러나 이는 전체 스토리의 일부일 뿐이며, 가장 흥미로운 부분인 것은 전혀 아니다. 20세기의 기록을 살펴보면 의식적이든 무의식적이든 홉스의 견해를 따라 오로지 물질만 존재한다고 주장한 과학자와 인문학자가 차고 넘쳐난다. 인간은 다른 모든 동물과 마찬가지로 단순히 기계다. 기계는 도덕성을 알지 못하기 때문에 인간은 선과 악을 구별할 수 없다. 바꿔 말해서 인간은 자신의 자존감을 끌어올리기 위해 존재하지 않는 특성에 양심이라는 이름을 붙였을 뿐이다. 20세기의 발달한 과학적 방법은 철학적 논란이나 관찰의 여지를 남기지 않는 '진리'를 세울 것을 요구했다. 과학이 필요하다고 본 것은 실험을 통한 증명이다. 이런 요구는 다른 분야와 마찬가지로 양심의 문제에도 적용된다. 실험을 통한 증명을 처음으로 제공한, 어쨌거나 처음으로 제공하려 시도한 이들 가운데 한 명은 러시아 출신의 이반 페트로비치 파블로프Ivan Petrovič Pavlov(1849~1936)다. 양심 문제로 씨름한 많은 다른 사람과 마찬가지로 파블로프는 목사의 아들이었다. 파블로프 자신도 목사가 되려는 꿈을 가졌으나, 다윈의 저작을 읽고 나서 믿음을 잃었다. 그 대신 그는 의학을 공부해 탁월한 외과의가 되었다.

파블로프 이전에는, 가령 강한 빛을 볼 때 동공이 수축하는 자극 반응은 자동으로 이루어진다고 여겨졌다. 하지만 파블로프는 개를 데리고 실험을 한 끝에 반응이 조건에 따라 훈련되는 것임을 밝혀냈다. 동물은 시각이나 청각의 신호를 주면 침을 흘리도록 길들여질 수 있다(전해지는 이야기와 달리 파블로프는 종을 전혀 쓰지 않았다). 조건화가 완결되면, 이런저런 버튼을 누르듯 이런저런 결과가 나온다. 실험 결과는 양심 못지않게 복잡한 영혼이 몸과는 별개로 존재할 수 없음을 암시한다. 이 발견으로 파블로프는 1904년 노벨 의학상을 받았다.

　　나중에 파블로프의 실험을 두고 고문은 아니라 할지라도 동물 학대라며, 실험을 하며 양심을 무시했다는 비판이 터져 나왔다. 파블로프 이후 이런저런 행위가 동물의 마음에 어떻게 '각인'되는지 알아내려 실험을 한 학자들, 몇 명의 노벨상 수상자를 포함한 학자들 역시 같은 비난을 들었다.[20] 사실 어떤 의미에서 거의 모든 심리학 실험은 일종의 학대를 포함한다고 할 수 있다. 파블로프보다 더 잘 알려진 과학자는 미국의 심리학자 버러스 프레더릭 스키너Burrhus Frederic Skinner(1904~1990)다. 스키너에게 명예박사학위를 수여한 대학교들의 목록은 20세기 학계를 총망라한다. 스키너는 어렸을 때 할머니가 들려준 너무도 생생한 지옥 이야기에 반감을 품고 무신론자가 되었다. 그는 바람직한 행동을 유도하려고 제도화한 종교가 쓰는 약속과 위협을 생생하게 그려낸 책을 썼다.[21] 이런 관점에 충실하게 스키너는 평생 행동을 외부로부터의 압력이나 회유 따위에 대한 반응으로 설명하려 노력했다. 그가 내린 결론은 이렇다. "감각하거나 내면을 관찰하는 것은 의식이나 마음 혹은 정신생활이라는 비非물질적인 세계가 아니라, 관찰자 자신의 몸이다."[22]

스키너는 그저 이론가에 그치지 않았다. 그의 목표는 행동의 단순한 이해를 넘어서 이런저런 방향으로 행동에 영향을 미칠 효과적인 방법을 고안해내는 것이었다. 환경이 어떤지 알아내고 환경이 몸에 영향을 미치는 방식을 알아내는 것만으로 얼마든지 좋은 행동 또는 나쁜 행동으로 유도할 수 있다고 스키너는 믿었다. 그리고 다른 사람들도 이렇게 믿게 하려는 노력을 아끼지 않았다. 말하자면 꼭두각시 인형처럼 줄에 매달려 조종하는 대로 춤을 추듯, 모든 사람이 착하게 행동할 날이 반드시 오리라는 것이 스키너 믿음의 골자다. 그 자신이 직접 쓴 표현에 따르면, 그의 목표는 "인간의 자율적인 내면을 폐지하는 것" 그 이상이 아니었다.[23] 기회가 있을 때마다 최고의 병사는 명령을 "맹목적으로 따르는" 병사라고 했던 히틀러는 이런 이야기를 크게 반기리라.

1930년대 말에 스키너는 행동 수정 실험의 적당한 대상으로 비둘기에 관심을 보이기 시작했다. 온갖 종류의 도구를 고안해내는 자신의 재능을 십분 활용해 스키너는 새에게 먹이를 주거나 빼앗는 방법으로 도구를 이용해 실험했다. 스키너는 강화와 부정이라는 방법을 체계적으로 사용해 비둘기에게 탁구를 치도록 가르친 실험으로 1952년 대중의 이목을 사로잡는 승리의 위대한 순간을 맛보았다.[24] 그는 실험을 역으로도 활용했다. 새들이 하는 행동과 상관없이 일정한 간격으로 모이를 주면서 스키너는 새들이 직전에 한 행동과 모이를 관련짓도록 만들었다. 바꿔 말해서 스키너는 새들이 일종의 미신을 갖게 한 것이다. 새들이 정말로 미신에 사로잡혔는지는 물론 알려지지 않았거니와, 또 알 수 없는 문제이기도 하다.

처음부터 끝까지 스키너의 의도는 그 자신이 즐겨 '멘털리즘 mentalism'이라 부른 것, 곧 살아 있는 모든 생물체는 일종의 자율적인, 비물질적인 정신을 가졌다는 생각이 틀렸음을 보이고자 하는 것이었다. 정신이 그저 물질적인 반응에 지나지 않는 것이라면, 정신의 일부분인 양심도 마찬가지가 된다. 스키너가 자신의 평생에 걸친 연구를 집약한 책《행동주의에 대하여On Behaviorism》에서 양심은 단한 번만 언급되는데, 이때마저 프로이트를 반박하고 양심 따위는 실제로 존재하지 않는다고 부정하느라 쓰였다.²⁵ 다른 곳에서 스키너는 "죄책감, 부끄러움, 죄의식"은 모두 예전에 어떤 행동을 했다가 심한 벌을 받아 생겨난 결과라고 말한다. 바로 그래서 양심은 "눈치를 살피는 표정, 어디론가 숨으려는 태도, [그리고] 죄책감을 느끼는 말투" 따위로 나타난다.²⁶ '말투'를 '낑낑거리는 소리'로 바꾸면 스키너는 마치 내 개를 묘사한 거 같다. 물론 스키너도 정확히 이런 효과를 바랐을 것이다.

에피쿠로스, 루크레티우스 그리고 홉스를 비롯한 다른 사람들과 마찬가지로 스키너는 인간을 양심의 괴로움으로부터 해방시켜주기를 바랐다. 그러나 스키너는 루소가 희망했던 것과 같은 완벽한 교육을 인간에게 제공하지는 않으려 했다. 또한 니체가 자신의 독자들에게, 리처드 3세가 자신의 추종자들에게 촉구한 것처럼, 인간이 용기를 내어 양심을 짓밟고 올라서도록 부추기려 하지도 않았다. 그 대신 스키너는 양심이란 모두 환상이며, 그런 것은 실재하지 않는다고 설득하려 들었다. 그의 노력은, 선대는 물론이고 미래의 추종자들의 노력과 마찬가지로 실패할 수밖에 없었다. 모든 점을 고려해보면, 실패한 것이 다행일지도 모른다.

로봇의 부상

인간이 실제로 물질로만 이루어진 기계이며 양심을 가지지 않는다면, 어쨌거나 원칙적으로는 인간과 똑같이 행동하는 기계를 만드는 것이 가능해야만 한다. 그리스어 '메카네mēchanē'(기계)가 함축하듯 인간 같은 기계를 다룬 이야기는 이미 고대에 널리 퍼져 있었다. 이런 이야기의 대부분은 두 주인공, 곧 대장장이의 신 헤파이스토스와 마찬가지로 전설적인 장인 다이달로스가 등장한다. 우리가 '자동기계automata'('자동'이라는 뜻의 그리스어)와 관련해 아는 정보의 대부분은 3세기 또는 4세기에 활동했다고 알려진 칼리스트라토스Kallistratos라는 이름의 소피스트가 쓴 글로부터 얻은 것이다. 칼리스트라토스의 말에 따르면, 뛰어난 실력을 갖춘 장인 다이달로스는 "움직일 줄 알며 인간의 감각을 느끼는[느낄 수 있는] 조각상" 몇 개를 만들었다고 한다.[27] 그러나 다이달로스는 움직이고 춤을 출 수 있는 조각상을 만들긴 했지만, 말하는 능력까지 심어주지는 못했다.[28] 이런 능력에서 다이달로스를 능가한 사람들은 멤논의 조각상 하나를 만든 '에티오피아 사람들'이다(실제로 멤논이라는 이름의 조각상은 두 개가 있다). '아름다운 하늘'이라는 뜻의 이름인 칼리스트라토스는 조각상을 두고 이렇게 썼다.

> 오랜 옛날에 그것은 해가 떠오르면 어머니를 맞는 기쁨을 나타내며 반가운 목소리로 인사했다. 그리고 다시 해가 저물어 밤이 될 때면 그것은 어머니를 떠나보내는 슬픔에 젖어 비통한 신음소리를 냈다… 내가 보기에 멤논의 조각상은 인간과 단지 몸만 달랐지, 각각의 감정에 따라 슬퍼하고 기뻐할 줄 알도록 만들어졌다. 자연은 애초부터 돌을 소리 내지 못해 침묵하게 만들었으며, 슬픔이나 기쁨의 의미를 알지 못하게 만들었음에도… 그러나 멤논의 돌에 예술은 기쁨을 심어주고 아픔의 감각을 섞어주었도다. 그리고 이것은 우리가 알기로는 돌에 지각과 목소리를 심어준 유일한 예술 작품이다.

오늘날 우리는 원하는 소리는 무엇이든 낼 수 있는 말하는 기계들에 둘러싸여 있다. 이런 기계를 우리가 원할 때 언제라도 적당한 단어를 말하거나 노래하게 프로그래밍해서 신호만 주면 반응할 수 있게 하는 것은 아무런 문제가 되지 않는다. 그러나 이런 사실이 문제의 기계가 감정을 가졌다는 것을 뜻할까? 물론 아니다.

자동기계는 여러 시대를 거쳐 유럽뿐만 아니라 다른 지역에서도 인기를 누렸다. 전해지는 이야기를 그대로 믿는다면, 자동기계는 걷고 춤추며 노래를 불렀다. 눈알을 굴리거나 눈물을 흘렸으며 왕궁 앞에서 보초를 서기도 했다. 음악을 연주하거나 얼굴을 태양으로 향하고 그 움직임을 좇기도 했다.[29] 중국의 어떤 전설적인 자동기계는 워낙 사람과 똑같이 만들어졌는데 왕의 여인들에게 아주 그럴싸하게 수작을 걸다가 하마터면 그 제작자 얀시Yan Shi의 목숨을 앗아갈 뻔했다.*[30] 현재 제네바의 파테크필리프 박물관에 전시된 18세기의 어떤 유명한 자동기계는 새 모양인데, 날개를 펄럭이며 짹짹 지저귀고 모이를 먹으며 배설을 하기도 한다. 1800년경에는 터번을 두른 터키 남자의 모습을 한 체스를 두는 커다란 자동기계가 유럽을 순회하며 시범 시합을 벌이곤 했다. 이 기계를 상대로 실력을 겨룬 사람 가운데는 나폴레옹Napoléon I이 있다(그가 패했다)[31]. 나중에 이 기계 안에 사람이 숨어 있었던 것으로 드러나 사기였음이 밝혀졌다.[32]

자동기계는 대개 무게 추나 시계장치로 구동되었다. 고대의 경우처럼 일부는 금과 은을 비롯해 온갖 종류의 귀금속으로 만들어졌다. 칠을 한 깡통이나 인형의 경우에는 자기와 고무, 나중에는 플라스틱으로 만든 조잡한 것도 많았다. 어른이든 아이든 이런 것을 구입해 가지고 노는 사람은 항상 장난감으로 이해했다. 목적은 즐기는 것이지 일하는 것이 아니었다. 때때로 자동기계는 인간까지 포함한 동물이 실제로는 기계라는 생각을 구체적으로 보여주는 용도로도 쓰였다. 아마도 바로 그래서 토마스 아퀴나스는 황동으로 만든 인간 형태의 자동기계, 움직이며 말할 줄 아는 자동기계를 파괴해야만 한다고 강변한 모양이다. 18세기의 몇몇 프랑스 종교 지도자들 역시 자동기계를 이단의 증거로 간주하고 발견하는 족족 파괴했다.[33]

---

* 중국의 고전 《열자列子》에 나오는 서주西周 목왕穆王 때의 이야기. 기원전 977년에서 기원전 922년 사이의 일화이나 얀시가 누구를 말하는지는 알 수 없다.

유용한 기능을 구현하도록 고안된 자동기계는 천차만별이었다. 가장 초기의 것 가운데에는 원심 속도 조절기가 있다. 17세기 중반에 발명된 것이 분명해 보이는 이 조절기는 풍차의 연삭숫돌 사이의 간격을 조정해주는 용도로 쓰였다.[34] 1788년 제임스 와트James Watt(1736~1819)는 그의 증기기관이 일정한 속도를 유지하며 작동하도록 비슷한 장치를 만들었다. 그는 자신이 이 분야에서 최초가 아님을 의식했으므로 특허권을 얻으려 시도하지 않았다. 두 개의 금속 공이 중앙의 수직 축에 연결된 '가동식 팔movable arm'에 부착되었다. 축이 회전하는 속도가 빨라질수록, 공 사이의 간격이 벌어지면서 기계의 속도를 늦춘다. 조절기는 속도를, 속도는 조절기를 규제하는 셈이다. 훨씬 더 뒤에 이런 기능은 환경에 반응해 환경을 바꾸는 피드백 회로 기술의 바탕이 되었다. 그러나 이런 회로의 존재가 곧 살아 있는 생명체가 주변 환경에서 일어나는 일을 '감지'하는 것과 같은 방식으로 기계의 속도를 '감지'한다는 것을 뜻하지는 않는다. 기계는 현기증을 느끼거나 구토를 하거나 균형을 잃고 넘어지지 않는데, 하물며 선과 악을 구별하고 죄책감을 경험하며 양심을 발전시킬 수는 결코 없다.

중기기관을 완벽하게 다듬으면서 와트는 산업혁명을 촉발시키는 데 누구보다도 큰 기여를 했다. 산업혁명은 동양과 서양 사이의 기술적 균형을 바꾸어놓아 동양이 서양에 뒤처지게 만들었다. 그렇지만 이런 불균형은 일본이 자동기계에 우호적인 특별한 관점을 갖는 것을 막지는 못했다. 서구와 마찬가지로 일본도 원래는 자동기계를 멋진 장난감으로 여겼다. 훗날 일본인은 하인이나 노예처럼 노

동을 줄여주는 장치에 그치지 않고 사람들의 정서적 욕구를 어느 정도 충족시켜줄 수 있는 개인적인 친구로 자동기계를 인식하기에 이르렀다. 그 좋은 예 하나는 '아이보AIBO(アイボ)'라는 이름의 강아지 로봇이다. 이 이름은 '동료' 또는 '친구'라는 뜻이다. 나중에는 '큐리오QRIO'*라는 이름의 두 발로 걷는 휴머노이드 로봇이 합세했다.[35] 2013년 8월에는 언어 기능과 안면 인식 기능을 탑재한 또 다른 로봇이 국제 우주정거장에 우주인의 심심풀이 오락용으로 파견되었다.[36] 심지어 어떤 일본인은 머지않아 큐리오와 비슷한 기계를 자신의 연인으로 맞을 날이 오리라는 꿈을 꾼다고 말한다.[37]

공감하기 어려운 이유지만 일본인과 로봇의 사랑은 밀접하게 결합된 공동체라는 일본 사회의 속성 때문일지도 모른다. 일본인들은 자신이 로봇이라는 우스갯소리를 하기도 한다. 무력감을 이겨내고자 일본인은 **뭔가를** 완전하게 통제함으로써 자신감을 회복하려 한다. 또는 앞서 이미 살펴본 바 있는 사실, 곧 일본 문화에서는 삶을 지배하는 척도가 죄책감이 아니라 조직의 존중이라는 사실 탓에, 평소 지배당한다는 느낌을 뭔가 지배함으로서 상쇄하려는 것일까? 어쨌거나 오늘날 로봇이 특정한 윤리 경계를 넘어서지 않아야 한다는 문제를 연구하는 새로운 분야인 로봇윤리학은 오늘날 일본에서 그리 큰 관심을 끌지 못한다.[38]

서구의 상황은 전혀 다르다. 기술 발전에 열광한 19세기의 잡지들은 자동기계라는 사안을 유쾌한 시각으로 바라보았다. 작가들

---

*   호기심 탐구Quest for Curiosity를 뜻한다.

은 창작을 하면서, 예술가들은 증기인간, 전기인간, 보일러판 인간 또는 자동인간 같은 상상 속의 캐릭터를 그림으로 그리면서 기뻐했다.[39] 이런 노력의 대부분은 웃고 즐기려는 것이었다. 프랑스의 유명한 소설가 쥘 베른Jules Verne(1828~1905)은 증기를 동력으로 하는 커다란 코끼리가 끄는 마차가 등장하는 소설을 썼다. 영국은 인도에서 일어난 반란을 잠재우고 지배를 재확립하기 위해 실제로 그런 철제 코끼리를 만들어 이용했다.[40] 1차대전이 끝난 뒤 서구 사회는 염세적 분위기에 사로잡혔으며 공포가 지배했다. 이런 두려움을 표면으로 끌어올리기 위해 누구보다도 심혈을 기울인 사람은 체코의 작가 카렐 차페크Karel Čapek(1880~1938)로 1920년에 희곡《R.U.R.: 로숨의 만능 로봇Rossumovi Univerzální Roboti》을 발표했다.[41] '로봇'이라는 단어의 원래 뜻은 단순히 '노동자' 또는 '열심히 일하는 사람'이다. 그러나 차페크는 이 단어를 차용해 인조인간을 통칭하는 개념으로 썼다. 메리 셸리Mary Shelley(1797~1851)의 작품《프랑켄슈타인 Frankenstein》(1818/1831)에 등장하는 괴물처럼, 로봇은 금속이 아니라 어떤 식으로든 '생명'을 불어넣은 유기물 재료로 만들어졌다. 셸리의 괴물과 다르게 로봇은 유용한 일을 하도록 고안되었으며, 때로는 성공적으로 일을 해냈다.

작품 속에 등장하는 제작회사에 따르면 로숨의 로봇은 인간보다 단순하다. '영혼'을 갖지 않은 로봇은 행복, 두려움, 식욕, 호기심을 경험할 수가 없다. 등장인물 가운데 한 명은 이런 점에서 로봇은 "풀보다 못하다"고 말한다(현대의 환경운동가가 들으면 풀을 모욕하지 말라고 하리라). 감정이 없고 명령받은 대로 일관되게 학살을 저지를 준

로봇의 부상

비가 되어 있다는 점에서 이후 발발할 모든 전쟁에서 로봇은 매우 유용한 병사로 활용될 수 있다. 그러나 기이한 문제가 일어나기 시작한다. 개발자 가운데 한 명이 허가되지 않은 실험을 함에 따라 로봇은 예민한 감수성을 얻는다. 로봇은 더는 명령받은 대로 행동하는데 만족하지 않으며, 인간을 타도해야 할 적으로 선포한다. 로봇은 조직적으로 반란을 일으킨다. 인간보다 강력한 로봇은 오래가지 않아 세계의 모든 인간을 제거한다.

극이 종반으로 치달으면서 로봇들은 원래 발명된 생산 공장을 포위한다. 그동안 로봇 제작의 공식이 우연하게 소실되어 로봇은 더 이상 만들어지지 못한다. 로봇들은 공장을 습격해 알퀴스트라는 이름의 개발자 한 명만 빼고 공장에 있던 사람들을 모두 죽인다. 알퀴스트를 살려준 이유는 그가 명령 계층에 속하지 않은 단순 노동자였기 때문이다. 그때쯤이면 임신을 할 수 있는 인간 여성은 모두 죽은 터다. 이제 인류는 아니지만, 자신의 종을 복제해 지구의 미래를 보장할 수 있는 유일한 피조물은 프라이머스 로봇과 여성 로봇 헬레나뿐이다. 좋든 나쁘든 이 시점에 프라이머스와 헬레나는 서로 사랑을 표현할 정도로 감정이 발달했다. 극의 마지막 대사에서 알퀴스트가 인정하듯, 프라이머스와 헬레나는 현대판 아담과 이브로 변모해 인간으로부터 지구를 물려받아 다시 번성하게 하리라.

《R. U. R.》이 발표된 이후 독자적인 충동과 희망을 가질 정도로 발달한 로봇이 인간의 통제를 벗어날 경우 무슨 일을 저지를까 하는 공포심은 서구 문명을 그 근본부터 뒤흔들었다. 레이 커즈와일 Ray Kurzweil이라는 이름의 미래학자는 인류가 그 고유한 창조물인 로봇과 대결해 살아남을 확률은 50 대 50이라고 말했다고 한다. 앞서 언급한 로봇윤리학이 출현했을 뿐 아니라, 학술대회도 개최되어 관련 문제를 정확히 정의하고 로봇이 모든 종류의 나쁜 일을 하지 못하게 막을 방안을 연구하고 있다. 우리 손으로 직접 빚어낸 변화를 두고 우리는 죄책감을 느끼는가? 그렇다면 놀랄 이유는 전혀 없다. 결국 초기 기독교 이래 죄책감/양심이라는 복합체는 항상 서구인의 영혼을 지배해온 핵심이지 않은가. 그저 때에 따라 죄책감을 일으키는 근본원인이 달랐을 뿐이다.

더욱 흥미로운 물음은 전혀 다른 것이다. 혹시 로봇 자체가 양심을 장착하거나, 발달시킬 수 있을까? 이 문제에 누구보다도 큰 관심을 가졌던 사람은 20세기의 가장 중요한 공상과학소설 작가 아이작 아시모프Isaac Asimov(1920~1992)다. 미국으로 이주한 유대계 러시아인의 아들인 아시모프는 어린 시절에 통속잡지를 읽으며 이 문제에 관심을 키웠다. 1942년에 그는 '런어라운드Runaround'라는 제목의 단편을 발표하면서 이른바 '로봇공학의 세 가지 법칙'을 제시했다.[42] 세 가지 법칙을 종합해보면 로봇에게 일종의 내장된 양심을 제공한다. 첫 번째 법칙은 "로봇은 인간에게 해를 입혀서는 안 되며, 아무 행동도 하지 않아 인간이 해를 입도록 방치해서도 안 된다"고 규정했다. 두 번째 법칙은 "로봇은 인간이 내리는 명령에 복종해야만 하며, 단 명령이 첫 번째 법칙에 위배될 때는 예외다"라고 말했다. 마지막 세 번째 법칙은 "로봇은 자신의 존재를 첫 번째와 두 번째 법칙과 충돌하지 않는 한, 보호해야만 한다"는 내용이다.[43] 이 법칙은 이후 출간된 모든 과학소설에 지대한 영향을 미쳤다. 그러나 작가들은 법칙을 지키느라 적지 않은 어려움을 겪었다. 아시모프도 그런 어려움을 잘 인지하고 여생 동안 법칙들을 다듬어갔다.

우선, 아시모프가 등장인물 가운데 한 명을 통해 인간에게 '해'를 입힐 수 없도록 로봇을 설계하라고 말했을 때, 해란 무엇을 뜻하는가? 살해나 상해의 경우에 해는 충분히 명확해서 해결책을 찾는 것이 상대적으로 쉽다. 그러나 냉담하다거나 그래 보이는 행동으로 감정적 해를 입히는 경우는 어떤가? 사생활을 침해하고 정보를 빼돌리는 행위, 오늘날 실제로 늘어만 가는 이런 행위는 어떤가? 로봇의 개체수가 갈수록 증가하는 추세에서 에너지처럼 인간도 필요로 하는 자원을 로봇이 소비하는 문제는? 또 로봇 때문에 사람이 일자리를 잃고 실직 상태로 내몰리는 일이 벌어진다면 어떤가? 이런 경우들은 해를 입힌다고 규정되지 않는가? 물음은 많은데 답은 거의 없다. 이런 맥락에서 실제로 이뤄지고 있는 답을 찾으려는 시도는 주목할 만하다. 과연 이런 시도가 어떤 성공을 거둘지 지켜볼 일이다.[44]

다른 문제는 정체성과 관련한 것이다. 로봇이 반드시 인간을 닮을 필요는 없다. 와트의 속도 조절기에서 많은 독자들에게 친숙한 로봇청소기에 이르기까지 인간의 모습을 하지 않은 로봇은 많다. 그러나 기술이 발달할수록 로봇을 인간을 닮게 만들기는 더 쉬워진다. 고객이 원한다면 말이다. 기술발달이 인간 형상의 로봇 개발을 향한다고 전제하면, 로봇은 항상 인간과 로봇을 구분할 수 있을까? 바꿔 말해서 아시모프의 법칙은 오로지 인간을 닮은 로봇, 이른바 안드로이드로 알려진 로봇에만 적용할 수 있기에 완벽하지 **않다**. 적어도 인간과 안드로이드를 구분하는 방법이 제공되지 않는 한, 불완전하다. 아시모프의 법칙은 인간으로 위장한 로봇이 상대가 인간인지 로봇인지 가려보지 않고 원하는 대로 일을 저지르게 허용해줄 여지를 가진다. 또는 로봇 제작자나 프로그래밍한 사람의 뜻대로 하도록 허용할 여지가 있다. 반대로 로봇이 인간을 로봇으로 착각하는(착각했다고 주장하는!) 경우에도 첫 번째 법칙은 무너지고 만다.

다음으로 반대 세력을 억누르기 위해 로봇을 이용하는 경우는 어떨까? 필요하다면 다른 사람을 살해하려는 사람을 로봇이 살해할 수도 있어야 하지 않을까? 현재도 모든 현대 국가의 군대는 효율성을 높이고 우군 사상자를 줄이기 위해 로봇 연구에 막대한 비용을 쓴다.[45] 현재 개발이 진행 중인 몇몇 기계는 실로 무시무시할 뿐만 아니라, 방공망과 미사일 방어체계의 경우 그 엄청나게 빠른 속도에 대응하기 위해 몇분의 1초라는 시간 안에 발사 여부를 결정해야만 해서 이미 오래전부터 이런 분야는 로봇으로 대체되었다. 이따금 그 결과는 참혹한데, 1988년 7월 미국의 해군 함정 빈센스호가 페르시아만에서 실수로 이란 여객기를 미사일로 격추하는 일이 벌어진 바 있다.*[46] 2007년 남아프리카공화국에서는 실험적인 로봇 방공포가 갑자기 잘못된 방향으로 발사를 개시해 1분당 수백 발의 포탄을 퍼부었다. 간신히 작동을 멈추게 했을 때 9명의 군인이 사망했으며, 14명이 중상을 입었다.[47]

대테러 분야에서 문제는 더욱 심각하다. 대테러 작전에서 첫 번

---

*   탑승한 290명 전원이 사망했다

째이자 가장 중요한 요구는 아군과 적은 물론이고 행인을 구분해야만 한다는 것이다. 두 번째 요구는 가능한 한 아군과 행인을 다치게 하는 일 없이 적을 골라내 살해하거나 '무력화'하는 것이다. 이 문제를 다룬 어떤 책의 제목이 암시하듯, 칼을 가지고 수프 먹는 법을 배워야만 이런 까다로운 요구를 해결할 수 있다. 그러나 아시모프의 법칙은 이런 상황에 적용될 수 없다. 현실에서 로봇은 무장 충돌에서 인간을 살상하며 무력화하는 방식으로 '해'를 끼치도록 설계되는 경우가 갈수록 일반적 것으로 자리 잡아가고 있다. 이런 갈등에서 두 번째 법칙, 곧 일종의 양심을 장착하고 있어서 인간이 내리는 명령에 복종하면서도 첫 번째 법칙을 위배하지 않는 로봇은 완전히 쓸모가 없다.

전쟁이 아닌 상황에서 문제는 전혀 달라진다. 예를 들어 혼잡한 도로를 건너느라 어려움을 겪는 맹인을 돕는 로봇이 만들어진다고 생각해보자. 이런 로봇은 다리나 바퀴를 이용해 안내견을 대신할 수 있다. 분명 결함이, 특히 초기에는 발생할 수 있다. 그러나 비슷한 기능을 수행하는 안내견도, 심지어 정상적인 인간도 실수를 저지르지 않는 것은 아니다. 경험이 쌓일수록 초기 오류는 수정될 수 있다.

다른 로봇, 이를테면 가정을 지키거나, 응급처치를 해주거나, 위급한 상황에 빠진 사람을 위해 자동으로 구조를 요청하는 로봇도 얼마든지 가능하다. 화재가 발생한 건물 안으로 들어가 인명을 구조하는 로봇도 마찬가지다. 구매 물품 목록대로 장을 보거나 가정으로 음식과 다른 생필품을 배달하는 로봇도 개발될 수 있다. 현재 이런 구상은 다양한 개발 단계를 거치는 중이다. 일본 '혼다' 기업의 엔지니어들은 키가 140센티미터인 휴머노이드 로봇 '아시모ASIMO'*를 제작했다. 이 로봇은 앞서 열거한 과제를 수행할 수 있거나, 머지않아 수행하게 된다.[48] 군대 이야기로 되돌아가보자면 키가 120센티미터 이하인 사람을 구조해주는 로봇의 제작도 생각해봄 직하다. 말하자면 아동 구출 전문 로봇이랄까(물론 어른이 몸을 구부리거나 로봇 뒤에 숨으려고 하는 경우 식별에 어려움을 겪을 수는 있다). 심지어 남성과 여성을 구분할 줄 아는 로봇도 만들어질 수 있다. 여장한 남자나 여성 군인을 어떻게 알아볼지는 전적으로 다른 문제지만 말이다. 아무튼 가능성은 무궁무진해 보인다. 인간이 스스로 처리해야만 하는 몇 가지 제한된 일, 이를테면 먹고 마시기, 공부, 수면과 운동을 제외한다면 로봇은 실제로 거의 모든 일을 수행할 수 있다.

지금 유념해야 할 점은 양심이라는 우리의 주제와 관련해 의미를 가지는 대상은 진짜 자동로봇뿐이라는 사실이다. 내장된 센서를 가지고 정보를 수집하고 저장하며 처리해 스스로 결정을 내릴 줄 아는 로봇을 다룰 때만 우리 논의는 의미를 가진다. 바로 그래서 원격 조종되는 자동차, 선박, 비행기 등 유선이나 무선으로 조종하는 사람의 명령을 수행하는 기계는 제외시켰다. 물론 전쟁에서 수천 킬로미터나 떨어져 있어 자신이 위험에 처해 있는지 모르는 적을 그런 기계를 써서 죽이는 조종자는 심각한 윤리적 딜레마에 직면할 수 있다. 이런 윤리적 딜레마는 다시 심각한 정신적 문제를 낳는다.[49] 그러나 앞서도 말했듯 죽마를 타고 걷는 사람이라 할지라도 어디까지

---

*　'혁신적 이동성으로의 발전적 단계Advanced Step in Innovative Mobility'의 약어다.

나 자신의 발로 걷는 것이다. 바로 그래서 이런 경우를 이 장의 논의에서 제외했다.

앞서 묘사했던 완전한 자동로봇, 곧 양심을 내장한 로봇이 실제로 만들어져서 성공적으로 작동한다고 가정해보자. 이 로봇이 부여받은 양심이 정말 양심일까? 이 양심이 키워지고 발달할 수 있을까? 이 로봇이 양심의 필수불가결한 전제조건인 자유의지를 가질까? 로봇이 주인에게 "죄송합니다만, 이 일은 제 양심이 허락하지 않습니다" 하고 말할 수 있을까? 침팬지가 동류에게 미안해하듯이 로봇도 미안함을 느낄 수 있을까? 로봇이 부끄러움이나 쑥스러움의 본성 혹은 고대 그리스인이 말했던 "너 자신을 알라"의 뜻을 이해할까? 오이디푸스처럼 자아에 접근할까? 스토아학파의 자기 존중을 로봇이 주장할까? 자기 존중이 불가능한 상황에 놓이면 로봇은 자살할까? 신이라는 관념은 이해할까? 사도 바울과 루터가 양심에게 기대했던 진리라는 관념은? 또는 죄책감, 특히 아직 범하지 않은 죄를 떠올리며 느끼는 죄책감을 이해할까? 죄 그 자체는? 의무는? 도덕성은? 선함은? 악함은? 보상은? 처벌은? 프로이트를 떠올려보자면 로봇이 가질 '마음'이 어떤 종류의 것이든 간에 서로 다른 생각들의 충돌로, 고통스럽기까지는 않더라도, 괴로워하기는 할까?

이런 물음의 대부분에 주어질 가능한 반응은 결국 이것이다. 누가 알겠는가? 아마도 로봇이 앞에서 열거했던 것 중 몇 가지 또는 전부를 할 수 있는 날이 올 수는 있으리라. 그러나 로봇은 여전히 일단 프로그래밍되어야만 한다. 그래서 말이지만 로봇이 양심을 가진다는 것이 정말 무엇을 의미할지는 아리송하기만 하다. 분명 로봇이 괴로워하기는 하리라. 그러나 그런 괴로움을 느낀다는 것은 오로지 잘못된 설계 탓이다. 짐작건대 설계자가 심어준 영혼 그 이상의 것을 가지는 기계는 이내 작동하기를 멈추리라. 심지어 내 컴퓨터가 종종 그러듯 자기 파괴를 감행하지 않을까.

물론 로봇은 앞에서 물었던 것 전부는 아니라도 최소한 몇 가지를 하는 것**처럼** 행동하도록 프로그래밍될 수 있다. 예를 들어 가능한 행동 노선 몇 가지 가운데 하나를 고르도록 설계될 수 있으며, 실제로 이미 그런 제품이 있다는 점에서, 로봇은 어떤 의미로는 자유의지를 가졌다. 또는 로봇이 동료가 망가졌다고 해서 눈물을 흘리거나 소란스럽게 굴 수도 있다. 또는 '더 높은 목표'를 위해 스스로 희생하기도 하리라. 아시모프는 센서가 그렇게 하면 자신이 위험에 빠진다고 경고함에도 어린 소녀를 자발적으로 구출하는 로봇의 예를 들었다. 인간이 그렇게 행동하면 양심을 가졌다는 칭송을 듣는다. 로봇이라고 그러지 않을 이유가 무엇인가? 로봇이 전쟁에서 차지하는 역할이 갈수록 커지면서 잘못된 상황에서 엉뚱한 사람을 죽이는 것을 막아주는 종류의 양심을 심어주려는 시도는 활발하게 이뤄지고 있다. 그럼에도 오류를 저질러 엉뚱한 사람을 죽인 경우 로봇은 아마도 외상 후 스트레스장애의 징후를, 이를테면 식욕의 결여(배터리 충전을 거부)나 기능 장애, 기묘한 공격성 또는 악몽 따위를 보일 수 있으리라. 그렇지만 그런 행동의 목적이 무엇에 보탬이 될지는 말하기 힘들다. [50]

좀 더 추상적으로 물어보자면 양심은 단순히 어떤 기계적 원리일까? 선천적이든, 신이 영감을 주었든, 교육으로 우리 내면에 심어

로봇의 부상

진 것이든, 외부의 자극에 일정 반응을 보이도록 기계적 틀을 가진 것이 양심일까? 스위치를 누르듯 특정 반응을 유도하는 것을 두고 우리는 윤리 법칙이라고 부르는 게 아닐까? 이것은 프랑스 인공지능 개발의 선구자 자크 피트라Jacques Pitrat의 관점을 예로 든 것이다.[51] 아니면 양심은 그 이상의 무엇일까? 그게 뭘까? 신학자, 철학자, 윤리 전문가는 지난 누천년의 세월 동안 이 문제와 씨름해왔지만, 만들어낸 것은 말뿐이다. 종종 설명하려 안간힘을 쓸수록 이해하기는 어려워졌다. 중세를 거치는 동안, 물론 이 시기만 그랬던 것도 아니지만, 이들이 빚어내는 말은 혼란의 극치를 넘어서서 신비의 경지를 이루었다.

외모는 인간과 전혀 다르지만 최소한 인간이 가진 능력의 몇 가지는 구사하는 로봇의 도입 덕분에, 우리 시대는 단순한 말잔치를 넘어서서 적어도 원칙적으로는 실질적인 연구를 해볼 역사상 최초의 시기일 수 있다. 관련 문헌을 살펴보면 양심을 가진 것처럼 보이는 기계를 만들려는 지금까지의 시도는 미미한 모방에 그쳤다. 이처럼 진척이 더딘 이유는 양심을 이루는 많은 요소들이 서로 '흐물흐물'하게 뒤섞여 상호작용하므로 대단히 복잡하기 때문이다. 또 다른 이유는 문제가 너무 복잡하다 보니, 과학자들과 기금을 지원하는 사람들이 우선순위를 부여하지 않기 때문이다. 그렇다고 해서 이런 기계가 아무 쓸모가 없다는 말은 아니다. 실용적 차원에서 보자면 양심을 장착한 자동로봇은 양심을 가지지 않은 로봇보다 훨씬 더 많은 일을 믿고 맡길 수 있다. 이론적 측면에서도 양심을 심어준 자동기계는 인간과 함께 배치될 수 있으며 체계적으로 비교될 수 있다. 인간과의 유사점과 차이점을 면밀히 검토함으로써 수수께끼는 이전 그 어느 때보다도 생생하고 강력하게 그 전모를 드러낼 것이다.

　사이버네틱스(자동 피드백 회로를 다루는 학문)의 아버지 노버트 위너Norbert Wiener에 따르면, 우리가 완전히 이해할 수 있는 단 한 가지 사실은 우리가 자동 피드백 회로를 만들 능력을 가졌다는 것이다. 일급 컴퓨터 전문가이자 정신과 전문의인 내 아들 유리Uri van Creveld는 우리가 양심이 진짜 무엇인지 이해하기도 전에 인공 양심처럼 보이는 것을 만드는 데 성공할 것이라고 나에게 말했다.

양심의 과학화

　유기적이든 기계적이든 양심을 가진 것처럼 행동할 인공 존재를 만들어보려고 시도하는 것. 그리고 살아 있는 유기체를 연구해 양심이라는 것이 도대체 어떤 부위에 자리 잡아 어떻게 작동하는지, 교육과 보상과 처벌이라는 전통적인 방법으로 어떤 영향을 받는지 알아보는 것. 이 둘은 전혀 별개의 문제다. 아무튼 두 가지 시도는 매우 오랫동안 계속되고 있다. 그동안 이 문제를 다루는 데 쓰인 수단과 방법은 대개 매우 단순하고 유치했다. 최근 몇십 년 동안 최신 뇌과학이 등장하면서 사정은 바뀌기 시작했다. 그렇다면 뇌과학은 적절한 방법을 가지고 있을까?

　정신, 그리고 그 가장 중요한 부분인 양심이 어떻게 작동하는지 이해하려는 시도는 이미 누천년 동안 이뤄져왔다. 고대 그리스와 로마제국의 의학자와 철학자가 주로 이 문제를 고민했다. 우선 다양한 감정이 우리 심장의 활동으로 빚어지는 효과임을 의심할 수 없다는 점에서 이들은 정신이 곧 심장 안에 있다고 믿었다. 호메로스의 오디세우스는 이 서사시의 많은 다른 영웅들과 마찬가지로 "심장"을 즐겨 말한다. [52] "심장에 새기다", "심장이 따뜻하다", "심장이 뜨겁다", "심장으로 느끼다", "심장이 벌떡벌떡 뛴다" 하는 표현들이 보여 주듯, 많은 다른 문화도 정신의 진원지를 심장으로 보았다. 유럽만 그런 게 아니라, 나의 모국어 히브리어도 그렇고, 들리는 말로는 일 본어와 티베트어도 마찬가지라고 한다. 그러나 심지어 고대에도 몇 몇 의학자와 철학자는 감정과 생각을 담당하는 기관을 심장이 아니 라 두뇌라고 보았다. 이 주제를 다룬 현대의 어떤 책에는 이런 구절 이 나온다. "사람들이 서로 사회적 관계를 맺을 때, 서로 적대감을 가 질 때… 규칙을 지키거나 법을 어길 때, 가난이나 어린 시절의 학대 로 괴로워할 때, 남에게 폭력을 쓰거나 자해를 할 때… 대체 무슨 일 이 벌어지는 것인지 이해하려면, 우리는 두뇌를 살펴야 한다."[53]

중세를 거치는 동안 교회는 해당 연구가 원자론자의 견해를 확 인해주고 인간이 영혼을 가지지 않음을 보여줄까 봐 걱정했다. 바로 그래서 교회는 인체를 해부하는 그 어떤 시도도 금지시켰다. 1500 년 이후에야 비로소 해당 주제를 보는 관심이 되살아났다. 1654년 잉글랜드의 의사 토머스 윌리스Thomas Willis는 '신경학'이라는 용어 를 만들어냈다. 간질병을 비롯한 경련성 질환의 치료법을 발견하려 는 것이 목적이었던 그의 연구는 예전의 그 어느 때보다도 더 상세 하게 두뇌 구조를 밝히고 그 다양한 부위의 목록을 다듬어냈다. 윌 리스는 두뇌의 각 부위가 어떤 기능을, 이를테면 걷기를, 관장하는 지 밝혀내려 노력했다.[54] 이후 200여 년이 넘는 동안 이런 종류의 연 구는 지지부진했으며 불규칙하게만 이루어졌다. 이따금 연구는 우 연하게 일어난 사고로 뇌 일부가 손상된 개인에게 도움을 받았다. 이 점에서 가장 유명한 것은 미국의 철도 노동자 피니어스 게이지

Phineas Gage(1823~1860)의 사례다. 게이지는 쇠막대기가 두뇌를 관통하는 사고를 당했다. 이런 심각한 사고에도 그는 살아남았지만, 이전에 그를 알던 사람들은 그가 전혀 다른 사람이 되었다고 생각했다. 사고가 그의 인격과 행동에 영향을 미친 방식과 이런 변화가 인간 두뇌 기능 이해에서 무엇을 뜻하는지 하는 물음은 의사들 사이에서 활발한 토론 주제가 되었다.[55]

두뇌 연구의 실질적인 진보는 두뇌 연구자가 체세포 염색과 같은 정교한 기술을 구사할 수 있게 된 19세기 말에 비로소 이루어졌다. 이런 기술 덕에 매우 작고 투명한 세포로 두뇌를 이루는 뉴런이 시냅스라는 이름으로 알려진 매듭을 통해 서로 연결된다는 사실이 발견되었다. 그러나 놀랍게도 성인 한 명의 두뇌가 가지는 뉴런의 수는 약 1,000억 개이며, 시냅스는 무려 100조 개에 달하는 것으로 추산되었다. 평균적으로 하나의 뉴런은 이웃 뉴런, 가까운 것이든 먼 것이든 이웃 뉴런과 1,000개의 결합을 이룬다. 몇몇 전문가는 이런 연결성이야말로 다른 어떤 동물에서 볼 수 있는 것보다 훨씬 많으며, 바로 이것이 우리 인간을 동물과 구분하는 특성의 진정한 비밀이라고 본다.[56] 두뇌가 받아들이는 정보는 전기 신호의 형태로 시냅스를 통해 전달된다. 1920년대의 의학 서적들은 두뇌를 거대한 발전설비의 사령부와 비교하곤 했다. 사령부는 몸의 감각기관으로부터 정보를 받아 저장하고 처리해 대응 명령을 내린다. 이 명령은 전기 신호로 전체 시스템에 전파된다. 이런 이미지는 화학물질로 이뤄진 신호가 주된 역할을 한다는 것을 깨달은 1930년대 초까지 그대로 유지되었다. 두 가지를 종합할 때 결국 두뇌는 전기-화학 기계라는 결론이 나온다.

가장 중요한 발전은 1960년대에 들어서야 비로소 이루어졌다. 그 첫 단계는 뇌의 특정 부분에 삽입하는 초박막 전극의 개발이다. 이 방법은 동물, 이를테면 원숭이의 행동을 수정하는 데 활용되었다. 예를 들어 식욕이 사라지게 만든다든지, 종일 자위행위를 하게 했다. 다음으로 등장한 것은 초음파 스캔이다. 이 방법은 박쥐가 정보를 받는 것과 같은 방식으로 이뤄진다. 음파를 신체의 특정 부위로 보내, 되돌아오는 메아리를 기록하는 것이다. 이 방법은 처음으로 수술 없이 두뇌를 포함한 인체의 내부 장기가 활동하는 양상을 관찰할 수 있게 해주었다. 초음파 스캔의 뒤를 바짝 좇아 등장한 것은 이른바 CT(컴퓨터단층촬영computerized tomography)이다. CT는 한 방향에서만이 아니라 한 번에 여러 방향에서 엑스레이 촬영을 할 수 있게 해준다. 그런 다음 컴퓨터가 이미지를 취합해 실제 활동하는 내부 장기의 3차원 이미지를 만들어낸다. 이후 역시 컴퓨터에 의존한 기법들이 속속 등장했다. 엑스레이 대신 감마선, 방사선 파장, 전자와 자기 입자 등을 활용하는 방식이다.[57] 빠르게 발전하는 이 분야의 가장 최근 기술은 '기능적 MRIFunctional MRI'(자기공명영상magnetic resonance imaging)와 '확산 텐서 MRIDiffusion Tensor MRI'다. 기능적 MRI는 뇌의 활동영역을 감지하기 위해 혈류를 촬영하는 반면, '확산 텐서 MRI' 는 활동하는 신경관의 이미지를 만들기 위해 조직 내 수분의 제한된 확산을 측정하는 방법이다.[58]

이런 장치들로 연구자는 두 가지 일을 할 수 있다. 우선 윌리스가 300년 전에 했던 작업을 이어받아 연구자들은 두뇌 각 부위의 기

381

능을 알아내려 노력하며 뇌의 지도를 그린다. 둘째, 연구자들은 두 뇌의 주인이 온갖 종류의 활동을 할 때 각 부위에서 무슨 일이 일어나는지를 이미지로 제공한다. 활동이란 운동, 기억과 문제 풀기 따위의 지적 작업, 그리고 말할 필요도 없지만, "성적 절정으로 이끄는 활동의 심포니"를 말한다.[59] 이런 연구를 벌이는 많은 과학자들의 동기는 두뇌를 이해하고자 하는 욕구에서 유발된다. 또는 치료법을 개발하고, 온갖 종류의 문제를 예방하고자 하는 동기도 있다. 이를테면 우울증, 망상이나 환각 등의 정신분열증, 환자와 다른 사람을 해칠 수 있는 폭력 등이 그런 문제에 해당한다. 특정 물질이 인간의 기분, 감정, 태도에 영향을 미친다는 사실은 이미 몇천 년간 잘 알려진 것이다. 그 가운데 하나인 알코올은 항상 기분전환이라는 목적으로 소비되어왔으며, 지금도 그렇다. 19세기 말 미국 보건당국은 다양한 이유로 특별히 술을 최우선 제한 대상으로 여겨, 아편과 같은 향정신성 약물처럼 취급했다.[60]

1940~1970년에는 뇌의 다양한 부위 사이의 결합 가운데 몇 개를 외과적으로 처리하기 위해 두뇌를 절개하는 '뇌엽절리술lobotomy'이라고 하는 기법이 자주 쓰였다. 이 기법은 간질병과 조현병에 효과가 있는 것으로 간주되었다. 흔히 쓰인 다른 기술은 인슐린으로 인위적 혼수상태를 일으키는 것과 전기충격이다. 세 방법 모두 때때로 고문에 가까운 방식으로, 실제로 똑같지는 않았다 해도, 이용되었다. 이런 이유와, 그 효과를 측정하는 것이 불가능하지는 않지만 매우 어렵다는 점 때문에 이 방법들을 둘러싼 논란은 그치지 않았다.[61] 1950년대에 향정신성 약물이 도입되었다. 처음으로 등장한

것은 클로르프로마진으로 조현병과 중증 단계의 조울증 환자에게 투약되었다. 다른 약물도 속속 개발되어 그 목록은 하루가 다르게 늘어나고 있다. 어떤 이들은 1860년대에 정신의학이 독립 분과로 등장한 이래 이런 약물이야말로 가장 큰 진전이라고 추켜세운다.[62] 다른 이들은 이런 약물이 대개 암시 효과에 의존할 뿐이라고 주장한다. 약물이 더는 새롭지 않게 되면 효과도 사라지는 것으로 보아 이런 주장은 설득력이 있다.[63] 그럼에도 여전히 이런 약물의 주된 효과는 정신질환의 '치료'가 아니라, 환자가 좀비로 변하지 않게 하는 데 있다고 느끼는 사람이 적지 않다. 몇십 년 전이었다면 나는 개인적으로 이런 의견에 동의했으리라.

신경과학의 중요성은 1906년 스페인의 산티아고 라몬 이 카할Santiago Ramón y Cajal이 노벨상을 받은 것을 필두로 생리학과 의학에서 계속 수상자를 배출해 그 명단이 학계의 기라성을 망라하고 있다는 점에서 의심의 여지가 없다. 동물은 물론이고 인간을 대상으로 한 연구도 많다. 2010년대 초만 해도 관련 논문은 매달 600편 이상이 발표되었다. 그 결과로 과학과 의학과 산업의 거대한 복합체가 탄생했다. 관련 조사에 따르면 2009년에만 신경 관련 산업이 전 세계적으로 만들어낸 상품과 서비스의 총 가치는 미화 1,400억 달러에 이른다고 한다.

그런데 이 모든 것이 양심과 무슨 관련이 있을까? 아주 오랜 옛날부터 사회가 구성원들에게 바람직한 행동을 하도록 유도하고 달갑지 않은 행동을 피하게 만든 가장 중요한 방법은 교육이었다. 필요하다면 교육은 당근의 약속과 채찍의 위협을 담은 법으로 보강되었다. 결국 어느 지점엔가 이르러 양심은 약속과 보상으로 뒤섞인 것이 되었다. 항상 목표는 사람들로 하여금 금지를 내면화하고 죄책감을 심어주는 것이다. 금지는 사람들로 하여금 비록 어떤 일이 자신에게 도움이 된다 할지라도 피하게 만든다. 죄책감은 아무도 지켜보지 않을 때도 금지된 일을 하지 않도록 하고, 그런 일을 저질렀을 때는 뉘우치게(그리고 종종 고통에서 벗어나려 하게) 한다.

종합하면 양심이라고 알려진 것은 내면화한 금지와 죄책감이다. 양심이 내재하는지 아니면 획득되는지, 양심이 종교적 믿음이나 진리와 의무 같은 다른 요소와는 어떻게 맞물리는지, 양심이 대체 무엇을 위해 좋은지, 정신의 어떤 부분이 양심의 각성과 유지를 담당하는지 등을 밝히기 위해 산더미 같은 책들이 쓰였고, 오늘날에도 계속 쓰이고 있다. 루크레티우스, 홉스, 스키너를 포함한 몇몇 저자는 양심이라는 것이 전혀 존재하지 않는다고 주장했다. 그러나 이들의 문제 제기가 대다수의 사람들이 양심을 이해하고 새기며 그 명령에 따르게 하는 것을 막지는 못했다. 어떤 의미에서 이 대다수에는 양심의 존재를 의심하면서도 이런 의심을 공개적으로 밝히면 곤란한 상황에 빠질까 두려운 나머지 침묵하는 사람이 적지 않으리라.

현대의 뇌과학자들은 전혀 다른 접근방식을 취한다. 한편으로 이들은 정신mind, 그리고 물론 양심이라고 알려진 정신의 부분이 육신을 가지지 않는 영spirit이라는 관점을 거부한다. 실험으로 검증할 수 없는 대상인 영을 두고 과학이 무엇을 하겠는가? 다른 한편으로 뇌과학자들은 다른 정신적 기능과 마찬가지로 양심 역시 "두뇌가 하는 일"이라고 주장한다. 어떤 이는 한 걸음 더 나아가 "윤리적으로 생각하는 능력, 도덕적 판단을 내리는 일도 두뇌활동의 일종"이라고 강조한다. [64] 따라서 두뇌 연구의 중점은 물질에서 두뇌 안에서 일어나는 프로세스로 이동하게 되었다. 물론 오늘날까지도 이 고도로 복잡한 두뇌가 어떻게 작동하는지 정확히 아는 사람은 아무도 없다. 하물며 매 초마다 그 수많은 뉴런 사이를 바삐 오가는 전기와 화학 신호가 어울려 빚어내는 저 신비한 양심이라고 알려진 것(많은 다른 정신 기능은 제쳐두고도)이 두뇌라는 조종 기계와 어떻게 상호작용하는지는 말할 것도 없다. 그 결과 두뇌가 기능하는 방식을 연구하는 신경과학자, 그리고 환자가 경험하고 표현하는 증상에 대처하는 것이 주된 작업인 정신의학자와 심리학자 등 모든 유형의 정신치료자들은 그 어느 때보다도 서로 멀리 떨어져 있다. 신경과학은 정신의학에 과학적 기초가 결여되었다고 비난하며, 정신의학의 작업성과를 두뇌 연구 프로젝트에서 적용하지 않으려 한다. 정신의학은 정신질환을 앓는 환자를 돕는 데 신경과학이 아무 쓸모가 없다고 대꾸한다. 정신질환 진단 및 통계 편람(DSM)-5의 출간은 논란에 새로운 추진력을 제공했다. [65]

과학자가 정신이 뇌의 활동이라고 말하는 데 담긴 진의는 아는 것만 고려할 뿐, 모르는 것은 무시하겠다는 것임에 **틀림없다.** [66] 아니면 홉스가《리바이어던》에서 마음껏 비꼬았던 표현, 이를테면 "**위격** 位格의, 실체변화시킨, 동체가 된, 영원한 지금** 따위의 고상한 학자가 부리는 위선"이라는 표현에 등장하는 모호한 개념들을 다시 끌어들이려 하는 것일까. [67] 실제로 정확히 아는 것이 없다는 사실을 감추려 과학자는 흔히 '아마도', '짐작하건대', '~하는 것 같다'라는, 기계를 만드는 엔지니어라면 쓰지 않을 말투를 구사한다.[68] 무지를 숨기는 또 다른 방법은 정신의 이런저런 기능이 두뇌의 다양한 부분 사이에서 일어나는 '확산diffusion'이라고 말하는 것이다. 추정에 따르면, 연령과 상관없이 **매년** 미국인 다섯 명 가운데 한 명꼴로 정신장애로 고통 받고 있다. 또 다른 조사는 유럽연합의 시민 40퍼센트가 정신장애를 겪는다고 주장한다.[69] 이런 주장이 맞는다면, 분명 신경과학도 정신의학도 또는 그 수많은 연계 분과도 우리의 세상을 보다 건강하고 건전한 것으로 만들어주지 못했다. 주장이 틀렸다면, 도대체 이런 분과 학문들이 왜 필요한지 모를 일이다.

일부 신경학자는 두뇌의 전두엽을 '도덕적 인지'와 가장 관련이 큰 부분으로 확인했다고 주장한다.[70] 전두엽이 파괴되면 인지 능력은 상실된다. 그러나 같은 전두엽이 행동의 결과를 예측하는 능력을 포함해 논리적 생각을 책임지기도 한다. 바로 그래서 상실되는 것이 보상의 기대와 결과에 대한 두려움인지, 아니면 그런 고려를 전혀 하지 않고 작동한다고 하는 참된 양심인지 가려내기란 어렵다. 게다가 전기적 기능 장애나 화학적 무반응 또는 부드러운 회백질에 가해진 물리적 손상이 어떻게 과학자들이 익숙한 사회 규범에 따라 양심의 손상이라고 간주하는 것을 만들어내는지에 대해서는 일말의 단서도 없다. 그런데 두뇌의 서로 다른 부분은 어느 한쪽이 부상을 입어 기능하지 못할 때 보완해주어 피해 정도를 최소화한다는 것이 이미 오래전부터 알려져 있다. 바로 그래서 두뇌 연구자는 부분 X가 기능 Y를 책임진다고 하지 않고, 서로 보충한다는 뜻에서 '상보적'이라는 표현을 쓴다.

현재 진행되고 있는 두뇌에 대한 과학의 공격은 두 가지 문제를 가진다. 우선 신경과학은 양심의 가책, 특히 악한 일에 주의를 환기시키고 세계를 바꾸려는 종류의 양심을 논의에서 배제했다. 이런 양심을 다루는 일은 신학과 철학과 윤리학 같은 이른바 '말랑말랑한' 학문의 몫으로 떠넘겨졌다. 그런데 신학과 철학과 윤리학은 마치 신경과학은 존재하지 않는 학문인 양 취급한다. 구글닷컴에서 '신경과학neuroscience'을 검색해보면 2,500만 건의 결과가 나온다. 그러나 '신경과학'과 '양심conscience'을 조합한 검색 결과는 오로지 514만 건으로 앞선 검색 결과의 20퍼센트에 지나지 않는다. 게다가 이 수치는 오해의 여지가 있다. 면밀히 검토해보면 검색 결과의 대부분은 양심이 아니라 의식consciousness을 언급한 것이다. 로봇이 아닌 인간, 곧 양심을 가진 인간은 틀림없이 의식도 가진다. 그러나 의식을 가진 모든 사람이 양심도 가지는 것은 아니다. 양심을 언급한 결과의 상당수는 프랑스어로 쓰였다. 프랑스어에서 'conscience'는 양심과 의식을 모두 뜻하기 때문이다.

양심과 의식을 구분해가면서 양심을 이해하려 시도한 신경과학자는 전무하다시피 하다. 양심 개념을 제쳐두는 대신 신경과학자가 관심을 가지는 것은 공감, 정체성, 감정 전염, 배려, 이타주의, 협력, '친사회성' 등이다. 이런 모든 것을 두고 신경과학은 의식 자체의 통제를 받는 것이 아니라, 이른바 '거울 뉴런'이 작용한 결과라고 말한다. 이 신경세포는 어떤 사람이 특정 행동을 할 때와 이 사람이 같은 행동을 하는 다른 사람을 관찰할 때, 두 경우에 모두 작용한다고 한다.[71] 더욱 중요해 보이는 것은 억제다('억제inhibition'로는 3,100만 건의 검색 결과가 나온다). 중세 라틴어에서 '인히비티온inhibition'은 단순히 형식적인 '금지prohibition'를 뜻했다. 인히비티온은 심리학이 처음으로 중요한 분과로 간주된 1900년 직전에야 지금의 의미를 얻었다. 《웹스터 유의어 사전Webster's Thesaurus》은 '억제'의 유의어가 "방지, 통제, 방해, 장벽, 장애, 간섭"이라고 설명한다. 독자가 유념해야 할 것은 사전의 설명이 '의식', '양심으로 유도된', '선택'과의 연관성을 언급하지 않으며, 선과 악의 중요한 구분은 아예 무시한다는 점이다. 억제가 자연적으로 타고난 것이든 사회가 우리에게 심어주어 자아의 중요한 부분이 된 것이든 간에, 억제의 결정적 특징은 억제로 생겨나는 통제력이 행동에 미치는 제약은 무의식적이라는 점이다.

양심은 보통 다양한 분야에 적용되는 단일 독립체로 이해된다. 양심이 100달러 지폐라면 억제는 잔돈에 지나지 않는다. 어떤 종류의 억제는 우리가 이웃을 죽이거나, 그의 아내를 강간하거나, 그의 집에 불을 지르는 것을 막아줄 수 있다. 반면, 자폐증 환자에게 나타나는 억제는 더불어 사는 사람을 사랑하는 일이나, 심지어 서로 소통하는 일마저 방해한다. 이런 다양한 종류의 억제가 서로 어떤 연관을 가지며, 또 각각의 억제가 어떤 원인을 가지는지는 많은 의문의 여지가 있다. 전자의 억제가 결여된 사람은 사법체계의 심판을 받아 교도소에 가거나 심지어 전기의자에서 생을 마칠 것이며, 그래야 마땅하다. 그러나 후자로 고통을 겪는 사람은 적합한 자격을 갖춘 정신과 전문의에게 치료받아야 한다. 억제를 무시하고 위반했다고 해서 반드시 그 결과가 죄책감, 후회, 그리고/또는 속죄하려는 바람으로 나타나는 것은 아니다. 행동의 자동 통제자라고 여겨지는 억제와, 사회 규칙을 위반하기 전이든 위반한 후든 길고 고통스러운 고민을 하게 만드는 양심은 전혀 별개의 것이다. 우리의 로봇 논의로 돌아가보자면, '자동' 양심, 곧 두뇌의 의식적인 통제를 받지 않는 양심이 과연 양심이라 불릴 만한 가치가 있는지 의구심을 지울 수가 없다.

둘째, 인간은 전통적으로 비도덕적이거나 반도덕적인 행동을 의지의 산물로 강조해왔다. 반대로 현대의 신경과학은 양심을 두뇌의 기능으로 바라본다. 정상적으로 기능하는 두뇌는 옥시토신과 바소프레신 등 다수의 호르몬과 효소를 분비한다. 이런 모든 화학물질이 조화를 이루어 작용할 때 나타나는 행동은 개인은 물론이고 이 개인이 살아가는 사회도 얼마든지 수용할 만한 것이라는 게 신경과학의 주장이다. 이런 화학물질이 부족하거나 과다해서 부조화를 이루면, 다시 말해서 두뇌가 혼란을 일으킨다면, 그 결과는 정반대의 행동으로 나타난다. 그러나 행동이 두뇌활동의 반영, 곧 순전히 자연적인 화학·전기 반응이라고 가정한다면, 인간은 자신의 행동을 어떻게 책임질 수 있을까? 히틀러, 힘러, 괴벨스, 하이드리히, 바흐첼레브스키 등이 앞서 언급한 호르몬이나 여타 요소의 부족이나 과잉으로 정신적 장애를 앓았다고 가정해보자. 그럼 분명 우리는 그들이 저지른 범죄를 두고 비난하기를 당장 멈추고, 그런 결과를 가져온 그들의 정신적 장애를 안타까워해야 할까? 이게 말이 되는 이야기일까?

글로보츠니크, 회스와 슈탕글, 카두크, 보거, 클레어 같은 잔챙이에게도 똑같이 적용할 수 있는 이런 의문은 웃어넘길 수 있는 것이 결코 아니다. 범죄를 저지른 피의자가 처벌을 피하기 위해 정신이상을 핑계로 내세우는 변론은 전범재판 당시는 물론이고 지금도 늘 보는 것이다. 이런 변론의 뿌리는 고대 그리스와 로마까지 거슬러 올라간다. 해당 전략의 기저에는 '나쁨'과 '광기'는 엄연히 다르다는 전제가 있다. 몇 세기를 두고, 아마도 천 년쯤 법률가는 이 둘 사이의 명확한 경계를 설정하려 최선을 다해왔다. 대략 1860년부터 법률가들은 당시 출현한 정신의학 전문가의 조력을 받았지만, 대단한 성공을 거두지는 못했다. 이제 우리가 알듯, 혹은 알고 있다고 믿듯, 정신이 단지 두뇌 안에서 일어나는 활동 또는 프로세스에 불과하다면, 문제는 더욱 심각해진다.

찰스 휘트먼Charles Whitman의 악명 높은 사례를 살펴보자. 1941년생인 휘트먼은 해병대 예비역으로 군복무 시절 선행훈장까지 받았다. 텍사스대학교에서 공학을 공부하던 대학생 휘트먼은 1966년 8월 1일 총기 난동을 벌였다. 그는 경찰관에게 사살당하기 전까지 17명을 살해하고 32명에게 중상을 입혔다. 나중에 부검을 실시한 결과, 그가 성상세포종(별모양을 한 종양)이라는 이름으로 알려진 매우 공격적이고 예외 없이 치명적인 뇌종양으로 고통을 받았다는 사실이 밝혀졌다. 총기 난동 당시 휘트먼은 살날이 몇 달밖에 남지 않은 시한부 인생이었다. 처음에 소견을 밝혀달라는 요청을 받은 의사는 그의 행동이 종양과는 무관하다고 결론지었다. 또는 그렇게 결론지었다는 일각의 주장이 있었다.[72] 그렇지만 나중에 사건을 면밀히 검토하기 위해 소집된 의료 위원회는 종양이 "감정과 행동을 통제할 능력을 훼손하는 데 기여했을 수 있다"는 결론을 내렸다.[73]

이런 사례는 일반적으로 생각하는 것처럼 드물지 않다. 어떤 추산에 따르면 미국 교도소에 수감된 죄수 가운데 30~40퍼센트가 '사이코패스'다. 사이코패스의 뇌는 전기 활동의 측면에서 '건강한 통제력'을 가진 뇌와 현저한 차이를 보인다. [74] 문제는 종양만이 아니다. 1979년 카타리나 돌턴Katharina Dalton이라는 이름의 영국 의사는 《한 달에 한 번Once a Month》라는 베스트셀러를 발표했다. 그녀는 월경을 하는 동안 이뤄지는 호르몬(이후 트립토판과 세로토닌으로 확인된) 분비 변화가 여성을 주기적으로 미치게 만든다고 논증했다. 이 변화는 여성에게 자살, 살인, 아동학대와 같은 나쁜 일을 저지르도록 충동질한다. 책의 성공은 돌턴을 충격적인 살인을 다룬 많은 재판에 핵심 증인으로 불려 다니게 만들었다. 우리가 종양 그리고/또는 호르몬의 포로라는 말이 맞는다면, 왜 병원의 환자보다 교도소의 죄수가 더 많은지 하는 물음이 자연스레 고개를 든다. 신경과학자가 그 빠르게 발전하는 학문의 미래 전망을 두고 무어라 말하든, 인간이 자신의 행위에 공정하게 보상이나 처벌을 받는 세상은 아직 오지 않은 게 분명하다. 2012년 미국의 판사를 상대로 한 조사는 대다수의 판사가 "내가 아니고, 내 두뇌가 한 짓이에요" 하는 식의 변명을 받아들이지 않았다고 밝혀냈다. 신경과학자도 이에 동의하면서, 법적 사안을 개인의 두뇌 반응과 연결시키는 것은 매우 위험하다고 말했다. [75]

한편으로 법정은 전문가, 특히 심리학자, 정신과 전문의, 신경과학자의 소견에 그 어느 때보다도 더 귀를 기울이는 것으로 보인다. 반면, 이 전문가들이 두뇌의 작동방식을 완전히 이해했다고 하면서 '무죄'와 '유죄'라는 개념 자체를 배제해야 마땅하다고 주장할수록, 판사는 전문가와 그의 소견을 진지하게 받아들이지 않으려는 경향을 보여준다. 드물게 예외가 있기는 하지만, 뇌종양이나 특정 호르몬 과다, 이를테면 공격성을 부채질한다는 테스토스테론 과다로 고통 받는다는 진단을 받은 피고인은 법정에서 선고하는 형량의 감경을 기대할 수 있다.[76] 많은 남성 폭력범에게서 볼 수 있는 XYY증후군*과 같은 심각한 유전적 결함도 양형 참작 사유가 된다.[77]

더욱 역설적이게도 뇌의 기능에 영향을 주는 특정 물질이 전통적으로 양심이라고 알려진 장벽을 약화시키고, 평소 억제되는 행동을 (일으키지는 않는다 할지라도) 허락해준다는 사실은 이미 수천 년 동안 알려져 있었다. 그 대부분의 세월에서, 대부분의 문명에서 현대 용어로 '심신미약' 상태로 반사회적 행동을 저지른 사람은 자신의 행동에 완전히 책임을 지지 않아도 되는 것으로 간주되었다.[78] 사회규범을 위반해 법정에 서야 하는 경우 알코올이나 약물로 초래된 의식 변성 상태는 무죄까지는 아니지만 형량 경감의 사유로 흔히 인정되었다. 고대 그리스 법, 로마 법, 켈트(고대 아일랜드) 법, 게르만 법, 11세기 러시아 법, 네덜란드 법, 잉글랜드 법은 모두 이런 원칙을 인정했다(중국 법은 인정하지 않았다).[79]

지난 몇십 년 동안 대부분의 '선진'국에서 상황은 반전되어왔다. 캘리포니아주의 법령을 인용하자면, "자발적인 중독 상태에서 이뤄진 행위가 그런 상태에서 일어났다는 이유로 범죄가 가벼워지는 것은 아니다."[80] 오히려 '심신미약' 상태에서 범죄를 저지르면, 이를테면 술에 취해 운전을 하다가 심각한 교통사고를 일으키거나 폭

* 남성에게 Y염색체가 하나 더 있어서 일반적인 46개의 염색체가 아니라 47개의 염색체가 있는 성염색체 이상 증후군으로 '야콥증후군' 또는 '제이콥스증후군'이라고도 한다.

행을 하면, 맑은 정신에서 그렇게 한 경우보다 '더욱 중한' 과실로 취급된다. 자발적 중독 상태에서 범죄를 저지른 사람은 운이 좋다면 그렇지 않은 경우에 비해 약간 더 심한 형벌을 받는다. 운이 없다면 그는 해당 범죄에 더해 고의의 책임을 묻는 것까지 포함해 두 가지 처벌을, 각각 따로 받거나 함께 받아야만 한다.

350년 전에 홉스는 어떤 인상을 남기는 뇌의 기능은 입자가 물질에 부딪쳐 어떤 종류의 흔적을 뇌 안에 남기는 것이라고 말했다.[81] 이후 우리의 두뇌 이해는 상당히 발전했다. 뇌를 보던 낡은 이미지는 차례로 버려졌다. 이미 오래전에 우리는 두뇌가 아이들이 가지고 노는 점토 같은 것이 아님을 깨달았다. 두뇌는 톱니바퀴를 조립한 것이 아니며, 어떤 전자기계도 아니다. 심지어 두뇌는 각 부분마다 병렬적으로 작동하는 헤아릴 수 없이 많은 접속이 연결된 대단히 정교한 컴퓨터도 아니다. 아마 뇌의 구성과 작동방식을 둘러싼 새로운 발견이 이뤄지지 않고 지나는 날은 단 하루도 없으리라. 일부 연구자들은 뇌의 주인이 특정 행동을 하기로 의식적인 결정을 내리기 수초 전에 뇌 내부에서 그 행동과 연관된 생리적 변화가 일어난다는 점을 분명히 보여줌으로써 자유의지의 존재 자체에 도전해왔다.[82]

한편 이 분야의 최고 권위자 가운데 한 명에 따르면 양심을 조작하고 통제하는 것은 고사하고 양심의 생물학적 근원을 확인하는 것과 관련한 연구도 전혀 진척이 없는 듯 보이지만, 몇십 년 안에 그런 발견이 이루어질 것으로 믿는다고 한다.[83] 그러나 문제를 눈으로 볼 수 있고 측정 가능한 모델을 만들어 실험하는 것으로 한정해 풀어보려 노력하는 대다수의 신경과학자는 양심의 뿌리를 찾는 과제를 거의 포기한 것처럼 보인다. 유럽의 기부자들로부터 10년 넘게 수십억 유로의 연구기금을 받아 뇌의 컴퓨터 모델을 구축하고자 하는 대규모 연구인 '휴먼 브레인 프로젝트Human Brain Project'의 윤곽을 소개하는 100여 쪽의 소책자는 양심을 언급조차 하지 않았다.[84] 책자는 주로 알츠하이머를 비롯한 모든 두뇌 질환을 파악하고 예방하며 치료함으로써 예산을 절감하는 방안을 다루며 투자를 정당화한다. 또 새로운 기술이 군대와 경찰에 제공될 경우 발생할 수 있는 윤리적 문제를 다룬 문장이 한두 줄 정도 나올 뿐이다. 그러나 가장 중요한 물음, 곧 선과 악 사이의 선택, 그리고 사람들이 악보다 선을 선호하게 만들 방법에 무엇이 있는지 하는 물음은 단 한마디도 언급되지 않았다.

양심을 찾아 떠난 3천 년의 여정

　도입부로 돌아가보자면, 양심은 다윈을 비롯해 이후 진화론자들이 논증해온 것처럼 우리의 생물학적 특성에 뿌리를 두었을까? 아니면 인류의 선조가 만들어낸 어떤 것인가? 관찰과 실험은 유인원이 실제로 초보적인 양심과 같은 것을 가졌다고 암시해준다. 그러나 선과 악을 구별할 줄 아는 비판적인 능력과 결과를 고려하지 않고 선한 일을 하려는 의지처럼 완전히 발달한 양심을 유인원이 가지느냐 하는 물음의 답은 영원히 알 수 없을 것으로 보인다.

　더욱이 진화론의 논의 전반에는 양심이 배려, 이타주의, 공감, '친사회성' 같은 것에서 비롯되었다는 믿음이 깔려 있다. 그들이 말하는 양심은 기껏해야 일반적이거나 평범한 양심일 뿐이다. 어쨌거나 진화론의 양심은 전체 스토리의 일부일 뿐이며, 가장 흥미로운 것도 아니다. 안티고네가 목소리를 부여해준 순간부터 양심은 법이 살피지 않을 때조차 법이 집행되도록 봉사하는 것에만 그치지 않았다. 더 나아가 아테네 시민들의 양심을 일깨우는 쇠파리를 자처하던 소크라테스는 수고한 보람 없이 처형당했다. 바울은 '시네이데시스'에 의존해 거짓과 참을 구별하다가 순교했다. 양심과 관련해 바울을 따른 루터는 교황과 제후에 맞서 거침없는 발언을 하다가 바울과 같은 운명을 나누었다. 모든 사람이 에밀처럼 완벽해지기를 바란 루소를 비롯해 나치스에 저항한 게오르크 엘저부터 '프리즘PRISM'*을 폭로해 유명해진 에드워드 스노든Edward Snowden[1]에 이르기까지 많은 양심적 반대자들의 양심은 최소한 처음에는 '친사회적'과는 거리가 먼 반사회적 성향을 보여주었다. '시네이데시스, 콘스시엔티아, 게비센, 컨선스'에 의존해 이들은 의도적으로, 때로는 글자 그대로, 보다 더 높은 이상을 위해 법을 하늘 높이 날려버리려 시도했다. 이 드높은 이상은 처음에는 오로지 이들의 눈에만 보였다. 진화론자를 존중하기는 하지만 나는 그 어떤 동물이, 아무리 똑똑하고 우리와 가까울지라도, 이런 종류의 양심을 발달시킬 수 있는지 크나큰 의심을 지울 수가 없다.

서구 사회는 오랫동안 양심의 뿌리가 기독교의 모태 종교인 유대교에 있다고 보아왔다. 라우슈닝의 설명을 믿는다면, 이것이 바로 총통 히틀러가 양심을 세계에서 제거하기를 원한 이유다. 제3제국이 존속했던 동안, 그리고 이후로도 어느 정도까지 히틀러는 대단한 성공을 거두었던 것으로 보인다. 시간이 흐르고 가까워진 패망에 직면하면서 독일은 '거칠고' '무자비한' '광신주의'를 더욱 강조했고, 히틀러의 부하들은 무차별적인, 흔히 왜 그러는지 알 수 없는 맹목적인 살인에 뛰어들었다.[2]

---

* 미국국가안전보장국National Security Agency(NSA)의 보안전자감시체계를 이르는 이름이다.

구약성경은 선과 악을 구분할 줄 아는 능력이 인간의 본질이라고 설파하기는 하지만, 양심을 나타내는 단어를 따로 쓰지는 않았다. 탈무드와 이후 랍비 문헌도 마찬가지다. 인간의 본성을 믿기 힘들다는 기본 관점을 바탕으로 유대 문화는 유례없이 촘촘한 율법체계와 항상 모든 것을 굽어보는 하나님을 필요로 했다.

그리스의 상황은 전혀 달랐다. 고대의 많은 사상가들이 불평했듯, 그리고 현대의 사상가도 주목하듯, 그리스 종교는 도덕이라는 문제를 별로 다루지 않았다. 오로지 기원전 5세기의 위대한 비극 작품들에서만 우리가 이해하는 양심과 비슷한 것이 등장할 뿐이다. 그리스어의 시네이데시스와 그 라틴어 동의어 콘스시엔티아를 스토아학파는 일종의 내면의 목소리, 혹자는 문지기나 감시자라고 부를 내면의 목소리로 이해했다. 양심을 받아들이고 가꾸는 사람은 두려움이 없고 비난받지 않을 명예로운 삶으로 인도된다고 스토아학파는 주장했다.

그 자신이 유대인인 예수는 형식과 율법에만 매달리는 다른 유대인들을 훈계하느라 양심 이야기는 거의 하지 않았다. 기독교의 진정한 창시자인 사도 바울은 달랐다. 편지에서 그는 참된 신앙을 나머지 모든 거짓과 구분해야 하는 기독교인이 따라야 할 나침반으로 시네이데시스를 추천했다. 바울은 비유대 세계를 가르칠 수단으로 유대인의 율법이 적당치 않다고 포기하고 그 대안으로 양심을 종교의 보증으로 삼았다. 이런 원리가 확정되자 오랜 논란이 뒤를 이었다. 몇 세기 동안 계속해서 학자들은 예수를 모르는 사람도 영혼을 가지는지, 곧 영혼의 중요한, 아마도 가장 중요한 부분일 양심을 가지는지 열띤 토론을 벌였다. 기독교를 믿지 않는 사람을 어떻게 다룰 것인가 하는 문제가 이 대답에 달렸기 때문에, 이 논란은 실질적으로 엄청난 반향을 불러일으켰다.

인간의 영혼을 책임지는 가장 중요한 조직인 교회는 이 문제를 두 가지 방식으로 풀려고 시도했다. 우선, 교회는 적절한 행동이 무엇인지 정의하고 이를 기록으로 정리하기 위해 애를 썼다. 둘째, 교회는 양심이 명령하는 대로 행동하지 않는 사람이 죄책감을 덜 수 있는 수단과 방법을 정리했다. 이렇게 문제를 해결해나가는 과정에서, 처음에 양심, 되풀이하자면 보상이나 처벌에 영향받지 않는 자유의지의 산물인 양심으로 시작되었던 것은 점차 고도로 형식화한 교회법 체계로 바뀌었다. 오래전에 프란츠 카프카Franz Kafka가 한 말이 자연스레 떠오른다. "모든 혁명은 증발해버리고, 관료주의라는 끈적거리는 가래만 남긴다."[3]

결국 교회가 세운 복잡한 구조물을 허물고 그 폐허에서 양심을 구해내는 일은 루터의 몫이 되었다. 바울로 거슬러 올라가 루터는 양심을 진리의 궁극적인 중재자라는 본래의 지위로 회복시켰다. 아우구스티누스로 거슬러 올라가 루터는 죄 많은 인간을 구원할 수 있는 유일한 것은 믿음이라고 강조했다. 루터가 세운 프로테스탄티즘은 죄책감을 어떤 상태나 느낌에서 다른 무엇도 아닌 의무로 바꾸었다. 오늘날까지도 죄책감을 느끼지 않는 사람은 인간 대접을 받지 못한다. 이 변화는 종교 생활에든 세속의 삶에든 실로 심대한 영향을 미쳤으며, 지금도 여전한 영향력을 자랑한다.

1532년 피렌체에서는 《군주론》이라는 얇은 책이 출간되었다.

1560년대에 이르러 이 책은 그 온전한 영향력을 잃어버리기 시작했다. 고대에서 마키아벨리의 동시대인 에라스뮈스에 이르기까지 항상 존재한 유일한 도덕은 양심, 이것이 무엇을 뜻하든 간에, 양심이라고 간주되었다. 크든 작든 모든 인간사는 양심의 인도를 받아야 했다. 마키아벨리는 이런 관점이 위선적이며 아무짝에도 쓸모없는 것이라며 가면을 찢어버리는 데 기여했다. 물론 양심이 개인의 생활에서 없어서는 안 될 것이기는 하지만, 정치에서 양심을 따르는 것은 자살과 다르지 않다고 마키아벨리는 지적했다. 이로써 엄청난 논란이 촉발되었으며, 이후 논란은 그 힘을 전혀 잃지 않았다.

기독교 세기를 거치는 동안 양심이 신에게서 비롯되었다는 점은 당연한 사실로 받아들여졌다. 1650년대 이후 현세를 중시하는 세속주의가 터전을 닦아나가자 사람들은 양심을 붙들어 맬, 신과는 다른 든든한 바위를 찾았다. 모든 세속주의자 가운데 말과 글이 가장 뛰어났던 루소에게 문제의 바위는 인간의 본성, 곧 자연 본연의 순수함이었다. 루소는 문명이 더럽힌 자연을 교육이라는 수단으로 인간에게 되돌려주고자 했다. 헤겔은 이 바위가 국가라고 보고, 국가를 최고의 도덕적 실체로 끌어올렸다. 칸트에게 양심을 붙들어 맬 바위는 의무였는데, 칸트는 의무를 국가가 결정하는 법령과 이따금 혼동했다.

반세기 뒤 니체는 그런 바위가 정말 필요하냐는 의문을 제기했다. 고전 고대 이전으로 돌아가야 한다고 주장하면서 니체는 양심을 인간 삶의 근본 요소가 아니라 장애물, 인간 삶이 자유롭게 발전하지 못하게 가로막는 가장 심각한 장애물이라고 보았다. 양심은 인간이 자아를 온전히 회복해 허리를 꼿꼿이 펴고 위버멘쉬, 곧 인간보다 더 뛰어난 인간으로 변하는 것을 방해한다. "좋은 것이 무엇입니까?" 차라투스트라의 제자들이 물었다. 대답은 대포알처럼 돌아왔다. "용감하라, 그것이 좋다."⁴

니체가 인간을 양심으로부터 해방시켜 그 완전한 잠재력을 풀어낼 수 있도록 부추긴 반면, 프로이트는 자신의 환자가 양심 탓에 겪는 아픔을 달래주고 그에게 아픔과 더불어 사는 법을 가르치기를 희망했다. 프로이트는 생애의 말년에 이르러 자신의 기획이 성공했는지 의심했다. 프로이트의 사망 이후 정신의학은 갈수록 제도화하면서 교회와 비슷한 길을 답습했다. 정신의학은 규칙 위에 규칙을 쌓아가며, 종종 말이 명령에 따르도록 길들이는 마장마술과 비슷한 형태로 변모했다. 진료비를 환자 자신이 지불하는 게 아니라 보험이 처리하면서 이런 사정은 더욱더 심해졌다. 이런 보건산업의 목표는 개인이 사회의 요구에 맞춰 그 구성원으로서 결함 없는 '기능'을 수행할 수 있게 하는 것이다. 곳곳에서 루터의 후손들이 그에 반대하는 목소리를 높였다. 그러나 지금껏 체계를 전복하기는커녕 이렇다 할 흠집을 내는 데 성공한 사람조차 아무도 없다.

프로이트의 가장 중요한 책《꿈의 해석 Die Traumdeutung》이 출간된 1900년은 우연하게도 유럽 제국주의의 절정기와 맞아떨어졌다. 이 책의 출간과 더불어 프로이트 학설을 수출하려는 시도가 이어졌다. 그러나 다른 문명들이 이미 오래전부터 다스리기 힘든 영혼을 다루는 고유한 방법을 개발해온 탓에 제한적인 성공밖에 거두지 못했다. 일본은 부끄러움이, 중국은 예가 다스렸다. 일본과 중국은 모두 경찰서나 법정에서 자백을 하는 경우 관대한 처벌을 내린다. 그러나 두 나라는 내적 감정으로서의 죄책감이나 양심에 큰 관심을 가지지 않는다.

이는 내가 서문에서 제기했던 물음, 곧 제3제국의 양심이라는 물음으로 우리를 데려다 놓는다. 어떤 면에서 히틀러는 국가 또는 국가가 대변한다고 주장하는 인종 공동체를 만물의 척도로 삼았다는 점에서 헤겔의 족적을 그대로 따른 것 이상이 아니다.[5] 이렇게 본다면 히틀러가 조악한 방식으로 개인의 윤리와 사회의 도덕성 사이의 관계를 제멋대로 비틀면서, 또는 아예 도덕감각의 결여로, 역사가 자신에게 강제한 역할을 받아들였다고 믿었다는 점은 놀라운 일이 아닐 것이다. 자신이 좋은 사람이라고 생각하며 히틀러는 자신의 이름으로 범죄를 저지르도록 명령을 내렸다. 니체의 차라투스트라를 제외한다면, 이런 환상을 즐기는 것을 이겨낼 정도로 강인한 사람은 사실 없지 않을까? 자신이 위대한 지도자라는 환상에 빠져 살인을 명령하면서 히틀러는 어쩔 수 없이 자신이 가장 좋아한 몇몇 사람, 특히 여성에게 등을 돌리지 않을 수 없었다. 힘러의 경우가 보여주듯 이런 망상에 빠진 사람은 히틀러가 유일한 게 아니다. 힘러의 부하들도 이런 점에서는 마찬가지였다. 반복하지만, 이런 망상에 빠졌다는 사실이 히틀러를 정당화해주지는 않는다. 그런 정당화를 생각할 수 있기는 할까. 오히려 거꾸로, 자신이 역사의 소명을 받은 지도자라는 생각은 히틀러가 저지른 범죄의 특히 무섭고 왜곡된 성격을 부각하며 범죄를 설명할 수 있게 해준다.

분명 제3제국에도 종교에 영감을 받았거나, 다른 요소에 뿌리를 둔 양심이 없지는 않았다. 그러나 또한 분명한 사실은 이런 양심이 나치스가 잔혹하게 사람들을 살해하는 것을 막아줄 정도로 충분히 강하지 못했다는 점이다. 제3제국에는 규율, 결속이 만연했으며, 히틀러가 즐겨 '무자비'와 '광신주의'라 부른 것이 점점 팽배해갔다. 살육의 현장에서 핵심적인 역할을 한 것은 의무감이었다. 의심할 바 없이 의무감은 흔히 피할 수 없는 것으로 이해되었다. 아마 더 흔히 의무감은 일종의 방어막, 전쟁 당시는 물론이고 이후에도—회스가 믿었던 대로—자신의 악행을 가리려는 방어막 그 이상의 것이 아니었을 것이다. 그렇지만 이 의무감의 바탕은 저 위대한 칸트가 양심의 기초로 놓은 바로 그 의무다. 바로 그래서 양심은 대량학살을 막기는커녕, 오히려 조력하고 가능하게 만들었다.

저항한 사람의 경우 양심, 곧 선과 악 사이의 선택이라는 가장 기본적인 의미로 이해된 양심의 역할이 실로 중대했다. 유대인을 비롯해 숱한 인명을 구한 평범한 사람은 물론이고 히틀러 정권에 대항해 싸운 한스와 조피 숄 그리고 게오르크 엘저는 양심에 따라 목숨의 위협을 무릅썼다. 이들의 영웅적 행동을 보며 양심만이 유일한 동기는 아니었을 것이라고 하는 지적은 무례하다. 물론 국가사회주의를 제거하고, 연합군에 정보를 넘겨주며, 새로운 독일의 기초를 놓으려 한 것은 정치적 동기다. 전쟁의 한복판에서 지도자를 살해하고 7,000만 국민으로 이루어진 국가의 정권을 바꾸려는 시도가 다가올 미래를 고려하지 않고 착수될 수는 없다. 바로 그래서 히틀러를 암살할 모의를 꾸민 몇몇 고위급 장교와 시민의 양심은 항상 다른 고려와 섞여 있었다. '순수한' 양심의 가장 중요한 표출은 나치스 정권 초기에 용단을 내린 게오르크 엘저와 패망을 앞둔 시점에서 결과를 고려하지 않고 총통을 암살하려 시도한 헤닝 폰 트레스코프가 보여주었다. 이 남자들 그리고 이들과 힘을 합쳐 같은 원칙에 따라 행동한 여성들에게 나는 모자를 벗어 경의를 표한다.

도덕과 양심을 세울 든든한 반석을 국가로 보았던 헤겔과 그 신봉자들의 사상은 2차대전과 홀로코스트의 여파로 서구에서부터 시작해 그 힘의 대부분을 잃어버렸다.[6] 그러나 지금껏 살펴본 양심으로 미루어볼 때 인간, 어쨌거나 서구인은 아주 오랫동안 죄책감을 느끼지 않으며 인생을 살 수 없는 모양이다. 그 이유는 아마도, 예를 들어 일본과 중국과 비교해볼 때, 서구는 항상 사회보다 개인을 더 중시하기 때문이리라. 서구 사회는 개인을 그 사회가 정한 적당한 자리에 머무르게 하기에는 결속력이 충분히 강하지 않다. 그러나 특히 중국에서 선과 악은 사회의 산물이기에 상대적인 가치로 여겨진다. 서구는 다르다. 서구인은 항상 죄책감을 걸어둘 아르키메데스 점을 찾는다. 새로운 우상을 찾아야만 했으며, 새로운 우상은 찾아졌다.

가장 중요한 우상 세 가지는 '인권'과 '건강'과 '환경'이다. 갈수록 쇠퇴하는 종교와 견주어 세 가지 우상은 단호할 정도로 세속적이다. 셋 모두 출발은 미미했다. 특정 개인들이 어떤 특별한 악을 목도하고 충격을 받아 행동에 나서며 관심을 모으려 시도한 것이 그 출발이다. 이 개인들이 자신의 목소리를 들어줄 대중을 발견했고, 이 대중의 규모가 커져가면서 운동이 조직되었고, 셋 모두 실로 거대해졌다. 이 조직화 과정에서 운동은 힘을 키웠고, 심지어 몇몇 경우에는 대포를 장착하기에 이르렀다. 이 책은 유대교, 가톨릭 또는 개신교,

또 정신분석과 그 숱한 파생물의 '진리'가 무엇인지 파고들려 하지 않았듯, 인권과 보건산업과 환경운동의 문제 역시 본격적으로 다루지 않았다. 내가 이 책에서 하고 싶었던 것은 옛 우상과 새 우상 사이에 어떤 주목할 만한 유사성이 있는지, 처음에 양심으로 시작되었던 것이 너무 비대해진 나머지 종교에서든 세속에서든 어떻게 법으로 변했는지 관심을 갖게 하는 일이다. 저마다 이런 식으로 결국에는 법의 권위라는 무게로 양심을 깔아뭉개 질식시켰다.

이미 여러 번 말한 바지만, 나는 독자들에게 다음 문장을 내어 놓고 싶은 마음을 이겨낼 수가 없다.

더할 수 없이 분명하다, 세계 전체를 바라보노라면 하루가 다르게 더 잘 경작되며, 옛날보다 더 많은 사람들로 넘쳐난다… 우리의 눈길과 가장 자주 마주치며 그때마다 불평을 자아내는 것은 넘쳐나는 인구다. 우리는 세계에 부담을 줄 정도로 많아, 자연은 그 과실을 우리에게 공급하는 것만도 버겁다. 우리의 요구는 갈수록 커지고 예리해지며, 입마다 지독한 불평을 토해내는데, 자연은 우리에게 생명의 양식을 베풀지 못하고 허덕인다. [7]

이런 말을 한 것은 앨 고어일까? 아니면 우리에게 존재의 죄책감을 느끼게 하려는 다른 현대의 '환경운동가'일까? 틀렸다. 이 글을 쓴 사람은 테르툴리아누스다. 그는 예수의 부활이 불가능하기 **때문에** 믿어야 한다고 썼던 사람이다. 마르쿠스 아우렐리우스 치하였던 당시 지구의 인구는 오늘날 인구의 4퍼센트에 해당했으며, 1인당 소

비 에너지는 현재 그것의 15~20퍼센트 수준이었다.[8]

요약하자면 이 책이 아우르는 3,000년의 세월 내내, 홉스의 말대로 양심은 그저 자신이 더 나은 존재라고 우쭐거리려 인간이 지어낸 말에 지나지 않는다고 믿는 사람이 항상 있었다. 실제로 행동은 물리학, 또는 해당 시기에 가장 큰 설명력을 가졌다고 간주된 과학 분과의 법칙에 따라 결정된다고 그들은 주장했다. 이런 관점은 진위 여부와 상관없이 서로 다른 두 갈래의 발달을 유도했다. 첫째, 인간의 행동을 모방하는 기계, 처음에는 자동기계, 나중에는 로봇으로 알려진 기계를 개발하려는 시도가 이어졌다. 아시모프를 비롯해 몇몇 사람들이 문제점, 곧 로봇이 해서는 안 되는 일이 존재한다는 점을 명확히 한 이래, 로봇에 양심과 같은 것을 심어주는 일은 로봇 제작 연구의 기본 요소, 아마도 가장 중요한 요소가 되었다. 로봇 제작에 참여한 엔지니어와 컴퓨터 프로그래머의 목표는 어떤 면에서 니체가 스스로 다짐한 목표와 정반대의 것이다. 니체는 인간에게 양심이라는 혹을 제거해버리고, 두 눈을 부릅뜨고 허리를 꼿꼿이 편 자세로 잠재력을 온전히 실현하라고 촉구했다. 엔지니어와 프로그래머는 로봇을 무해한 것으로 만들기 위해 인공 양심을 심어주려 노력한다.

로봇 연구와 나란히, 그리고 갈수록 엔지니어와 손에 손을 잡고 신경과학자들은 두뇌 연구에 몰두해왔다. 이들의 목표는 두뇌에 초점을 맞춰 그 기능을 이해하고, 필요하다면 전통적인 교육, 보상과 처벌과는 다른, 더 효과적이고 적절한 수단으로 두뇌에 영향을 주는 것이다. 지난 몇십 년에만 이 연구 사업은 천문학적인 자금을 집어삼켰다. 이 사업은 말단신경에 인공 수족을 연결해 생각만으로 움직일 수 있게 한다거나, 맹인의 시력을 부분적으로나마 복원해주는 장치처럼 몇몇 놀라운 성공을 이루었다. 이런 발전은 뇌 안에서 일어나는 많은 프로세스를 밝혀주는 새로운 방법과 도구 덕분에 가능했다. 그러나 이로써 우리가 양심의 생물학적 뿌리, 일단 양심이 존재한다는 전제 아래서 그 생물학적 뿌리를 이해하는 데 조금이라도 더 근접했는지는 의문스럽다. 때때로 신경과학자와 이들의 연구 성과를 해석하는 사람들은 양심을 여러 다른 종류로 복잡하게 구분하곤 했다. 이처럼 골치 아프게 따지고 드는 일은 거의 8세기 전에 토마스 아퀴나스가 양심과 드높은 이성 운운하며 복잡하게 따지던 태도와 어쩌면 그리도 닮았을까.[9] 무엇보다도 이처럼 시시콜콜 따지는 태도 때문에 법정은 전문가의 소견이라는 것을 마뜩하지 않아 하면서도 받아들이는 모양이다.

두뇌를 이해하려는 시도는 '양심'을 '억제'라는 개념으로 대체하게 했다. 그러나 억제는 양심과 전혀 다르며, 훨씬 좁은 개념이다. 많은 전문가들은 무지한 탓에 환자의 두뇌에 간섭하려 했다. 실제로 특히 나노 기술이 계속 발전함에 따라 두뇌를 들여다볼 가능성이 열렸다고 생각할 이유는 충분했다. 이른바 소시오패스라는 반사회적 인격장애자부터 시작해 뇌 안에 칩이나 캡슐을 심어 관찰하고 통제하겠다는 발상은 머지않은 미래에 사회의 '정상적'인 구성원에게까지 확산될 여지를 준다. 물론 처음에는 특정 범죄자나 정신질환자 같은 몇몇 사람들에 한해 여러 방법으로, '자발적'으로 적용된다. 나중에 이런 자발성은 슬그머니 사라져버리고 칩이나 캡슐을 두뇌에 이식하는 것은 우리 모두의 법적 의무가 될지도 모른다.

칩은 옥시토신, 바소프레신, 테스토스테론, 프로게스테론 따위의 우리 두뇌 안에서 분비되는 모든 호르몬의 양과 전기 활동, 혈류, 수분 확산 등 그 밖에 신만 알고 있을 모든 두뇌활동을 지속적으로 모니터링할 것이다. 이렇게 측정된 결과는 중앙 컴퓨터로 전송된다. 컴퓨터는 자동적으로 반응해 이를 제어하는 캡슐에서 이런저런 화학물질을 분비하거나 전기 활동을 자극하거나 억제하고, 혈류의 양을 늘리거나 줄이며 수분 확산을 최적의 상태로 맞춘다. 이 모든 일이 실시간으로 이뤄진다. 통제 과정은 낱낱이 기록되어 더 나은 통제 방법을 개발하는 연구와 실험의 자료로 활용된다. 이렇게 해서 얻어질 결말은 양심을 모방한 메커니즘을 두뇌에 심어주거나, 아예 양심을 불필요하게 만드는 것이다. 이 모든 일은 정작 우리가 양심이 진정 무엇인지 알기도 전에 이뤄질 공산이 크다.

정신을 보다 더 확실하게 통제하려고 비디오카메라의 갈수록 커지는 네트워크, 이른바 텔레스크린telescreen이 머지않아 우리를 완전히 포위할 전망이다. 이미 시장에 나와 있는 다른 장치와 함께 텔레스크린은 우리의 일거수일투족을 추적하고 기록한다. 일상생활의 전자제품, 휴대전화는 물론이고 자동차, 전자레인지, 냉장고 따위가 갈수록 더 네트워크와 연결되어 주인을 감시하고 정보를 빼돌린다. 일부 신경학자들이 사람의 꿈을 읽어내는 장치를 개발했다는 말이 사실이라면[10], 깨어 있을 때 생각을 읽지 않을 이유가 무엇인가? 심지어 현재 이미 몇몇 회사는 군인이 몇 구역 떨어진 곳에서 접근하는 사람이 적의를 가졌는지 판독할 수 있는 생각 읽는 기계의 개발에 열을 올린다.[11] 신경과학에 기초한 전자공학과 컴퓨터과학의 이런 모든 방법이 서로 융합해 체제를 반대하는 세력을 길들이는 방법으로 활용되지 않을 이유가 없다고 누가 보장할 수 있을까. 감시와 통제 방법이 서로 보완하고 강화하면서 촘촘한 그물망을 이루어 통제가 거의 완벽해지는 경지에 이르면, 구약성경의 하나님이 우리 안에 '숨겨진' 것을 굽어보던 시절만큼이나 양심은 필요 없어지리라. 2013년 3월 미국 연방수사국Federal Bureau of Investigation(FBI)은 모든 종류의 전자 커뮤니케이션을 모니터링할 더 큰 권한을 요청했다. 그로부터 넉 달 뒤 FBI에 상응하는 독일 기관인 연방정보부Bundesnachrichtendienst(BND) 역시 같은 요청을 했다.[12] 왜 그러겠는가? 에드워드 스노든의 폭로가 세계를 뒤흔들었던 것을 떠올려보라. 스노든의 폭로는 니체가 국가를 두고 했던 말은 물론이고 그 이상의 사실을 충분히 확인해주었다.

신경과학자와 컴퓨터 전문가가 양심을 말하는 경우는 드물다. 그런데 이 드문 경우에서조차 이들이 너무 자주 쓰는 양심이라는 단어의 의미는 사회가 그때그때 생각해낸 규범에 순응한 것일 뿐이다. 대다수 신경과학자와 컴퓨터 전문가는 역사를 전혀 공부하려 하지 않았다. 바로 그래서 이들은 문제의 규범이 변화의 산물이며 지금도 변하는 중이라는 사실을 모른다. 심지어 어떤 규범은 불과 몇십 년 전에 유효했던 규범과 비교해도 매우 어리석어 보인다는 사실도. 대체 우리가 너무나도 완벽하게 통제되는 나머지 양심이 깨끗이 말살되거나/말살되고 정신이 완전히 투명해져 불필요해진 세상에 살아야 할 이유가 뭘까? 《멋진 신세계Brave New World》와 《1984》의 가공할 조합인 세상에서* 우리는 한 세기 전 차페크가 묘사한 것과 비슷한 생체 로봇으로 변해야만 할까? 그렇다면 대체 우리의 인간성에서는 무엇이 남을까? 생체 로봇이 아니라면, 대안은 무엇일까?

물음의 답이 무엇이든, 우리의 여행은 끝내야 할 지점에 이르렀다. 양심의 명확히 다듬어진 '과학적' 정의를 내리고, 양심의 기원 및 본성을 완벽하게 설명하는 것이 여행의 목표였다면, 이 책은 실패작이다. 과학적 정의는 역사를 가지지 않아 불변하는 것에만 적용되기에 실패는 예견 가능했고, 또 예견된 그대로다. 그러나 증거가 허락하는 한까지 멀리 거슬러 올라가 각기 다른 장소와 시간, 예를 들어 구약성경과 현대 세계에서 양심을 추적하는 것이 목표라면, 이야기는 달라진다. 종교에서 건강에 이르기까지, 정치에서 환경에 이르기까지 서로 다른 많은 요인들과 양심은 어떤 방식으로 상호작용할까? 어떻게 양심은 비틀리고 학대될 수 있었으며, 그렇게 되어왔을까? 전통적인 보상과 처벌과는 다른 방법으로 양심을 흉내 내거나 양심에 영향을 줄 수 있을까? 양심은 거듭 처음에는 작고 자발적이며 해방을 추구하는 것으로 시작해 크고 강제적이며 기괴한, 심지어 전체주의적으로 변해가는 경향을 보여왔다. 그리고 이제 양심의 존재는 로봇과 하루가 다르게 발전하는 신경과학과 컴퓨터화한 감시체계의 조합으로 심각한 도전을 받는다. 과거와 현재를 넘나들며 양심의 생생한 우여곡절을 확인하는 것이 목표라면, 이 책은 훌륭한 성공이

---

*   《멋진 신세계》는 올더스 헉슬리Aldous Huxley(1894~1963)가 1932년에 발표한 디스토피아 소설이다. 《1984》는 조지 오웰George Orwell이라는 필명으로 에릭 블레어Eric Blair(1903~1950)가 발표한 디스토피아 소설이다. 두 작품 모두 인간을 완전히 통제하는 전체주의를 고발한다.

라고 불러도 좋지 않을까. 지나온 길을 되돌아보며 나는 여정에 동반해준 독자들이 그동안 행로에서 보았던 것을 충분히 즐겼기만 바랄 뿐이다.

주

머리말

1 David Hume,《인간오성론*A Treatise of Human Nature*》[1739~1740], 3권, §1. 이 텍스트는 다음 인터넷 주소에서 구해 읽을 수 있다. www.gutenberg.org.

2 Charles Darwin,《인간의 유래*The Descent of Man*》[1871], Digireads.com (2009), 85쪽.

3 Richard Dawkins,《이기적 유전자*The Selfish Gene*》(1976)(New York, 1999).

4 Frans de Waal,《내 안의 유인원*Our Inner Ape: The Best and Worst of Human Nature*》(New York, 2005), 201~219쪽. 최근에 나온 책에는 다음의 것이 있다. Frans de Waal,《보노보와 무신론자: 영장류에서 휴머니즘을 찾아서*The Bonobo and the Atheist: In Search of Humanism among the Primates*》(New York, 2013).

5 Frans De Waal,《보노보와 무신론자: 영장류에서 휴머니즘을 찾아서》, locs 2246, 2649.

6 Paul Mellars,〈왜 현대 인류는 6만 년 전 아프리카에서 퍼져 나왔을까?*Why Did Modern Human Populations Disperse from Africa 60,000 Years Ago?*〉,《미국국립과학원회보(PNAS)*Proceedings of the National Academy of Science*》, CIII/25(2006), 9381~9386쪽.

1   Hermann Rauschning, 《히틀러와의 대화*Gespräche mit Hitler*》[1938](Wien, 1988), 189쪽.

2   Jacob Milgrom, 《광신과 양심: '아샴'과 회개의 성직자 교리*Cult and Conscience: The Asham and the Priestly Doctrine of Repentance*》(Leiden, 1976), 3, 84, 117~120, 123~124쪽.

3   다음 자료를 볼 것. A. Olman, 〈다윗 왕은 양심을 가졌을까?Did King David Have a Conscience?〉(Jerusalem, 2012). 다음 인터넷 주소를 참고할 것. http://levinsky.academia.edu/AryeOlman/Papers/117518.

4   다음 자료를 볼 것. John Barton, 《구약성경 윤리의 이해: 접근과 탐구*Understanding Old Testament Ethics: Approaches and Explorations*》(Louisville, KY, 2003), 66~67쪽.

5   유대교의 이런 측면은 다음 자료를 참조할 것. O. Hempel, 《구약성경의 풍습 *Das Ethos des Alten Testaments*》(Berlin, 1938), 189~192쪽.

6   Maimonides, 《왕도*Royal Ways*》[히브리어], 8장 11절. 다음 영어 번역판 참조. Marvin Fox, 《마이모니데스 해석하기: 방법론, 형이상학, 도덕철학의 연구*Interpreting Maimonides: Studies in Methodology, Metaphysics and Moral Philosophy*》(Chicago, IL, 1990), 132쪽.

7   Arthur Schopenhauer, 《현상금 당선 논문. 도덕의 기초*Preisschrift über die Grundlage der Moral*》, J. Frauenstaedt 편집, 전집(Leipzig, 1922), IV권, 192쪽.

8   다음 자료를 참조할 것. L. R. Saslow 외, 〈내 형제의 지킴이? 신앙심을 가진 개인들 사이에서는 동정이 관대함으로 여겨지지 않는다My Brother's Keeper? Compassion Predicts Generosity More among Less Religious Individuals〉, 《사회심리학과 인성과학*Social Psychology and Personality Science*》, IV(2013), 31~38쪽.

9   다음 자료 및 이후 이어지는 자료들을 참고할 것. Friedrich Nietzsche, 《도덕의 계보학*On the Genealogy of Morals*》[1887](New York, 1966), 12, 13, 15, 22, 25, 44쪽.

10   가장 간결한 설명은 니체의 것이다. Friedrich Nietzsche, 《안티크리스트*The Anti-christ*》[1895](Harmondsworth, 1969), 116쪽.

11 Homer, 《일리아드*Iliad*》(I, 40~100행).

12 같은 책(XIX, 287~300), Homer, 《오디세이아*Odyssey*》(VI, 196~210행, XIII, 4~15행).

13 여성의 '아이도스aidos'를 개괄적으로 다룬 자료에는 다음의 것이 있다. Gloria Ferrari, 〈언어의 형태: 아이도스의 그림Figures of Speech: The Picture of Aidos〉, 《메티스*Metis*》, V(1990), 185~204쪽(특히 186~187쪽). '푸디시티아pudicitia'를 다룬 자료는 다음과 같다. R. Langlands, 《고대 로마의 성도덕 *Sexual Morality in Ancient Rome*》(Cambridge, 2006), 37~77, 186, 346쪽.

14 《오디세이아》, VI, 127~137행.

15 '아이도스' 개념의 역사는 다음 자료를 볼 것. D. L. Cairns, 《아이도스*Aidos*》(Oxford, 1993).

16 Suetonius, 《칼리굴라의 생애*The Life of Caligula*》, 29장.

17 Homer, 《일리아드》(X, 237).

18 같은 책(XII, 93/XVII, 95).

19 같은 책(XIX, 243~314).

20 같은 책(V, 787/VIII, 228).

21 같은 책(VI, 493).

22 Hesiod, 《노동과 나날*Works and Days*》, 317~319.

23 Plutarch, 〈솔론의 인생The Life of Solon〉, 《영웅전*Parallel Lives*》, II/1.

24 Solon, 단편 32번, 《비가와 약강격*Elegy and Iambus*》, II권, 146쪽.

25 D. L. Cairns, 《아이도스》, 167쪽.

26 Aeschylus, 《페르시아인들*The Persians*》, 699~704행. 구약성경 에스더서 4:5~5:3.

27 Sophocles, 《안티고네*Antigone*》, 511.

28 여성의 수줍음은 다음 자료를 볼 것. C. R. Post, 〈소포클레스의 극 종류The Dramatic Art of Sophocles〉, 《하버드 고전 문헌 연구*Harvard Studies in Classical Philology*》, XXIII(1912), 79쪽. 안티고네가 독자적인 판단을 내렸다는 것을 보여주는 연구 자료는 다음과 같다. Ursula Stebler, 《그리스 비극에 비춰 본 양심의 생성과 발달*Entstehung und Entwicklung des Gewissens im Spiegel des Griechischen Tragödie*》(Bern, 1971), V권, 69쪽.

29 Euripides, 《엘렉트라*Electra*》, 43~46.

30   Euripides, 《오레스테스*Orestes*》, 396~367.

31   Euripides, 《구원을 찾는 여자들*The Suppliants*》, 909~917.

32   Euripides, 《아울리스의 이피게니아*Iphigenia at Aulis*》, 563~568. 또 다음 자료 도 볼 것. D. L. Cairns, 《아이도스》, 342~343쪽.

33   Democritus, 《원자론자들: 레우키포스와 데모크리토스, 단편들*The Atomists: Leucippus and Democritus, Fragments*》, C. C. W. Taylor 편집, 번역(Toronto, 2010), 단편 B 181.

34   같은 책, 단편 B 262.

35   같은 책, 단편 B 215.

36   Plato, 《변론*Apology*》, 30a.

37   Plato, 《일곱 번째 편지*Seventh Letter*》, §328d.

38   Plato, 《국가*The Republic*》, 4권, §439e~440a, 548c.

39   John M. Cooper, 〈플라톤의 인간 동기부여 이론Plato's Theory of Human Motivation〉, 《철학사 계간*History of Philosophy Quarterly*》, I/1(1989), 3~21쪽 (특히 14~15쪽).

40   Aristotle, 《니코마코스 윤리학*Nicomachean Ethics*》(IX, Ch. 1).

41   Aristotle, 《수사학*Rhetoric*》, b12~14.

42   Antiphon, 다음 책에서 재인용함. Stobaeus, 《사화집*Florilegium*》, 2.d.II-2, 3.24.7.

43   J. M. Rist, 《스토아철학*Stoic Philosophy*》(Cambridge, 1969), 92쪽.

44   Isocrates, 《연설*Orationes*》(I, 16, II, 59).

45   다음 자료를 참조할 것. Martin Revermann, 〈기원전 5세기와 4세기의 아테 네의 연극 관객 능력The Competence of Theatre Audiences in Fifth-and Fourth-century Athens〉, 《그리스 연구 저널*Journal of Hellenic Studies*》, CXXVI(2006), 99~124쪽.

46   Plutarch, 〈니키아스Nicias〉, 《영웅전》, 29:3.

47   이런 관점을 제시한 사람은 알렉산드리아의 필론이다. Philo of Alexandria, 《십 계에 대하여*On the Decalogue*》(Cambridge, MA, 1908), 64.

48   다음 자료를 참조할 것. K. Algra, 〈스토아신학Stoic Theology〉, 《스토아학파 로 이끄는 케임브리지 동반자*The Cambridge Companion to the Stoics*》, B. Inwood 편집(New York, 2003), 153~178쪽.

49 다음 자료를 참조할 것. W. Leach, 〈세네카의 '아폴로킨토시스'와 '데 클레멘티아'를 읽었을 것으로 추정되는 독자와 정치 논쟁The Implied Reader and the Political Argument in Seneca's Apolocyntosis and De Clementia〉, 《세네카Seneca》, J. G. Fitch 편집(Oxford, 2008), 293~294쪽.

50 '관용'이라는 개념의 역사는 다음 자료를 참조할 것. H. Cotton, 〈트라야누스 치하에서 사면의 개념The Concept of Indulgentia under Trajan〉, 《키론Chiron》, XIV (1984), 245~266쪽. [《키론》은 독일에서 발간되는 고대사 연구 저널로, 1971년에 창간되었으며 연간으로 발행된다—옮긴이]

51 다음 자료를 볼 것. I. G. Kidd, 〈스토아윤리의 도덕 행동과 규칙Moral Actions and Rules in Stoic Ethics〉, 《스토아학파The Stoics》, J. M. Rist 편집(Berkeley, CA, 1978), 248~250쪽.

52 Philo, 《신의 불변함The Unchangeableness of God》, 135.

53 Philo, 《혀의 혼란The Confusion of Tongues》, 121. Philo, 《술 취함에 대하여On Drunkenness》, 125.

54 Philo, 《십계에 대하여On the Decalogue》, 87.

55 Philo, 《특별한 법The Special Law》, I, xliii, 235~238.

56 필론과 거의 동시대인들이 가졌던 반유대교 관점은 다음 자료를 참조할 것. Cicero, 《프로 플라코Pro Flacco》(XXVIII, 69). 그리고 다음 글에 인용된 세네카의 말. 아우구스티누스Augustine, 《신의 도시The City of God》(XIV, 96). Juvenal, 《풍자Satires》(XIV, 96).

57 Epictetus, 《담론Discourses》, 단편 109.

58 제우스에 바치는 클레안테스의 유명한 찬송은 다음 자료에 수록되어 있다. J. L. Saunders, 《아리스토텔레스 이후의 그리스와 로마 철학Greek and Roman Philosophy after Aristotle》(New York, 1966), 149~150쪽. 또 다음 자료도 참조할 것. J. M. Rist, 《스토아철학》, 10~20쪽.

59 Epictetus, 《담론》(I, 14.16).

60 D. E. Marietta Jr., 〈그리스 스토아학파의 양심Conscience in Greek Stoicism〉, 《신령Numen》, XVII/3(1970), 178~190쪽.

61 Philo, 《요셉에 대하여On Joseph》, X, 47~48. Philo, 《도피와 발견에 대하여On Flight and Finding》, 159.

62 Epictetus, 《편람Enchiridion》, 24.2.

63 Cicero, 《아티쿠스에게 보내는 편지*Ad Atticum*》(XIII, 20); 《선과 악의 끝에 대하여*De Finibus Bonorum et Malorum*》(II, 71). Seneca, 《서한집*Epistles*》(XII, 9, XIII, 5, XXIII, 12).

64 Cicero, 《아티쿠스에게 보내는 편지》(X, 4.5, XIII, 20.4). Seneca, 《서한집》(XLIII, 4). 다음 자료도 볼 것. G. Molenaar, 〈세네카의 '콘스시엔티아' 용례 Seneca's Use of the Term 'Conscientia'〉, 《므네모시네*Mnemosyne*》, XXII/2 (1969), 170~180쪽.

65 《히스토리아 아우구스타*Historia Augusta*》(II, 6). [이 책은 117년에서 284년까지 로마황제들의 전기이다―옮긴이]

66 Marcus Aurelius, 《명상록*Meditations*》(VI, 97).

67 같은 책(VII, 13).

68 Seneca, 《서간집》(LXXXVII, 4~5). Tacitus, 《연대기*Annales*》(LXVI).

69 C. A. Pierce, 《신약성경의 양심*Conscience in the New Testament*》(London, 1955), 16쪽.

70 Stobaeus, 《시가집*Florilegium*》(II, 198). Seneca, 《서간집》(LXVI, 1). 또 다음 자료도 볼 것. C. Stough, 〈스토아학파의 결정론과 도덕 책임Stoic Determinism and Moral Responsibility〉, 《스토아학파》, J. M. Rist 편집, 특히 261~264쪽.

71 Philo, 《꿈에 대하여*On Dreams*》(I, 16~17).

72 Philo, 《가르침에 대하여*On Instruction*》(XIII).

73 Epictetus, 《편람*Enchiridion*》(XXII).

74 Quintilian, 《웅변가의 교육*The Orator's Education*》(X, 1.19, II, 18.22).

75 그런 클럽 생활에 대한 묘사는 다음 자료에 나온다. Cicero, 《신성한 자연에 대하여*On Divine Nature*》, I, 6.

76 Epictetus, 《편람》(XXXIII, 1).

77 Epictetus, 《담론》(IV, 7.24).

78 다음 자료를 참조할 것. D. M. Engel, 〈가정과 국가에서 여성의 역할. 다시 보는 스토아 이론Women's Role in the Home and the State: Stoic Theory Reconsidered〉, 《하버드 고전 문헌학 연구*Harvard Studies in Classical Philology*》, CI(2003), 267~288쪽.

1   자구에 충실한 분석은 다음 자료를 볼 것. H.-J. Eckstein, 《사도 바울에게 나
     타난 시네이데시스 개념*Der Begriff Syneidēsis bei Paulus*》(Tübingen, 1983),
     137~311쪽.

2   C. A. Pierce, 《신약성경에 나타난 양심*Conscience in the New Testament*》
     (London, 1955), 13~20쪽.

3   다음 자료를 참조할 것. M. E. Andrews, 〈바울, 필론 그리고 지성인들Paul,
     Philo, and the Intellectuals〉, 《성경 문헌 저널*Journal of Biblical Literature*》,
     LIII/2 (1934), 155~160쪽.

4   이런 노력을 다룬 자료에는 다음의 것이 있다. J. W. Drane, 《바울: 탕아인가, 율
     법주의자인가?*Paul: Libertine or Legalist?*》(London, 1975), 12~23쪽.

5   바울이 율법을 공격하는 것은 성경의 다음 구절을 참고할 것. 로마서 2:17, 3:20.
     고린도전서 7:17~24. 갈라디아서 3:10~12.

6   영문 번역본은 다음을 참조. Thomas P. Scheck, 《로마서 서한 해설(교부
     들)*Commentary on the Epistle to the Romans(The Fathers of the Church)*》
     (Washington, DC, 2001), 94쪽. 주 294.

7   Marcus Minucius Felix, 〈오로지 양심Sola conscientia〉, 《옥타비우스*Octavius*》
     (XXXV, 6).

8   Aelius Aristides, 《변론*Apology*》(XV, 3~7).

9   Lactantius, 《신의 기관*The Divine Institutes*》(III, 29.12~14).

10   〈루스티쿠스에게 보내는 편지CXXVEpistola CXXV ad Rusticum Monachum〉,
     《교부학 총서*Patrologiae Cursus Completus*》, J. P. Migne 편집, 라틴 문헌 시리
     즈(Leiden, 1864~1866), XXII. 1079단.

11   다음 자료를 참조할 것. Douglas Kries, 〈히에로니무스의 에스겔 해설서
     에 나타난 오리게네스와 플라톤과 양심(시네데레시스)Origen, Plato, and
     Conscience(Synederesis) in Jerome's Ezekiel Commentary〉, 《성전*Traditio*》,
     VII(2002), 76~78쪽.

12   Augustine, 《고백록*Confessions*》(VIII, 7.17).

13   Augustine, 《결혼과 정욕에 대하여*De Nuptiis et Concupiscentia*》(I, 23).
     Augustine, 《그리스도의 은총과 원죄*De gratia Christi et de peccato originali*》

주

(II, 34).

14 어쨌거나 이 문제는 다음 자료를 참조할 것. D. Capps & J. E. Dittes 편집,《심장의 굶주림: 아우구스티누스 고백록의 반성 *The Hunger of the Heart: Reflections on the Confessions of Augustine*》(West Lafayette, IN, 1990).

15 Augustine, 《고백록》(VII, 7.29).

16 R. K. Rittgers, 〈독일 종교개혁에서의 개인적 고백 Private Confession in the German Reformation〉《기독교 신학의 회개 *Repentance in Christian Theology*》 M. J. Boda & T. T. Smith 편집(Collegeville, MI, 2006), 189~200쪽.

17 같은 책, 61쪽.

18 Johannes Stelzenberger, 《아우구스티누스의 양심 *Conscientia bei Augustinus*》 (Paderborn, 1959).

19 Augustine, 《고백록》(I, 18.29). 이 텍스트는 다음 웹사이트에서 확인할 수 있다. www.ling.upenn.edu.

20 F. van Fleteren & J. S. Schnaubelt 편집, 《아우구스티누스 전집 *Collectanea Augustinia*》(New York, 2001), 설교, 154.12.

21 Augustine, 《시편 *Psalms*》(XIV, 3, LXVI, 7, XLV, 9). 설교(XKVII, 12~14).

22 Augustine, 《고백록》(V, 6.11).

23 Augustine, 《파우스트에 반대하며 *Against Faustus*》(XX, 23).

24 다음 자료를 참조할 것, M. T. Clark, 〈아우구스티누스의 양심 Augustine on Conscience〉,《아우구스티누스와 그 반대자들 *Augustine and His Opponents*》, E. A. Livingstone 편집(Louvain, 1997), 63~68쪽.

25 Augustine, 《고백록》(XI, 18.27).

26 《롤랑의 노래 *La Chanson de Roland*》(86, 1).《보르도의 위옹 *Book of Huon*》, 204.16.

27 도로테우스의 말들은 다음 책에서 인용했다.《담론과 속담 *Discourses and Sayings*》, E. P. Wheeler 번역(Kalamazoo, MI, 1978), 104, 107쪽. 다음 자료도 볼 것. S. Thomas, 〈동방정교 사상에서 본 양심 Conscience in Orthodox Thought〉,《세계 종교의 양심 *Conscience in World Religions*》, Jayne Hoose 편집(South Bend, OH, 1999), 112~113쪽.

28 D. E. Luscombe, 《피에르 아벨라르의 윤리학 *Peter Abelard's Ethics*》(Oxford, 1971), XVII쪽.

29 이 물음은 앞의 책에서 인용했다. 55~57쪽.

30 누가복음 23:34.

31 D. E. Luscombe, 《피에르 아벨라르의 윤리학》, 97쪽.

32 같은 책, 67쪽.

33 같은 책, 63쪽.

34 Bernard of Clairvaux, 서한 번호 189, 교황 이노켄티우스 2세에게 보낸 서한, 《성 베르나르도 작품*Sancti Bernardi Opera*》, J. Leclercq 외 편집(Rome, 1957~1977), VIII권, 13~14쪽.

35 Philip the Chancellor, 《선함의 종합 연구서*Summa de Bono*》를 요약한 다음 자료를 참조할 것. 《중세 철학의 양심*Conscience in Medieval Philosophy*》, Timothy C. Potts 편집(Cambridge, 1980), 94~109쪽.

36 이 문제는 다음 자료를 참조할 것. Timothy C. Potts 편집, 《중세 철학의 양심》, 60쪽.

37 M. G. Baylor, 《행위와 인격: 스콜라철학과 젊은 루터의 양심*Action and Person: Conscience in Late Scholasticism and the Young Luther*》(Leiden, 1977), 90쪽.

38 스콜라철학이 가진 유희적 요소는 다음 자료를 참조할 것. Johan Huizinga, 《호모 루덴스*Homo Ludens*》[1938](Boston, MA, 1955), 112, 114쪽. 보다 더 자세한 점은 다음 자료에 나온다. M. A. Bossy, 〈중세의 몸과 영혼 논쟁Medieval Debates of Body and Soul〉, 《비교문학*Comparative Literature*》, XXVIII/2(1976), 150~151쪽.

39 William V. Harris, 《고대의 문해력*Ancient Literacy*》(Cambridge, MA, 1989), 25~42쪽.

40 M. Innes, 〈중세 초기 사회의 기억, 구술 그리고 문해력Memory, Orality and Literacy in an Early Medieval Society〉, 《과거와 현재*Past and Present*》, 158(1988), 303~306쪽.

41 Carlos Steel 외, 《중세의 이교도: 위협과 매혹*Paganism in the Middle Ages: Threat and Fascination*》(Louvain, 2013).

42 기독교 의례의 출현은 다음 자료를 참조할 것. Wayne A. Meeks, 《기독교 도덕의 기원*The Origins of Christian Morality*》, 91~110쪽.

43 간단한 설명은 다음 자료를 참조할 것. Richard Newhauser, 〈모든 죄가 구별되었다Alle Sunde hant Unterschidunge〉, 《죄: 중세의 도덕 전통에 대한 에세이

Sin: Essays on the Moral Tradition in the Middle Ages》, Richard Newhauser 편집(Aldershot, 2007), 287~303쪽.

44 J. McNeill & H. M. Gamer, 《참회의 중세 핸드북*Medieval Handbooks of Penance*》(New York, 1990), 254쪽.

45 이런 관행을 전반적으로 살펴볼 수 있는 자료에는 다음의 것이 있다. N. Swanson, 《중세 영국의 면죄부: 낙원으로 가는 여권*Indulgences in Late Medieval England: Passports to Paradise*》(Cambridge, 2011).

46 Thomas Aquinas, 《신학대전*Summa Theologica*》(II, 1), 질문 109. 이 텍스트는 다음 웹사이트에서 볼 수 있다. www.basilica.org.

47 다음 자료를 볼 것. Ronald K. Rittgers, 《핵심의 개혁: 16세기 독일의 고백, 양심 그리고 권위*The Reformation of the Keys: Confession, Conscience and Authority in Sixteenth-century Germany*》(Cambridge, MA, 2004), 24쪽.

48 Martin Luther, 〈속죄의 성찬식에 관하여Concerning the Sacrament of Penance〉, 《바빌론에 갇힌 교회*The Babylonian Captivity of the Church*》. 이 텍스트는 다음 웹사이트에서 볼 수 있다. www.amazingdiscoveries.org.

49 Berndt Hamm, 〈16세기 초의 경건신학Froemmigkeitstheologie am Anfang des 16. Jahrhunderts〉, 《역사 신학 논고*Beitrage zur Historische Theologie*》, LXV(1982), 250~252쪽.

50 다음 자료를 참조할 것. B. Moeller, 〈1500년경의 독일이 보여준 경건함Piety in Germany around 1500〉, 《중세의 관점에서 본 종교개혁*The Reformation in Medieval Perspective*》, Steven E. Ozment 편집(Chicago, IL, 1971), 52쪽. 훨씬 더 긴 자료는 다음의 것이 있다. Jean Delumeau, 《죄와 두려움*Le Péché et le Peur*》(Paris, 1990).

51 요한 볼프강 폰 괴테Johann Wolfgang von Goethe가 카를 루트비히 폰 크네벨 Karl Ludwig von Knebel에게 1817년 8월 22일에 보낸 편지, 7,847번, 《괴테 전집*Goethes Werke*》(Weimar, 1887), IV, 27장, §227, 23쪽.

52 Martin Luther, 《탁상담화*Tischreden*》[1912~1913](Weimar, 2010).

53 다음 자료에서 인용함. E. G. Rupp, 《신의 정의로움: 루터 연구*The Righteousness of God: Luther Studies*》(London, 1993), 104쪽. 그리고 다음 자료도 참조했다. I. D. Kingston Siggins, 《루터*Luther*》(New York, 1973), 34쪽.

54 Constance M. Furey, 〈마르틴 루터와 에라스뮈스와 토머스 모어의 독설과 안

목Invective and Discernment in Martin Luther, D. Erasmus, and Thomas More〉,《하버드 신학 리뷰*Harvard Theological Review*》, XCVIII(2005), 469~488쪽.

55　L. W. Spitz, 〈르네상스와 종교개혁 운동The Renaissance and Reformation Movements(St Louis, MO, 1987), 354쪽.

56　다음의 연구를 특히 참조할 것. Erik Erikson, 《청년 루터*Young Man Luther*》(New York, 1958).

57　그 배경은 다음 자료에 잘 설명되어 있다. Y. J. E. Alanen, 《루터의 양심*Das Gewissen bei Luther*》(Helsinki, 1934), 17~32쪽.

58　Martin Luther, 《마르틴 루터 전집*Martin Luthers Werke*》(Weimar, 1883~1889), 56부, 237, 5~9장.

59　다음 자료에서 인용함. Martin Brecht, 《마르틴 루터: 그가 종교개혁을 위해 걸어간 길1483~1521*Martin Luther: His Road to Reformation, 1483~1521*》(Philadelphia, PA, 1985~1993), I, 460쪽.

60　M. G. Baylor, 《행위와 인격: 스콜라철학과 젊은 루터의 양심》, 264~268쪽.

61　Martin Luther, 〈히브리서의 편지를 다룬 강론Lectures on the Epistle to the Hebrews〉, 《초기 신학 연구*Early Theological Works*》, James Atkinson 편집(Philadelphia, PA, 1962), 172쪽.

62　Martin Luther, 《탁상담화》, XLVI/2.

63　16세기 개신교의 양심 개념에 관해서는 다음 자료를 볼 것. Jonathan Wright, 〈세계 최악의 기생충: 영국 종교개혁의 양심과 순응The World's Worst Worm: Conscience and Conformity during the English Reformation〉, 《16세기 저널*Sixteenth Century Journal*》, XXX/1(1999), 113~133쪽.

64　Martin Luther, 〈고백에 대한 토론Discussion of Confession〉[1520], 《마르틴 루터 전집*Works of Martin Luther*》(Philadelphia, PA, 1943), I, 87, 89, 92, 95쪽. 개인적 고백이라는 제도 문제는 다음 자료를 볼 것. Ronald K. Rittgers, 《핵심의 개혁: 16세기 독일의 고백, 양심 그리고 권위》, 203~206쪽.

65　Martin Luther, 〈고백에 대한 토론〉, 90쪽.

66　John Woolton, 《양심에 관하여*Of the Conscience*》(London, 1576), A IV~A 2. Heinrich Bullinger, 《하인리히 불링거의 십 년*The Decades of Heinrich Bullinger*》, T. Hardy 편집(Cambridge, 1849), I, 194쪽.

67　William Tyndale, 《기독교도의 복종*The Obedience of a Christian*》(Antwerp, 1528), xii쪽.

68　John Calvin, 《기독교 강요Institutes of the Christian Religion》[1536], John T. McNeill 편집(Philadelphia, PA, 1960), I, 15.2.

69　John Calvin, 《기독교 강요》, IV, 10.5. 또 다음 자료도 볼 것. R. C. Zachman, 《믿음의 보증*The Assurance of Faith*》(Minneapolis, MI, 1993), 117쪽. 칼뱅의 양심 개념 사용 논의는 다음 자료를 볼 것. G. Bosco, 〈심판관으로서의 양심과 기생충 같은 인간: 칼뱅과 양심의 세 가지 요소Conscience as Court and Worm: Calvin and the Three Elements of Conscience〉, 《종교윤리학 저널*Journal of Religious Ethics*》, XIV/2(1986), 333~355쪽.

70　N. S. Davidson, 〈양심의 자유로부터 탈출하려면: 16세기 이탈리아의 양심과 종교재판Fuggir la libertà della conscienza: Conscience and the Inquisition in Sixteenth-century Italy〉, 《근대 초기 유럽에서 본 양심의 맥락 1500~1700*Contexts of Conscience in Early Modern Europe, 1500~1700*》, H. Braun & E. Vallance 편집(Basingstoke, 2004), 49, 54쪽.

71　Ronald K. Rittgers, 《핵심의 개혁: 16세기 독일의 고백, 양심 그리고 권위》, 218~219쪽.

72　Martin Luther, 《마르틴 루터 전집》, 7, 317, 1~8.

73　Martin Luther, 《탁상담화》, 6,008번.

74　다음 자료를 참조할 것. R. Gawthrop & G. Strauss, 〈근대 초기 독일의 개신교와 문해력Protestantism and Literacy in Early Modern Germany〉, 《과거와 현재》, CIV/1(1984), 35~38쪽.

75　D. B. Barrett 외, 《세계 기독교 백과사전*World Christian Encylopedia*》(New York, 1982), I권, 16쪽.

76　이 문건의 요약본은 다음 인터넷 주소에서 확인할 수 있다. https://en.wikipedia.org/wiki/Twelve_Articles.

77　근대 초기의 국가가 종교에 적용한 이런 과정에 대한 간략한 설명은 다음 자료를 볼 것. Martin van Creveld, 《국가의 부상과 쇠퇴*The Rise and Decline of the State*》(Cambridge, 1999), 62~74쪽.

78　다음 책에서 인용함. G. R. Elton, 《유럽의 종교개혁, 1517~1559*Reformation Europe, 1517~1559*》(London, 1963), 62쪽.

79 S. Schmitt, 《14세기에서 17세기 초까지 팔츠 선제후국 알체이 관청의 영토국가 와 공동체*Territorialstaat und Gemeinde im kurpfälzischen Oberamt Alzey vom 14. bis zum Anfang des 17. Jahrhunderts*》(Stuttgart, 1964), 70쪽.

80 다음 자료를 볼 것. O. Friedrich, 《폭주: 1920년대 베를린의 초상화*The Deluge: A Portrait of Berlin in the 1920s*》(New York, 1972), 27, 34, 51, 69, 377쪽.

81 다음 자료를 볼 것. H. Mommsen, 〈제국의회에서 반 데어 루베가 걸은 길: 사건의 전개Van der Lubbes Weg in den Reichstag: der Ablauf der Erreignisse〉, 《제국 의회 화재: 역사적 전설의 규명*Reichstagsbrand: Aufklaerung einer Historischen Legende*》, U. Backes 편집(München, 1986), 42~47쪽.

82 M. Domarus 편집), 《히틀러: 연설과 선언*Hitler: Speeches and Proclamations*》 (Mundelein, IL, 2004), IV권, 2,860쪽.

83 부패인지지수Corruption Perceptions Index는 다음 웹사이트를 참조할 것. www.transparency.org/research/cpi.

3장 마키아벨리에서 니체까지

1   Marcus Aurelius, 《명상록》, 4.22, 7.54.

2   이 문제 및 이후 이어지는 논의는 다음 자료를 참조할 것. Lester K. Born 편집, 《기 독교 군주의 교육, 데시데리우스 에라스뮈스에 따름*The Education of a Christian Prince, by Desiderius Erasmus*》(New York, 1963), 99~132쪽. Lester K. Born, 〈카롤링거 르네상스의 군주 거울The Specula Principis of the Carolingian Renaissance〉, 《철학과 역사 벨기에 저널*Revue belge de philologie et d'histoire*》, XII(1933), 583~612쪽.

3   '군주의 거울'이라고 흔히 불리는 이런 지침서에 어떤 것이 있는지는 다음 웹사이 트를 참조할 것. https://en.wikipedia.org/wiki/Mirrors_for_princes.

4   Lester K. Born 편집, 《기독교 군주의 교육, 데시데리우스 에라스뮈스에 따름》, 187쪽.

5   같은 책, 203쪽.

6   다음 자료를 볼 것. H. Bettenson 편집, 《기독교 교회의 기록*Documents of the Christian Church*》(Oxford, 1967), 115~116쪽.

7   Lester K. Born 편집, 《기독교 군주의 교육, 데시데리우스 에라스뮈스에 따름》, 610쪽.

8   N. Rubinstein, 〈마키아벨리 이전 피렌체에서 쓴 '스타토'라는 단어에 대하여 Notes on the Word Stato in Florence before Machiavelli〉, 《역사 사화집: 월러스 K. 퍼거슨에 관한 에세이 Florilegium Historiale: Essays Presented to Wallace K. Ferguson》, J. G. Rowe 외 편집(Toronto, 1971), 313~326쪽.

9   다음 자료를 볼 것. De Grazia, 《지옥의 마키아벨리 Machiavelli in Hell》(New York, 1989), 145~150쪽.

10   Niccolò Machiavelli, 《군주론 The Prince》(Harmondsworth, 1968), 92쪽.

11   A. Gilbert 편집, 《마키아벨리의 편지 The Letters of Machiavelli》(New York, 1961), 137번, 144쪽.

12   De Grazia, 《지옥의 마키아벨리》, 293~317쪽.

13   Niccolò Machiavelli, 《군주론》, 102~103쪽.

14   다음 자료를 참조할 것. Felix Gilbert, 〈마키아벨리의 '비르투' 개념에 관하여 On Machiavelli's Idea of Virtù〉, 《르네상스 뉴스 Renaissance News》, IV/4(1951), 53~54쪽.

15   F. Meinecke, 《마키아벨리즘 Machiavellism》(London, 1957), 47쪽.

16   Federico Bonaventura, 〈국익우선주의와 정치적 신중함에 대하여 Della ragione di stato et della prudenza politica〉, 다음 책에 인용된 내용임. F. Meinecke, 《마키아벨리즘》, 78쪽, 주석 1번.

17   다음 책에서 인용했다. G. M. Trevelyan, 《가리발디와 근대 이탈리아 만들기 Garibaldi and the Making of Modern Italy》[1911](London, 1948), 23쪽.

18   Antonio Salandra, 《중립 이탈리아 1914: 추억과 단상 Neutralita Italiana 1914: Ricordi e Pensieri》(Milan, 1938), 377~378쪽.

19   《이탈리아 사람들 Il Popolo d'Italia》, 24(1915년 1월 14일).

20   F. Meinecke, 《마키아벨리즘》, 51쪽.

21   Edward Meyer, 《마키아벨리와 엘리자베스 1세 시대의 희곡 Machiavelli and the Elizabethan Drama》(Weimar, 1897).

22   Thomas Hobbes, 《리바이어던 Leviathan》[1652](London, 1961), 287쪽. Baruch Spinoza, 《신학 정치학 논고 Tractatus Theologico-Politicus》[1677] (Leiden, 1989), 19. 22.

23 Frederick the Great, 〈마키아벨리에 대한 반박Réfutation de Machiavel〉,《전집*Oeuvres*》(Berlin, 1857), 8권, 169, 298쪽. 이와 관련한 자료는 다음의 것이다. F. Meinecke,《마키아벨리즘》, 272~390쪽.

24 Frederick the Great, 〈법의 확정 또는 폐기를 위한 근거의 논구Dissertation sur les raisons d'établir ou d'abroger les lois〉[1750],《전집》, 9권, 33쪽.

25 Frederick the Great, 〈내 시대 역사의 서문Avant-propos au Histoire de mon temps〉[1743],《전집》, 2권, XXVI쪽.

26 Frederick the Great,《전집》, 15권, 138편, 59쪽.

27 Frederick the Great,《전집》, 2권, XXV쪽.

28 R. B. Haldane, 〈헤겔Hegel〉,《시사평론*Contemporary Review*》, LXVII(1895), 232쪽.

29 G. W. F. Hegel,《법철학*The Philosophy of Right*》[1820] (Oxford, 1952), §132.

30 같은 책, 279쪽.

31 G. W. F. Hegel,《오늘날의 헤겔: 헤겔의 정치사상 관련 글 선집*Hegel Heute: Eine Auswahl aus Hegels Politischer Gedankenwelt*》(Leipzig, 1934), 11~12쪽.

32 다음 자료에서 인용함. Stephen A. Garrett,《양심과 권력: 더러운 손과 정치 지도력의 검토*Conscience and Power: An Examination of Dirty Hands and Political Leadership*》(New York, 1996), 5쪽.

33 Niccolò Machiavelli,《논고*Discourses*》, Niccolò Machiavelli,《주요 저작*The Chief Works*》, A. Gilbert 편집(Durham, NC, 1965), I권, 228~229쪽.

34 Niccolò Machiavelli,《군주론》, 50쪽.

35 다음 자료를 참조할 것. H. D. Kittsteiner,《양심과 역사*Gewissen und Geschichte*》(Heidelberg, 1993), 30~34, 37쪽.

36 E. J. Dijksterhuis,《세계관의 기계화*The Mechanization of the World Picture*》(Oxford, 1969).

37 Suetonius,《칼리굴라의 생애》, 51장.

38 프랭클린의 이신론은 다음 자료를 볼 것. Merton A. Christensen, 〈프랭클린의 헴필 실험: 이신론 대 정통 장로교Franklin on the Hemphill Trial: Deism versus Presbyterian Orthodoxy〉,《윌리엄 앤 메리 계간지*The William and Mary Quarterly*》, X/3(1953), 422~440쪽.

39 Adam Smith,《도덕감정 이론*The Theory of Moral Sentiments*》[1759]

(Beckenham, 1985), 105쪽.

40 Leo Damrosch, 《장자크 루소: 쉴 줄 모르는 천재*Jean-Jacques Rousseau: Restless Genius*》(New York, 2005), 121쪽.

41 다음 자료를 볼 것. A. Levene, 〈1741년에서 1799년까지 런던 고아원의 사망률 평가The Estimation of Mortality at the London Foundling Hospital, 1741-99〉, 《인구 연구*Population Studies*》, LIX/1(2005), 88쪽, 표 1.

42 다음 자료를 볼 것. J. Darling, 《자녀 중심의 교육과 그 비판*Child-centered Education and Its Critics*》(Beverly Hills, CA, 1964).

43 교육 신념의 변화를 다룬 자료는 다음과 같다. J. H. Plumb, 〈18세기 잉글랜드 자녀의 신세계The New World of Children in Eighteenth-century England〉, 《과거와 현재*Past and Present*》, LXVII/1(1975), 64~95쪽. 또 소년과 소녀가 교육받은 다른 방식에 대한 간단한 설명은 다음 자료를 볼 것. M. van Creveld, 《특권을 가진 성*The Privileged Sex*》(London, 2013), 50~62쪽.

44 Jean-Jacques Rousseau, 《에밀 또는 교육에 대하여*Emile; or, on Education*》 [1762](New York, 1990), 50쪽.

45 같은 책, 289쪽.

46 같은 책, 267쪽.

47 같은 책, 67쪽. 다음 자료도 참조할 것. J. Marks, 〈신적인 본능? 루소와 양심The Divine Instinct? Rousseau and Conscience〉, 《정치평론*The Review of Politics*》, LXVIII(2006), 564~585쪽.

48 Jean-Jacques Rousseau, 《에밀 또는 교육에 대하여》, 290쪽.

49 Z. Elmarsafy, 《감각의 역사: 코르네유로부터 루소에 이르기까지 극적인 감각과 정체성*The Histrionic Sensibility: Theatricality and Identity from Corneille to Rousseau*》(Tübingen, 2001), 193~202쪽.

50 다음 책에서 재인용함. C. A. Spirn, 《장자크 루소의 글에 담긴 기도*Prayer in the Writings of Jean-Jacques Rousseau*》(New York, 2008), 25쪽.

51 루소가 품었던 생각에 대한 간략한 설명은 다음 자료를 볼 것. J. L. Talmon, 《전체적 민주주의의 기원*The Origins of Totalitarian Democracy*》(London, 1961), 38~49쪽.

52 Immanuel Kant, 《순수이성비판*The Critique of Pure Reason*》[1781], J. M. D. Meiklejohn 번역. 이 영역본은 다음 인터넷 주소에서 볼 수 있다. www.hn.psu.edu.

53   Immanuel Kant, 《도덕형이상학*The Metaphysics of Morals*》[1797](Cambridge, 1996), 189쪽. [원서는 영어판 번역문을 소개하고 있으나, 칸트의 원문을 충실히 반영하고자 독일어 원전을 옮겨놓았음을 밝혀둔다. Immanuel Kant, 《도덕형이 상학 원론*Grundlegung zur Metaphysik der Sitten*》, 12권 전집판, 8권(Frankfurt am Main, 1977), 572쪽.—옮긴이]

54   같은 책, 346쪽. [독일어 원전을 참조했다. Immanuel Kant, 《도덕형이상학 원 론》, 프로이센 학술원 전집판(Berlin 1900), 421쪽.—옮긴이]

55   같은 책, 189쪽.

56   Immanuel Kant, 《실천이성비판*The Critique of Practical Reason*》[1788], 1.3.30. 이 텍스트는 다음 인터넷 주소에서 볼 수 있다. www.gutenberg.org.

57   Immanuel Kant, 《통설에 관하여: 이론으로는 옳을지 모르나, 현실에는 맞지 않 는다*Über den Gemeinspruch: Das mag in der Theorie richtig sein, taught aber nicht für die Praxis*》[1793] (Berlin, 1870), 7, 286쪽. 강조는 필자.

58   Immanuel Kant, 《오로지 이성의 한계 안의 종교*Religion within the Limits of Reason Alone*》[1793](New York, 1934), 16쪽.

59   같은 책, 50쪽. 다음 자료도 볼 것. M. J. Seidler, 〈칸트와 스토아철학자들의 자 살Kant and the Stoics on Suicide〉, 《관념 역사 저널*Journal of the History of Ideas*》, XLIV/3(1983), 429~523쪽.

60   P. Menzer, 편집, 《칸트의 윤리학 강의*Eine Vorlesung Kants über Ethik*》(Berlin, 1925), 307~308쪽.

61   G. W. F. Hegel, 〈자연법의 학문적 취급방식에 관하여Über die wissenschaftlichen Behandlungsarten des Naturrecht〉, 《전집*Werke*》, E. Moldenhauer & K. M. Michel 편집(Frankfurt, 1969), II권, 464쪽.

62   Michel Foucault, 《훈육과 처벌*Discipline and Punish*》(London, 1979), 195~228쪽.

63   Gertrude Himmelfarb, 《빅토리아 시대 사람들의 결혼과 도덕*Marriage and Morals among the Victorians*》(New York, 1975), 4쪽.

64   해당 책에 붙은 편집자의 책 소개 글. Christie Davies, 《도덕적 영국의 기이한 죽 음*The Strange Death of Moral Britain*》(London, 2006). 다음 인터넷 주소에서 볼 수 있다. www.books.google.co.uk.

65   다음 자료를 참조할 것. Adam Kuper, 《근친상간과 영향: 잉글랜드 부르주아의

사생활Incest and Influence: The Private Life of Bourgeois England》(Cambridge, MA, 2010).

66 William Acton, 다음 자료에 인용된 것을 재인용함. N. J. D. Nagelkerke, 《창녀와 소비Courtesans and Consumption》(Delft, 2012), 13쪽.

67 Walter, 《나의 은밀한 생활My Secret Life》[1888]. 다음 인터넷 주소를 볼 것. www.horntip.com.

68 J. Adams, 《귀환의 상처: 노예제 이후 농장의 인종과 기억과 재산Wounds of Returning: Race, Memory and Property on the Postslavery Plantation》(Chapel Hill, NC, 2007), 45쪽.

69 다음 자료를 볼 것. S. Pinker, 《우리 본성의 더 나은 천사: 왜 폭력은 줄어들었나The Better Angels of Our Nature: Why Violence Has Declined》(New York, 2011), 85~128쪽.

70 Friedrich Nietzsche, 《이 사람을 보라Ecce Homo》[1889](Harmondsworth, 1979), 75쪽.

71 니체가 쓴 '르상티망'의 용례를 가장 잘 분석한 자료는 다음과 같다. Esam Abou El Magd, 《니체: 르상티망과 양심의 가책을 추적하다Nietzsche: Ressentiment und Schlechtem Gewissen auf den Spur》(Würzburg, 1996).

72 기독교를 다룬 니체의 설명을 참조할 것. 《선악의 저편Beyond Good and Evil》 [1886] (Harmondsworth, 1974), 57~71쪽.

73 같은 책, 130쪽.

74 Tertullian, 《그리스도의 육신론On the Flesh of Christ》, 19쪽. 이 텍스트는 다음 인터넷 주소에서 볼 수 있다. www.tertullian.org.

75 Friedrich Nietzsche, 《도덕의 계보학The Genealogy of Morals》[1887] (Oxford, 1996), 42~43, 65, 73쪽.

76 Friedrich Nietzsche, 《선악의 저편》, 78쪽.

77 니체가 이 표현으로 뜻한 바를 둘러싼 논의는 다음 자료를 볼 것. K. J. Winninger, 《니체의 철학 교정Nietzsche's Reclamation of Philosophy》(Amsterdam, 1997), 17~46쪽.

78 G. W. F. Hegel, 《철학 논집Philosophische Abhandlungen》(Berlin, 1845), 153쪽. 다음 자료도 볼 것. E. von der Luft, 〈니체의 '신은 죽었다'의 원천과 이 말이 하이데거에게 가졌던 의미Sources of Nietzsche's 'God Is Dead' and

Its Meaning for Heidegger〉, 《관념 역사 저널*Journal of the History of Ideas*》, XLV/2(1984), 263~276쪽.

79 F. Galton, 《신의 언어: 신앙의 증거를 보여준 과학자*The Language of God: A Scientist Presents Evidence for Belief*》(New York, 2007), 218쪽.

80 Friedrich Nietzsche, 《즐거운 학문*The Gay Science*》[1882] §125. 이 텍스트는 다음 인터넷 주소에서 열람할 수 있다. www.holybooks.com.

81 Friedrich Nietzsche, 《차라투스트라는 이렇게 말했다*Thus Spoke Zarathustra*》 [1884~1885](Harmondsworth, 1969), 75쪽. Friedrich Nietzsche, 《도덕의 계보학》, 62쪽.

82 Friedrich Nietzsche, 《우상의 황혼*The Twilight of the Idols*》[1884] (Harmondsworth, 1969), 101쪽.

83 Friedrich Nietzsche, 《차라투스트라는 이렇게 말했다》, 42쪽.

84 다음 자료를 참조할 것. J. Richardson, 〈니체 대 다윈*Nietzsche Contra Darwin*〉, 《철학과 현상학 연구*Philosophy and Phenomenological Research*》, LXV/3 (2002), 537~575쪽.

85 Friedrich Nietzsche, 《교육제도의 미래*On the Future of Our Educational Institutions*》[1872], Kindle edition, locs. 349, 366, 388, 405, 427(저널리즘 문제), 1139. 다음 자료도 볼 것. Friedrich Nietzsche, 《도덕의 계보학》, 110~127쪽.

86 Friedrich Nietzsche, 《아침놀*Daybreak*》(Cambridge, 1997), 서문.

87 Friedrich Nietzsche, 《안티크리스트*The Anti-Christ*》[1895](Harmondsworth, 1969), 121쪽.

88 Friedrich Nietzsche, 《선악의 저편》, 92쪽.

89 Friedrich Nietzsche, 《도덕의 계보학》, 47쪽.

90 Friedrich Nietzsche, 《우상의 황혼》, 99쪽.

91 니체가 도스토옙스키에게 무엇을 빚졌는지 알려주는 자료는 다음의 것이다. M. Stoeber, 〈도스토옙스키의 악마: 권력 의지*Dostoyevsky's Devil: The Will to Power*〉, 《종교 저널*The Journal of Religion*》, LXXIV/1(1994), 26~44쪽.

92 Friedrich Nietzsche, 《선악의 저편》, 107쪽.

93 Friedrich Nietzsche, 《이 사람을 보라》, 48쪽.

94 같은 책, 134쪽.

1 니체가 셰익스피어를 바라보는 관점은 다음 자료를 참조할 것. Friedrich Nietzsche, 《비극의 탄생*The Birth of Tragedy*》[1872], 59쪽. 이 텍스트는 다음 인터넷 주소에서 볼 수 있다. http://records.viu.ca.

2 Friedrich Nietzsche, 《방랑자와 그의 그림자*The Wanderer and His Shadow*》[1880] (Cambridge, 1965), 139쪽.

3 다음 자료를 참조할 것. L. Anderson, 〈프로이트, 니체Freud, Nietzsche〉, 《샐머건디*Salmagundi*》, 47/48호(1980), 3~29쪽. [《샐머건디》는 1965년에 창간되어 지금도 발행되는 인문학 계간지로, 미국의 여론을 선도하는 역할을 한다—옮긴이]

4 살로메와 프로이트의 관계는 다음 자료를 볼 것. L. Appignanesi & J. Forrester, 《지크문트 프로이트의 여인들*Die Frauen Sigmund Freuds*》(München, 2000), 350~371쪽.

5 Friedrich Nietzsche, 《차라투스트라는 이렇게 말했다》, 110쪽.

6 Sigmund Freud, 《자아와 이드*The Ego and the Id*》[1923], 《프로이트 독자*The Freud Reader*》, P. Gay 편집(London, 1995), 643, 655쪽.

7 이것을 비롯해 뒤따르는 인용문은 다음 책에서 발췌했다. Sigmund Freud, 《문화 속의 불안함*Civilization and Its Discontents*》[1929]. 이 텍스트의 인터넷 판은 다음 주소를 볼 것. www2.winchester.ac.uk/edstudies.

8 P. Gay 편집, 《프로이트 독자》, 240쪽.

9 Sigmund Freud, 《자아와 이드》, 637쪽.

10 P. Gay 편집, 《프로이트 독자》, 9~11쪽.

11 Aurel Kolnai, 《정신분석과 사회학*Psychoanalysis and Sociology*》(London, 1921), 77쪽.

12 요한복음 8:32.

13 다음 자료를 볼 것. J. Scharfenberg, 〈신학이 바라본 정신분석Die Rezeption der Psychoanalyse in der Theologie〉, 《정신분석이라는 구상*Die Rezeption der Psychoanalyse*》, J. Cremerius 편집(Frankfurt, 1981), 256~258쪽.

14 Sigmund Freud, 《자아와 이드》, 642쪽.

15 이 문제를 다룬 자료에는 다음의 것이 있다. Ingrid Lund, 〈유럽의 심리학 전문

화The Professionalization of Psychology in Europe〉,《유럽 심리학자*European Psychologist*》, IV/4(1999), 240~247쪽. 정신분석을 다룬 자료도 있다. E. Kurzweil,《프로이트학파: 비교 관점*The Freudians: A Comparative Perspective*》(New Brunswick, NJ, 1998), 201~227쪽.

16 W. R. Scott & J. C. Lammers, 〈의료와 정신건강 분야의 직업과 조직 경향 Trends in Occupations and Organizations in the Medical Care and Mental Health Sectors〉,《의료 리뷰*Medical Care Review*》, XLII/1(1985), 43쪽 표 2, 47쪽 표 5.

17 페렌치의 방법은 다음 자료를 볼 것. 〈프로이트가 페렌치에게 보낸 편지〉(1931 년 9월 18일),《프로이트. 우리 시대의 인생*Freud, A Life for Our Time*》, P. Gay 편집(New York, 1998), 578쪽. 다음의 자료도 참조할 것. S. Ginger, 〈샨도르 페렌치Sándor Ferenczi〉, 제13차 유럽 심리치료 학술대회에서 낭독한 원고 (2005), 4~6쪽. www.sergeginger.net.

18 P. Gay 편집,《프로이트, 우리 시대의 인생》, 438~442쪽.

19 이런 과정에 대한 간단한 설명은 다음 자료를 볼 것. P. E. Mullen, 〈정신분석: 쇠퇴하는 신뢰Psychoanalysis: A Creed in Decline〉,《호주와 뉴질랜드 정신의 학 저널*Australian and New Zealand Journal of Psychiatry*》, XXIII/1(1989), 17~20쪽. 더 자세한 설명은 다음 자료 참조. H. J. Eysenck,《프로이트제국의 쇠퇴와 추락*The Decline and Fall of the Freudian Empire*》(New York, 1985).

20 다음 자료들을 볼 것. R. D. Laing,《분열된 자아*The Divided Self*》(Harmonds worth, 1960). Thomas Szazs,《정신질환이라는 신화*The Myth of Mental Illness*》(New York, 1961). 정신분석을 공격하는 자료의 유용한 목록은 다음 인 터넷 주소를 참조할 것. www.librarything.com.

21 다음 자료를 볼 것. R. D. Miller & R. Weinstock, 〈치료사와 환자의 기밀유지 와 아동 성학대 고발 의무 사이의 이해관계 갈등Conflict of Interest between Therapist-patient Confidentiality and the Duty to Report Sexual Abuse of Children〉,《행동과학과 법*Behavioral Sciences and the Law*》, V/2(1987), 161~174쪽.

22 Sigmund Freud,《정신분석학의 새로운 개론: 비교 관점*New Introductory Lectures on Psychoanalysis: A Comparative Perspective*》(New Brunswick, NJ, 1998), 59~61쪽.

23 Sigmund Freud, 〈기한 분석과 무기한 분석Analysis Terminable and Interminable〉, 《지크문트 프로이트의 심리학 저술 표준판*The Standard Edition of the Complete Psychological Works of Sigmund Freud*》[1937] (London, 1964), XXIII권, 250쪽.

24 Alexis de Tocqueville, 《미국의 민주주의*Democracy in America*》[1835~1840] (Stilwell, KS, 2007), I, 191쪽.

26 E. Kurzweil, 《프로이트학파·비교 과질》, 204쪽.

26 같은 책, 49~56쪽.

27 P. C. Cohen, 《계산적 인간: 초기 미국의 수리감각 확산*A Calculating People: The Spread of Numeracy in Early America*》(London, 1999).

28 P. Gay 편집, 《프로이트, 우리 시대의 인생》, 570쪽.

29 'DSM'의 증보 문제는 다음 자료를 볼 것. R. J. McNally, 《무엇이 정신질환인가?*What Is Mental Illness?*》(Cambridge, MA, 2011), 16~27쪽.

30 P. Gay 편집, 《프로이트, 우리 시대의 인생》, 566쪽.

31 다음 자료를 볼 것. I. D. Yalom, 《치료라는 선물*The Gift of Therapy*》(New York, 2009), 특히 XX, 4~5, 9~11쪽.

32 J. A. Weis & C. A. Weiss, 〈사회과학자와 의사 결정자, 사회 연구의 유용성을 보다Social Scientists and Decision Makers Look at the Usefulness of Social Research〉, 《미국 심리학자*American Psychologist*》, XXXVI/8(1981), 838쪽 표 1.

33 Inoue Nobutaka, 〈카미 개념 이해를 향한 관점들Perspectives toward Understanding the Concept of Kami〉, 《카미*Kami*》, Inoue Nobutaka 편집 (Tokyo, 1998), 2쪽.

34 Sasaki Kiyoshi, 〈후기 도쿠가와 시대 코코가구의 아메노미나카누시노카미 *Amenominakanushi no Kami in Late Tokugawa Period Kokogagu*〉, 《카미》, Inoue Nobutaka 편집, 169쪽.

35 D. K. Reynolds, 《모리타 심리치료*Morita Psychotherapy*》(Berkeley, CA, 1976), 120쪽.

36 G. H. Blowers & S. Yang Hsueh Chi, 〈프로이트의 제자: 일본의 정신분석 도입Freud's Deshi: The Coming of Psychoanalysis to Japan〉, 《행동과학 역사 저널 *Journal of the History of the Behavioral Sciences*》, XXXIII/2(1997), 119~121쪽.

37   Keigo Okigani, 〈일본의 정신분석Psychoanalysis in Japan〉, 《프로이트와 극동 *Freud and the Far East*》, S. Akhtar 편집(Boston, MA, 2009), 10쪽.

38   Taketomo Yashuhiko, 〈일본의 정신분석 문화적 수용, 1912~1955Cultural Adaptation to Psychoanalysis in Japan, 1912-1955〉, 《사회 연구*Social Research*》, LVII/4(1990), 963쪽.

39   J. C. Moloney, 〈일본 정신분석이 가지는 역설의 이해Understanding the Paradox of Japanese Psychoanalysis〉, 《정신분석 국제 저널*International Journal of Psychoanalysis*》, XXXIV/4(1953), 291~303쪽.

40   다음 자료를 볼 것. Kazushige Shingu, 〈프로이트와 라캉과 일본Freud and Lacan and Japan〉, 이 논문은 한국과 일본의 라캉 정신분석학 연구그룹의 제2회 국제학술대회(2005)에서 발표된 것이다. 다음 인터넷 주소에서 열람할 수 있다. www.discourseunit.com/manchester-psychoanalytic-matrix.

41   P. Dahan, 〈법과 그 중요성La Loi et les lois du significant〉, 아래의 인터넷 주소에서 열람할 수 있다. www.champlacanienfrance.net/img/pdf/Mensuel6_PDahan.pdf. Fuhido Endo, 〈리뷰: 가라타니 고진과 30년대의 귀환: 일본 안의, 일본의 정신분석학Review: Kojin Karatani and the Return of the Thirties: Psychoanalysis in/of Japan〉, 《도서의 기호론적 리뷰*The Semiotic Review of Books*》, XIII/1(2002), 3~4쪽.

42   Takie Sugiyama Lebra, 《문화 논리에서 일본인의 자아*The Japanese Self in Cultural Logic*》(Honolulu, HI, 2004), 31~32쪽.

43   Margaret Mead 편집, 《원시부족 사이의 협력과 경쟁*Cooperation and Competition among Primitive Peoples*》[1937](New Brunswick, NJ, 2003), 307, 493~494쪽.

44   Ruth Benedict, 《국화와 칼*The Chrysanthemum and the Sword*》(Boston, MA, 1946), 223쪽. 또한 22~24, 195, 273, 287~288, 293쪽.

45   차이를 둘러싼 좋은 논의는 다음 자료들을 볼 것. D. L. Cairns, 《아이도스*Aidos*》(Oxford, 1993), 14~19, 21~2, 27, 29쪽. G. Taylor, 《자부심, 수치심 그리고 죄책감*Pride, Shame and Guilt*》(Oxford, 1985), 34~43, 64쪽.

46   일본이 이 책에 보인 반응은 다음 자료를 참조할 것. S. Ryang, 〈국화의 기묘한 인생: 전후 일본의 루스 베니딕트Chrysanthemum's Strange Life: Ruth Benedict in Postwar Japan〉, 일본 정책연구소Japan Policy Research Institute(2004).

www.jpri.org.

47 이것과 뒤따르는 인용문은 다음 책에서 발췌했음. Ruth Benedict, 《국화와 칼》, 106~107, 224, 293쪽.

48 D. W. Plath & R. J. Smith, 〈미국에서 이뤄진 근대 일본의 연구는 얼마나 '미국적'인가?How 'American' Are Studies of Modern Japan Done in the United States?〉, 《일본의 다름: 10개 국가에서 이뤄진 일본 연구의 역사적이고 문화적 영향Otherness of Japan: Historical and Cultural Influences on Japanese Studies in Ten Countries》, H. Befu & J. Kreiner 편집(München, 1992), 206쪽.

49 J. Robertson, 〈일본을 언제 어디서 들여다볼까: 1945년 이후의 미국 인류학When and Where Japan Enters: American Anthropology since 1945〉, 《미국의 일본 연구가 전후 발전한 상황The Postwar Development of Japanese Studies in the United States》, H. Hardacre 편집(Leiden, 1998), 311쪽.

50 P. N. Dale, 《일본의 특이함이라는 신화The Myth of Japanese Uniqueness》(New York, 1986), 44, 51쪽.

51 B. -A. Shilonny, 〈패배가 없는 승리: 갈등 해결의 일본 모델Victors without Vanquished: A Japanese Model of Conflict Resolutio〉, 《갈등 해결의 일본 모델Japanese Models of Conflict Resolution》, S. N. Eisenstadt & E. Ben Ari 편집 (London, 1990), 127쪽.

52 V. L. Hamilton & J. S. Sanders, 《일상의 정의Everyday Justice》(New Haven, CT, 1994), 37쪽.

53 J. Braithwaite, 《범죄, 부끄러움과 재통합Crime, Shame and Reintegration》 (Cambridge, 1989), 61쪽.

54 Takie Sugiyama Lebra, 《문화 논리에서 일본인의 자아》, 11쪽.

55 〈최고 법정에 선 일본의 내부고발자Japan Whistleblower at Highest Court〉, 국제 내부고발자들, www.internationalwhistleblowers.com.

56 이 문제를 간편하게 정리한 자료에는 다음의 것이 있다. S. M. Lipset, 《미국의 예외주의American Exceptionalism》(New York, 1996), 211~266쪽.

57 L. H. Long, 〈지리적 이동성 측정On Measuring Geographic Mobility〉, 《미국 통계협회 저널Journal of the American Statistical Association》, LXV/331(1970), 1197쪽 표 2, 1199쪽 표 3.

58 Takie Sugiyama Lebra, 《문화 논리에서 일본인의 자아》, 166~167쪽.

59 Hiroshi Ono, 〈일본의 평생고용-Lifetime Employment in Japan〉, 《일본과 국제 경제 저널*Journal of the Japanese and International Economies*》, XXIV/1(2010), 1~27쪽.

60 Takie Sugiyama Lebra, 〈일본과 중국과 한국의 정의감과 도덕 비교연구 Compensative Justice and Moral Investment among Japanese, Chinese and Koreans〉, 《일본인의 문화와 행태*Japanese Culture and Behavior*》, T. S. Lebra & W. P. Lebra 편집(Honolulu, HI, 1986), 278~291쪽.

61 Takie Sugiyama Lebra, 《문화 논리에서 일본인의 자아》, 118~126, 210~215쪽.

62 Greenhouse Japan, 〈일본인 관광객은 해외에서 강도의 손쉬운 표적인가?Are Japanese Tourists Easy Targets for Robbers Abroad?〉, 2012년 6월 7일. http://greenhousejapan.blogspot.co.il.

63 Ivan Morris, 《실패의 고결함*The Nobility of Failure*》(Boston, MA, 1974), 93, 98~99, 102쪽.

64 같은 책, 107, 126쪽.

65 같은 책, 103~105쪽.

66 《헤이케모노가타리平家物語》[헤이케 가문의 번영과 몰락을 묘사한 13세기 일 본의 문학작품—옮긴이]에서 인용함. Paul Varley, 《일본의 무사들*Warriors of Japan*》(Honolulu, HI, 1994), 113쪽.

67 다음 자료를 볼 것. Taku Tamaki, 〈아시아 가치관에서 공자가 불러온 혼란? 구성 주의 비판Confusing Confucius in Asian Values? A Constructivist Critique〉, 《국제관계*International Relations*》, XXI/3(2007), 284~304쪽.

68 H. Creel, 《중국이 보는 국력의 기원*The Origins of Statecraft in China*》 (Chicago, IL, 1970), 493~506쪽.

69 Confucius, 《논어*The Analects*》(VIII, 21)(London, 1979).

70 가족 문제는 다음 자료를 참조할 것. Shu-Ching Lee, 〈중국의 전통적 가족: 그 특 징과 분열China's Traditional Family: Its Characteristics and Disintegration〉, 《미국 사회학 리뷰*American Sociological Review*》, XVIII/3(1953), 272~280쪽.

71 다음 자료를 참조할 것. Fan Shen, 〈교실과 더 넓은 문화: 영어 작문 학습의 열 쇠로서의 정체성The Classroom and the Wider Culture: Identity as a Key to Learning English Composition〉, 《대학 작문과 소통*College Composition and Communication*》, XL/4(1989), 459~466쪽.

72 이 문제에서는 관계를 대칭적인 것으로 만들려는 몇몇 시도를 언급해두어야 공 정해 보인다. Anon, 〈공자 윤리와 권리 이론의 한계Confucian Ethics and the Limits of Rights Theory〉, 이 자료는 다음 인터넷 사이트에서 검색했다. www. bates. edu. 검색일자는 2012년 9월 19일이다.

73 Confucius, 《논어》(XII, 2, XV, 24).

74 같은 책(XIII, 18.1~2).

75 같은 책(IV, 18)

76 같은 책(X, 1~5).

77 다음 자료를 볼 것. S. T. Ames & H. Rosemont, 〈초기 유교는 도덕적인가?Were the Early Confucians Virtuous?〉, 《고대 중국의 윤리Ethics in Early China》, C. Fraser 외 편집(Hong Kong, 2011), 17~35쪽.

78 다음 자료를 볼 것. B. Hook, 〈린퍄오와 공자 반대운동The Campaign against Lin Piao and Confucius〉, 《아시아 문제Asian Affairs》, V/3(1974), 311~316 쪽.

79 이런 사례는 다음 자료를 참조할 것. S. J. Marshall, 《하늘의 위임The Mandate of Heaven》(Richmond, va, 2001), 18~19쪽.

80 다음 자료를 볼 것. O. Bedford & Kwang-Kuo Hwang, 〈중국 문화의 죄책감과 부끄러움Guilt and Shame in Chinese Culture〉, 《사회 행동 이론 저널Journal of the Theory of Social Behavior》, XXXIII/2(2003), 139쪽.

81 Kwong-Loi Shun, 〈논어의 인과 예Ren and Li in the Analects〉, B. W. van Norden, 《공자와 논어Confucius and the Analects》(Oxford, 2002), 53쪽.

82 같은 책, 특히 62~67쪽을 볼 것. 인과 예 사이의 관계를 자세히 다루었다.

83 Confucius, 《논어》(III, 3).

84 같은 책(V, 20).

85 Chang Wing-tsit, 《왕양명의 실천적 삶과 신유교의 글쓰기 지침Instructions for Practical Living and Other Neo-Confucian Writings by Wang Yang-Ming》 (New York, 1963), 272~280쪽.

86 Confucius, 《논어》(XV, 9), 《맹자Mencius》, 166쪽.

87 다음 책을 참조할 것. Matteo Ricci, 《예수회 신부들의 중국 입국Entrata nella China de' padri della Compagnia del Gesu》[1622](Rome, 1983).

88 P. J. Ivanhoe, 《유교 전통의 윤리Ethics in the Confucian Tradition》(Atlanta,

GA, 1990), 40~41쪽.

89   Confucius, 《논어》, (XII, 13), 1~6쪽.

5장 제3제국의 양심

1   Adolf Hitler, 《나의 투쟁*Mein Kampf*》[1924](Mumbai, 1988), 19쪽. H. R.
Trevor-Roper 편집, 《히틀러의 비밀 대화*Hitler's Secret Conversations*》(New
York, 1953), 155~157, 566-567쪽, 1942년 1월 8~9일과 1942년 9월 7일의 기
록.

2   편지는 다음 책에 수록되어 있다. W. Maser, 《히틀러의 편지와 메모*Hitler's
Letters and Notes*》(New York, 1974), 30쪽.

3   H. Mend, 《전쟁터의 아돌프 히틀러, 1914~1918*Adolf Hitler im Felde,
1914~1918*》(Diessen, 1931). F. Wiedemann, 《사령관이 되고 싶었던 남자*Der
Mann der Feldherr Werden Wollte*》(Dortmund, 1964).

4   다음 책에 인용된 것을 재인용함. B. Hamann, 《비니프레트 바그너 또는 히틀러
의 바이로이트*Winifred Wagner oder Hitlers Bayreuth*》(München, 2005), 343
쪽.

5   H. R. Trevor-Roper 편집, 《히틀러의 비밀 대화》, 127~129, 200, 221, 517쪽.
1941년 1월 28~29일, 2월 1일, 1942년 1월 24~25일, 2월 2일의 기록.

6   D. Irving 편집, 《모렐 박사의 비밀 일기장*Die geheime Tagebücher des Dr
Morell*》(München, 1983), 17쪽.

7   H. R. Trevor-Roper 편집, 《히틀러의 비밀 대화》, 24, 209~210, 214쪽, 1941년
8월 19~20일, 1942년 1월 27일과 28~29일의 기록.

8   E. von Manstein, 《잃어버린 승리*Lost Victories*》[1958](Chicago, IL, 1982),
281쪽 주 1.

9   Albert Speer, 《제3제국 내부*Inside the Third Reich*》(New York, 1971), 259쪽
주 1.

10   P. Longerich, 《글로 쓰이지 않은 명령: 최종해결에서 히틀러의 역할*The
Unwritten Order: Hitler's Role in the Final Solution*》(Stroud, 2005).

11   H. R. Trevor-Roper 편집, 《히틀러의 비밀 대화》, 21쪽.

12 이 문제는 다음 자료를 볼 것. C. R. Browning, 《기억의 모음*Collected Memories*》(Madison, WI, 2003), 29~33쪽.

13 H. R. Trevor-Roper 편집, 《히틀러의 비밀 대화》, 193쪽.

14 같은 책, 212~213쪽.

15 같은 책, 37쪽, 1941년 9월 25~26일의 기록.

16 B. Hamann, 《비니프레트 바그너 또는 히틀러의 바이로이트》, 457쪽.

17 R. Gerwarth, 《히틀러의 사형집행인: 하이드리히의 인생*Hitler's Hangman. The Life of Heydrich*》(New Haven, CT, 2011), 214, 223쪽.

18 W. Schellenberg, 《셸렌베르크의 기억*The Schellenberg Memoirs*》(London, Deutsch, 1956), 337쪽.

19 이 추도사는 다음 책에 수록되었다. W. Maser, 《히틀러의 편지와 메모》, 358쪽.

20 다음 책에 인용된 것을 재인용함. D. Irving, 《괴링: 전기*Göring: A Biography*》(New York, 1989), 159쪽.

21 다음 책에서 인용함. A. Read, 《악마의 제자들: 히틀러의 핵심층*The Devil's Disciples: Hitler's Inner Circle*》(New York, 2003), 379~380쪽.

22 이 공문은 다음 인터넷 주소에서 열람할 수 있다. www.ns-archiv.de/krieg/untermenschen/himmler-fremdvolk.php.

23 D. Irving, 《괴링: 전기》, 343~349쪽.

24 이 일화에 대한 자세한 분석은 다음 자료를 볼 것. R. Breitman, 〈힘러와 사형집행자들 사이의 '끔찍한 비밀'Himmler and 'The Terrible Secret' among the Executioners〉, 《현대사 저널*Journal of Contemporary History*》, XXVI/3~4(1991), 442~444쪽.

25 International Military Tribunal, 《주요 전범 재판*Trials of the Major War Criminals*》(Nürnberg, 1947), 42권, 546쪽.

26 인용된 부분은 다음 인터넷 주소에서 열람할 수 있다. http://holocausthistory.org/himmler-poznan/speech-text.shtml.

27 다음 자료를 참조할 것. M. Wolfson, 〈친위대 리더십의 제약과 선택Constraint and Choice in the SS Leadership〉, 《서구 정치 계간*The Western Political Quarterly*》, XVIII/3(1965), 551~553쪽.

28 R. Gerwarth, 《히틀러의 사형집행인: 하이드리히의 인생》, 73~75, 144~145쪽.

29 다음 책에서 인용함. I. Kershaw, 《종말: 독일, 1944~1945*The End: Germany,*

1944~45》(London, 2012), 37~38쪽.

30 이 단어의 용례는 다음 자료를 볼 것. P. Longerich, 《하인리히 힘러*Heinrich Himmler*》(Oxford, 2012), 198쪽.

31 같은 책, 301~302, 308~310쪽.

32 F. Kersten, 《케르스텐의 기억*The Kersten Memoirs*》(New York, 1947), 60, 209쪽.

33 G. Sereny, 《그 어둠 속으로: 양심의 검증*Into That Darkness: An Examination of Conscience*》(London, 1974), 20쪽.

34 괴벨스의 일기장 1941년 12월 18일의 기록.

35 힘러가 케르스텐에게 1945년 3월 21일에 보낸 편지의 한 구절. 다음 책에 수록됨. F. Kersten, 《케르스텐의 기억》, 227쪽. 영어 번역은 필자.

36 다음 자료를 볼 것. J. M. Steiner, 〈친위대의 어제와 오늘: 사회심리학의 관점 The ss Yesterday and Today: A Sociopsychological View〉, J. E. Dimsdale 편집, 《생존자, 희생자 그리고 가해자: 나치 홀로코스트를 다룬 에세이*Survivors, Victims, and Perpetrators; Essays on the Nazi Holocaust*》(Washington, DC, 1980), 431~434, 443쪽.

37 H. J. von Moltke, 《프라이아에게 보낸 편지*Letters to Freya*》(New York, 1990), 183, 183쪽 주 2.

38 M. Messerschmidt, 《군법*Die Wehrmachtjustiz*》(München, 2005), 79쪽.

39 G. Sereny, 《그 어둠 속으로: 양심의 검증》, 83쪽.

40 R. Wittmann, 《정의의 저편: 아우슈비츠 재판*Beyond Justice: The Auschwitz Trials*》(Cambridge, MA, 2005), 99쪽.

41 P. Longerich, 《하인리히 힘러》, 315~351쪽.

42 Christopher Browning, 《평범한 사람들: 101 예비경찰대대와 폴란드에서의 최종해결*Ordinary Men: Reserve Police Battalion 101 and the Final Solution in Poland*》(Harmondsworth, 2001), 13~14쪽.

43 밀그램과 짐바르도의 실험을 다룬 최근의 평가와 비판은 다음 자료를 볼 것. S. Reicher & S. A. Haslam, 〈다시 생각해보는 폭압의 심리학Rethinking the Psychology of Tyranny〉, 《영국 사회심리학 저널*British Journal of Social Psychology*》, XLV(2006), 1~40쪽.

44 B. Naumann, 《아우슈비츠*Auschwitz*》(New York, 1966), 67~68쪽.

45 이 책의 영어 판본은 여러 가지다. 나는 다음의 것을 이용했다. A. Pollinger 편집, 《사령관*The Commandant*》(London, 2011).

46 다음 책에서 인용함. F. Kersten, 《케르스텐의 기억》(London, 1956), 154쪽.

47 디를레방거와 글로보츠니크에 대해서는 다음 자료를 볼 것. P. Longerich, 《하인리히 힘러》, 345~358쪽. 슈탕글은 다음 책에서 다룬다. G. Sereny, 《그 어둠 속으로: 양심의 검증》, 51, 55, 78, 134쪽.

48 G. Sereny, 《그 어둠 속으로: 양심의 검증》, 119쪽.

49 International Military Tribunal, 《주요 전범 재판》, I, 251쪽.

50 G. M. Gilbert, 《뉘른베르크 일지*Nuremberg Diary*》(New York, 1947), 1946년 4월 12일 기록.

51 다음 자료에서 인용함. J. J. Hughes, 〈대량학살자의 참회: 아우슈비츠 사령관 루돌프 회스의 경우A Mass Murderer Repents: The Case of Rudolf Hoess, Commandant of Auschwitz〉, 1998년 3월 25일 시턴홀 대학교에서 게레티 Gerety 대주교의 강연. 다음 인터넷 주소에서 열람할 수 있음. www.shu.edu.

52 다음 자료를 볼 것. Sczuchta, 〈폴란드의 홀로코스트 교육Teaching about the Holocaust in Poland〉(1997). www.iearn.org.

53 E. Demant, 편집, 《아우슈비츠: 〈램프에서 물러서라〉*Auschwitz: 〈Direkt von der Rampe Weg〉*》(Reinbek, 1979), 60, 61, 63, 67, 83, 85, 86, 87쪽.

54 같은 책, 102, 116쪽.

55 Claudia Koonz, 《조국의 어머니들: 여성과 가족 그리고 나치스 정책*Mothers in the Fatherland: Women, the Family and Nazi Politics*》(New York, 1987), 404~405쪽.

56 P. Longerich, 《하인리히 힘러》, 12쪽.

57 정신과 전문의 그라비츠Grawitz가 힘러에게 1942년 3월 4일에 올린 보고서. 다음 자료에서 인용함. Christopher Browning, 《평범한 사람들: 101 예비경찰대대와 폴란드에서의 최종해결》, 231쪽.

58 Tomasz Żuroch-Piechowski, 〈뉘른베르크 재판의 죄 없는 남자Innocent Man at the Nuremberg Trials〉(폴란드어), 《일반 주간지Tygodnik Powszechny》, XXXIX(2006), 2006년 9월 24일.

59 Christopher Browning, 《평범한 사람들: 101 예비경찰대대와 폴란드에서의 최종해결》, 154쪽. Benjamin Ferencz, 〈대량학살자, 집단학살을 정당화하다Mass

Murderers Seek to Justify Genocide〉, http://archive.today/jxfI. G. Sereny,
《그 어둠 속으로: 양심의 검증》, 349쪽.

60 G. Aly 외, 《조국의 정화: 나치 의학과 인종 위생*Cleansing the Fatherland: Nazi
    Medicine and Racial Hygiene*》(Baltimore, MD, 1994), 156쪽.

61 프로그램 소개는 다음 인터넷 주소를 볼 것. http://db.yadvashem.org/
    righteous/search.html?language=en.

62 S. P. Oliner, 《이타적인 인물*The Altruistic Personality*》(New York, 1988), 1쪽.

63 다음 자료를 볼 것. M. Hoffman, 〈더 높은 수입이 당신을 이타적으로 만드나?
    홀로코스트로 얻은 증명Does Higher Income Make You More Altruistic?
    Evidence from the Holocaust〉, 《경제와 통계 리뷰*Review of Economics and
    Statistics*》, XCIII/3(2011), 876~887쪽. 또 다음 자료도 참조할 것. S. P. Oliner,
    《이타적인 인물》, 260쪽.

64 L. Wijler, 《기억들*Herinneringen*》(Herzliya, 1975), 142쪽.

65 S. P. Oliner, 《이타적인 인물》, 50, 81, 114쪽.

66 같은 책, 260쪽.

67 같은 책, 237쪽.

68 셸렌베르크의 증언에 따름. W. Schellenberg, 《셸렌베르크의 기억》, 338쪽.

69 다음 자료를 참조할 것. W. Meyer, 《작전 7: 구조 활동*Unternehmen Sieben:
    Eine Rettungsaktion*》(Berlin, 1976), 212, 214쪽.

70 J. H. Waller, 〈제독 카나리스의 이중 인생The Double Life of Admiral Canaris〉,
    《첩보와 방첩 국제 저널*International Journal of Intelligence and Counter-
    intelligence*》, IX/3(1996), 271~289쪽. 또 다음 자료도 있다. P. Hoffman, 《발
    퀴레작전의 배후: 히틀러를 상대로 한 독일의 저항*Behind Valkyrie: German
    Resistance to Hitler*》(Cambridge, MA, 1988), 93, 235, 246쪽.

71 H. Camlot, 〈발렌베리 가문은 유대인을 구출하면서 나치스를 지원했나?Did
    Wallenberg's Family Aid the Nazis while He Saved Jews?〉, 《J위클리닷컴
    JWeekly.com》, 1996년 6월 14일, www.jweekly.com.

72 S. P. Oliner, 《이타적인 인물》, 168, 260쪽.

73 같은 책, 260쪽.

74 같은 책, 154~155, 260쪽.

75 같은 책, 159쪽.

76 이 모의는 다음 자료를 보면 자세히 알 수 있다. T. Parssinen, 《군부의 히틀러 암살 모의의 알려지지 않은 이야기*The Unknown Story of the Military Plot to Kill Hitler*》(London, 2004).

77 N. Reynolds, 《반역은 죄가 아니다: 루트비히 베크, 독일 참모총장*Treason Was No Crime: Ludwig Beck, Chief of the German General Staff*》(London, 1976), 207쪽.

78 다음 책에서 재인용함. M. Balfour, 《히틀러에 저항하다*Withstanding Hitler*》(London, 1988), 126쪽.

79 괴르들러회고록 1941~1942, P. Hoffman, 《발퀴레작전의 배후: 히틀러를 상대로 한 독일의 저항》, 200쪽.

80 P. Hoffman, 《발퀴레작전의 배후: 히틀러를 상대로 한 독일의 저항》, 131~135쪽.

81 J. Kramarz, 《슈타우펜베르크*Stauffenberg*》(Frankfurt, 1965), 122쪽.

82 다음 자료를 볼 것. P. Hoffmann, 〈참모 헤닝 폰 트레스코프와 1943년의 쿠데타 계획Oberst i. G. Henning von Tresckow und die Staatsstreichpläne im Jahr 1943〉, 《시대역사 계간지*Vierteljahrshefte für Zeitgeschichte*》, LV (2007), 344쪽.

83 다음 책에서 재인용함. F. von Schlabrendorff, 《히틀러를 겨눈 반란*Revolt against Hitler*》(London, 1948), 131쪽.

84 이 연설의 영어 버전은 다음 인터넷에서 볼 수 있다. http://comicism. tripod. com/440720.html.

85 한스와 조피 숄에 대해서는 다음 자료를 볼 것. I. Jens, 편집, 《한스 숄, 조피 숄: 편지와 기록*Hans Scholl, Sophie Scholl: Briefe und Aufzeichnungen*》(Frankfurt, 1983), 157~158, 171, 179, 223~227쪽.

86 Theodor Haecker, 《낮과 밤의 기록, 1939-1945*Tag-und-Nachtbücher, 1939-1945*》(München, 1947), 30쪽.

87 엘저의 삶과 그가 히틀러를 암살하려 한 시도는 다음 책이 다루고 있다. H. G. Haasis, 《나는 히틀러를 공중에 날려버리려 했다: 암살자 게오르크 엘저*Den Hitler jag' ich in die Luft: Der Attentäter Georg Elser*》[1999](Hamburg, 2009).

88 다음 자료를 볼 것. U. Renz, 〈엘저와 유대인Elser und die Juden〉, 《연단: 유대문화 이해를 위한 잡지*Tribüne: Zeitschrift zum Verständnis des Judentums*》,

CLV(2000), 47~55쪽.

6장 옛 우상과 새로운 우상

1   이 논란은 다음 자료를 참조할 것. J. Hegeland, 〈기독교인과 로마 군대 서기 173~337Christians and the Roman Army AD 173-337〉,《교회 역사Church History》, XLIII/2(1974), 149~163쪽.

2   M. B. Weddle,《평화의 길을 걷다: 17세기 퀘이커교의 평화주의Walking in the Way of Peace: Quaker Pacifism in the Seventeenth Century》(Oxford, 2001), 180, 228~229쪽.

3   S. M. Kohn,《평화를 위해 투옥되다: 미국 초안 법 위반자의 역사, 1658~1985 Jailed for Peace: The History of American Draft Law Violators, 1658~1985》 (Westport, CT, 1986), 9~11쪽.

4   미국 독립전쟁 이전과 전쟁 동안 군 면제 문제가 어떻게 이뤄졌는지 다룬 자료에는 다음의 것이 있다. E. M. West, 〈초창기 미국의 종교 관련 군 면제 권리: 징병제에서 양심적 병역 거부의 사례The Right to Religion-based Exemptions in Early America: The Case of Conscientious Objectors to Conscription〉,《법과 종교 저널Journal of Law and Religion》, X/2(1993~1994), 367~401쪽.

5   S. M. Kohn,《평화를 위해 투옥되다: 미국 초안 법 위반자의 역사, 1658~1985》, 20~21쪽. 이 문제를 바라본 마르크스의 관점은 다음 자료를 볼 것.《공산당 선언 The Communist Manifesto》[1848], 2쪽. www.marxists.org .

6   다음 자료를 볼 것. C. C. Moskos & J. W. Chambers,《새로운 양심적 병역 거부: 종교적 저항에서 세속의 저항으로The New Conscientious Objection: From Religious to Secular Resistance》(New York, 1993), 3~21쪽.

7   P. Brock,《1972년까지 유럽의 평화주의Pacifism in Europe to 1972》 (Princeton, NJ, 1972), I, 467쪽.

8   C. H. Smith,《스미스의 메노파 이야기Smith's Story of the Mennonites》(Kansas City, KS, 1957), 545쪽.

9   J. Greenberg,《난 너에게 장미정원을 약속하지 않았어I Never Promised You a Rose Garden》(New York, 1964).

10 결의안은 다음 인터넷 주소에서 열람할 수 있다. http://assembly.coe.int.

11 이 문제의 법적 측면을 간략하게 조망하게 해주는 자료에는 다음의 것이 있다. David Malament, 〈선택적인 양심적 병역거부와 질레트 결정Selective Conscientious Objection and Gillette Decision〉,《철학과 사회 문제*Philosophy and Public Affairs*》, I/4(1972), 363~386쪽.

12 C. Jehn & Z. Selden, 〈유럽 징병제의 종말?The End of Conscription in Europe?〉,《현대 경제 정책*Contemporary Economic Policy*》, XX/2(2002), 93~100쪽.

13 양심적 병역거부의 자료 표는 다음 인터넷 주소를 볼 것. http://girightshotline.org.

14 다음 자료를 볼 것. J. Muller,《전쟁의 잔재*The Remnants of War*》(Ithaca, NY, 2004). 또 다음 자료도 볼 것. Martin van Creveld,《핵 확산과 갈등의 미래 *Nuclear Proliferation and the Future of Conflict*》(New York, 1993).

15 Thomas Hobbes,《리바이어던*Leviathan*》[1652](London, 1961), 203, 284~295쪽.

16 다음 자료를 볼 것. H. T. King, 〈뉘른베르크의 유산The Legacy of Nuremberg〉, 《국제법 케이스 웨스턴 저널*Case Western Journal of International Law*》, Vol. 34(2002), 335e쪽.

17 이런 책의 대표적인 예에는 다음의 것이 있다. B. Schaffner,《아버지의 나라: 독일 가족의 권위주의 연구*Father-land: A Study of Authoritarianism in the German Family*》(New York, 1948).

18 John Locke,《통치론*Second Treatise on Government*》[1689](Cambridge, 1967), 289쪽.

19 선언문 전문은 다음에서 확인할 수 있다. www.un.org/en.

20 이런 과정에 대한 간략한 설명은 다음 자료를 볼 것. L. Henkin, 〈인권과 국가 '주권'Human Rights and State 'Sovereignty'〉,《조지아 국제법과 비교법 저널*Georgia Journal of International and Comparative Law*》, XXV/31(1995), 31~46쪽. 또 다음 자료도 참조할 것. R. Dworkin,《권리를 진지하게 받아들이자*Taking Rights Seriously*》(London, 1977).

21 M. Ignatieff,《권리 혁명*The Rights Revolution*》(Toronto, 2000).

22 1997년 12월 10일에 행한 연설. www.un.org/en.

23 다음 자료를 볼 것. E. M. Hafner-Burton 외, 〈글로벌화하는 세계의 인권: 공허한 약속의 역설Human Rights in a Globalizing World: The Paradox of Empty Promises〉, 《미국 사회학 저널*American Journal of Sociology*》, X/5(2005), 1373~1411쪽.

24 국제형사재판소의 기원과 발달은 다음 자료를 볼 것. B. Broomhall, 《국제 사법과 재판: 주권과 법 사이에서*International Justice and the International Court: Between Sovereignty and Law*》(New York, 2004).

25 F. Spott, 《히틀러와 미학의 권력*Hitler and the Power of Aesthetics*》(New York, 2009), 특히 112~136쪽.

26 다음 책에서 재인용함. C. Koonz, 《나치의 양심*The Nazi Conscience*》(Cambridge, MA, 2003), 138쪽.

27 이 문제를 다룬 자료에는 다음과 같은 것이 있다. M. Spivak, 〈프랑스 제3공화국의 신화 개념: 프랑스 인적 자본 강화Un Concept Mythologique de la Troisième Republique: Le Reinforcement du Capital Humain de la France〉, 《역사 정보*Information Historique*》, IV/2(1987), 155~176쪽. L. W. Burgener, 〈중립국의 스포츠와 정책: 스위스의 예비교육, 1918~1947Sport et Politique dans un Etat Neutre: L'instruction Préliminaire en Suisse, 1918-1947〉, 《역사적 정보*Information Historique*》, XLVIII/1(1986), 23~29쪽.

28 D. Schaefer, 《히틀러의 하일: 의학 비유의 역사와 그 오용*Heil bei Hitler: Geschichte und Missbrauch einer Medizinischer Metaphor*》(Basel, 2005).

29 W. L. Shirer, 《베를린 일기*Berlin Diary*》(New York, 1941), 327쪽. 1940년 6월 27일 기록.

30 E. Wu, 〈바이마르공화국과 서독 초기 역사에서 공중보건 서비스Public Health Service in the Weimar Republic and in the Early History of West Germany〉 [German], 《공공 보건체계*Öffentliches Gesundheitswesen*》, LI/5(1989), 215~221쪽.

31 〈인종과 성별에 따라 출생년도에 비춰본 기대수명, 1930~2010Life Expectancy at Birth by Race and Sex, 1930-2010〉, www.infoplease.com.

32 다음 자료를 볼 것. A. B. Artin 외, 〈미국 보건비용의 성장세는 2010년 완만한 변화를 보였다Growth in U.S. Health Spending Remained Slow in 2010〉, 《건강 문제Health Affairs》, XXXI/1(2012), 208~219쪽. R. Shinkman, 〈보건비용

이 미국의 전체 적자를 낳는다Health Costs Drive Entire U.S. Deficit〉, 2012
년 4월 10일. www.fiecehealthfinance.com.

33 Anon, 〈처진 젖가슴은 젖먹이 때문이 아니라 흡연 탓이다Saggy Boobs from
Smoking, Not Suckling〉, 《아프로디테Aphrodite》, 2007년 11월 8일. www.
aphroditewomenshealth.com.

34 Anon, 〈건강 양심Health Conscience〉, http://corporatewelfare.org/health.

35 M. Woodward & H. Tunstall-Pedoe, 〈스코틀랜드 심장 건강 연구로 본 커피
와 차 소비Coffee and Tea Consumption in the Scottish Heart Health Study
Follow Up〉, 《공동체 건강Community Health》, LIII(1999), 481~487쪽.

36 W. Willett, 《먹기, 마시기 그리고 건강하기Eat, Drink, and Be Healthy》(New
York, 2001), 54쪽.

37 다음 자료를 볼 것. W. Willett, 〈지중해 다이어트: 과학과 실천The
Mediterranean Diet: Science and Practice〉, 《공공 건강 영양Public Health
Nutrition》, 2006년 2월 9일, 105~110쪽. 관련 주제를 다룬 좋은 글은 다음 인
터넷에서 검색해볼 수 있다. http://en.wikipedia.org.

38 B. Glasner, 《음식의 복음The Gospel of Food》, HarperCollins e-books(2007),
loc. 118.

39 B. Luscombe, 〈일 년에 7만 5,000달러를 가지면 행복할까?Do We Need
$75,000 a Year to Be Happy?〉, 《타임Time》, 2010년 9월 6일.

40 다음 자료를 볼 것. A. Hardy, 《전염병의 거리The Epidemic Streets》(Oxford,
1991).

41 British Museum, 〈요람에서 무덤까지 따라다니는 약물Cradle to Grave by
Pharmacopoeia〉, www.britishmuseum.org.

42 《예디오트 아하라노트Yediot Aharonot》[히브리어], 2013년 1월 3일. www.
ynet.co.il. 〈미국 군인에게 흡연 금지는 실제로 그들의 마음에 불을 지필 수 있
다For Members of the u.s. Military, A Ban on Smoking Could Really Burn〉,
《스타스 앤드 스트라이프스Stars and Stripes》, 2014년 6월 25일. www.stripes.
com.

43 Anon, 〈엑스터시의 역사The History of Ecstasy〉, www.drugs.iemallway.
com. Conal Urquhart, 〈MDMA가 우울증 치료에 도움을 줄까?Can MDMA
Help to Cure Depression?〉, 《가디언The Guardian》, 2012년 9월 15일.

44 S. S. Wang, 〈의료검진의 가치가 의심받다Value of Medical Checkups Doubted〉,《월스트리트 저널Wall Street Journal》, 2012년 10월 17일.

45 암 진단이 필요하다고 설득하는 기술에 어떤 것이 있는지는 다음의 자료를 볼 것. E. M. Slater & J. E. Ward, 〈유방암의 위험과 검진의 혜택을 여성에게 알리기 위해 어떻게 소통하나: 58 팸플릿의 분석How Risks of Breast Cancer and Benefits of Screening are Communicated to Women: Analysis of 58 Pamphlets〉,《영국 의료 저널British Medical Journal》, CCCXVII(1998).

46 이 문제를 아주 뛰어나게 조망해주는 간략한 정보는 다음을 참고할 것. 〈일자리 건강Workplace Wellness〉, http://en.wikipedia.org.

47 Anon, 〈여기서 성공을 만나자: 덴마크의 비만 방지 세금Meet the Success Here: Denmark Institutes Fat Tax〉, 2011년 10월 21일. http://meetthesuccesshere. blogspot.co.il.

48 Sandra Haurant, 〈프랑스 정부, 학교 구내식당에서 채식주의를 금지하다French Government Banning Vegetarianism in School Canteens〉,《가디언》, 2011년 10월 26일.

49 U. Poschardt, 〈건강은 모든 시민의 의무다Gesundheit is die Pflicht jede Burger〉,《디 벨트Die Welt》, 2013년 1월 3일. 〈고열로 축하한 어린이날 Children's Day Celebrated with Fervor〉,《찬디가르 트리뷴Chandigar Tribune》, 2011년 10월 6일.

50 해당 주제를 간략하게 정리한 자료〈자살을 보는 종교의 관점Religious Views of Suicide〉은 다음 인터넷 사이트를 볼 것. http://en.wikipedia.org.

51 불교의 이런 관점을 간략하게 소개한 자료에는 다음의 것이 있다. S. P. James & D. E. Cooper, 〈불교와 환경Buddhism and the Environment〉,《현대 불교 Contemporary Buddhism》, VIII/2(2007), 93~96쪽.

52 Aristotle,《정치학Politics》(I, 8).

53 다음 자료를 볼 것. A. Bramwell, 〈피와 토양Blut und Boden〉,《독일의 기억 장소Deutsche Erinnerungsorte》, E. Francois & H. Schulze 편집(München, 2003), 380~391쪽.

54 다음 자료를 볼 것. W. H. Rollins, 〈누구의 풍경인가? 나치스 아우토반의 기술, 파시즘 그리고 환경보호Whose Landscape? Technology, Fascism and Environmentalism on the National Socialist Autobahn〉,《미국 지리학 학

회 연보*Annals of the Association of American Geographers*》, LXXXV/3(1995), 494~520쪽.

55 규제 문제는 다음 자료를 참조할 것. Edeltraud Klueting, 〈동물보호, 자연보호 그리고 환경보호를 위한 나치스 제국 정부의 법적 규제Die gesetzlichen Regelungen der nationalsozialistischen Reichsregierung für den Tierschutz, den Naturschutz und den Umweltschutz〉, 《자연보호와 나치즘*Naturschutz und Nationalsozialismus*》, J. Radkau & Frank Uckoetter 편김(Frankfurt, 2003), 77~106쪽.

56 다음 자료를 볼 것. D. Story, 《기독교도는 환경운동가여야만 하는가?*Should Christians Be Environmentalists?*》(Grand Rapids, MI, 2012). M. Mies & V. Shiva, 《에코페미니즘*Ecofeminism*》(Halifax, NS, 1993).

57 예를 들어 다음 글을 볼 것. R. Ashworth, 〈게이 환경운동Gay Environmentalism〉, 2005년 2월 22일. www.theslowlane.org.

58 〈부상당하거나 살해당한 환경운동가와 동물보호 운동가〉 명단은 다음 인터넷 주소에서 볼 수 있다. www.sourcewatch.org

59 녹색당의 발전을 간략하면서도 심도 있게 정리한 자료는 다음 인터넷 주소를 볼 것. 〈Green Party〉, http://en.wikipedia.org.

60 A. Leopold, 《모래 자치주 연감*A Sandy County Almanac*》[1949] (New York, 2001), 262쪽.

61 다음 자료를 볼 것. David Biello, 〈환경 질병의 답이 출생 통제인가?Is Birth Control the Answer to Environmental Ills?〉, 《과학적 미국인*Scientific American*》(2009년 9월 23일).

62 The Impact Team, 〈기후 음모: 새로운 빙하시대의 도래The Weather Conspiracy: The Coming of the New Ice Age〉(New York, 1977).

63 D. Archibald, 〈1970년대 글로벌 냉각 연구를 다룬 'CIA' 문서The cia Documents the Global Cooling Research of the 1970s〉, WUWT, 2012년 5월 25일. http://wattsupwiththat.com.

64 이런저런 제안은 다음 자료를 볼 것. Jim Meyer, 〈지구공학: 지구를 고정시키려는 미친 과학자들의 가이드Geoengineering: A Mad Scientist's Guide to Fixing the Planet〉, http://grist.org.

65 이 문제를 다룬 최근의 자료에는 다음과 같은 것이 있다. 〈지구 온난화 '휴지기'

에도 심각한 전망Dire Outlook Despite Global Warming 'Pause'〉, 2013년 5월 19일. http://phys.org. A. Watts, 〈러시아 과학자들, 태양의 변화에 따른 지구 냉각 시기를 말하다Russian Scientists Say Period of Global Cooling Ahead Owing to Changes in the Sun〉, 2013년 4월 29일. http://wattsupwiththat.com. Peter Ferrara, 〈미안하네, 지구 온난화를 떠드는 자들아, 지구는 차가워지고 있어Sorry Global Warming Alarmists, the Earth Is Cooling〉, 《포브스Forbes》, 2012년 5월 31일.

66   R. E. Goodin, 〈환경 면죄부 판매Selling Environmental Indulgences〉, 《키클로스Kyklos》, XLVII(1994), 573~596쪽.

67   Valerie Volcovici, 〈미국은 탄소세로 10년 이내에 적자를 반으로 줄일 수 있다U.S. Carbon Tax Could Halve Deficit in 10 Years〉, 《로이터Reuters》, 2012년 9월 26일, http://uk.reuters.com.

68   이 문제의 전모를 가늠할 수 있게 해주는 자료에는 다음의 것이 있다. K. Knezevich, 〈사냥과 환경운동가: 갈등인가 오해인가Hunting and Environmentalists: Conflict or Misperceptions〉, 《야생의 인간 차원Human Dimensions of Wildlife》, XIV/1(2009), 12~20쪽.

69   Bryan Farrell, 〈녹색 위장: 군대의 새로운 환경운동 꿰뚫어보기Green Camo: Seeing through the Military's New Environmentalism〉, 《전쟁 저항자 동맹War Resisters' League》(2009). www.warresisters.org.

70   무엇보다도 다음 자료를 볼 것. R. Bailey, 《생태 사기Ecoscam》(New York, 1994).

71   Diana Sander, 〈전자파 공포가 인간을 병들게 만들까?Kann die Angst vor Elektrosmog den Menschen krank machen?〉, 《저널 전문가 닷데Journal Expert.de》, 2013년 5월 9일. www.journalexpert.de.

7장 기술 시대 양심의 자리

1   Epicurus, 〈메노이케우스에게 보낸 편지Letter to Menoeceus〉, www.epicurus.net/en/menoeceus.html.

2   다음의 글에 따름. Lactantius, 《제도Institutes》(III, 17).

3   Lucretius, 《사물의 본성에 대하여On the Nature of Things》(II, 251~260).

4   같은 책, (III, 54~55).

5   루크레티우스의 생애는 다음 책을 참조할 것. W. R. Johnson, 《루크레티우스와 현대 세계Lucretius and the Modern World》(Bristol, 2000), 3~4쪽.

6   이 환상적인 스토리는 다음 자료를 볼 것. S. Greenblatt, 《방향 전환: 근대 세계는 어떻게 시작되었나The Swerve: How the Modern World Began》(New York, 2012), 14~50쪽.

7   칼뱅이 루크레티우스를 바라본 관점은 다음 책을 볼 것. H. N. Parker 편집, 《올림피아 모랄라: 이탈리아 이단을 바라본 완전한 관점Olympia Morala: The Complete Views of an Italian Heretic》(Chicago, IL, 2003), 39쪽.

8   토머스 크리치의 번역본은 런던 웨스트민스터의 '런던 책 판매상Booksellers of London'이 1700년 출간했다.

9   Thomas Hobbes, 《법의 요소The Elements of Law》[1650](New York, 1969), 63장.

10 Thomas Hobbes, 《리바이어던》[1652](London, 1961), 85쪽.

11 같은 책, 99쪽.

12 Paul-Henri d'Holbach, 《좋은 감각Good Sense》[1772], 81쪽. 이 책은 전자책으로도 열람할 수 있다. http://good-sense.t.ebooks2ebooks.com/81.html.

13 다음 자료를 볼 것. J. A. Israel, 《급진적 계몽주의Radical Enlightenment》(Oxford, 2001), 710쪽.

14 Denis Diderot, 《달랑베르의 꿈Le Rêve de d'Alembert》[1769](Paris, 1921), 42, 70, 89, 95, 103, 129쪽.

15 다음 자료를 참조할 것. M. Wilson, 《디드로Diderot》(Oxford, 1972), 562쪽.

16 다음 자료를 참조할 것. S. Gaukroger, 《기계론의 붕괴와 감성의 부상The Collapse of Mechanism and the Rise of Sensibility》(Oxford, 2010), 394~420쪽.

17 이 정의의 영어 번역문은 다음 자료에서 인용했다. S. Gaukroger, 《기계론의 붕괴와 감성의 부상》, 390쪽.

18 Alfred Tennyson, 《인 메모리엄In Memoriam》[1833], 27.5, 27.8.

19 이와 관련한 자료는 다음의 것이다. L. Holford-Stevens, 〈루크레티우스 전기의 공간 공포Horror Vacui in Lucrtian Biography〉, 《리즈 국제 고전 연구Leeds International Classical Studies》, I/1(2002), 5쪽.

20 특히 다음 자료를 볼 것. K. Lorenz, 《공격성에 대하여*On Aggression*》(London, 1963), 75~80쪽.

21 B. F. Skinner, 《과학과 인간 행동*Science and Human Behavior*》(New York, 1953), 350~358쪽.

22 B. F. Skinner, 《행동주의에 대하여*On Behaviorism*》(New York, 1974), 17쪽.

23 B. F. Skinner, 《자유와 존엄을 넘어서*Beyond Freedom and Dignity*》(New York, 1971), 215쪽.

24 다음 자료를 볼 것. B. F. Skinner, 〈두 가지 '합성 사회관계'Two 'Synthetic Social Relations'〉, 《행동 실험 분석 저널*Journal of the Experimental Analysis of Behavior*》, V/4 (1962), 531~533쪽.

25 B. F. Skinner, 《행동주의에 대하여》, 150쪽.

26 B. F. Skinner, 《과학과 인간 행동》, 187쪽.

27 칼리스트라토스의 《묘사*Ekphraseis*》는 다음 인터넷 주소에서 볼 수 있다. www.theoi.com. 인용문은 8장에 나온다.

28 같은 자료, 9장.

29 다음 자료를 볼 것. J. W. Meri, 《중세 이슬람 문명: 백과사전*Medieval Islamic Civilization: An Encyclopaedia*》(London, 2005), 711쪽. C. B. Fowler, 〈음악 박물관: 기계 악기의 역사The Museum of Music: A History of Mechanical Instruments〉, 《음악 교육자 저널*Music Educators Journal*》, LIV/2(1967), 45~49쪽. M. E. Rosheim, 《로봇 혁명: 인간형 로봇공학의 발달*Robot Revolution: The Development of Anthrobotics*》(1994), 36쪽. J. B. Needham, 《중국의 과학과 문명*Science and Civilization in China*》(Cambridge, 1971), IV/2, 133, 508쪽.

30 J. B. Needham, 《중국의 과학과 문명》, II, 53쪽.

31 J. M. 레비트Levitt, 《터키인: 체스 자동기계The Turk: Chess Automaton》(Jefferson, NC, 2000), 39~43쪽.

32 이 기묘한 사기사건은 다음 자료를 참조할 것. T. Standage, 《터키인: 18세기의 유명한 체스 두는 기계의 인생과 시간*The Turk: The Life and Times of the Famous Eighteenth-century Chess-playing Machine*》(New York, 2002).

33 다음 자료를 참조할 것. M. Hillier, 《자동기계와 기계 장난감*Automata and Mechanical Toys*》(London, 1976), 20, 46쪽.

주

34 C. R. Hills, 《바람에서 얻은 힘*Power from Wind*》(Cambridge, 1996), 95~102쪽.

35 두 로봇에 대한 자세한 묘사는 '위키피디아Wikipedia'를 참조할 것.

36 T. Maliq, 〈일본 물류회사가 말하는 작은 로봇을 우주정거장에 파견하다Japanese Cargo Sends a Tiny Talking Robot to Space Station〉, NBC News, 2013년 8월 4일. www.nbcnews.com.

37 A. Bolford, 〈그건 드로이드가 아니야, 내 여자친구야That's Not a Droid, That's My Girlfriend〉, 《글로벌 메일*Global Mail*》(2013년 2월 21일).

38 다음 자료를 볼 것. Naho Kitano, 〈로봇윤리학: 서구와 일본의 사회적 로봇 수용의 비교 분석Roboethics: A Comparative Analysis of Social Acceptance of Robots between the West and Japan〉(2006), www.roboethics.org.

39 이런 사례들은 다음 자료를 볼 것. 〈19세기의 기계적 경이로움Mechanical Marvels of the Nineteenth Century〉, www.bigredhair.com/robots.

40 Jules Verne, 《증기 집*La maison à vapeur*》(Paris, 1880).

41 이 작품은 다음 인터넷 주소에서 열람할 수 있다. http://preprints/ readingroo.ms/rur/rur.pdf.

42 Isaac Asimov, 〈런어라운드Runaround〉. 다음 인터넷 주소에서 볼 수 있다. www.rci.rutgers.edu.

43 같은 인터넷 사이트 참조.

44 예를 들어 〈한국 로봇 윤리헌장, 2012South Korean Robot Ethics Charter, 2012〉를 볼 것. http://akikok012um1.wordpress.com.

45 특히 다음 자료를 볼 것. P. Singer, 《전쟁을 위한 접속: 로봇 혁명과 21세기의 갈등*Wired for War: The Robotics Revolution and Conflict in the 21st Century*》, Kindle Edition(2006).

46 G. C. Wilson, 〈해군 미사일 이란 여객기를 격추하다Navy Missile Downs Iranian Airliner〉, 《워싱턴 포스트*Washington Post*》, 1988년 7월 4일.

47 N. Schachtman, 〈로봇 포 9명의 사망자와 14명의 부상자를 낳다Robot Cannon Kills 9, Wounds 16〉, 《와이어드*Wired*》(2007년 10월 18일), www.wired.com.

48 아시모 홈페이지를 볼 것. http://asimo.honda.com.

49 P. Singer, 《전쟁을 위한 접속: 로봇 혁명과 21세기의 갈등》, locs. 7780~7797.

50 D. Troop, 〈전쟁을 치르는 로봇: 윤리적 문제를 다룬 학자들의 토론Robots at War: Scholars Debate the Ethical Issues〉, 《고급 교육 연대기 *The Chronicle of Higher Education*》(2012년 9월 10일).

51 J. Pitrat, 《인공 존재: 의식적 기계의 양심*Artificial Beings: The Conscience of a Conscious Machine*》(London, 2013).

52 Homer, 《오디세이아》(I, 9~22).

53 M. Rose & J. M. Abi-Rasched, 《신경: 새로운 두뇌과학과 마음 관리*Neuro: The New Brain Sciences and the Management of the Mind*》, Kindle Edition(2013), locs. 321~322.

54 토머스 윌리스를 알고 싶은 사람은 다음 자료를 볼 것. C. Symonds, 〈토머스 윌리스, 영국 왕립학술원 회원Thomas Willis, FRS(1621-1675)〉, 《런던 왕립학술원의 메모와 기록Notes and Records of the Royal Society of London》, XV(1960), 91~97쪽.

55 이 사례의 간단한 설명은 다음 자료를 볼 것. M. MacMillan, 〈피니어스 게이지: 신비 풀기Phineas Gage: Unravelling the Myth〉, 《심리학자*The Psychologist*》, XXI/9 (2008), 828~831쪽.

56 2013년 8월 4일 예루살렘의 히브리대학교 뇌과학자인 이단 세게브Idan Segev 교수와 나눈 인터뷰.

57 일반인을 위한 설명은 다음 자료를 참조할 것. 〈컴퓨터단층촬영: 역사와 기술 Computed Tomography: History and Technology〉, www.medica.siemens.com.

58 예루살렘 하다사 병원의 신경학자이자 이스라엘의학회의 윤리위원회 의장인 아비노암 레헤스Avinoam Reches 교수에게 이런 방법의 존재를 주목하게 해준 것에 감사드린다.

59 Ian Sample, 〈일련의 두뇌 스캔으로 포착한 여성의 오르가슴Female Orgasm Captured in Series of Brain Scans〉, 《가디언*The Guardian*》(2011년 11월 14일).

60 다음 자료를 볼 것. J. Lewy, 〈이데올로기에 따른 약물 정책: 19세기와 20세기의 독일과 미국Drug Policy as an Ideological Challenge: Germany and the United States in the 19th and 20th Centuries〉, 예루살렘 히브리대학교에 제출된 박사학위논문(2011), 178~241쪽.

61 다음 자료를 볼 것. E. Shorter, 《정신의학의 역사*A History of Psychiatry*》(New

York, 1997), 218~224, 406~407, 209~219, 225~229쪽. 좀 더 최근의 자료
는 다음과 같다. Thomas Szasz, 《치유로서의 강요: 정신의학의 비판적 역사
Coercion as Cure: A Critical History of Psychiatry》(New Brunswick, NJ, 2009),
125~126, 51~72, 129~140쪽.

62 Daisy Yuhas, 〈역사를 통틀어 조현병을 정의하는 것이야말로 일대 도전 과제다
Throughout History: Defining Schizophrenia Remains a Challenge〉, 《과학
미국 정신*Scientific American Mind*》(2013년 2월 14일).

63 J. Kingsland, 〈기적 약물의 부상과 몰락The Rise and Fall of the Wonder
Drugs〉, 《새로운 과학자*New Scientist*》, CLXXXII/2454(2004), 36~37쪽.

64 M. Rose & J. M. Abi-Rasched, 《신경: 새로운 두뇌과학과 마음 관리》, locs.
213, 295.

65 가장 최근에 벌어진 논란의 요약은 다음 기사에서 볼 수 있다. P. Belluck & B.
Carey, 〈'정신의학 가이드는 과학과 결별했다'고 전문가는 말한다'Psychiatry's
Guide Is Out of Touch with Science' Experts Say〉, 《뉴욕타임스*New York
Times*》(2013년 5월 6일).

66 A. Clark, 〈두뇌와 몸과 세계는 어디서 만나나Where Brain, Body and World
Collide〉, 《다이달로스*Daedalus*》, CXXVII/2(1998), 257~280쪽.

67 Thomas Hobbes, 《리바이어던》, 85쪽. 강조는 홉스가 한 것.

68 예를 들어 다음 자료를 볼 것. Patricia Churchland, 《브레인트러스트: 신경과학
은 우리에게 도덕이 뭐라고 말하나*Braintrust: What Neuroscience Tells Us about
Morality*》, Kindle edition(2011), 특히 locs 544, 569, 629.

69 Ryan Jaslow, 〈질병통제센터, 미국 아동 5명 가운데 1명꼴로 정신건강의 이상
을 확인하다CDC Finds Mental Health Woes in One in Five U.S. Kids〉, CBS
뉴스, 2013년 5월 18일. www.cbsnews.com. 그리고 다음 자료도 볼 것. M.
Konely, 〈미국인 5명 가운데 1명꼴로 정신질환으로 고통 받다1 in 5 Americans
Suffers from Mental Illness〉, 《메디컬 유닛*Medical Unit*》, 2012년 1월 19일,
http://abcnews.go.com. 유럽과 관련한 자료는 다음의 것이다. K. Kelland, 〈40
퍼센트에 가까운 유럽인이 정신질환을 앓는다Nearly 40 Percent of Europeans
Suffer Mental Illness〉, 《로이터》, 2011년 9월 4일, www.reuters.com.

70 다음 자료를 볼 것. J. Moll 외, 〈인간 도덕적 인지의 신경 기초The Neural Basis
of Human Moral Cognition〉, 《전망*Perspectives*》, VI(2005), 799~809쪽.

71 M. Iacobini, 〈모방, 공감 그리고 거울 뉴런Imitation, Empathy and Mirror Neurons〉,《심리학 연간 리뷰Annual Review of Psychology》, LX(2009), 653~670쪽.

72 N. Cawthorn,《연쇄살인범과 대량살해범Serial Killers and Mass Murderers》 (Berkeley, CA, 2007), 83쪽.

73 〈주지사에게 보고함, 찰스 J. 휘트먼 사건의 의료적 측면Report to the Governor, Medical Aspects, Charles J. Whitman Catastrophe〉, '위키피디아Wikipedia' 에서 인용함.

74 Patricia Churchland,《브레인트러스트: 신경과학은 우리에게 도덕이 뭐라고 말 하나》, locs 666, 681.

75 Siri Graff Lekness, 〈우리가 뇌를 비난할 수 있나?Can We Blame the Brain?〉, 《북구 과학Science Nordic》(2012년 7월 6일), http://sciencenordic.com.

76 다음 기사를 참조할 것. M. Szalavitz, 〈내 두뇌가 그렇게 하게 만들었다: 사이코 패스와 자유의지My Brain Made Me Do It: Psychopaths and Free Will〉,《타임》 (2012년 8월 17일).

77 XYY증후군과 그 법적 규정에 대해서는 다음 자료를 볼 것. S. Horan, 〈XYY 초 남성과 형사사법체계: 둥근 구멍 안의 사각형 말뚝The XYY Supermale and the Criminal Justice System: A Square Peg in a Round Hole〉,《로욜라 로스앤젤리 스법 리뷰Loyola of Los Angeles Law Review》, XXV(1992), 1342~1376쪽.

78 문제가 되는 정신상태 유형에 대한 간략하고도 훌륭한 요약은 다음 자료를 볼 것. Y. Ustinova,《동굴과 고대 그리스 정신Caves and the Ancient Greek Mind》 (Oxford, 2009).

79 그리스 법은 Aristotle,《정치학》(1274b 19~23). 로마 법은 A. Watson,《로 마의 사법 연구Studies in Roman Private Law》(London, 2003), 24~51쪽. 러 시아 법은 〈러시아의 기원Of Russian Origin〉, '러시아피디아Russiapedia', http://russiapedia.rt.com. 중세와 근대 초기 법은 〈경감된 책임: 논리적이며 적 용 가능한 본질적 구상Diminished Responsibility: A Logical, Workable and Essential Concept〉,《법과 정신의학 국제 저널International Journal of Law and Psychiatry》, IV/3~4(1984), 435, 436쪽.

80 《캘리포니아 형법California Penal Code》, 22쪽.

81 Thomas Hobbes,《리바이어던》, 61~68쪽.

82   P. Haggard, 〈자유의지를 위한 결정 시간Decision Time for Free Will〉, 《뉴런 *Neuron*》, LXIX(2011), 404~406쪽.

83   2013년 6월 4일 레헤스 교수로부터 받은 메일과 그와의 인터뷰. 《메바세레트 시 온*Mevasseret Zion*》(2013년 7월 29일).

84   《휴먼 브레인 프로젝트: 유럽위원회에 보내는 보고서*The Human Brain Project: A Report to the European Commission*》(Lausanne, 2012).

맺는말

1   스노든에 대해서는 다음 자료를 참조할 것. M. Hosenball & R. Cowan, 〈NSA' 의 내부 고발자 에드워드 스노든은 '기본 자유'를 지키기 위해 양심에 따라 행동 했다고 말했다Edward Snowden, NSA Whistleblower, Says He Acted out of Conscience to Protect 'Basic Liberties'〉, 《허핑턴 포스트*Huffington Post*》, 2013 년 6월 10일, www.huffingtonpost.com.

2   I. Kershaw, 《종말: 독일, 1944~1945 *The End: Germany, 1944~45*》(London, 2011), 특히 207~246쪽.

3   G. Janouch 외 편집, 《카프카와의 대화*Conversations with Kafka*》(New York, 1971), 120쪽.

4   Friedrich Nietzsche, 《차라투스트라는 이렇게 말했다》, 74쪽.

5   히틀러가 국가와 민족 사이의 관계를 이해한 방식은 다음 자료를 볼 것. Adolf Hitler, 《나의 투쟁》, 324~368쪽.

6   Martin van Creveld, 《국가의 부상과 쇠퇴》, 408~414쪽.

7   Tertullian, 《영혼에 대하여*A Treatise on the Soul*》, 30장. 이 구절을 알려준 조너 선에게 감사한다.

8   P. Malanima, 《로마 세계의 에너지 소비와 에너지 위기*Energy Consumption and Energy Crisis in the Roman World*》(Rome, 2011), www.paolomalanima.it.

9   Patricia Churchland, 《브레인트러스트: 신경과학은 우리에게 도덕이 뭐라고 말 하나》, loc. 3114.

10   M. Costandi, 〈꿈을 읽는 과학자Scientists Read Dream〉, 《네이처*Nature*》, 2012년 10월 19일, www.nature.com.

11 예를 들어 다음 자료를 볼 것. Celia Gorman, 〈생각 읽는 기계The Mind-reading Machine〉, 《스펙트럼*Spectrum*》(2012년 7월 9일).

12 N. Lennard, 〈법원, FBI의 자료 요구 중지를 명령하다Judge Orders End to FBI Data Demands〉, 《살롱*Salon*》, 2013년 3월 18일, www.salon.com. 〈BND, 분명 인터넷 감시체계를 구축하려 한다BND will offenbar Internetueberwachung ausbauen〉, 《아우크스부르거 알게마이네*Augsburger Allgemeine*》, 2013년 6월 16일, www.augsburger-allgemeine.de.

감사의 말

이 책을 쓰면서 자문을 구한 사람이 특이할 정도로 그리 많지 않다. 그만큼 그들 각자에게 깊은 신세를 졌음을 뜻한다. 먼저 나의 오랜 친구이며, 내 지적 탐험의 동반자인 모세 벤 다비드Moshe Ben David 박사에게 감사한다. 그는 내 원고를 처음부터 끝까지 읽고 많은 유용한 조언을 해주었다. 다음으로 바르일란대학교 에아도 바헤레트Eado Bachelet 박사는 나노로봇공학 연구가 어느 수준까지 왔는지 나에게 일깨워주었다. 히브리대학교의 이단 세게브Idan Segev 교수는 신경망 연구와 관련해 같은 도움을 주었다. 그리고 하다사병원의 신경학자인 아비노암 레헤스Avinoam Reches 교수는 자신이 하는 연구의 가능성과 한계를 두고 친절하게 이야기해주었다. 또 내 의붓아들 조너선 레위Jonathan Lewy도 언급하고 싶다. 세월이 흐를수록 레위는 나의 허드렛일을 갈수록 더 많이 도맡아주고 있다. 아들이 없으면 나는 내가 어디 서 있는지도 모른다. 마지막으로 내 아들 유리 반 크레벨드Uri van Creveld가 있다. 몇 년을 두고 아들과 나눈 많은 대화 덕분에 가까스로 이 책은 지금의 형태를 취할 수 있었다.

찾아보기

양심이란 무엇인가

초판 1쇄 발행 2020년 10월 1일
초판 2쇄 발행 2020년 11월 1일

지은이 마틴 반 크레벨드
옮긴이 김희상
펴낸이 이혜경

펴낸곳 니케북스
출판등록 2014년 4월 7일 제300-2014-102호
주소 서울시 종로구 새문안로 92 광화문 오피시아 1717호
전화 (02) 735-9515
팩스 (02) 735-9518
전자우편 nikebooks@naver.com
블로그 nikebooks.co.kr
페이스북 www.facebook.com/nikebooks
인스타그램 www.instagram.com/nike_books

한국어판출판권 ⓒ 니케북스, 2020

ISBN 979-11-89722-29-6 (03100)

이 도서의 국립중앙도서관 출판예정도서목록(CIP)은 서지정보유통지원시스템 홈페이지(http://seoji.nl.go.kr)와 국가자료종합목록 구축시스템(http://kolis-net.nl.go.kr)에서 이용하실 수 있습니다. (CIP제어번호 : CIP2020035190)